Selbsthilfe bei Zahlungsproblemen

Der Gläubiger-SCHOCK

1000 ganz legale Schuldnertricks

EBERT-VERLAG

Dr. Guido Gutenberg:
Der Gläubiger-Schock
Selbsthilfe bei Zahlungsproblemen
Titel: I. Gunia, Satz: Ebert Lasersatz
Ebert Verlag, Hagedornstr. 28, 5000 Köln 80
1. Auflage Köln 1987

ISBN 3-922588-36-0

Für Naima

Inhaltsverzeichnis

Literaturhinweise

Baur/Stürner, Zwangsvollstreckungs-, Konkurs- und Vergleichsrecht, Lehrbuch, 11. Auflage, 1983

Bruns, Zwangsvollstreckungsrecht 1963

Baumann/Brehm, Zwangsvollstreckung, 2. Auflage, 1982

Baumbach/Lauterbach/Albers/Hartmann, Kommentar zur Zivilprozeßordnung, 43. Auflage, 1986

Jauernig, Othmar, Zwangsvollstreckungs- und Konkursrecht, 17. Auflage, 1985

Gerold/Schmidt, Bundesgebührenordnung für Rechtsanwälte, 8. Auflage, 1984

Stöber, K., Forderungspfändung: Erläuterungsbuch für die Praxis mit Mustern und Beispielen, 7. Auflage, 1984

Storz, K., Praxis des Zwangsversteigerungsverfahrens: Leitfaden mit taktischen Hinweisen sowie ein Aktenteil, 3. Auflage, 1984

Stück, Hans-Hermann, "Pleite - was nun?", 4. Auflage, 1984, Handbuch für Schuldner, Gläubiger und deren Berater

Heussen, Benno, Zwangsvollstreckung für Anfänger, Ch. Becksche-Verlagsbuchhandlung, München 1986

Abkürzungsverzeichnis

aA	anderer Ansicht
a.a.O.	am angegebenen Ort
Abs.	Absatz
ADSp	Allgemeine Deutsche Spediteurbedingungen
a.E.	am Ende
AG	Amtsgericht
AGB	Allgemeine Geschäftsbedingungen
AktG	Aktiengesetz
AO	Abgabenordnung vom 16. 3. 1976
ArbGG	Arbeitsgerichtsgesetz
Art.	Artikel
BAG	Entscheidung des Bundesarbeitsgerichts
BB	Betriebsberater
BerHG	Beratungshilfegesetz
BFH	Bundesfinanzhof
BGB	Bürgerliches Gesetzbuch
BGBl	Bundesgesetzblatt
BGH	Bundesgerichtshof
BGHZ	Entscheidung des BGH in Zivilsachen
BRAGO	Bundesgebührenordnung für Rechtsanwälte von 1957
BVerfG	Bundesverfassungsgericht
DB	Der Betrieb
DGVZ	Deutsche Gerichtsvollzieher-Zeitschrift
DNotZ	Deutsche Notar-Zeitschrift
EheG	Ehegesetz
GBO	Grundbuchordnung
GenG	Ges. betr. die Erwerbs- und Wirtschaftsgenossenschaften
GG	Grundgesetz für die Bundesrepublik Deutschland
GKG	Gerichtskostengesetz
GmbH	Gesellschaft mit beschränkter Haftung
GmbHG	Gesetz betr. die Gesellschaften mit beschränkter Haftung
GO	Gemeindeordnung
GRUR	Gewerblicher Rechtsschutz und Urheberrecht
GV	Gerichtsvollzieher
GVG	Gerichtsverfassungsgesetz
HausratsVO	Hausratsverordnung (6. DVO zum Ehegesetz)
HGB	Handelsgesetzbuch
h.M.	herrschende Meinung
idF	in der Fassung
JR	Juristische Rundschau
JurBüro	Das Juristische Büro
KG	Kammergericht, auch Kommanditgesellschaft
KO	Konkursordnung
KostO	Kostenordnung
KTS	Konkurs-, Treuhand- und Schiedsgerichtswesen
LAG	Landesarbeitsgericht
LG	Landgericht

MDR	Monatsschrift für Deutsches Recht
NJW	Neue Juristische Wochenschrift
OHG	Offene Handelsgesellschaft
OLG	Oberlandesgericht
OWiG	Ordnungswidrigkeitengesetz
RA	Rechtsanwalt
RG	Reichsgericht
RPflG	Rechtspflegergesetz
ScheckG	Scheckgesetz
SeemannsO	Seemannsordnung
s.o.	siehe oben
StGB	Strafgesetzbuch
StPO	Strafprozeßordnung
u.a.	unter anderem
u.U.	unter Umständen
UWG	Gesetz gegen den unlauteren Wettbewerb
VerglO	Vergleichsordnung
vgl.	vergleiche
VerwGO	Verwaltungsgerichtsordnung
VerwVG	Verwaltungsvollstreckungsgesetz
VO	Verordnung
VR	Versicherungsrecht
VVG	Versicherungsvertragsgesetz
WG	Wechselgesetz
WRP	Wettbewerb in Recht und Praxis
ZPO	Zivilprozeßordnung
ZR	Zivilrecht
z.T.	zum Teil
ZVG	Zwangsversteigerungsgesetz

Vorwort

Im Jahre 1985 hat die "Pleitenwelle" in der deutschen Wirtschaft eine neue Rekordhöhe erreicht: Mit 19.000 nach 16.760 im Jahre 1984 mußten 1985 doppelt soviel Kaufleute (Schuldner) aufgeben als 1980 und fast dreimal soviel als im Jahre 1974. Im letzten Quartal 1985 konnten nur noch 65% aller "Rechnungsempfänger" ihre Rechnungen vereinbarungsgemäß begleichen. Dies ist ein Zeichen dafür, daß jeder zum Schuldner werden kann.

Der Schuldner kann sich selbst helfen,
wenn er die Mittel zur Selbsthilfe kennt.

Neben den registrierten Pleiten darf nicht übersehen werden, daß nach statistischen Untersuchungen bereits heute jeder zweite Haushalt aufgrund irgendwelcher Kredite Anschaffungen/Investitionen getätigt hat und damit zum Schuldner geworden ist. Nach einer im Auftrage des Bundesjustizministeriums durchgeführten Studie aus dem Jahre 1979/1980 betrug das Volumen des bankmäßigen Konsumentenkredits 1970 noch 30 Mrd. DM; derzeit liegt es schon bei 180 Mrd. DM. Knapp die Hälfte aller Haushalte haben Kredite aufgenommen. Die kreditnehmenden Haushalte waren 1980 im reinen bankmäßigen Kosumentenkredit mit durchschnittlich 10.550,-- DM verschuldet. Die durchschnittliche Ratenbelastung lag bei 311,-- DM pro Monat. Diese Zahlen beweisen, wie hoch der Schuldenturm angewachsen ist, wie die monatliche Belastung jeden einzelnen Schuldner drückt.

Nicht über Nacht wird der Schuldner zu dem, was er ist und was er noch hat. Kalkuliertes Risiko, eine gewisse Leichtgläubigkeit oder auch persönliches Pech können dazu führen, daß eine verhältnismäßig kleine Schuldsumme, die nicht größer als ein Schneeball zu sein scheint, zu einer Lawine anwächst und auf den Schuldner zurollt. Sie bringt denjenigen aus dem Gleichgewicht, der nicht vorbereitet ist.

In vielen Phasen kann sich der Schuldner der anwachsenden Lawine entgegenstellen. Vom Entstehen der Schuld bis hin zur Befriedigung aus dem gerichtlich festgestellten Titel können Jahre vergehen, wenn der Schuldner sein Recht genau kennt. Selbst wenn der Gerichtsvollzieher an die Tür klopft und das Vermögen sichten will, gibt es noch 1000 Möglichkeiten, um dem "finanziellen Garaus" zu entgehen. Geschickt und voller Erfindungsreichtum kann der Schuldner Zeit gewinnen und damit den Gläubiger total entnerven.

Er kann dem Gläubiger zusätzliche vermeidbare Kosten verursachen, um eine weitere Vollstreckung zu verhindern, kann ihm aber auch die Hand reichen, um sich mit ihm auf einen Bruchteil der tatsächlichen Schuldsumme (10 oder 20%) zu einigen. Der Schuldner muß den Gläubiger aber auch kontrollieren. Zahlreiche Rechtsstreitigkeiten gehen zu Lasten des Gläubigers aus, weil sein Anspruch nicht oder zumindest nicht in der geltend gemachten Höhe besteht!

Schuldner zu sein hat nichts mit Verschulden oder Moral zu tun. In der Regel verstricken sich Schuldner in das Netz von Vollstreckungen unverschuldet. Der Schuldner von heute war gestern noch Gläubiger oder ist es noch im Zeitpunkt, in dem er Dritten gegenüber Verpflichtungen nicht erfüllen kann.

Der Gesetzgeber schützt den Schuldner. Er hat die Zwangsvollstreckung humanisiert und hindert den Gläubiger an der sogenannten "Kahlpfändung", d.h., der Schuldner soll wirtschaftlich lebensfähig bleiben, will ihn der Gläubiger auch ruinieren. Früher war der Gang zum Amtsgericht, um das Vermögen zu offenbaren oder Antrag auf Eröffnung des Konkursverfahrens zu stellen, ein "schwarzer Tag". Heute kann dieser Tag für den Schuldner ein Neubeginn sein.

Nicht nur der Gesetzeswortlaut, sondern auch die Lücken des Gesetzes und die Erfahrung geben dem Schuldner in jeder Phase die Chance zu liquiden Ufern. Dabei soll sich der Schuldner an seine Gläubigerzeit erinnern: Rechtsstreit, Titel, Vollstreckung und nach völligem Entnervtsein die Gewißheit, daß die Taschen des Dritten leer sind. Diese Erinnerung macht es dem Schuldner leicht, sich jetzt in die Lage des Gläubigers zu versetzen, der ihn jagt. Bei jedem Schritt auf dem Weg zum Titel, jedem Versuch zu vollstrecken, muß er "seine Antwort" vorbereitet haben. Je phantasievoller er seine Frage, was der Gläubiger als nächstes tun könnte, behandelt, desto eher kann er mit seiner Antwort (= Verhalten) den Folgen vorbeugen und evtl. den Gläubiger weiter entnerven.

Der Schuldner darf sich nicht nur auf den Gläubiger konzentrieren, sondern muß auch den Gerichtsvollzieher beachten. In ihm soll er nicht nur das Vollstreckungsorgan (Amtsperson) sehen, sondern auch den Menschen. Je neutraler er ihm begegnet, desto unbefangener kann er sich in einem Rollenspiel sehen, das von dem Gläubiger, dem Gericht, dem Gerichtsvollzieher und ihm ausgetragen wird. Die notwendigen Kenntnisse hierfür soll das anliegende Buch dem Schuldner vermitteln.

Der titulierte Anspruch verjährt erst in 30 Jahren (§ 218 BGB). Solange kann der Gläubiger den Schuldner belästigen, was er in der Praxis nicht tut. Nach vergeblichen Vollstrekkungsversuchen von bis zu 5 Jahren wird in der Regel die Forderung beim Gläubiger ausgebucht, sofern nicht vorher ein Arrangement zustande gekommen ist, das dem Gläubiger einen Bruchteil des Betrages einbringt. Anschließend veräußert der Gläubiger den Titel an irgendein Inkasso-Büro für 10 bis 30% der Vollstreckungssumme. Dann versucht nochmals dieses Inkasso-Büro gegen den Schuldner mit voller Höhe der ursprünglichen Summe vorzugehen und ihm das Leben schwer zu machen. Der Schuldner sollte daher auf der Hut sein und rechtzeitig vor der Veräußerung des Titels ein Arrangement mit dem Gläubiger treffen.

Auswandern ist Befreiung, lohnt aber nicht immer! Das Vollstreckungsnetz (Abkommen zwischen den einzelnen Ländern) wird immer dichter und die Möglichkeit, inländische Titel im Ausland zu vollstrecken, immer leichter. Wenn also ein Schuldner auswandern will, dann muß er sich vorher über die Verfolgungsmöglichkeit in dem Land, in das er gehen will, genau informieren.

In keinem Fall lohnt es sich, wenn der Schuldner sich selbst aufgibt. Es gibt immer Hilfe: Sogar die Sozialämter haben, wenn der Schuldner Sozialhilfeempfänger ist, sogenannte Beratungsstellen für Moratorien eingerichtet – von Stadt zu Stadt verschieden –, die für den Schuldner Verbindung mit dem Gläubiger aufnehmen. Dann finanziert die Gemeinde im Rahmen eines Schuldtilgungsvertrages einen bestimmten Prozentsatz der Gesamtschuld (30 – 40% in bar sofort), um beispielsweise auf diese Weise den Schuldner und seine Familie in seinem Eigenheim zu belassen. Die bei der Finanzierung von 40% entstehende zusätzliche monatliche Belastung wird durch das Sozialamt getragen und ist in der Regel niedriger als die Kosten, die entstehen, wenn dem Schuldner und seiner Familie ausreichende Mittel für eine angemietete Wohnung zur Verfügung gestellt werden.

Es lohnt daher immer, zu kämpfen und sich weiterzubilden, zu lernen, um das "Katz-und-Maus-Spiel" zwischen Gläubiger und Schuldner als Spiel mit verteilten Rollen anzusehen.

In diesem Sinne soll dieses Buch dem Schuldner Mut machen, sich selbst zu helfen.

Der Verfasser

Einleitung

Die Tatsache, daß sich ein Gläubiger in der Pose des Stärkeren eines Anspruches gegen einen bestimmten Schuldner berühmt, sagt weder etwas darüber aus, ob ihm der Anspruch auch zusteht, noch, ob er ihn jemals realisieren kann. Denn der Weg von der Anspruchsentstehung bis zum Erlöschen des Anspruchs durch Zahlung kann lang und steinig sein.

Der Gläubiger muß seinen Anspruch zunächst einmal vor dem Staatsorgan, d.h. dem Gericht, beweisen. Die Beweisführung wird ihm im Mahnverfahren, in dem er nur den Anspruch behaupten muß, durch den Schuldner abgenommen, wenn dieser untätig bleibt, d.h. keinen Widerspruch einlegt. Im Prozeß (Klageverfahren) gewinnt der Gläubiger die Feststellung seines Anspruches, wenn der Schuldner im Termin nicht erscheint bzw. die ihm vom Gesetzgeber auferlegten Fristen zur Entgegnung etc. nicht einhält. Wird aber der Schuldner aktiv, weil er seine Rechte kennt, dann gewinnt der Gläubiger die Feststellung seines Anspruches (= Titel) erst dann, wenn er die Begründetheit seines Anspruches zur Überzeugung des angerufenen Gerichtes in mehreren Instanzen bewiesen hat. Bis zum rechtskräftigen Urteil ist es schon ein beschwerlicher Weg, wenn der Schuldner kämpft. Kennt er seine Rechte auch in der Vollstreckung, kann dieser Weg zur Realisierung des Anspruches für den Gläubiger mehr als nervenaufreibend sein.

Außergerichtliche Maßnahmen gegen den Schuldner

I. Der richtige Schuldner

Eine Fülle von Informationen ist für den Gläubiger Voraussetzung dafür, daß er zur rechten Zeit gegen den richtigen Schuldner seine Maßnahmen einleitet. Der Schuldner kann den Gläubiger schon in diesem frühen Stadium von seinen Informationsquellen abschneiden.

1. Daten über die Person des Schuldners

a) Einwohnermeldeamt

Voraussetzung einer jeden Maßnahme ist, daß der Gläubiger den Namen des Schuldners kennt und weiß, wo er sich aufhält, wo er arbeitet, welches Vermögen er hat etc.

Es ist nicht strafbar, wenn der Schuldner kein Türschild mit seinem Namen hat. Er muß nur irgendwo gemeldet sein, sonst begeht er eine Ordnungswidrigkeit. Diese verjährt in 6 Monaten (§ 31 Abs. 2 Ziffer 4 OWiG).

Hat der Schuldner nicht Haus und Hof oder sonstigen Besitz bzw. eine große Familie, kann ein vorübergehender Umzug ins benachbarte Ausland eine Ideallösung sein, die die Spuren verwischt.

Wenn das betreffende Land bei seiner ordnungsgemäßen Anmeldung eine Rückmeldung zum früheren Einwohnermeldeamt schickt, verliert sich spätestens dann seine Spur, wenn er nach geraumer Zeit wieder in die BRD zurückkehrt und sich dort neu anmeldet, indem er als seinen "früheren Aufenthaltsort" nur das betreffende Land angibt. Denn: Ist der Schuldner nicht auffindbar, kann ihm weder etwas zugehen noch zugestellt werden.

Ohne ordnungsgemäße Zustellung ist aber keine gerichtliche Maßnahme möglich, es sei denn, der Gläubiger läßt die Klage gemäß §§ 203 ff. ZPO öffentlich zustellen. Hierfür müßte er die Voraussetzungen glaubhaft machen, d.h. zumindest dem Gericht einen Briefumschlag vorlegen, auf dem der Postvermerk steht, daß der Schuldner unbekannt verzogen ist und die entsprechende Mitteilung des Einwohnermeldeamtes, der Schuldner sei noch unter der alten Anschrift gemeldet (diese Glaubhaftmachung gelingt dem Gläubiger in der Regel nicht bei einem Fensterumschlag, da das Gericht dann Name und Anschrift des Empfängers nicht dem Briefumschlag als Urkunde entnehmen kann!).

Dabei ist es umstritten, ob diese öffentliche Zustellung mit dem Grundgesetz vereinbar ist. Denn dem Schuldner wird kein rechtliches Gehör gewährt (so zu Recht Geimer in NJW 74, 1631). So geht die Tendenz dahin, die öffentliche Zustellung in derartigen Fällen mit der Folge des Versäumnisurteils einzuengen und damit den Schuldner mehr als bisher zu schützen.

Der Schuldner sollte sich in jedem Falle hüten, auf die Maßnahmen des Gläubigers nicht zu reagieren. Kreativität hilft ihm, vorbeugend den Gläubiger daran zu hindern, erfolgreich zu agieren. Damit gewinnt der Schuldner wieder einen ruhigen Schlaf, während die Abwehr von bereits eingeleiteten Schritten immer zeitraubend ist und den Schuldner ein Stück näher an die Zahlung eines Betrages oder an die Offenbarung seines Vermögens bringt, was er ja zunächst in jedem Fall verhindern will. Er muß den Zeitpunkt bestimmen, ob, wann und wieviel er zahlt.

Zur genauen Anschrift des Schuldners gehört nicht nur der erste Buchstabe des Vornamens! Der voll ausgeschriebene Vorname ist genauso wichtig wie die genaue Hausnummer. Bei einer GmbH ist der Name des Geschäftsführers ebenso notwendig wie bei einer oHG oder einer BGB-Gesellschaft die ausgeschriebenen Vor- und Zunamen aller Gesellschafter. Der Name muß auch richtig geschrieben sein. Der Schuldner, der sich mit zwei "tt" (Schmitt) schreibt, ist eine andere Person (im rechtlichen Sinne) als derjenige, der sich mit "dt" schreibt. Spätestens bei der Vollstreckung verlangt der Gerichtsvollzieher den Nachweis der Identität zwischen der Person, die im Hause X wohnt und sich "Meier" nennt und dem titulierten Schuldner, der sich "Mayer" schreibt. Der Identitätsnachweis erst bei der Vollstreckung schenkt dem Schuldner weiteren Aufschub!

In der BRD ist in der Regel jeder Schuldner bei seinem Einwohnermeldeamt registriert, das entweder bei der örtlichen Polizeibehörde (z.B. Frankfurt, Berlin) oder bei der Stadtverwaltung (z. B. NRW) geführt wird. Auch im Computer-Zeitalter geschehen Fehler. So werden manchmal versehentlich Namen falsch registriert (Übertragungsfehler) oder Änderungen des Personenstandes nicht vorgenommen, was dem Schuldner nützt (s.o.).

Es gibt beim normalen Einwohnermeldeamt-Anfragen aber auch den Fall, daß mehrere Schuldner mit gleichem Familiennamen in einem Haus gemeldet sind. Dann muß der Gläubiger den ausgeschriebenen Vornamen angeben. Wenn er dies nicht kann oder mehrere sogar den gleichen Vornamen tragen, dann verlangt das Einwohnermeldeamt die Angabe des Geburtsdatums, das der Gläubiger in der Regel nicht kennt. Das Geburtsdatum des Schuldners kann der Gläubiger nur durch eigene Recherchen oder aber dann erfahren, wenn der Schuldner die eidesstattliche Versicherung schon einmal abgegeben hat und der Gläubiger auf Umwegen einen Auszug dieses Vermögensverzeichnisses erhält. Denn auf normalem Wege bedarf es hierzu der Vorlage eines Titels, den der Gläubiger ja erst anstrebt, aber noch nicht hat.

So bleibt der Schuldner geschützt und nicht auffindbar, denn aus Gründen des Datenschutzes ist kein Einwohnermeldeamt bereit, dem Gläubiger das Geburtsdatum von möglichen Schuldnern mitzuteilen, um ihm die Entscheidung zu überlassen, welche der genannten Personen wohl "sein Schuldner" sein könnte. Er wird auch keine anderen Daten zur Auswahl bekommen, um den richtigen Schuldner aufgrund weiterer Recherchen herauszufiltern.

Die Anzahl derjenigen Einwohnermeldeämter, die nur bei dem Nachweis eines besonderen Interesses dem Gläubiger die Anschrift des Schuldners mitteilen (= Zeitgewinn für den Schuldner) steigt im Hinblick auf das persönliche Interesse des Schuldners am Schutz seiner eigenen Daten. So kann er bereits heute überall einen Sperrvermerk eintragen lassen, wenn er sich gefährdet fühlt, und/oder es tatsächlich ist. Dann muß das Einwohnermeldeamt den Schuldner immer erst fragen, ob es Auskunft geben darf.

b) Bundespost

Hilft das Einwohnermeldeamt dem Gläubiger nicht weiter, bedient sich der Gläubiger in der Regel einer Anfrage bei der Post. Der Briefträger kennt möglicherweise den Schuldner, dem er regelmäßig Post u.ä. zustellt. Er muß sich in den meisten Fällen aber darauf verlassen, daß unter der Anschrift der gesuchte Name steht. Voraussetzung ist also, daß der Gläubiger zumindest das Haus kennt, damit er den Postbeamten auf schriftlichem Wege fragen kann, ob sein Schuldner in diesem Hause wohnhaft ist. Verzieht der Schuldner, dann sollte er weder dem Postamt noch dem "lieben Nachbarn" seine neue Anschrift mitteilen und mögliche Fragen immer dahingehend beantworten, daß er von sich aus sein neues Domizil mitteilt.

Es ist besser, zunächst postlagernd die unangenehmen Briefe zu erhalten, als etwa einen Nachsendungs-Auftrag bei der Post zu stellen, der im übrigen nur für eine befristete Zeit (3 Monate) läuft. So kann der Schuldner das Glück haben, mit Hilfe des Einwohnermeldeamtes, des Datenschutzes, der geringen Flexibilität bei der Bundespost (Achtung: nur den abgekürzten Vornamen im Telefonbuch eintragen lassen!) dem Gläubiger zumindest den Griff nach den Daten (Vor- und Zuname, Geburtsdatum, Anschrift) so zu erschweren, daß dieser dann zur dritten, teuren Hilfe greifen muß: die örtliche Auskunftei. Diese recherchiert durch einen Angestellten an Ort und Stelle, bei Nachbarn etc. nach dem augenblicklichen Aufenthalt des Schuldners.

2. Daten über das Vermögen des Schuldners

Die Möglichkeiten des Gläubigers, Auskünfte über das Vermögen des Schuldners einzuholen, sind gering: Welchem Gläubiger gelingt es, in Erfahrung zu bringen, ob der Schuldner Wertgegenstände besitzt, Grundbesitz hat und wo dieser Grundbesitz registriert ist, ohne zum Nachweis seiner Berechtigung einen rechtskräftigen Titel vorlegen zu müssen? Welcher Gläubiger kennt die Bank des Schuldners (oder dessen Konto-Nummer), um auf diesem Wege eine Auskunft über das Guthaben des Schuldners bzw. seine Zahlungsweise erhalten zu können? In der Regel wird die Bank in der BRD offiziell überhaupt keine Auskunft geben, inoffiziell selten Konkretes dem Gläubiger mitteilen. Das Grundbuch schweigt von Amts wegen, und der Versuch, den Schuldner in irgendeiner Schwarzen Liste in der BRD zu finden, ist wie das bekannte Beispiel mit der "Nadel im Heuhaufen".

3. Daten des Schuldners als Gewerbetreibender

a) Gewerbeaufsichtsamt

Unterhält der Schuldner ein Gewerbe, hat der Gläubiger die Möglichkeit, die Gewerbe- und Privatanschrift über das Gewerbeaufsichtsamt zu erfahren. Dieses Amt verfügt über sämtliche Daten, da der Schuldner vor Ausstellung des Gewerbescheins seine vollständigen richtigen Daten angeben muß. Die Auskunft wird nur dann nicht oder nicht im gewünschten Umfang erteilt, wenn der Landesdatenschutz die Bekanntgabe bestimmter Daten wie das Geburtsdatum und die Privatanschrift des Schuldners verbietet.

Bis der Gläubiger aber zugreift, d.h. feststellt, daß die bestellte und abgenommene Ware nicht innerhalb der vereinbarten Frist bezahlt ist, kann der Schuldner sein Gewerbe schon abgemeldet haben und privat verzogen sein. Die Anmeldung erfolgt dann verzögert, so daß die Rücknachricht an die frühere Anschrift so verspätet eintrifft, daß wiederum einige Monate ins Land gegangen sind.

b) Handelsregister

Ist der Schuldner eine juristische Person (GmbH o.ä.), dann hilft die Auskunft über das Handelsregister des zuständigen Amtsgerichts, um in den Besitz der notwendigen Daten wie dem Namen des Geschäftsführers, der Gesellschaftsform (ob GmbH & Co. KG o.ä.) etc. zu kommen. Die Auskunft aus dem Handelsregister ist beschränkt verwertbar, da die Anschrift des Schuldners unbekannt bleibt.

Ist die Gesellschaft aber noch nicht eingetragen, d.h. "in Gründung befindlich", erhält der Gläubiger keine Auskunft. Bei manchen Amtsgerichten befindet sich der Anmeldevorgang einer Firma zur Eintragung 6 Monate im Geschäftsgang, bis schließlich die Eintragung erfolgt. Innerhalb dieser Zeit gibt es in der Regel auch kein Aktenzeichen, unter dem dieser Vorgang zu finden ist: Zeit für den Schuldner.

II. Die Mahnung

1. Die Voraussetzungen der Mahnung

Muß der Schuldner damit rechnen, daß er auffindbar und/oder identifizierbar ist, dann hilft ihm keine Flexibilität: Er ist für den Gläubiger erreichbar. Der Gläubiger wird ihm – soweit es sich um eine Forderung für irgendeine Leistung handelt, die der Schuldner noch nicht bezahlt hat – zunächst eine Ablichtung der noch nicht bezahlten Rechnung ohne Kommentar zuschicken. Dann wird der Gläubiger den Schuldner *mahnen*, d.h. zur Zahlung auffordern und ihm eine letzte Zahlungsfrist einräumen.

Hierbei ist es ausreichend, wenn der Schuldner in einem formlosen Schreiben zur Leistung aufgefordert wird. Auf die Folgen muß er nicht hingewiesen werden. Auf dem Anschreiben muß auch nicht das Wort "Mahnung" erscheinen. Ausreichend ist beispielsweise die erneute Übersendung einer ausgefüllten Zahlkarte mit der Fristsetzung zur Zahlung. Die Übersendung der Rechnung allein ist nicht als Mahnung anzusehen, sondern erst die Bitte an den Schuldner, diese Rechnung bis zu einem angegebenen Tag zu begleichen. Denn der Schuldner befindet sich – wie aus § 284 des Bürgerlichen Gesetzbuches hervorgeht – erst dann in *Verzug*, wenn er trotz Fälligkeit der Forderung und darauf erfolgter zugegangener Mahnung (mit Fristsetzung!) durch den Gläubiger eine Zahlung nicht geleistet hat. Der Gläubiger seinerseits, der wegen Verzuges klagt, braucht später nur die Entstehung und Fälligkeit (Überschreiten des Zahlungszieles!) der Forderung sowie die Mahnung zu beweisen. Die Mahnung soll "nach dem Eintritt der Fälligkeit" erfolgen, d.h. nach Verstreichen des Zahlungszieles von x Tagen oder Monaten.

2. Der Zugang der Mahnung

Öffnet der Schuldner die Mahnung nicht, sondern schickt er sie mit dem Hinweis "unbekannt verzogen" zurück, dann tritt der Verzug nicht ein, da die Mahnung nicht zugegangen ist, d.h. nicht nachweisbar in den Bereich des Schuldners gelangt ist. Eine Einschreibesendung ist erst dann zugegangen, wenn sie dem Empfänger übergeben worden ist.

Bei normalen Briefen oder bei mündlichen Mahnungen muß der Schuldner später vom Gläubiger immer den Nachweis (Beweis) verlangen, daß die Mahnung ihm tatsächlich zugegangen ist.

3. Die Fälligkeit des Anspruchs

Leistung und Gegenleistung sind grundsätzlich zur gleichen Zeit fällig. Zug um Zug gegen Übergabe des Gegenstandes (u.ä.) wird gezahlt. Häufig ist aber der Gläubiger vorleistungspflichtig: Aufgrund seiner allgemeinen Geschäftsbedingungen oder einer Vereinbarung hat er dem Schuldner ein Zahlungsziel von 8-90 Tagen eingeräumt. Hier kann der Gläubiger vor Ablauf dieser Frist die Zahlung nicht verlangen, weil die Fälligkeit erst am letzten der vereinbarten Tage eintritt. Neben den vereinbarten gibt es auch gesetzliche Fälligkeiten, so z.B. bei der Miete oder beim Werkvertrag, wo erst bei Abnahme, d.h. bei der Bestätigung, daß das Werk dem Bestellten entspricht, der Betrag fällig ist.

Hängt die Fälligkeit von einer von dem Gläubiger vorzunehmenden eigenen Handlung, z.B. einer Kündigung ab, muß nach dem Wortlaut des Gesetzes der Gläubiger zunächst den Erfolg der ersten Handlung abwarten, ehe er mahnt.

Hängt die Fälligkeit davon ab, daß der Gläubiger seine Gegenleistung anbietet oder bestimmte Dokumente vorlegt, so gestattet heute die Rechtsprechung, daß der Gläubiger dies gemeinsam mit der Mahnung tun darf, um den Schuldner in Verzug zu setzen: Es wird als ausreichend angesehen, wenn der Schuldner in diesem Mahnschreiben zur Leistung aufgefordert wird.

Mahnt der Gläubiger nicht, bevor er ein gerichtliches Mahnverfahren einleitet oder den Schuldner mit einer Klage überzieht, dann kann der Schuldner durch sofortige Zahlung den Gläubiger ärgern und ihm die entstandenen Kosten (auch die des Verfahrens!) auferlegen lassen. Zahlt der Schuldner nach Zusendung der Mahnung, aber vor Zustellung des Mahnbescheides, dann trägt der Gläubiger auch die Kosten des Mahnbescheides. Hier muß der Schuldner in seinem Widerspruch darauf hinweisen, daß er bereits gezahlt hat. Der Gläubiger wird dann in der Regel nichts mehr unternehmen, da er – anwaltlich beraten – seine "schlechten Karten" kennt.

Es gibt Gläubiger, die aus Bequemlichkeitsgründen sofort nach Fälligkeit eines Anspruches oder nach der ersten Mahnung die Forderung zur Einziehung einem Inkasso-Büro übertragen. Dem Schreiben des Inkasso-Büros (Anhang I a) liegt dann in der Regel eine sogenannte Forderungsberechnung (Anhang I b) bei, die den Schuldner – gelinde gesagt – in Erstaunen versetzt. Neben der Hauptforderung gibt es eine Position Mahnauslagen, eine Bearbeitungsgebühr, eine sogenannte Inkasso-Pauschale, Schreibauslagen etc.

Der Schuldner muß rechtzeitig, wenn er jetzt zahlen will, jede einzelne Position auf ihre Berechtigung hin überprüfen. Unberechtigt sind pauschal genannte Mahnauslagen. Sie müssen nachgewiesen werden. Unbegründet ist eine nicht näher definierte Bearbeitungsgebühr, auch sie muß begründet werden, da das Inkasso-Büro keinen Anspruch auf eine RA-Mahngebühr hat. Die willkürliche, sogenannte "Inkasso-Pauschale" ist ebensowenig gerechtfertigt. Das im Anhang I dargestellte Beispiel entspricht der Realität, es ist nicht erfunden. Das Inkasso-Büro stellte einem Schuldner wegen eines angeblich zu wenig gezahlten Betrages von DM 32,- Inkasso-Gebühren in Höhe von DM 260,- in Rechnung!

4. Leistungshindernisse

Selbst wenn alle gesetzlichen Voraussetzungen vorliegen, kommt der Schuldner nach § 285 BGB jedoch dann nicht in Verzug – muß also nicht zahlen –, wenn er die Verzögerung (im Sinne der §§ 276 bis 278) nicht zu vertreten hat. Natürlich muß der Schuldner sich etwas einfallen lassen, um zu beweisen, daß er für die Verzögerung nicht verantwortlich ist. Die Umstände, die seine Verantwortlichkeit ausschließen können, sind beispielsweise vorübergehende Leistungshindernisse tatsächlicher und rechtlicher Art, ein entschuldbarer Irrtum oder ein bestehendes Leistungsverweigerungsrecht.

a) Leistungshindernisse tatsächlicher Art

Vorübergehende Leistungshindernisse tatsächlicher Art sind Erkrankungen des Schuldners (falls er in Person leisten muß), durch höhere Gewalt erzwungene Betriebs- oder Verkehrsstockung, ausbleibende erforderliche Mitwirkung des Gläubigers, unverschuldbare Unkenntnis der Anschrift des Gläubigers etc.

b) Leistungshindernisse rechtlicher Art

Vorübergehende Leistungshindernisse rechtlicher Art können sich z.B. ergeben aus der Verzögerung einer – rechtzeitig beantragten – behördlichen Genehmigung oder Freigabe aus einer zeitweiligen Ein- oder Ausfuhrbeschränkung. Ein Irrtum über die Rechtslage, insbesondere über das Bestehen der Schuld, den Leistungstermin oder die irrige Annahme des Bestehens einer Einrede oder einer Anfechtungsmöglichkeit vermag ebenfalls zu entschuldigen, wenn der Schuldner die erforderliche Sorgfalt beobachtet hat. Bei Schadenersatzansprüchen billigt die Rechtsprechung generell (BGB in NJW 1964, 1467) dem Schuldner eine angemessene Frist zur Prüfung des Anspruches zu, vor deren Ablauf er trotz Mahnung nicht in Verzug kommt.

5. Einrede schützt vor Zahlung

a) Das Zurückbehaltungsrecht

Der Schuldner kommt auch nicht in Verzug, d.h., er braucht nicht zu zahlen, wenn eine Einrede besteht. Es gibt zahlreiche Einreden im Gesetz, die den Schuldner berechtigen, seine Leistung andauernd oder zeitweilig zu verweigern. Der Schuldner muß nicht warten, bis der Rechtsstreit anhängig ist, sondern er kann sich schon vorher auf diese Einrede berufen, d.h. die Zahlung verweigern, denn wenn der Gläubiger die Einrede kennt und richtig würdigt, wird er gar nicht erst einen Prozeß beginnen, in dem er aller Wahrscheinlichkeit nach unterliegen wird.

b) Die Verjährung

Zu den wesentlichen Einreden gehören das eigene Zurückbehaltungsrecht des Schuldners (§ 273 BGB), wenn beispielsweise der Gläubiger mangelhaft liefert oder aber er zuerst leisten muß sowie die Verjährung. Die Verjährung ist für den Schuldner von großer Bedeutung, da sie seine stärkste Waffe gegen den Gläubiger ist. Er sollte sie daher scharf lassen und sich *vor* Zustellung des Mahnbescheides oder einer Klageschrift dann darauf berufen, wenn er ganz sicher ist, daß die Einrede auch berechtigt ist. Anderenfalls muß der Schuldner mit der ihm eigenen Kreativität und Geduld darauf hinwirken, daß die Verjährung eintritt, d.h. nach Möglichkeit versuchen, den Gläubiger zu vertrösten. Er muß natürlich wissen, *wann* der Anspruch verjährt. Manchmal vergißt der Gläubiger, eine Forderung anzumahnen. Dies ist jedoch verhältnismäßig selten. Häufiger kommt es indessen vor, daß der Gläubiger alle 4-6 Monate eine Mahnung schickt, weil er der irrigen Auffassung ist, die Mahnung unterbreche die Verjährung oder hebe sie auf. Der Schuldner sollte diesen Irrtum nicht aufklären, d.h. nichts tun, sondern die Mahnung mit der Rechnung gut aufheben, damit er rechtzeitig die Verjährung *beweisen* kann, falls ihm der Gläubiger das nicht abnehmen will. Die wenigsten Gläubiger kennen die kurzen Verjährungsfristen. Hat der Schuldner das Gefühl (oder die Überzeugung), daß der Gläubiger sehr wohl die Verjährung im Auge hat, aber im Grunde froh ist, wenn er keinen Prozeß führen muß (es gibt wenige prozeßfreudige Gläubiger), sollte der Schuldner nach der dritten Mahnung eine Ratenzahlung anbieten. Ist die Summe erheblich, dann könnte bereits im vorgerichtlichen Stadium die tatsächliche Information an den Gläubiger über die finanzielle Misere des Schuldners diesen veranlassen, entweder einer Ratenzahlung zuzustimmen (zinslos natürlich!) oder sich mit einem Bruchteil der gesamten Forderung zufriedenzugeben (50%). Wird dann monatlich pünktlich ein geringer Betrag gezahlt, dann fühlt sich der Gläubiger beruhigt. Er ist häufig der Meinung, daß der Anspruch durch die Ratenzahlungen insgesamt anerkannt wird und daher die Einrede der Verjährung vom Schuldner nicht mehr erhoben werden könne. Der Schuldner muß daher alles vermeiden, was auf ein Anerkenntnis schließen lassen könnte. Dies betrifft nicht nur die Formulierungen bei seinem Angebot, Raten zu zahlen, sondern auch sein sonstiges Verhalten in Verhandlungen und im Anschluß daran. Denn das Anerkenntnis nach § 208 BGB ist kein Rechtsgeschäft. Ein Anerkenntnis im Sinne dieser Vorschrift ist vielmehr ein tatsächliches Verhalten des Schuldners dem Gläubiger gegenüber, aus dem sich klar und unzweideutig ergibt, daß dem Schuldner das Bestehen der Schuld bewußt ist und deshalb der Gläubiger darauf vertrauen darf, daß sich der Schuldner nach Ablauf der Verjährungsfrist nicht alsbald auf die Verjährung berufen wird (BGH in NJW 1981, 1955). Die Forderung muß also stets bestritten bleiben, und zwar dem Grunde und der Höhe nach. Der Gläubiger muß in dem Glauben belassen bleiben, er sei durch die Ratenzahlung auf einen zahlungsfreudigen Schuldner gestoßen, um es zu unterlassen, weitere Sicherungsmaßnahmen vor Eintritt der Verjährung einzuleiten. Der Schuldner riskiert lediglich, daß die Raten, die er vor Eintritt der Verjährung bezahlt hat, für ihn verloren sind. Die Restforderung muß der Gläubiger dann ausbuchen.

c) Die Verjährungsfristen

Die Verjährung *beginnt* mit der Entstehung des Anspruches (§ 198 BGB). Ein nicht vorhandener, sondern nur behaupteter Anspruch kann daher nicht verjähren. Existiert ein Anspruch auf Zahlung nur in einer Teilhöhe oder ist er in dieser Höhe begründet, kann sich der Schuldner mit Erfolg auf die Einrede der Verjährung berufen, wenn eine bestimmte, vom Gesetzgeber vorgesehene Zeit abgelaufen ist.
Allgemein sind zwei Gruppen von Ansprüchen zu unterscheiden:

Eine Gruppe betrifft die Anprüche des täglichen Verkehrs, also Forderungen, die im Verkehr sofort oder binnen kurzer Zeit beglichen werden müssen. Hierzu gehören die Ansprüche der Kaufleute, Fabrikanten, Handwerker bezüglich gelieferter Waren und Arbeiten (§ 196 BGB). Sie verjähren in zwei Jahren, es sei denn, daß die Leistung für den Gewerbebetrieb für den Schuldner erfolgt ist. Dann läuft eine 4jährige Frist (§ 196 II BGB).

Die andere Gruppe wird gebildet durch Ansprüche auf Rückstände von Zinsen (auch titulierte Zinsen verjähren in 4 Jahren – § 218 BGB!), Miet- und Pachtgeldern, Renten, Besoldungen, Pensionen und anderen regelmäßig wiederkehrenden Leistungen (§ 197 BGB).
Ferner fallen darunter gemäß § 196 Abs. 2 BGB die in § 196 Abs. 1 Nr. 1, 2 und 5 BGB bezeichneten Ansprüche, sofern sie nicht der 2jährigen Verjährung unterliegen. Sie verjähren in 4 Jahren.

Die Ansprüche gegen einen Dritten aus unerlaubter Handlung (d.h. nach § 823 BGB wegen schuldhafter widerrechtlicher Verletzung von Leben, Körper, Gesundheit, Freiheit, Eigentum oder einem sonstigen Recht eines anderen) verjähren in 3 Jahren. Hat sich der Verletzer durch die unerlaubte Handlung bereichert, gilt sogar die Verjährungsfrist von 30 Jahren.

Die 5jährige Verjährungsfrist gilt für Gewährleistungsansprüche aus Verträgen über die Herstellung eines Bauwerkes. *Achtung*: Die Vereinbarung, daß die Vorschriften der VOB gelten sollen, verkürzt die 5jährige Verjährungsfrist auf 2 Jahre!

Gewährleistungsansprüche des Reisenden gegen den Reiseveranstalter sind innerhalb eines Monats (!) nach der vertraglich vorgesehenen Beendigung der Reise geltend zu machen (§ 651g BGB). Die kurze Verjährungsfrist von 6 Wochen gilt für Gewährleistungsansprüche bei Viehverkauf (§ 490 BGB). 3 Monate schließlich beträgt die Ausschlußfrist des § 89b Abs.4 S.2 HGB. Innerhalb von 3 Monaten muß also der Handelsvertreter seinen Ausgleichsanspruch geltend machen. Ebenfalls innerhalb von 3 Monaten verjähren Ansprüche wegen eines Wettbewerbsverstoßes gegen Gesellschafter einer OHG (§ 112 HGB), gegen Vorstandsmitglieder einer AG (§ 88 Abs.3 AktG), gegen persönlich haftende Gesellschafter einer Kommanditgesellschaft auf Aktien (§ 284 Abs.3 AktG).

Innerhalb von 6 Monaten verjähren u.a. Gewährleistungsansprüche des Käufers beim Kauf beweglicher Sachen (§ 477 Abs.1 BGB), Gewährleistungsansprüche aus einem Werkvertrag über bewegliche Sachen (§ 638 BGB), Gewährleistungsansprüche des Reisenden (§ 651b BGB), Ersatzansprüche des Vermieters, des Pächters, des Verleihers, des Verpfänders sowie des Eigentümers (im Falle einer Nießbrauchstellung) wegen Beschädigung oder Veränderung des Vertragsobjektes (§§ 558, 581 Abs.2 606, 1057, 1226 BGB); Ansprüche des Mieters, Pächters, des Entleihers, des Pfandleihers sowie des Nießbrauchers auf Verwendungsersatz oder Wegnahme einer Einrichtung (§§ 558, 581 Abs.2, 606, 1057, 1226 BGB); Rückgriffsansprüche des Scheckverpflichteten gegen einen anderen Scheckverpflichteten oder des Scheckinhabers gegen Indossanten, Aufsteller und andere Scheckverpflichtete (§ 52 ScheckG); Ansprüche des Indossanten (§ 70 Abs.3 WG); Ansprüche gegen den Spediteur, wenn – wie meist – die allgemeinen deutschen Spediteurbedingungen (ADSp) gelten (§ 64 ADSp).

Wettbewerbliche Unterlassungsansprüche verjähren in 6 Monaten, wenn sie auf eine bestimmte Zuwiderhandlung gestützt sind und nicht nur der

Vorbeugung dienen (BGH GRUR 1979, 121 ff.). Die Verjährung richtet sich dabei nach § 21 UWG und nicht nach § 852 BGB (BGHZ 36, 252). Die kurze Verjährungsfrist gilt auch dann, wenn der Ersatzanspruch auf Eigentumsverletzung (§ 987 ff. BGB) gestützt wird (BGHZ 47, 55). Desweiteren wird die in § 21 UWG geregelte 6-monatige Verjährungsfrist zur entsprechenden Anwendung gebracht, wenn eine wettbewerbswidrige Handlung zugleich einen Eingriff in den eingerichteten und ausgeübten Gewerbebetrieb darstellt und deshalb ein Anspruch aus § 823 Abs.1 BGB geltend gemacht wird (BGHZ 36, 252 ff.).

Im Hinblick auf diese Rechtsprechung zur kurzen 6-monatigen Verjährung kann daher der Schuldner beispielsweise bei dem Erlaß einer einstweiligen Verfügung (aus UWG) wie folgt vorgehen:
Er nimmt die einstweilige Verfügung hin und zahlt zunächst die Kosten des Antragstellers, wie sie im Kostenfestsetzungsbeschluß festgesetzt sind. Er reagiert nicht auf das Abschlußschreiben, d.h. die Aufforderung, die einstweilige Verfügung als endgültig anzuerkennen und auf die Rechte nach § 926 ff. ZPO zu verzichten. Sieben Monate später dreht dann der Schuldner den Spieß um und läßt dem Gläubiger (Antragsteller) durch das Gericht eine Frist zur Erhebung der Hauptklage setzen. Der Gläubiger muß dieser Fristsetzung Folge leisten. Er reicht die Hauptklage (zum ehemaligen einstweiligen Verfügungsverfahren) ein.
In der mündlichen Verhandlung beruft sich der Schuldner ausschließlich auf die Verjährung mit der Folge, daß die Klage kostenpflichtig abgewiesen wird. Mit diesem Urteil läßt er die ursprüngliche einstweilige Verfügung aufheben und fordert den Gläubiger (Antragsteller) höflich auf, die seinerzeit an ihn aufgrund des Kostenfestsetzungsbeschlusses gezahlten Beträge unverzüglich an ihn zurückzuzahlen.

Die <u>1jährige Verjährungsfrist</u> gilt beispielsweise für Gewährleistungsansprüche des Käufers beim Kauf unbeweglicher Sachen (§ 447 Abs.1 BGB); bei Gewährleistungsansprüchen aus einem Vertrag wegen Arbeiten an einem Grundstück (§ 638 BGB), d.h. bei Ansprüchen des Inhabers eines Wechsels gegen den Indossanten (§ 70 Abs.2 WG); bei Ansprüchen gegen den Spediteur (falls nicht die ADSp gelten) sowie gegen den Frachtführer oder den Lagerhalter (§§ 414, 423, 439 HGB, Art. 32 CMR).

Die <u>30jährige Verjährungsfrist</u> gilt bei allen titulierten Forderungen.

<u>Jede Verjährungsfrist beginnt mit dem Ende des Jahres, in dem der Anspruch entsteht</u> (§ 201 BGB). Ausgenommen sind jene Ansprüche aus

unerlaubter Handlung, deren Frist erst nach § 852 BGB zu laufen beginnt, wenn der Geschädigte Tat und Täter kennt, sowie die Verjährungsfrist bei Gewährleistungsansprüchen aus Verträgen über die Herstellung eines Bauwerkes, die nach § 638 BGB mit der Abnahme beginnt.

Spekuliert also der Schuldner mit der Verjährung des Anspruches, muß er bis zum Eintritt der Verjährung alles verhindern, was der Gläubiger als Anerkenntnis der Forderung und Verzicht auf die Erhebung der Einrede der Verjährung verstehen kann.

d) Hemmung der Verjährung

Wenn der Gläubiger auf Bitten des Schuldners ihm die Zahlung der Gesamtsumme ausdrücklich stundet (§ 202 ff. BGB), wird für eine bestimmte Zeit der Lauf der Verjährungsfrist gehemmt, die Verjährungsfrist läuft also für eine bestimmte Zeit nicht weiter. Sie wird auch gehemmt in den Fällen, in denen der Schuldner mit einer Haftpflichtversicherung Verhandlungen über die Ersatzpflicht führt.

e) Unterbrechung der Verjährung

Die Unterbrechung der Verjährung hat zur Folge, daß durch ein bestimmtes Ereignis der Lauf der Verjährungsfrist endet, später aber neu zu laufen beginnt (§ 209 BGB), z.B. bei Zustellung der Klageschrift, der Zustellung des Mahnbescheides, Anmeldung des Anspruches im Konkurs etc. Nur dann, wenn die Zustellung *demnächst* erfolgt, tritt die Fristunterbrechung nach § 270 Abs.3 ZPO mit der Einreichung der Klageschrift ein.

Wichtig ist, auf folgendes zu achten: Wenn zur Bezifferung eines Zahlungsantrages zunächst auf Auskunft gegen den Schuldner geklagt werden muß, etwa zur Vorbereitung einer Klage auf Zahlung des Pflichtteils, unterbricht die Auskunftsklage die Verjährung für den Zahlungsanspruch nicht. Die Stufenklage unterbricht dagegen die Verjährung auch bezüglich des Zahlungsanspruchs (BGB NJW 75, 1409). Die Verjährung wird nicht nur durch Klageerhebung (§ 209 BGB) und deren Zustellung sowie durch Streitverkündung (§ 209 Abs.2 Nr.4 BGB), sondern auch durch ein Beweissicherungsverfahren (§§ 477 Abs.2, 639 Abs.1 BGB) unterbrochen.

Der Schuldner muß sich immer ausdrücklich auf diese Einrede berufen, nicht nur vorgerichtlich, sondern auch während eines Rechtsstreites, damit das Gericht prüfen kann, ob die Forderung tatsächlich verjährt ist. Von

Amts wegen wird die Einrede *nicht* geprüft. Der Schuldner muß auch wissen, daß er die Einrede der Verjährung nur in den ersten beiden Instanzen geltend machen kann, nicht mehr in der Revision (BGH NJW 51, 557).

6. Die Verwirkung

In Ausnahmefällen kann sich der Schuldner von seiner Verpflichtung zur Leistung befreien, indem er sich auf den sogenannten Tatbestand der Verwirkung beruft. Dies ist dann der Fall, wenn durch die Untätigkeit des Gläubigers ein sogenannter redlicher Besitzstand entstanden ist (RG 134, 38; 138, 294), so z.B. im Wettbewerbsrecht (6 Monate Untätigkeit trotz Kenntnis des Wettbewerbsverstoßes) oder im Arbeitsrecht, wo der Arbeitgeber wegen des besonderen Grundes, der zur Kündigung berechtigen würde, zu spät kündigt. Die Gerichte haben in diesen Fällen die verspätete Geltendmachung irgendeines Anspruches – egal, aus welchem Rechtsgebiet – als treuwidrig angesehen, d.h. als Verstoß gegen den im BGB verankerten Grundsatz von Treu und Glauben (§ 242 BGB). Die Grundzüge der Verwirkung gelten auch im Prozeßrecht, ob es sich hier um Prozeßhandlungen (Antragstellung) oder um die Einlegung von Rechtsbehelfen handelt.

Staatliche Hilfe zur Abwehr des Anspruchs

I. Strategie

Hat der Schuldner die aufgezeigten Prüfungen abgeschlossen und sich entschieden, zunächst einmal nichts zu unternehmen, dann muß er damit rechnen, daß der Gläubiger wegen seiner Untätigkeit weitere Maßnahmen einleitet. Denn das Bestreben des Gläubigers bleibt, seinen Anspruch zu titulieren, d.h. gerichtlich rechtskräftig feststellen zu lassen, damit die 30jährige Verjährungsfrist beginnt. Die Einschaltung eines Rechtsanwaltes ist hier in der Regel immer nützlich. Es gibt Schuldner, die das Kostenrisiko scheuen. Ein Anwalt ist niemals zu teuer! Seine Gebühren richten sich nach der Bundesrechtsanwaltsgebührenordnung (BRAGO), die vom Schuldner jederzeit einsehbar ist. Das Honorar bestimmt sich nach dem möglichen Gegenstandswert (vgl. Anhang II).

Hat der Schuldner übersehen, welche Investition ihm einen zusätzlichen Grad an Sicherheit gibt, muß er in einer bestimmten Form reagieren. In der Regel muß er bei einer Beratung mit seinem Anwalt nur mit einer 5/10-Gebühr rechnen, wenn eine Korrespondenz bzw. ein Gespräch zwischen seinem Anwalt und dem Gläubiger nicht notwendig war und der Sachverhalt einfach gelagert ist. Ist dies für den Schuldner zu teuer, dann kann er sich an die von jedem Gericht eingerichteten Gerichtsberatungsstellen wenden.

II. Beratungshilfe

Nach dem "Gesetz über Rechtsberatung und Vertretung der Bürger mit geringem Einkommen" (Beratungshilfegesetz = BerHG) kann der Schuldner beim zuständigen Amtsgericht seiner Gemeinde beantragen, für die Wahrnehmung von Rechten außerhalb eines gerichtlichen Verfahrens Beratungshilfe zu erhalten (§ 1 BerHG). Das bedeutet nicht nur, daß Beratungshilfe nicht mehr gewährt wird, wenn ein gerichtliches Verfahren bereits anhängig ist. Die Formulierung "außerhalb" kann auch "außergerichtlich während eines gerichtlichen Verfahrens" bedeuten. (So Hartmann in Baumbach-Lauterbach, ZPO 43. Auflage, Anmerkung I zu §§ 1-9 BerHG). *Daher:* Es kann auch Beratungshilfe gewährt werden, wenn ein Gerichtsverfahren bereits anhängig ist (AG Kiel, Beschl. v. 15.2.1985 – II 1692/83).

Über den Antrag, in dem der rechtsuchende Schuldner auch seine Vermögensverhältnisse offenbaren muß, entscheidet das Amtsgericht (§ 4 BerHG). Wird dem Antrag stattgegeben, erhält der Rechtsuchende einen sogenannten Berechtigungsschein für die Beratungshilfe durch einen Rechtsanwalt seiner Wahl (§ 6 Abs. 1 BerHG). Mit diesem Schein sucht er dann seinen Anwalt auf. Dieser rechnet seinerseits mit dem Amtsgericht ab (ihm stehen die Hälfte seiner normalen Gebühren zu). Darüber hinaus kann der Rechtsanwalt gemäß § 8 BerHG von dem Schuldner pauschal DM 20,-- verlangen. Es gibt aber kaum einen Rechtsanwalt, der auf der Zahlung dieses Betrages besteht.

III. Rechtsschutzversicherung

Ist der Schuldner rechtsschutzversichert, sollte er zunächst in seine Police schauen, welche Auseinandersetzungen unter die Rechtsschutzversicherung fallen. In der Regel sind beispielsweise stets vorsätzliche Straftaten vom Versicherungsschutz ausgeschlossen. Zur vorsätzlichen Straftat zählt auch der Führerschein-Entzug infolge Alkohols am Steuer. Wünschenswert ist für jeden Schuldner eine Rechtsschutzversicherung, die alle Risiken einschließt. Diese ist natürlich nicht billig. Jede Versicherung muß abgeschlossen sein, bevor der sogenannte Rechtsfall eintritt.

Nach dem Motto: "Ein kluger Schuldner baut vor" sollte man sich überlegen, ob der Abschluß einer Rechtsschutzversicherung lohnt. Es gibt zahlreiche Rechtsschutzversicherungen. Ihre Bedingungen sind bezüglich der Prämie und ihrer Eintrittspflicht meist ähnlich. Versicherungsschutz gibt es auch bei rechtlichen Problemen im Zusammenhang mit der Ausübung des Gewerbes (Firmenrechtsschutz) oder bei Sanierungsversuchen, Moratorien etc. Der Schuldner muß nur darauf achten, daß sein aktueller Fall unter die auf dem Versicherungsschein aufgeführten Einzelrisiken fällt.

IV. Prozeßkostenhilfe

Rechnet der Schuldner mit einem Mahnbescheid oder einer Klage und hat sein eigenes Nachdenken oder die von ihm außergerichtlich eingeholte Beratung für ihn nichts Günstigeres gebracht als die Entscheidung, zunächst einmal abzuwarten, ist er außerdem nicht rechtsschutzversichert, dann sollte er sich rechtzeitig trotz seines leeren Portemonnaies auf die Abwehrmaßnahmen konzentrieren, die er Wochen oder Monate später einleiten muß. Dazu gehört immer die Hilfe eines guten Anwalts. Der Schuldner ist nicht nur überfordert, seine eigenen Interessen zu vertreten, weil er nicht über entsprechende Kenntnisse verfügt. Jeder, der sich selbst verteidigt, ist befangen, nicht neutral und manchmal auch nicht kompromißbereit. Auch ein Rechtsanwalt, der sich als Schuldner einem Passiv-Prozeß ausgesetzt sieht, wird in der Regel den Rat eines Kollegen suchen, der ihm den Rücken freihält.

Die Kreativität des Schuldners zusammen mit der Sachkenntnis seines Rechtsanwaltes bilden ein gutes Gespann. Deshalb gewährt in denjenigen Fällen, in denen der Schuldner die Mittel nicht hat, der Staat die sogenannte Prozeßkostenhilfe. Jeder, der nach seinen persönlichen und wirtschaftlichen Verhältnissen die Kosten der Prozeßführung nicht oder zum Teil oder nur in Raten aufbringen kann, erhält auf Antrag Prozeßkostenhilfe gemäß § 114 ZPO, wenn die beabsichtigte Rechtsverfolgung oder Rechtsverteidigung hinreichende Aussicht auf Erfolg bietet und nicht mutwillig erscheint.

Das Gericht entscheidet nach der zu § 114 ZPO entwickelten Tabelle aufgrund des Formulars (Anhang III), in dem der Schuldner einen genauen Überblick über seine Einkommens- und Vermögensverhältnisse machen muß. Von der Höhe seines Netto-Einkommens hängt es dann ab, ob er von Ratenzahlungen ganz befreit ist (Null-Rate) oder Raten zahlen muß, die unter Berücksichtigung der Personen, denen er unterhaltspflichtig ist, mit DM 40,- beginnen und in Schritten von DM 20,- bis DM 80,- ansteigen.

Die Einkommens- und Vermögenserklärung des Schuldners ist umfassend, d.h., sie gibt einen lückenlosen Überblick über seine augenblickliche Situation. Er muß die letzte Lohn- oder Gehaltsabrechnung seines Arbeitgebers dem Antrag beifügen sowie den letzten Bescheid des Finanzamtes über einen Lohnsteuer- bzw. Einkommensteuer-Jahresausgleich. Ist er selbständig, muß er den Jahresgewinn angeben (mit Belegen!), aber auch die Einkommensnachweise aus Vermietung und Verpachtung etc. vorlegen. Das Einfamilienhaus des Schuldners oder kleinere Ersparnisse müssen ebenfalls angegeben werden, verhindern aber nicht einen positiven Bescheid über die Prozeßkostenhilfe. Der Schuldner sollte seine monatlichen Zins- und Tilgungsraten angeben. Ist die Summe der monatlichen Belastung höher als der angemessene Mietzins für das Haus, darf er den angemessenen Mietzins von seinem Netto-Einkommen abziehen.

Die umfassende Offenbarung seines Vermögens kann sehr negative Folgen haben, wenn sie in falsche Hände gerät. Der Gläubiger (Gegner) hat zwar keinen Rechtsanspruch auf Einsicht, deshalb sollte das Prozeßkostenhilfegesuch mit den entsprechenden Daten in einer besonderen, nur dem Richter zugänglichen Akte geführt werden.

Dennoch muß sich der Gegner zu dem Prozeßkostenhilfegesuch äußern, kann hierbei auf Umwegen über seinen Rechtsanwalt u.U. diese Beiakte studieren und sich damit eine ungerechtfertigt günstige Prozeßsituation verschaffen: Der Gläubiger erhält kostenlos sämtliche Daten des Schuldners (auch persönliche Daten), die er sonst erst nach Jahren, praktisch bei Abgabe der eidesstattlichen Versicherung, verlangen kann und plant die Daten bei seinem taktischen Vorgehen gegen den Schuldner ein. Deshalb muß sich der Schuldner hier entscheiden. Manchmal ist es für ihn günstiger, den Notgroschen zu nehmen, mit einem Rechtsanwalt eine freie Gebührenvereinbarung zu treffen und den Rechtsstreit auf eigene Kosten zu führen, als sich im jetzigen Stadium bereits zu offenbaren.

Daß die persönlichen Daten des Schuldners in einer gesonderten Beiakte geführt werden müssen, ist zudem noch – wie fast alles in der Juristerei – bestritten. Eine herrschende Meinung zur Durchsetzung des Persönlichkeitsschutzes des Schuldners ist noch nicht gebildet. Es ist zu hoffen, daß zukünftig ausschließlich dem Richter die persönlichen Daten des Schuldners zugängig werden können (anderer Meinung: LG Celle in MDR 82, 1861 m.w.N.).

Das Positive für den Schuldner an der Prozeßkostenhilfe ist, daß die möglicherweise nach Bewilligung der Prozeßkostenhilfe eintretende erhebliche Verbesserung seiner wirtschaftlichen Verhältnisse nicht mehr berücksichtigt wird: Wenn er also einen Tag nach der Bewilligung im Lotto gewinnt, eine Erbschaft macht oder auf sonstige Weise zu einem guten Einkommen gelangt, bleibt ihm die Prozeßführung mit Staatshilfe erhalten, denn ein sogenanntes "Abänderungsverfahren" wegen geänderter Voraussetzungen sieht das Gesetz nicht vor (Baumbach-Lauterbach, § 124 Anm. 1 ZPO; BVerfG in FamRZ 85, 728 m.w.N.).
Verschlechtert sich hingegen die wirtschaftliche Lage des Schuldners seit der gerichtlichen Entscheidung über seinen ersten Antrag auf Gewährung von Prozeßkostenhilfe, dann kann er in einem weiteren Gesuch die Herabsetzung oder Streichung der Ratenzahlungspflicht verlangen (vgl. LG Karlsruhe in MDR 81, 1030 m.w.N.).
Diese beiden positiven Aspekte sollte der Schuldner im Auge behalten.

Neben den Daten über seine wirtschaftlichen Verhältnisse muß der Schuldner auch den Sachverhalt darlegen, der aus seiner Sicht gegen den Anspruch des Gläubigers oder – im Aktivprozeß (also wenn er selbst klagt) bzw. im Wege der Widerklage – für die Durchsetzung seiner Ansprüche spricht, damit die objektiven Voraussetzungen (s.o.), nämlich die hinreichende Aussicht auf Erfolg, geprüft werden können sowie die Frage, ob der Rechtsstreit nicht mutwillig ist. Mutwilligkeit liegt z.B. vor, wenn der Schuldner hoffnungslos zahlungsunfähig und selbst bei erfolgreichem Prozeß der Gläubiger doch nicht zu seinem Geld kommen würde oder wenn bei einer unbestrittenen Forderung Klage zum Landgericht erhoben wird, statt den billigeren Weg des Mahnbescheides zu wählen.

Hat der Schuldner in der ersten oder zweiten Instanz Erfolg gehabt, also obsiegt, und legt der Unterlegene das Rechtsmittel ein, dann erhält der Schuldner auch ohne Erfolgsaussicht Prozeßkostenhilfe weiter (§ 119 S. 2 ZPO).

Zahlungsunfähigkeit und außergerichtlicher Vergleich vor Einleitung gerichtlicher Maßnahmen

I. Ratenzahlung / Moratorium / Vergleich

Eine unbezahlte Rechnung hat manchmal eine zweite, dritte oder vierte zur Folge. Ein finanzieller Engpaß führt nicht selten zu einer Lawine von Mahnungen etc. Ein Forderungsausfall in einem Unternehmen kann die Feststellung der Zahlungsunfähigkeit zur Folge haben und damit die Gefahr heraufbeschwören, daß irgendein Gläubiger oder eine öffentliche Krankenkasse mangels Geldeingang "auf den Busch klopft" und Konkursantrag auch vor Einleitung irgendwelcher Schritte stellt.

Hierzu genügt die Glaubhaftmachung der Zahlungsunfähigkeit des Schuldners. In dieser Situation ist es dringend notwendig, daß der Schuldner für sich selbst einmal seinen Schuldenturm analysiert, d.h. in einer Liste die kurzfristigen bzw. langfristigen Forderungen aufstellt und die Aktiva diesen Verbindlichkeiten gegenüberstellt. Kurz: Er macht Bilanz, egal, ob er ohne Einkommen, Rentner, selbständiger Gewerbetreibender, Geschäftsführer oder Gesellschafter einer Firma ist.

Es besteht für den einzelnen Schuldner immer die Chance, im Wege der sogenannten Vorwärtsverteidigung eine Ratenzahlung anzubieten, um damit Zahlungsverpflichtungen zu "strecken" und Liquidität zu erhalten. Ob es sich hier um einen Ratenzahlungsplan mit allen Gläubigern handelt oder ob der Schuldner sich für einige wenige Gläubiger entscheidet, bleibt seiner kaufmännischen Entscheidung überlassen. Ratenzahlung bedeutet (s.o.) kein Forderungsverzicht, in der Regel auch kein Verzicht auf die Nebenforderung (Zinsen). Sie ist daher nur eine für den Schuldner allerdings attraktive Verschiebung von Fälligkeiten, die zudem bei geringen Teilbeträgen dem Unternehmen Liquidität beläßt.

Im Wege der sogenannten Vorwärtsstrategie soll der Schuldner den Gläubigern im Rahmen eines Moratoriums (= Vereinbarung eines Zahlungsaufschubs ohne Zinsen mit einem Teilforderungsverzicht) die Aussichtslosigkeit eines langwierigen prozessualen Ver- fahrens klarmachen und monatliche geringe Raten anbieten, die von einem Mann seines Vertrauens (Steuerberater, Unternehmensberater oder Rechtsanwalt) verteilt werden. Einem ehrlichen Moratorium stimmen in der Regel auch dann die Gläubiger zu, wenn sie – als ersten Schritt – aufgefordert werden, auf mindestens 50% ihrer bestehenden Forderungen zu verzichten. Denn geringe Raten an viele Gläubiger können nur erbracht werden, wenn der Schuldner nach menschlichem Ermessen das Ende des Moratoriums erlebt und der Gläubiger das Interesse an der Durchführung wegen der Dauer nicht verliert. Moratorien mit einer Dauer von über 4 Jahren sind in der Praxis kaum durchsetzbar.

Für ein Unternehmen, das selbst Gläubiger zahlreicher Schuldner ist, ergibt sich bei einem finanziellen Engpaß und einer möglicherweise nur vorübergehenden Zahlungsunfähigkeit die Notwendigkeit, einen Status zu erstellen. Dazu benötigt das Unternehmen, die GmbH, KG u.ä., gute Berater. Der Geschäftsführer/Alleininhaber muß im Rahmen der Statuserstellung alles auf den Tisch legen. Haftet er selbst (als Komplementär in einer KG u.ä.), sollte er auch an seine persönliche Zukunft denken und an die Folgen, die bei einem negativen Ausgang der Bemühungen um ein Moratorium oder einen Forderungsverzicht für ihn persönlich eintreten können.

Er muß sich genauso wie der Geschäftsführer einer GmbH fragen, ob er regelmäßig in der Vergangenheit die Forderungen der öffentlichen Kassen oder des Finanzamtes erfüllt hat und nicht durch verspätete Zahlung oder Nicht-Zahlung andere Löcher gestopft hat. Dann haftet er u.U. persönlich. Dies ist nach §§ 103 und 109 der Reichsabgabenordnung z.B. dann der Fall, wenn es der Geschäftsführer schuldhaft versäumt hat, aus den von ihm verwalteten Mitteln der GmbH die Steuern zu zahlen bzw. wenn er bei geringen verfügbaren Mitteln nicht die bestehenden Schulden gleichmäßig tilgt und dem Finanzamt prozentual weniger gibt als den übrigen Gläubigern (Bundesfinanzhof vom 26. 4. 1984 VR 128/79).

Der Status muß ehrlich erstellt sein, er muß aber auch für die Gläubiger nachprüfbar sein. Liegt der Status vor, sollten die das Unternehmen beratenden Fachleute prüfen, aus welchen Gründen der finanzielle Engpaß entstanden ist, ob er vorübergehender Natur oder aber nicht mehr reparabel ist. Dann nämlich gibt es nur zwei Möglichkeiten: Entweder der Geschäftsführer/geschäftsführende Gesellschafter stellt einen Antrag auf Durchführung eines gerichtlichen Vergleichsverfahrens oder auf Eröffnung des Konkurses über das Vermögen des Unternehmens.

Dies kann bei einer fristlosen Kündigung eines Überziehungskredites durch eine Bank schon die zwangsläufige Folge sein. Es ist aber auch möglich –

und daher empfiehlt sich, so rechtzeitig wie möglich den Status zu erstellen –, das Unternehmen zu sanieren, die kopflastige Verwaltung zu dezimieren, die restlichen Mitarbeiter zu mehr Arbeit zu motivieren, unrentable Filialen zu schließen und die Gläubiger, mit denen das Unternehmen in den vergangenen Jahren zufriedenstellend zusammengearbeitet hat, zu einer Gläubiger-Versammlung zu laden. Mit am Tisch sollen auch die Vertreter der Hausbanken sitzen. In der Regel ist ein außergerichtlicher Vergleich (oft zur Erreichung eines sogenannten Forderungsschnitts) eine Gewähr für das Überleben des Unternehmens. Ein Verzicht von 50% und mehr der Alt-Forderung durch die Gläubiger und eine Stundung, verbunden mit einer Ratenzahlung der restlichen Forderungen, können mit weiteren betriebsinternen Maßnahmen das Überleben sichern. Das Schuldner-Unternehmen muß allerdings bestimmte Forderungen im Auge behalten, nämlich die der öffentlichen Kassen und des Finanzamtes (s.o.). Mit diesen bevorrechtigten Gläubigern muß eine Sonderregelung getroffen werden. Heute ist im Hinblick auf die Sicherung des Arbeitsplatzes auch das Finanzamt flexibel. Es verzichtet sogar auf einen Teil der Forderung, wenn die Restforderung in monatlichen Raten dann mit an Sicherheit grenzender Wahrscheinlichkeit eingehen wird. Die öffentlichen Kassen stimmen stets zumindest einer Ratenzahlung zu.

Kommt es zu einem außergerichtlichen Vergleich (Anhang IV), der auch darin bestehen kann, daß die Hauptgläubiger dem Unternehmen sogar durch Darlehen neue Liquidität verschaffen, kann dem Schuldner-Geschäftsführer ein neutraler Gläubiger-Beirat zur Seite gestellt werden, der die Einhaltung des außergerichtlichen Vergleichs kontrolliert. Dagegen ist nichts einzuwenden, da die Hilfe der Gläubiger für das Unternehmen mit der Kontrolle der Durchführung des Sanierungsplanes belohnt werden soll.

Mit den Banken muß zumindest ein Stillhalte-Abkommen erreicht werden. Denn für den Kontokorrent, der in einer bestimmten Höhe erhalten bleiben muß, gibt es keine Sicherheiten mehr. Auch ein Wechselobligo bei einer Bank hilft dem Unternehmen nicht recht weiter. Im Rahmen dieser Gefahr für das Unternehmen muß das Schuldner-Unternehmen darauf achten, daß nicht versehentlich ein Mahnbescheid unbeachtet bleibt, eine Klageschrift nicht rechtzeitig bearbeitet wird.

Es muß verhindert werden, daß ein Gläubiger einen Titel erwirkt oder das Finanzamt vollstreckt. Die Besuche des Gerichtsvollziehers im Unternehmen sind destruktiv und auf dem Drahtseilakt der Sanierung so gefährlich, daß Gläubiger das Vertrauen in die Sanierung verlieren können. Deshalb soll der Schuldner nicht erst beim Besuch des Gerichtsvollziehers reagieren, sondern die Entwicklung des Unternehmens im Auge behalten. Es ist nie zu spät, wenn der Schuldner wach bleibt.

Haben die Gläubiger auf der sogenannten Gläubiger-Versammlung dem von dem Prozeßbevollmächtigten/Berater des Schuldners vorgeschlagenen außergerichtlichen Vergleich zugestimmt (es müssen alle zustimmen, eine Zustimmung der Mehrheit reicht nicht aus!), dann ist das Unternehmen gerettet. Bei dem Vergleichsvorschlag sollten die verschiedenen Gläubiger im Hinblick auf ihre unterschiedlich hohen Forderungen aber nicht gleichbehandelt werden. Die Klein-Gläubiger (bis DM 1000,-) sollten in voller Höhe sofort befriedigt werden. Die Erfahrung hat nämlich gezeigt, daß gerade diejenigen Gläubiger mit kleinen Forderungen zusätzlich Investitionen tätigen, um möglichst die gesamte Forderung auch nach einem langen Rechtsstreit realisieren zu können.

Die Gläubiger mit höheren Forderungen, die anwaltlich beraten sind und über zahlreiche Informationen des Schuldners verfügen, sind entgegenkommender, aber auch an einer Fortsetzung der Geschäftsbeziehungen in hohem Maße interessiert. Außerdem können sie – die Groß-Gläubiger – einen Forderungsverzicht eher verkraften als die Klein-Gläubiger, da sie in der Regel eine Forderungsausfall-Versicherung abgeschlossen haben. Der Versicherer zahlt bei nachgewiesenen Forderungsausfällen bis zu 75% der Forderung an den Versicherungsnehmer .

Der Idealfall einer außergerichtlichen Vereinbarung vor Einleitung irgendwelcher gerichtlicher Schritte ist:

1. die Groß-Gläubiger verzichten auf einen Teil ihrer Forderung (bis 40%) endgültig und stimmen der Durchführung eines Ratenzahlungsplanes zu;
2. die Restforderung wird gestundet und in gleichhohen Monatsraten innerhalb von 36 bis 48 Monaten zurückgezahlt;
3. die Gläubiger räumen bei Fortbestand des Unternehmens dem Schuldner bei Neulieferung ein Zahlungsziel bis zu 60 Tagen ein.

Der Forderungsverzicht der Gläubiger, der das Unternehmen letztendlich rettet, führt nur zum Erfolg, wenn die Basis-Zahlen ehrlich und objektiv sind. Der Verzicht hat eine für den Schuldner unangenehme Nebenwirkung: Es wird eine erhebliche Mehrwertsteuer durch den Forderungsverzicht der Gläubiger sofort fällig. Der Schuldner sollte nach dem Forderungsverzicht eiligst Verhandlungen mit dem Finanzamt beginnen, um die dann fällig werdenden Beträge stunden zu lassen und in monatlichen Raten zu zahlen. Die vereinbarten Raten sind dann günstig, wenn sie unverzinst sind. Die Kaufkraft der D-Mark verschlechtert sich ständig. Außerdem bleibt durch die Ratenzahlung dem Unternehmen Liquidität erhalten.

Der Schuldner sollte auch wissen, daß die Gläubiger flexibel sind und ihm entgegenkommen. In 75% der Konkursverfahren reicht nämlich die Konkursmasse noch nicht einmal aus, um das Konkursverfahren zu eröffnen, d.h. mittels eines Konkursverwalters die Gründe zu untersuchen, die zum Zusammenbruch des Unternehmens geführt haben und den Gläubigern eine geringe Quote erhalten. Der Gläubiger kann mit hoher Wahrscheinlichkeit auch bei einem erheblichen Forderungsverzicht erreichen, daß zumindest ein Teil der Forderungen realisiert wird und die zu verteilende Quote erheblich höher ist als diejenige, die ihm der Konkursverwalter anbieten würde. Diese Chance muß der Schuldner nutzen.

II. Die Sicherungsübereignung zum Zwecke der Finanzierung

Das Gespräch mit dem Gläubiger, der Ratenzahlungsversuch, die außergerichtliche Sanierung sind nicht die einzigen Mittel, um gerichtlichen Schritten vorzubeugen.
Der Schuldner kann darüber hinaus versuchen, sich Liquidität zu verschaffen. Hat er einen wertvollen Gegenstand in seinem Besitz, der im Grunde unverkäuflich ist, oder Arbeitsmaterial, Geräte, Maschinen etc., kann er mit Hilfe eines kurzfristigen Darlehens von einer Bank (oder einem guten Freund!) vielleicht einen Teil der aufgelaufenen Forderungen begleichen. Der Schuldner schließt in diesem Fall einen Sicherungsübereignungsvertrag (Anhang V) mit dem Darlehensgeber ab. Ist es eine Bank, muß sie seriös sein. Ratenzahlungsinstitute neigen dazu, in der Not dem Schuldner – der in seiner Schwierigkeit allein zu sein scheint – kurzfristig Luft zu verschaffen, während sie ihn langfristig mit effektiven Jahreszinsen von bis zu 30% und mehr belasten. Hier sollte der Schuldner nicht darauf vertrauen, sich später bei Rückzahlung des Darlehens erfolgreich darauf zu berufen, daß der Vertrag sittenwidrig und damit nichtig ist und er infolgedessen keinerlei Zinsen an das Institut zahlen muß. Bevor er den Darlehensvertrag abschließt, muß er sich einige Informationen einholen: Er sollte die übliche Bearbeitungsgebühr eines Darlehensantrages kennen und den von der Deutschen Bundesbank in Erfahrung zu bringenden Schwerpunktzins für den betreffenden Monat. Aus diesem errechnet sich, für das Jahr hochgerech-

net, der marktübliche effektive Jahreszins, der dem von dem Kreditinstitut als rechnerisch richtig angegebenen effektiven Jahreszins gegenübergestellt wird. Abgesehen davon, daß die Kreditinstitute "sonstige Unkosten" völlig unberechtigt dem Schuldner auch noch in Rechnung stellen – hierfür fehlt in der Regel jeder Nachweis –, kann dann der Schuldner durch die Abweichung des üblichen Jahreszinses von dem in Rechnung zu stellenden effektiven Jahreszins erkennen, ob es sich bei dem Darlehensgeber um ein unseriöses Unternehmen handelt, das einen sittenwidrigen Vertrag abschließen will. Bei Überschreiten des marktüblichen Zinses um mehr als 50% beginnt bereits das sittenwidrige Handeln (vgl. OLG Hamm in NJW RR 1986, 46).

III. Die Forderungsabtretung

Es gibt aber auch zahlreiche Schuldner/Unternehmen, die Forderungen gegen Dritte haben und wegen Zahlungsverzögerungen selbst in erhebliche Liquiditätsschwierigkeiten geraten. Sind die Forderungen realisierbar oder ist dies zumindest in den Augen Dritter wahrscheinlich, dann kann der Liquiditätsengpaß überwunden werden durch Abtretung der Forderung als Sicherheit für eine Stundung oder die Gewährung eines Darlehens (siehe Anhang VI).

Die Forderungsabtretung an den Darlehensgeber gibt ihm das Recht, die gesamte Forderung einzuziehen und diese dann mit dem Darlehen zu verrechnen. Die bei der Einziehung entstehenden Kosten trägt der Darlehensnehmer (Schuldner). Häufig gelingt es auch, einem Bankinstitut/ Darlehensgeber alle Forderungen abzutreten *ohne* Prüfung der Realisierung, um als Gegenleistung dafür 40% aller Forderungen als Darlehen zur Überwindung der Liquiditätskrise zu erhalten.

IV. Notgroschen / Verwandtschaftshilfe

Reichen die vorhandenen Sicherheiten/Forderungen nicht aus, um Liquidität zu schaffen, muß der Schuldner auch an den letzten Notgroschen denken. Möglicherweise hat er einen Erbanspruch und kann diesen mit anderen zukünftigen Miterben seiner Familie zu Geld machen. Vielleicht sind aber auch Verwandte aus anderen Gründen daran interessiert, das Familienmitglied nicht fallenzulassen und an einer Umschuldung o.ä. mitzuwirken. Der Schuldner sollte jedenfalls alles versuchen, *bevor* gerichtliche Schritte eingeleitet werden, wenn er selbst der Überzeugung ist, daß der Anspruch *dem Grunde nach* gerechtfertigt ist. Das Ergebnis muß sein, daß der Schuldner ohne Einleitung gerichtlicher Schritte mit seinem versteckten Notgroschen oder der ihm gewährten Verwandtenhilfe nur einen Teil der Forderung bezahlt und die Gläubiger auf die Restforderung verzichten.

V. Die Gütertrennung und ihre Folgen

Der selbständige Gewerbetreibende (Einzelkaufmann) wird stets mit seiner Ehefrau im Güterstand der Gütertrennung leben. Der Schritt zum Notar unmittelbar nach der Eheschließung oder – wie dies heute üblich ist – bereits vorher lohnt sich finanziell immer. Der Güterstand muß im Güterrechtsregister des zuständigen Amtsgerichts eingetragen sein, die dem Güterrechtsvertrag beigefügte Vermögensliste immer wieder um die Neuanschaffungen ergänzt werden! Dann hat der Schuldner seinen Rücken frei, um seine Existenz aufzubauen und kann die Vermögenswerte auf seine Frau übertragen, die später einmal seinen Notgroschen bilden sollen. So entsteht das Einfamilienhaus auf dem Namen der Ehefrau genauso, wie ihr die Einrichtungsgegenstände und sonstigen erheblichen Vermögenswerte gehören. Vergrößert er dann sein Unternehmen, ist von Zeit zu Zeit die Mithilfe seiner Frau (Bürgschaft etc.) notwendig, damit der Schuldner als Unternehmer einen angemessenen Kredit zur Verfügung hat. Die Bürgschaft sollte nur eine ganz begrenzt bezifferte Summe enthalten.

Das <u>Negative</u> an einer solchen einseitigen Vermögensbildung innerhalb der ehelichen Gemeinschaft ist die Gefahr für den Schuldner selbst, der sich zu Recht um das Ergebnis seiner Arbeit gebracht sieht, wenn die Ehe geschieden wird. So kann u.U. der Ruin des Schuldners nicht verhindert werden.

Der Schuldner als <u>Junggeselle</u> hat es schwerer in seiner persönlichen Vermögensbildung, da eine weitere Person fehlt, der er das Vermögen und die Gegenstände rechtzeitig vor dem Zugriff der Gläubiger übertragen kann. Hier gibt es nur eine Möglichkeit: Er gründet eine Firma im Ausland, die ihrerseits die Anteile an seiner GmbH hält, die Darlehensgeber beim Bau seines privaten Hauses wird. Der Kaufpreis (Darlehen) oder ein überwiegender Teil davon muß nachweisbar vom Ausland an den Veräußerer oder Ersteller des Hauses fließen, der Betrag muß durch eine Grundschuld gesichert werden. Dies erscheint etwas kompliziert, ist aber nur dann in der Realisierung schwierig, wenn zu wenig Barmittel zur Verfügung stehen. Es sollten bei einer solchen Konstruktion immer 40% des Kaufpreises vorhanden sein. Der restliche Kaufpreisanteil kann in der BRD finanziert werden, und zwar entweder durch eine Bausparkasse oder durch eine Bank. Im Falle von Liquiditätsschwierigkeiten, fehlgeschlagenen Sanierungsversuchen bis hin zum Konkurs des Unternehmens kann dann der Einzelkaufmann wenigstens mit seinem Notgroschen rechnen.

Die Gesellschaft mit beschränkter Haftung ist sicherlich die ideale Unternehmensform, um die persönliche von der geschäftlichen Haftung zu trennen, selbst wenn in der Aufbauphase des Unternehmens der Alleingesellschafter und Geschäftsführer nicht umhinkönnen, in Höhe eines bestimmten Betrages vorübergehend auch persönlich mit ihrem gesamten Vermögen zu haften.

Sind die Vorbereitungen des Schuldners nicht ausreichend gewesen, helfen ihm die Abwehrtricks nicht weiter. Hat er es mit einem Gläubiger zu tun, der ihm das Leben schwer zu machen droht, dann sollte der Schuldner in Ruhe abwarten, bis die gerichtlichen Maßnahmen vom Gläubiger eingeleitet werden. Denn er muß nun damit rechnen, daß der Gläubiger mit staatlicher Hilfe seine vermeintlichen Ansprüche durchsetzen will. Dem Schutzbedürfnis des Schuldners steht nunmehr das Interesse des Gläubigers, das eigene Recht durchzusetzen, gegenüber. Die Einleitung gerichtlicher Maßnahmen sagt aber noch nichts darüber aus, ob der Anspruch dem Grunde oder der Höhe nach berechtigt ist!

Der Schutz des Schuldners bei gerichtlichen Maßnahmen

I. Die verschiedenen Titel

Der Schuldner muß wissen, daß der Gläubiger mit Hilfe staatlicher Maßnahmen seine Ansprüche durchsetzen kann, wenn der Staat die Berechtigung seines Anspruchs geprüft bzw. den Anspruch tituliert hat. Die wichtigsten Titel sind:

a) Vollstreckungsbescheide (§ 794 II Nr. 4 ZPO): ein für vollstreckbar erklärter Mahnbescheid (§§ 688, 699 ZPO);
b) Endurteile der Zivilgerichte (§§ 300, 313 ZPO);
c) Kostenfestsetzungsbeschlüsse (§ 794 I Nr. 2 ZPO);
d) Gerichtliche Vergleiche (Prozeßvergleiche) (§ 794 I Nr. 1 ZPO); (der Rechtsstreit wird durch eine Zahlungs- oder sonstige Verpflichtung des Schuldners (Beklagten) festgelegt)
e) Anerkennung des Regelunterhalts des nichtehelichen Kindes (§ 794 I Nr. 2a ZPO);
f) Abänderungsbeschlüsse (§ 794 I Nr. 2b ZPO);
g) Notarielle Urkunden (§ 794 I Nr. 5 ZPO); (der Schuldner unterwirft sich der sofortigen Zwangsvollstreckung hinsichtlich der Zahlung eines bestimmten Betrages);
h) Entscheidungen nach erfolgter Hausratsteilung (§ 16 Hausratsverordnung);
i) Kostenrechnungen der Notare (§ 155 KostenO);
j) Entscheidungen des Seemannsamtes (§ 131 SeemannsO);
k) Einstweilige Anordnungen (§ 794 I Nr. 3a ZPO);
l) Arrestbefehle und einstweilige Verfügungen (§§ 928, 936 ZPO);
m) Schiedssprüche und Vergleiche in Schiedsverfahren, wenn sie durch Entscheidung des staatlichen Gerichtes für vollstreckbar erklärt sind und diese Entscheidung rechtskräftig oder für vorläufig vollstreckbar erklärt ist (§§ 794 I Nr. 4 , 1042, 1042c, 1044a ZPO);
n) Auszug aus der Konkurstabelle (§ 164 II KO);
o) Zwangsvergleiche im Konkurs (§ 194 KO);
p) Zuschlag bei einer Zwangsversteigerung (§§ 93, 132, 162, 180 I Zwangsversteigerungsgesetz).

II. Das gerichtliche Mahnverfahren

1. Inland

Der häufigste Versuch, möglichst schnell einen Zahlungsanspruch zu realisieren, geschieht im sogenannten Mahnverfahren: Der Gläubiger, der eine bestimmte Geldsumme verlangt (§ 688 I ZPO), die in der Widerspruchsphase fällig werden muß (§ 692 I Ziffer 3 ZPO), kann durch Ausfüllung eines sogenannten Mahnbescheides, d.h. eines vorgegebenen, in der gesamten BRD geltenden Formulars beim zuständigen Amtsgericht (des Gläubigers) nach Zahlung der fälligen Gerichtskosten dem Schuldner zeigen, daß nunmehr seine Geduld zu Ende ist (Anhang VII). Dann kann er nach § 703a ZPO auch das als Urkunden-, Wechsel- oder Zweckmahnverfahren bezeichnete Verfahren einleiten. Er muß jeweils die Bezeichnung Urkunde, Wechsel bzw. Scheck über dem Wort Mahnbescheid einsetzen.

a) Checkliste zur Prüfung des Mahnbescheides

In der Regel zieht der Gläubiger bei Geldansprüchen das Mahnverfahren vor, weil er mit der Untätigkeit (Schläfrigkeit) des Schuldners rechnet. Denn viele Schuldner neigen dazu, die Post in blauen Umschlägen ungeöffnet in den Papierkorb zu werfen, oder aber sie legen sie so gut beiseite, daß sie sie innerhalb der notwendigen Reaktionsfrist nicht mehr finden. Dennoch muß der Schuldner reagieren! Er soll sich das Formular genau durchlesen und Zeile um Zeile prüfen, insbesondere dann, wenn er – was ja wahrscheinlich ist – genau weiß, daß er dem Absender einen bestimmten Betrag schuldet. Der Schuldner kann sich durch Kenntnis selbst helfen:

a) Hat der Gläubiger das richtige Formular verwendet? Wenn es sich um eine Forderung aus einem Arbeitsverhältnis handelt, dann ist das Arbeitsgericht zuständig und damit ein anderes Formular notwendig (Anhang VIII).

b) Hat der Gläubiger den Mahnbescheid richtig bezeichnet, oder meinte er etwa einen Scheck-Mahnbescheid? (s.o.)

c) Ist der Schuldner genau bezeichnet? Sein Vor- und Zuname müssen stimmen. Ist der Vorname falsch, der Mahnbescheid per Post in den Briefkasten gewandert, dann ist der Vollstreckungsbescheid später nicht vollstreckbar. Es handelt sich nicht um die Person, gegen die sich der Anspruch in Wirklichkeit richtet. In diesem Falle braucht der Schuldner nichts zu tun, muß natürlich später bei der Zwangsvollstreckung mehr Arbeit leisten.

Der Gerichtsvollzieher kann später nicht die Identität prüfen und den entsprechenden Nachweis hierzu liefern. Er hat sich auf die Angaben des Gläubigers zu verlassen. Bei einem fehlerhaft geschriebenen Namen gelingt es dem Gläubiger unter Zeitverlust dann, den Titel zu berichtigen, d. h. die Identität zwischen dem Wohnungsinhaber (Schuldner) und dem beanspruchten Antragsgegner zu beweisen. Beim falschen Vornamen aber muß der Gläubiger ein neues Mahnverfahren einleiten. Besonders peinlich ist dies bei Brüdern. Wird der falsche Schuldner belangt und erleidet er hierdurch einen erheblichen Schaden, weil bei der Schufa schon die Einleitung eines Mahnverfahrens registriert worden ist, macht sich der Gläubiger durch Fahrlässigkeit schadenersatzpflichtig.

d) Handelt es sich bei dem Antragsteller um jene Firma, mit der der Schuldner eine Geschäftsbeziehung unterhalten hat? Ist der gesetzliche Vertreter angegeben?

e) Ist der Anspruch (Mietzins oder Warenlieferung gemäß Rechnung vom ...) richtig beschrieben, das Fälligkeitsdatum angegeben und der Zinssatz begründet? Der gesetzliche Zinssatz beträgt gemäß § 288 BGB 4% jährlich und unter Kaufleuten gemäß § 352 HGB 5%. Bei Wechsel- oder Scheckforderung ist ein Zinssatz von 2% über dem jeweiligen Diskontsatz der Deutschen Bundesbank, mindestens aber 6% gerechtfertigt. Im Falle höherer Zinsen *muß* der Gläubiger die tatsächliche Höhe durch Vorlage entsprechender Bescheinigungen später im Rechtsstreit glaubhaft machen, also zum Beispiel durch Kontoauszüge mit Angabe des Zinssatzes für Überziehungskredite!

f) Sind die Kosten des Mahnverfahrens richtig angegeben und richtig errechnet?

g) Ist das richtige Gericht benannt, das nach Einlegung des Widerspruches für die Entscheidung zuständig ist? Das Amtsgericht ist nach § 23 Nr. 1 GVG zuständig für einen Gegenstandswert (Hauptforderung) bis zu DM 5.000,-. Darüber hinaus ist die Zuständigkeit des Landgerichts gegeben.

h) Ist der Mahnbescheidsantrag vom Gläubiger oder seinem Prozeßbevollmächtigten handschriftlich unterschrieben? Viele Gläubiger halten die handschriftliche Unterzeichnung für überflüssig und ersetzen diese bei der Menge der Mahnbescheide durch einen Faksimile-Stempel oder durch eine gedruckte Unterschrift. Beides ist eindeutig unzulässig. Ein nicht ordnungsgemäß und handschriftlich unterzeichneter Mahnbescheidsantrag muß von Amts wegen, spätestens aber nach Einlegung des Widerspruches, durch den Rechtspfleger zurückgewiesen werden. Geschieht dies nicht, muß der Schuldner (ohne Begründung) Widerspruch einlegen. Dann muß der Gläubiger das ganze Verfahren neu beginnen lassen, weil der Mahnbescheid unwirksam ist. Wird aber der Mahnbescheid trotz Fehlens der Unterschrift erlassen, d.h. die Mängel weder vom Rechtspfleger noch vom Schuldner gesehen, läuft zunächst einmal das Verfahren zu Lasten des Schuldners bis zur Vollstreckung weiter (BGH 86, 324).

Stellt der Schuldner Mängel fest: Immer Widerspruch einlegen!

b) Zustellung des Mahnbescheides

Die Zustellung des Mahnbescheides (durch die Post) wird im Mahnbescheidsformular selbst vermerkt. Mit dem Tage der Zustellung beginnt die Einspruchsfrist. Auch wenn vom 15. Juli bis 15. September Gerichtsferien sind (§ 202 GVG), läuft das Mahnverfahren. Auch wenn der Schuldner urlaubsabwesend ist laufen die Fristen! Nur wenn der Schuldner vor den Gerichtsferien Widerspruch eingelegt hat, kann in den Gerichtsferien nur auf Antrag des Gläubigers über Kaufpreis- und Werklohnklagen verhandelt werden, da es sich hierbei nicht um sogenannte geborene Feriensachen handelt. Ohne Antrag laufen keine Fristen in den Gerichtsferien, außer den sogenannten Notfristen! Eine Niederlegung zur Post mit der entsprechenden Benachrichtigung an den Schuldner darf den Schuldner nicht zur Gleichgültigkeit animieren. Er sollte generell dafür sorgen, daß in seiner Abwesenheit der Nachbar den Briefkasten leert, wenn er nicht einen Nachsendungsauftrag stellt.

Ist eine Zustellung nicht möglich, weil sich der Name des Schuldners geändert hat (infolge Heirat) oder sich die Anschrift als falsch herausstellt (die Hausnummer stimmt nicht u.ä.), dann darf der Schuldner untätig bleiben, denn eine öffentliche Zustellung des Mahnbescheides gibt es nicht. Das Mahnverfahren ist auf Kosten des Gläubigers erledigt (LG Karlsruhe, MDR 80, 236).

c) Widerspruch – Einspruch

Innerhalb von 2 Wochen (§ 693 I 2 ZPO) nach der Zustellung des Mahnbescheides soll der Schuldner reagieren und unter richtiger Angabe des Aktenzeichens (sonst kann der Mahnbescheid für vollstreckbar erklärt werden!) an das Absender-Gericht das rote Widerspruchsformular unterschrieben abschicken, nach Möglichkeit ohne jede Begründung (Anhang IX).

Der Schuldner, der sich vielleicht nur gegen die Höhe der Zinsen wendet oder etwa schreibt, daß er die Forderung in Raten zahlen wolle, hindert den Gläubiger dadurch nicht, über die Hauptforderung den Erlaß des Vollstreckungsbescheides zu beantragen ohne über die Bitte des Schuldners, Raten zahlen zu dürfen, nachzudenken. Das beste für den Schuldner, um keine Rechte zu verlieren, ist daher: keine Begründung ohne anwaltlichen Rat. Auch wenn die Widerspruchsfrist versäumt ist, kann der Schuldner die Chance nutzen und Widerspruch einlegen. Ist der Vollstreckungsbescheid noch nicht erlassen, verhindert der verspätete Widerspruch den Erlaß. Ist er aber erlassen, gilt der verspätete Widerspruch als Einspruch gegen den Vollstreckungsbescheid (Umdeutung). Es lohnt sich daher im Zweifel immer, das Formular unterzeichnet abzuschicken. Es ist selten zu spät.

Der Schuldner sollte nie darauf vertrauen, daß der Gläubiger schläft. Dieser kann natürlich, je nachdem, wieviele Mahnbescheide er bzw. ein von ihm beauftragter Rechtsanwalt zu bearbeiten hat, den einen oder anderen auch einmal übersehen und innerhalb von 6 Monaten seit der Zustellung des Mahnbescheides die Sache erst wieder auf den Tisch bekommen. Liegt dann kein Widerspruch des Schuldners vor und war der Gläubiger untätig geblieben, d.h., hat er keinen Vollstreckungsbescheid beantragt, fällt die Wirkung des Mahnbescheides weg (§ 701 ZPO), d. h., die Akte wird abgelegt. Der Gläubiger muß irgendwann ein neues Verfahren beginnen und hat obendrein noch die Kosten zu tragen.

Legt der Schuldner Widerspruch oder rechtzeitig Einspruch ein, wird die Sache an das im Mahnbescheidsformular angegebene Gericht am Wohnsitz des Schuldners abgegeben, wo das streitige Verfahren durchgeführt wird.

In der Regel geht etwa 2 Wochen nach der Zustellung des Mahnbescheides der Antrag des Gläubigers bei seinem Amtsgericht ein, um einen Vollstreckungsbescheid zu erwirken. Das Gericht prüft lediglich das Zustellungsdatum und die 14tägige Frist. Ist er zu früh gestellt, wird er durch Beschluß zurückgewiesen (= Zeitgewinn für den Schuldner). Bestehen keine Bedenken, wird der Vollstreckungsbescheid (Titel) vom Rechtspfleger unterschrieben und mit dem Gerichtsstempel versehen, anschließend dem Gläubiger zur Zustellung bzw. Durchführung der Zwangsvollstreckung zugesandt. Dem Gläubiger steht es nunmehr frei, ob er den Vollstreckungsbescheid dem Schuldner lediglich durch die Post zustellen läßt, oder aber ob er den zuständigen Gerichtsvollzieher beauftragt, die Zustellung und die Zwangsvollstreckung durchzuführen. Ist der Gläubiger schlau, dann stellt er den Vollstreckungsbescheid – wie auch den Mahnbescheid vorher – dem Schuldner durch die Post zu in der Hoffnung, daß der Schuldner es mit den durch die Post zugestellten Urkunden nicht so genau nimmt und dadurch seine letzte Frist versäumt. Läßt der Gläubiger den Vollstreckungsbescheid durch den Gerichtsvollzieher zustellen, da er gleichzeitig mit der Zwangsvollstreckung (Pfändung) beginnen will, dann wird der Schuldner im Zweifel immer Einspruch einlegen, auf den ihn der Gerichtsvollzieher in der Regel sogar hinweist.

Der Schuldner sollte daher auf die Tricks des Gläubigers nicht hereinfallen. Jedes Schriftstück, insbesondere auch die durch die Post mit blauen Umschlägen zugestellten Urkunden, soll er sorgfältig lesen, um seine Rechte zu wahren.

Mit der Zustellung des Mahnbescheides ist die Verjährung (s.o.) unterbrochen, d.h., der Schuldner verliert diese für ihn u.U. wesentliche Einrede und hat damit eine Chance weniger, seine Zahlungspflicht zu umgehen (s.o.).

Bei Zustellung des Vollstreckungsbescheides (VB = Anhang X) beginnt die Einspruchsfrist. Nach Ablauf von zwei Wochen (§ 339 I ZPO), bei arbeitsgerichtlichen Verfahren nach einer Woche (§ 59 S. I 46a I ArbGG; LAG Hamm in DB 78, 896) ist der Anspruch des Gläubigers rechtskräftig. Hierzu darf es im Grunde nie kommen. Der Schuldner verschenkt alle Chancen, wenn er auch diese zweite Frist ungenutzt verstreichen läßt. Mit einem formlosen Schreiben an das den Mahnbescheid erlassende Gericht unter der Bezeichnung "Einspruch" (Angabe des Aktenzeichens nicht vergessen!) wehrt sich der Schuldner richtigerweise gegen die Maßnahmen des Gläubigers.

Denn ist erst einmal mit der Zwangsvollstreckung durch den Gerichtsvollzieher begonnen worden, dann wird die Abwehr komplizierter, selbst wenn sämtliche im Besitz des Schuldners befindlichen Gegenstände ihm nicht gehören.

Legt der Schuldner Widerspruch (gegen den Mahnbescheid) oder Einspruch (gegen den Vollstreckungsbescheid) ein, kommt es zur Aufforderung des Amtsgerichts an den Gläubiger, zunächst einmal weitere Gerichtskosten einzuzahlen. Erst dann wird in aller Regel die Sache an das Amtsgericht/Landgericht am Wohnsitz des Schuldners verwiesen, es sei denn, der Schuldner hat mit dem Gläubiger vor Einleitung des Mahnverfahrens einen Gerichtsstand vereinbart, oder die Parteien treffen nachträglich eine Gerichtsstandvereinbarung zugunsten des Gläubigers (was der Schuldner nie tun sollte!), oder es gilt aufgrund der allgemeinen Zahlungsbedingungen des Gläubigers, die der Schuldner seinerzeit akzeptiert hatte, der Gerichtsstand des Gläubigers (bei Vollkaufleuten).

Ist das Gericht am Wohnsitz des Schuldners zuständig, überlegt sich der Gläubiger manchmal vor Einzahlung weiterer Gerichtskosten, ob er das Verfahren durchführen soll oder nicht. Denn er muß neben dem ihn ständig beratenden Prozeßbevollmächtigten einen zusätzlichen Rechtsanwalt einschalten, der am Gericht des Schuldners zugelassen ist. Dies bedeutet für ihn – den Gläubiger – doppelte Kosten.

d) Besonderheit: Scheckmahnverfahren

Hat der Schuldner versehentlich einen Scheck hingegeben, der mangels Deckung nicht eingelöst wurde, kann der Gläubiger im Wege des Scheckmahnverfahrens (s.o.) vorgehen. Er hat den Mahnbescheid entsprechend umbenannt und fügt drei Ablichtungen des nicht eingelösten Scheckformulars bei. Vergißt der Gläubiger die besondere Bezeichnung "Scheckmahnbescheid", dann wird nach Einlegung des Widerspruchs durch den Schuldner der Rechtsstreit als normaler Zahlungsrechtsstreit (s.o.) geführt.

Wird aber dem Schuldner der "Scheckmahnbescheid" unter dieser Bezeichnung zugestellt, wird nach Einlegung des Widerspruchs der Rechtsstreit als Scheck- bzw. Urkundeverfahren geführt. Der Schuldner muß zunächst seine Einwendungen ausschließlich mit Urkunden beweisen, was natürlich für ihn außerordentlich schwierig ist. Auch der von ihm hingegebene, nicht gedeckte Scheck spricht zunächst eindeutig gegen ihn. Bleibt sein Vorgehen ohne Erfolg, erhält der Gläubiger schnell ein sogenanntes Vorbehaltsurteil, aus dem er vorläufig vollstrecken kann, während sich der Schuldner nur vorbehalten kann, seine übrigen Rechte im sogenannten Nachverfahren geltend zu machen, was ihm u.U. wenig hilft, denn die Vollstreckung läuft und ist nur durch Sicherheitsleistung oder durch besondere Schutz-Rechtsbehelfe zu verhindern.

2. Ausland

Lebt der Schuldner im Ausland, ist er nicht in jedem Land vor seinen Gläubigern sicher. Denn jedem Vertragspartner des Europäischen Abkommens über die gerichtliche Zuständigkeit und die Vollstreckung gerichtlicher Entscheidungen in Zivil- und Handelssachen vom 27.9.1968 kann der Mahnbescheid (§ 688 II ZPO) zugestellt werden. Die Widerspruchsfrist verlängert sich nach der Zustellung um einen Monat.

Der Vollstreckungsbescheid ist nicht nur in den europäischen Ländern, sondern auch in anderen Ländern zustellbar, mit denen die BRD ein gegenseitiges Vollstreckungsabkommen unterhält. Die Dauer der Einspruchsfrist setzt der Richter – je nach Land – fest (§ 339 II ZPO – Anhang XII). Nicht ausreichend ist die Zustellung des Mahnbescheides oder des Vollstreckungsbescheides durch die Post im Ausland!

III. Erwiderungen und Einwände gegen Klagen und Endurteile

Entscheidet sich der Gläubiger für das Klageverfahren gegen den Schuldner, oder handelt es sich um einen Geldanspruch, der von einer Gegenleistung abhängig ist bzw. um einen anderen Anspruch, um vom Schuldner ein Tun oder Unterlassen zu verlangen (§ 194 BGB), reicht er bei dem zuständigen Gericht (in der Regel am Wohnsitz des Schuldners) die Klageschrift ein, die dem Schuldner per Post zugestellt wird. Ist der Schuldner nicht auffindbar, verschafft die Möglichkeit der öffentlichen Zustellung dem Gläubiger einen schnellen Titel (s.o.).

Die Klageschrift muß den gesetzlichen Formerfordernissen entsprechen, die von Amts wegen geprüft werden (§ 253 ZPO). Ist das Amtsgericht oder Arbeitsgericht zuständig (z.B. Streitwert unter DM 5.000,-), kann der Gläubiger die Klage auch zu Protokoll der Geschäftsstelle erklären (§ 496 Abs. 2 ZPO), was jedoch außerordentlich selten ist.

Der Schuldner muß nach Zustellung der Klageschrift einen Rechtsanwalt aufsuchen, wenn er sich nicht selbst verteidigen will (was er beispielsweise vor dem Landgericht gar nicht kann). Er hat zu entscheiden, ob er im Wege der Prozeßkostenhilfe die Staatshilfe bei seiner Abwehr in Anspruch nehmen will (s.o.) oder ob er mit eigenen Mitteln vorgehen will. Auf jeden Fall soll der Schuldner aktiv werden, denn das Gericht wird ihm mit der Zustellung eine Frist zur Erwiderung einräumen, die er einhalten muß, es sei denn, er stellt einen begründeten Fristverlängerungsantrag.

Hat der Schuldner Widerspruch eingelegt, muß der Gläubiger nach Einzahlung weiterer Gerichtskosten die Klage begründen, d.h. darlegen, welchen Lebenssachverhalt er seinem Zahlungsanspruch zugrunde legt. Er muß des weiteren die Richtigkeit seines Sachvortrages unter Beweis stellen.

Dazu muß er Beweismittel angeben wie z.B. Zeugen, Urkunden, Einholung von Sachverständigen-Gutachten, die Augenscheinnahme bzw. die Parteivernehmung.

Der Schuldner hat dann ausreichend Zeit zu erwidern. Einem geschulten Schuldner oder seinem Rechtsanwalt gelingt es häufig, eine für ihn negativ zu erwartende Entscheidung zumindest hinauszuzögern, wenn nicht gar zu verhindern. Durch das Hinauszögern gewinnt der Schuldner Zeit und damit Luft, kann Liquidität schaffen, selbst wenn er letztlich die banküblichen Zinsen (bei einem entsprechenden Nachweis durch den Gläubiger!), zumindest aber die gesetzlichen Zinsen in Höhe von 4 oder 5%, zu zahlen hat.

Stellen aber das Gericht (von Amts wegen) oder der Schuldner Mängel am prozessualen oder materiell-rechtlichen Vortrag fest, muß der Gläubiger diese beseitigen. Der Schuldner kann alle prozessualen und materiellrechtlichen Tricks anwenden, um den Anspruch zu Fall zu bringen. Er kann die örtliche (ein anderes AG oder LG ist zuständig) und die sachliche (ein Arbeitsgericht ist statt des Zivilgerichtes zuständig) bzw. die funktionelle Zuständigkeit (für Handelssachen ist ausschließlich die Kammer für Handelssachen zuständig, die angerufene Kammer muß verweisen) rügen. Er kann den Einwand der ordentlichen Gerichtsbarkeit erheben, wenn ein vereinbartes Schiedsgericht zuständig ist. Er kann vortragen, der Anspruch sei schon anderweitig anhängig (§ 263 ZPO) oder es sei schon über ihn rechtskräftig entschieden (§ 322 ZPO), und die Behauptung aufstellen, der Gläubiger habe ihm die Prozeßkosten eines früheren Verfahrens nicht ersetzt oder – schließlich – die Sache unterliege nicht der deutschen Gerichtsbarkeit (BGHZ 10, 351 ff.).

Normalerweise wird Termin zur ersten mündlichen Verhandlung anberaumt etwa 6-8 Monate nach Zustellung der Klageschrift. Bei kleineren, weniger belasteten Gerichten geht dies schneller. Der Schuldner *muß* persönlich erscheinen oder sich durch einen Rechtsanwalt vertreten lassen.

Sonst riskiert er 15 Minuten nach der Terminstunde den Erlaß eines Versäumnisurteils (§ 331 ZPO) gegen ihn. Dieses Urteil enthält keine Begründung und ist ohne Sicherheitsleistung vorläufig vollstreckbar. Gegen das Versäumnisurteil kann der Schuldner Einspruch einlegen und eiligst die Einstellung der Zwangsvollstreckung beantragen. Den Einspruch muß er binnen zwei Wochen schriftlich begründen (§§ 338-340 ZPO). Versäumt der Schuldner die ihm vom Gericht genannte Frist zur Erwiderung, dann kann auch im schriftlichen Verfahren Versäumnisurteil gegen ihn ergehen (Anhang XIII a).

Es sollte den Schuldner nicht unangenehm berühren, wenn regelmäßig – mal mehr, mal weniger – das Gericht versucht, den Rechtsstreit gütlich beizulegen, d.h. unter Verzicht auf eine aufwendige Beweisaufnahme einen Weg zu finden, um beide Parteien zum gegenseitigen Nachgeben zu motivieren. Damit wird letztlich die dann noch vom Schuldner zu zahlende Forderung in diesen Vergleich gekleidet, der für vorläufig vollstreckbar erklärt wird.

Ergeht ein Urteil gegen den Schuldner (Anhang XIII), ist es in der Regel gegen Sicherheitsleistung vorläufig vollstreckbar, bevor es rechtskräftig wird. Der Gläubiger muß dann z.B. eine Bankbürgschaft zustellen lassen, um anschließend sofort aus dem Urteil gegen den Schuldner vollstrecken zu können, auch wenn dieser Berufung einlegt. Der Schuldner kann die Zwangsvollstreckung selbst durch Sicherheitsleistung abwenden, wenn er die entsprechenden Mittel (Bankbürgschaft etc.) hat. Er kann auch beim Vollstreckungsgericht die gesamte Summe hinterlegen. Auf jeden Fall sollte er sich für eine zweite Instanz rüsten, sofern er nur eine geringe Chance hat. Auch die Zeit ist eine Chance! Er gewinnt mit der Einlegung der Berufung gegen das Endurteil mindestens 12 Monate, selbst wenn er die Zwangsvollstreckung mit Sicherheitsleistung durch den Gläubiger nur unter großen Anstrengungen verhindern kann.

Der Schuldner muß wissen: Urteile gegen den Schuldner bis zu DM 1.500,- (zuzüglich Kosten) oder eine Entscheidung, die nur hinsichtlich der Kosten vorläufig vollstreckbar ist, können ohne Sicherheitsleistung des Gläubigers vollstreckt werden. Das gleiche gilt bei Anerkenntnis- und Verzichtsurteilen (§ 708 Nr. I ZPO), bei Versäumnisurteilen (§ 709 S. 2 ZPO) und Urteilen nach Lage der Akten gegen die säumige Partei (§§ 231a, 708 Nr. 2 ZPO); bei Urteilen, die durch Arrest oder einstweilige Verfügung abgelehnt oder aufgehoben werden (§ 708 Nr. 6 ZPO); bei Urteilen in bestimmten Streitigkeiten zwischen Vermieter und Mieter, insbesondere auf Räumung (§ 708 Nr. 7 ZPO); bei Urteilen auf Zahlung von Unterhalt oder von Rente sowie bei Urteilen wegen verbotener Eigenmacht (§ 801 BGB, § 708 Nr. 10 ZPO).

IV. Die Rechtsmittel gegen Urteile

1. Die Berufung

Die Berufung ist als Rechtsmittel nur bei Rechtsstreitigkeiten über vermögensrechtliche Anprüche zulässig, wenn der Wert des Beschwerdegegenstandes (Geldsumme oder der vom Gericht festgestellte Streitwert) DM 700,- übersteigt (§ 511a ZPO). Unter DM 700,- ist das Urteil mit der Zustellung an den Schuldner rechtskräftig.

2. Die Revision

Gegen die Entscheidung des Berufungsgerichts kann der Schuldner, sofern die Revisionssumme (Gegenstandswert) von DM 40.000,- erreicht ist oder das Oberlandesgericht die Revision ausdrücklich zugelassen hat (§ 546 ZPO), Revision beim Bundesgerichtshof (BGH) einlegen.

Beim Landgericht (als Berufungsinstanz) und beim BGH wird das Urteil mit dem Erlaß (= Verkündung), bei allen anderen Urteilen mit dem Ablauf der Rechtsmittelfrist, die ab Zustellung (von Amts wegen!) zu laufen beginnt, oder der Einspruchsfrist (§ 705 ZPO) rechtskräftig. Der Schuldner sollte die Rechtsmittelfrist immer zum Nachdenken nutzen und nicht etwa auf deren Einhaltung vorzeitig verzichten.

4 Wochen nach Einlegung des Rechtsmittels ist das Rechtsmittel zu begründen. Die Begründungsfrist kann einmal, in besonderen Fällen auch zweimal, auf Antrag hin vor Ablauf verlängert werden. Der Schuldner hat zur Einlegung der Berufung insgesamt etwa 3 Monate lang Zeit zu überlegen, ob und wie er die Berufung durchführen lassen will. Selbst wenn das Urteil rechtskräftig geworden ist – nach Erschöpfung der Instanzen –, hat der Schuldner die Chance, die Niederlage in einen Sieg umzuwandeln.

3. Die Verfassungsbeschwerde

Mit der Verfassungsbeschwerde, die innerhalb von 4 Wochen nach Zustellung des rechtskräftigen Urteils beim Bundesverfassungsgericht in Karlsruhe eingelegt werden muß (der Schuldner benötigt hierzu keinen Anwalt!), kann der Schuldner sich gegen die für ihn ungünstige Entscheidung wenden, indem er rügt, daß er durch die gerichtliche Entscheidung in seinen von der Verfassung geschützten Rechten verletzt ist. Diese Verletzung kann auf Verfahrensfehlern oder der fehlerhaften Anwendung materiellen Rechts beruhen. Voraussetzung ist, daß der Rechtsweg *erschöpft* ist, d.h., daß der Schuldner alle ihm zur Verfügung stehenden Rechtsmittelmöglichkeiten genutzt hat.

Das Bundesverfassungsgericht wird – wie die Statistik zeigt – von vielen Verfassungsbeschwerden geradezu überschwemmt, so daß die einzelnen Senate des Gerichts einen Filter eingebaut haben: Der für die Sache jeweils zuständige Senat entscheidet in einer Art Vorprüfung zunächst einmal über die Annahme oder Ablehnung der Verfassungsbeschwerde. Gegen die Ablehnung der Annahme ist kein Rechtsmittel gegeben. Bei Annahme der Verfassungsbeschwerde und entsprechender Mitteilung an den Schuldner besteht immerhin die Chance, daß die zu seinen Ungunsten ergangene negative Entscheidung berichtigt wird. Die Zwangsvollstreckung aus dem rechtskräftigen Urteil wird allerdings durch die Einlegung der Verfassungsbeschwerde *nicht* aufgehalten!

4. Der Petitionsausschuß

Der Schuldner kann schließlich von dem jedem Bürger von der Verfassung (Art. 17 GG) gewährten "Beschwerderecht" Gebrauch machen und sich an den Petitionsausschuß des Bundestages oder des Landtages (Art. 41a Verf. NRW) bzw. an die Gemeinde (§ 6c GO NRW) mit der Beschwerde wenden, eine hoheitliche Maßnahme beeinträchtige ihn in seinen Rechten in unzumutbarer Weise. Der Petitionsausschuß wird besonders häufig bei Härtefällen in Anspruch genommen, wenn rechtskräftige (hoheitliche) Verwaltungsakte den Schuldner unzumutbar belasten, obwohl sie in rechtmäßiger Form und in Übereinstimmung mit den Gesetzen ergangen sind. Die Verhandlungen mit dem Petitionsausschuß führen nicht selten zu einer Änderung der angegriffenen Entscheidung im gegenseitigen Einvernehmen (Duldung von Verstößen gegen die Bauordnung etc.). Die der örtlichen

Behörde vorgesetzte Behörde (Aufsichtsbehörde) wird dann vom Petitionsausschuß angewiesen, entsprechend seiner Entscheidung zu verfahren und die Erhaltung der Entscheidung durch die untere Behörde zu überwachen.

5. Die Wiederaufnahme des Verfahrens

Unabhängig von diesen Möglichkeiten kann der Schuldner trotz Rechtskraft des Urteils durch eine Nichtigkeits- oder Restitutionsklage das Verfahren wiederaufnehmen mit dem Ziel, das rechtskräftige Urteil zu berichtigen (§ 578 Abs. 1 ZPO). Zuständig für diese beiden Klagen ist das Gericht, das das mit der Klage angefochtene Urteil erlassen hat. Die Nichtigkeitsklage setzt die Verletzung wesentlicher Verfahrensvorschriften voraus, die Restitutionsklage wesentliche Mängel der Entscheidungsgrundlage. Leider stoppen diese Rechtsbehelfe die Zwangsvollstreckung nicht.

V. Klagen gegen den Schuldner im Ausland

Ist für den Gläubiger der Gerichtsstand für eine Auseinandersetzung in der BRD gegeben, kann er die Klageschrift in denjenigen Ländern dem Schuldner zustellen lassen, die dem Europäischen Abkommen (s.o.) beigetreten sind. Ist der Gerichtsstand in der BRD aufgrund einer Gerichtsstandvereinbarung nicht gegeben oder gilt der Gerichtsstand am Sitz des Schuldners (regelmäßig), muß der Gläubiger gegen den Schuldner im Ausland vor dem ausländischen Gericht vorgehen.

VI. Gegenansprüche des Schuldners

Bei Gegenansprüchen des Schuldners gegen den Gläubiger sollte der Schuldner immer warten, bis zuerst der Gläubiger gegen ihn (gerichtlich) vorgeht, es sei denn, der Anspruch des Schuldners gegen den Gläubiger droht zu verjähren.

Der Schuldner kann im Wege der Widerklage seinen Anspruch vor dem gleichen Gericht anhängig machen, vor dem die Klage des Gläubigers gegen ihn rechtshängig ist. Da dies in der Regel das zuständige Gericht seines Wohnsitzes ist, hat er für seine Widerklage den manchmal wichtigen "Heimvorteil". Er – der Schuldner – kann an der Gerichtsverhandlung ohne Schwierigkeiten teilnehmen, kann seinen Prozeßbevollmächtigten am Ort mit der Wahrnehmung seiner Interessen beauftragen und hat nicht etwa durch die Einschaltung von zwei Rechtsanwälten doppelte Kosten. Außerdem braucht er für die Widerklage im Rahmen des rechtshängigen Rechtsstreits, selbst wenn der Anspruch ziffernmäßig hoch ist, nicht vorher erhebliche Gerichtskosten einzuzahlen, bevor die Widerklage durch Zustellung des Schriftsatzes an die Gegenseite rechtshängig wird.

VII. Das Schiedsgericht

In zahlreichen Fällen enthält die Vereinbarung, aus der der Gläubiger seine Ansprüche gegen den Schuldner herleitet, eine Schiedsgerichtsklausel, von der der Gläubiger schon wegen der Umständlichkeit später nichts wissen will. Bis ein Schiedsgericht sich einmal konstituiert hat, vergehen Monate. Bis dann ein geeigneter Termin zur Verhandlung zwischen allen Beteiligten festgelegt ist, vergehen Wochen – oder nochmals Monate. Es ist nicht übertrieben zu sagen, daß die Durchschnittsdauer von Schiedsverfahren noch länger ist als die von zivilrechtlichen Verfahren. Sie schützen damit den Schuldner.

Der Schuldner sollte daher immer an einer solchen Schiedsgerichtsvereinbarung festhalten! Nicht zuletzt deshalb, weil die Schiedsrichter dazu beitragen, daß zwischen den Kontrahenten ein Vergleich zustande kommt, der den Schuldner nur begünstigen kann.

Klagt dennoch der Gläubiger in der Hoffnung, der Schuldner habe die Schiedsgerichtsklausel vergessen, vor einem ordentlichen Gericht oder leitet der Gläubiger ein Mahnverfahren gegen den Schuldner ein, dann genügt die vom Schuldner erhobene Einrede des Schiedsvertrages (s.o.), soweit das Schiedsgerichtsverfahren nach den Vorschriften der §§ 1025 ff. ZPO durchgeführt werden soll um die Klage abweisen zu lassen. Es ist nicht selten, daß es dem Gläubiger beispielsweise bei einem Scheckmahnverfahren gelingt, ein Vorbehaltsurteil gegen den Schuldner zu erhalten. Dieses wird dann durch die Einrede des Schuldners erst im Nachverfahren aufgehoben und führt zu einem Schadenersatzanspruch gegen den Gläubiger! Immer erreicht aber der Schuldner mit der Einrede des Schiedsvertrages die sofortige Einstellung der Zwangsvollstreckung ohne eigene Sicherheitsleistung.

Der Schiedsspruch oder der Schiedsvergleich werden nach § 1042 ZPO durch einen Beschluß eines staatlichen Gerichtes für vollstreckbar erklärt. Dieser Beschluß muß entweder vorläufig vollstreckbar (§ 1042c Abs. 1 ZPO) oder rechtskräftig (§ 794 Abs. 1 Ziffer 1a ZPO) sein.

VIII. Der Kostenfestsetzungsbeschluß

Während die Kosten im Mahn- und Vollstreckungsbescheid festgesetzt sind, müssen sie beim Erlaß eines Urteils von dem Prozeßgericht gegen die ganz oder überwiegend unterlegene Partei in einem Beschluß festgesetzt werden. Die Art der Vollstreckung aus diesem Beschluß (gegen Sicherheitsleistung oder nicht) richtet sich nach der für das Urteil angeordneten Vollstreckung.

Ist der Schuldner der Auffassung, die Kosten seien gegen ihn zu hoch festgesetzt, weil z.B. zu Unrecht eine Korrespondenzanwaltsgebühr festgesetzt wurde (der Gläubiger hat z.B. Kosten für zwei Anwälte angemeldet, obwohl nur eine Informationsreise zwischen dem Gläubiger und seinem Prozeßbevollmächtigten am Gerichtsort berechtigt gewesen wäre), kann er stets den Kostenfestsetzungsbeschluß mit der Erinnerung anfechten.

Da sich die Gebühren des Rechtsanwaltes immer nach dem Gegenstandswert richten, der sich entweder aus dem bezifferten Klageantrag oder aber aus dem Streitwertbeschluß des Gerichtes ergibt, sollte der Schuldner stets prüfen, ob der Gegenstandswert nicht zu hoch angesetzt worden ist. Ihm steht immer gegen einen vom Gericht festgesetzten, zu hohen Gegenstandswert die Streitwertbeschwerde zu. Er kann sich mit der Einlegung 6 Monate Zeit lassen. Eine Herabsetzung des Gegenstandswertes spürt der Schuldner in seinem Portemonnaie!

IX. Notarielle Urkunden

Ein Anerkenntnis des Schuldners vor einem deutschen Notar in der vorgeschriebenen Form kommt einem rechtskräftigen Urteil gleich. Der Schuldner sollte vorsichtigen Gebrauch von einer solchen für das Verfahren selbst allerdings billigsten Lösung machen, da er gegen die dann vollstreckbare notarielle Urkunde keine Einwendung mehr geltend machen kann mit Ausnahme der Anfechtung wegen arglistiger Täuschung etc. (§ 123 BGB), die er aber nur im Wege einer Vollstreckungsgegenklage vortragen kann. Mit dieser Klage kann er die Vollstreckung aus der notariellen Urkunde durch ein Gericht für unzulässig erklären lassen. Bis zu diesem Zeitpunkt läuft aber die Zwangsvollstreckung aus der notariellen Urkunde weiter und kann zu einem erheblichen Schaden beim Schuldner führen.

Umgekehrt ist selbstverständlich das Anerkenntnis beim Notar oder eine notariell getroffene Vereinbarung (Grundstückskaufvertrag u.ä.) der preisgünstigste Weg zum titulierten Anspruch. Beide Parteien sparen Anwaltskosten (aber auch Zeit). Denn nach Ausstellung der notariellen Urkunde mit der entsprechenden Zwangsvollstreckungsunterwerfungsklausel hat der Gläubiger einen 30 Jahre andauernden Anspruch gegen den Schuldner, aus dem er jederzeit vollstrecken kann.

Sollte der Gläubiger daher ein solches Ansinnen an den Schuldner stellen und ihn zum Notar bitten, dann sollte er, wenn der Anspruch dem Grunde nach gegeben ist, einen Gegenvorschlag machen: Der Gläubiger verringert die anzuerkennende Forderung um einen bestimmten Prozentsatz und/oder den vom Gläubiger gewünschten Zinssatz. Das Mindeste sollte sein, daß zugunsten des Schuldners in der notariellen Urkunde ein Ratenzahlungsplan aufgenommen wird. Damit gewinnt der Schuldner einerseits Liquidität und Zeit, andererseits hindert er den Gläubiger wegen der Stundung bei der Ratenzahlung daran, die Vollstreckung bezüglich der gesamten notariell festgelegten Summe durchzuführen.

X. Ausländische Urteile

In Zeiten der Internationalität leben viele deutsche Staatsangehörige vorübergehend oder endgültig im Ausland. Es muß nicht ein vorgezogener Ruhesitz sein. Es kann auch ein Ort zur Ausübung von Geschäften für vorübergehende Zeit sein. Der Schuldner kommt daher immer häufiger – auch bei Grundbesitz im Ausland – mit ausländischem Recht sowie mit ausländischen Gerichten in Berührung. Wenn er die Landessprache nicht versteht, reagiert er möglicherweise im Ausland auf Gerichtspost noch negativer, als er im Inland reagieren würde. Dies kann zu erheblichen Unannehmlichkeiten führen. Der Schuldner sollte sich besonders im Ausland den Inhalt eines jeden Schriftstückes übersetzen lassen, um sich rechtzeitig gegen irgendwelche Maßnahmen wehren zu können. Im Zweifel hilft das jeweilige deutsche Konsulat oder die deutsche Botschaft. Denn Fragen kostet nichts!

Ist einmal im Ausland ein Urteil gegen den Schuldner erstritten (rechtskräftig), besteht sogar unter bestimmten Voraussetzungen (§ 328 ff. ZPO) die Möglichkeit, aus diesem Urteil gegen den Schuldner dann in der BRD zu vollstrecken, wenn er wieder hier lebt oder in der BRD Vermögen besitzt (Zweit-Wohnsitz).

Natürlich muß zunächst einmal ein ausländisches rechtskräftiges Urteil (ein Prozeßvergleich oder eine ausländische vollstreckbare Urkunde genügen nicht!) vorliegen, d.h. eine gerichtliche endgültige Entscheidung, vor der beiden Parteien rechtliches Gehör gewährt wurde. Es ist nicht notwendig, daß die Parteien das rechtliche Gehör genutzt haben.

Will der Gläubiger aufgrund des Urteils dann vollstrecken, muß er bei einem deutschen Gericht am Vermögenssitz des Schuldners Klage auf Erlaß eines Vollstreckungsurteils erheben (§ 722 I ZPO). Erst aus diesem inländischen Vollstreckungsurteil ist die Vollstreckung zulässig. Ob der Gläubiger mit seiner neuen Klage in das Vermögen des Schuldners in der BRD vollstrecken kann, richtet sich nach dem Vollstreckungsübereinkommen der EG-Staaten oder den entsprechenden Einzel-Übereinkommen zwischen der BRD und den jeweiligen ausländischen Staaten (s.o.). Der Schuldner sollte daher vor jeder Tätigkeit in dem Land, in dem er sich aufhält, Einblick nehmen in die Liste der Staaten, die aus den gegen ihn im Ausland erwirkten Urteilen anschließend nach einem weiteren Verfahren in der BRD in sein Vermögen vollstrecken können!

XI. Öffentlich-rechtliche Titel

Besonders *unangenehm* für jeden Schuldner/Unternehmer sind die selbst ausgestellten Titel, d.h. Verwaltungsakte der Finanzämter, der öffentlichen Kassen, der Verwaltungsbehörden u.ä., die sofort vollstreckbar sind. Der Haftungsbescheid des Finanzamtes macht dem Geschäftsführer des Unternehmens, der versehentlich bestimmte Umsatzsteuern nicht abgeführt hat, besonders zu schaffen. Derartige, durch den Gerichtsvollzieher zugestellte Bescheide können nicht nur die Sanierungsverhandlungen behindern, sondern das gesamte Unternehmen letztlich zerstören.

Grundsätzlich hat jeder Schuldner gegen eine Verfügung, Anordnung, Entscheidung oder sonstige Maßnahme, die von einer Verwaltungsbehörde zur Regelung eines Einzelfalles auf dem Gebiet des öffentlichen Rechts getroffen wird (= Verwaltungsakt = Bescheid) das Recht, innerhalb von 4 Wochen Widerspruch gegen den Bescheid einzulegen. Der Widerspruch hat grundsätzlich aufschiebende Wirkung (§ 80 Abs. 1 S. 1 VerwGO). Der Bescheid darf also, soweit er vollziehbar ist, nach Erhebung des Widerspruches nicht mehr vollzogen werden. Bei einem Verwaltungsakt, gegen den nach § 74 Abs. 1 S. 2 in Verbindung mit § 68 Abs. 1 VerwGO unmittelbar die Anfechtungsklage erhoben werden muß, hat diese Klage dieselbe Wirkung. Vor Erhebung des Widerspruches oder der Anfechtungsklage ist der Verwaltungsakt wirksam und damit vollziehbar. Bleibt der Widerspruch daher unbeschieden und erhebt der Widerspruchsführer nicht innerhalb der in § 76 VerwGO vorgesehenen Jahresfrist Klage, so entfällt die aufschiebende Wirkung des Widerspruches.

Die aufschiebende Wirkung schützt selbstverständlich den Schuldner. Sie tritt auch bei sogenannten Verwaltungsakten mit Doppelwirkung (z.B. einer Bauerlaubnis, die einen Nachbarn beeinträchtigt, den Antragsteller aber begünstigt, da er bauen darf), bei Widerspruch und Anfechtungsklage des Dritten ein: Der Bauherr darf von der Bauerlaubnis so lange keinen Gebrauch machen, bis endgültig und rechtskräftig entschieden ist.

Ist ein Verwaltungsakt bereits vollzogen, so haben Widerspruch und Anfechtungsklage keine aufschiebende Wirkung, aber das Gericht *kann* in diesem Falle die Aufhebung der Vollziehung anordnen.

Bei dem Grundsatz der aufschiebenden Wirkung bestehen drei gesetzliche Ausnahmen (zum Schrecken für den Schuldner); außerdem sieht die Verwaltungsgerichtsordnung vor, daß die sofortige Vollziehung unter bestimmten Voraussetzungen angeordnet werden kann. Kraft Gesetzes ist die aufschiebende Wirkung ausgeschlossen bei der Anforderung von öffentlichen Abgaben und Kosten (Steuern, Gebühren, Anmeldegebühren, Beiträgen), bei unaufschiebbaren Anordnungen etc. sowie anderen, durch Bundesgesetz vorgeschriebenen Fällen.
Neben diesen unmittelbar durch das Gesetz geregelten Ausnahmefällen sieht § 80 Abs. 2 Nr. 4 VerwGO die Möglichkeit vor, daß die Behörde, die den Verwaltungsakt erlassen oder über den Widerspruch zu entscheiden hat, die aufschiebende Wirkung ausschließt. Diese Möglichkeit kommt selbstverständlich nur in den Fällen in Betracht, in denen nicht schon kraft Gesetzes die aufschiebende Wirkung ausgeschlossen ist. Voraussetzung für die Ausschließung der aufschiebenden Wirkung ist, daß die sofortige Vollziehung im öffentlichen Interesse oder im überwiegenden Interesse eines Beteiligten liegt.

Der Schuldner steht also dem Staat (dem Finanzamt und sonstigen Behörden) auf außerordentlich *schwachen* Beinen gegenüber. Obwohl ihm zahlenmäßig die gleichen Rechtsbehelfe/Rechtsmittel gegen behördliche Maßnahmen/Bescheide zustehen, die er im zivilrechtlichen Verfahren gegenüber seinen Gläubigern hat, ist seine Abwehrposition schwach: Was nützen ihm letztlich Widerspruch und die langwierige Anfechtungsklage, die sich über ein Jahr in erster Instanz hinzieht, selbst wenn sie sich im Ergebnis in letzter Instanz als begründet erweist, wenn das Finanzamt aufgrund eines kraft Gesetzes für vorläufig vollstreckbar erklärten Haftungsbescheides das Vermögen des Schuldners bereits lange vor dem Sieg beschlagnahmt und der Gerichtsvollzieher an allen wertvollen Gegenständen das Pfandsiegel angeklebt hat? Die gesetzlichen Ausnahmen der aufschiebenden Wirkung eines Widerspruchs bzw. einer Klage schließlich zeigen, in welcher Ohnmacht sich der Schuldner gegenüber den staatlichen Interessen befindet.

Nach Einlegung des Widerspruchs kann die Widerspruchsbehörde – wie schon vorher die untergeordnete Behörde, die den Verwaltungsakt erlassen hat – die Entscheidung aufheben bzw. abändern. Bestätigt sie die Entscheidung der den Verwaltungsakt erlassenden Behörde, kann der Schuldner gegen den negativen Bescheid vor dem Verwaltungsgericht klagen. Gegen die erstinstanzliche Entscheidung des Verwaltungsgerichts hat der Schuldner das Rechtsmittel der Berufung zum Oberverwaltungsgericht, anschließend die Revision zum Bundesverwaltungsgericht. Gegen Beschlüsse und Verfügungen der Gerichte kann der Schuldner die Beschwerde einlegen. Gegen die Urteile des Verwaltungsgerichts kann er auch direkt die Revision an das Oberverwaltungsgericht einlegen (§ 46 Nr. 3, § 145 VerwGO) oder die Sprungrevision an das Bundesverwaltungsgericht (§ 49 Nr. 2, § 134 VerwGO) oder die Revision (anstelle der Berufung) an das Bundesverwaltungsgericht. Die Berufungsfrist beträgt wie im Zivilprozeß auch einen Monat. Sie beginnt mit der Zustellung des erstinstanzlichen Urteils. Das Urteil des Verwaltungsgerichts muß eine vorschriftsmäßige Rechtsmittelbelehrung erhalten, anderenfalls beginnt die Berufungsfrist nicht zu laufen.

Nach Ablauf eines Jahres seit der Zustellung des Urteils ist die Einlegung der Berufung, wenn die Rechtsmittelbelehrung unterblieben oder unrichtig erteilt war, unzulässig (§ 58 Abs. 2 VerwGO). Gegen verkündete Urteile kann die Berufung auch schon vor der Zustellung eingelegt werden. Die Revision an das Bundesverwaltungsgericht ist gegeben gegen Urteile des Oberverwaltungsgerichts nach § 132 und § 133 VerwGO und gegen Urteile des Verwaltungsgerichts nach § 134 und § 135 VerwGO, die Revision an das Bundesverwaltungsgericht nach Landesrecht gemäß § 145 VerwGO.

Vom Oberverwaltungsgericht ist die Revision aber nur zuzulassen (Beschränkung für den Schuldner!), wenn die Rechtssache grundsätzliche Bedeutung hat oder das Urteil von einer Entscheidung des Bundesverwaltungsgerichts abweicht und auf dieser Abweichung beruht oder bei einem geltend gemachten Verfahrensmangel die angefochtene Entscheidung auf dem Verfahrensmangel beruhen kann.

Sind die Entscheidungen rechtskräftig, werden sie nach den Regeln der ZPO vollstreckt (s.o.). Die Vollstreckungstitel sind nach § 168 VerwGO rechtskräftige und vorläufig vollstreckbare gerichtliche Entscheidungen, Vergleiche, Kostenfestsetzungsbeschlüsse, für vorläufig vollstreckbar erklärte Schiedssprüche öffentlich-rechtlicher Schiedsgerichte und schiedsrichterliche Vergleiche, sofern die Entscheidung über die Vollstreckbarkeit rechtskräftig oder für vorläufig vollstreckbar erklärt ist: Auf die Vollstreckungsregeln der ZPO verweist § 167 Abs. 1 VerwGO.

Aber nicht nur die Durchführung der Vollstreckung, sondern auch die Abwehr gegen Vollstreckungsmaßnahmen aus vollstreckbaren Titeln richtet sich für den Schuldner nach den Vorschriften der ZPO. Er kann gegen Vollstreckungsmaßnahmen Erinnerung (§ 766 ZPO) einlegen, Vollstreckungsgegenklage (§ 767 ZPO) oder Widerspruchsklage (§ 771 ZPO) erheben und den Antrag auf einstweilige Einstellung der Zwangsvollstreckung (§ 769, § 771 Abs. 3 ZPO) stellen. Daneben enthält die Verwaltungsgerichtsordnung besondere Vorschriften für die Vollstreckung von Titeln etc. zugunsten der öffentlichen Hand (s.o.).

Wird der Schuldner daher durch irgendwelche Behörden mit derartigen Bescheiden aufgeschreckt, dann sollte er unverzüglich mit der Behörde Gespräche führen und ein Stillhalteabkommen bzw. eine Ratenzahlungsvereinbarung treffen, damit seine Sanierungspläne zu einem erfolgreichen Abschluß gebracht werden können.

XII. Die Vollstreckungsklausel

Verfügt der Gläubiger über ein rechtskräftiges, vorläufig vollstreckbares Urteil, muß er sich die Vollstreckbarkeit des Titels noch bescheinigen lassen (§ 724 ZPO), bevor er den Titel dann noch zustellen läßt. Auf *einer* Ausfertigung steht der Text:

"Vorstehende Ausfertigung wird dem Kläger zum Zwecke der Zwangsvollstreckung erteilt." Links unter diesem Text steht der Stempel des Gerichts, rechts die Unterschrift des Urkundsbeamten.

Bevor der Gläubiger jetzt ein Zwangsvollstreckungsverfahren in Gang setzt und den Gerichtsvollzieher beauftragt, hat der Schuldner eine letzte Chance: Er kann mit ein wenig Phantasie nach § 712 ZPO vortragen, die Vollstreckung bringe ihm einen nicht zu ersetzenden Nachteil (Zerstörung wirtschaftlicher Existenz etc.). Dann kann ihm gestattet werden, die Vollstreckung durch eigene Sicherheitsleistung (Bürgschaft) abzuwenden, mag der Gläubiger seinerseits Sicherheit leisten. Wenn der Schuldner kein Geld hat, kann er hilfsweise beantragen, höchstens Sicherungsvollstreckung gemäß § 720a I, II ZPO) zuzulassen oder das Urteil nicht für vorläufig vollstreckbar zu erklären (§ 712 I 2 ZPO).

Die Einleitung von Zwangsmaßnahmen gegen den Schuldner (Zwangsvollstreckung)

I. Der Beginn der Zwangsvollstreckung

Ist es dem Schuldner nicht gelungen, die Rechtskraft des Titels zu verhindern oder ihn später zu Fall zu bringen, dann muß er mit dem Besuch des Gerichtsvollziehers rechnen. Der Gläubiger beantragt unter Beifügung des Titels bei dem für den Schuldner zuständigen Amtsgericht, die Vollstreckung aus dem rechtskräftigen Titel (Ausnahme: noch nicht zugestellter Vollstreckungsbescheid) durchzuführen (Anhang XIV). Für die Bearbeitung des Antrages vergehen in der Regel mindestens 14 Tage. Wegen Überlastung ist dann damit zu rechnen, daß der Gerichtsvollzieher, der seine Zeit frei einteilen kann, nochmals bis zu 3 Wochen benötigt, bevor er sich auf den Weg zum Schuldner begibt.

Der Gerichtsvollzieher handelt nicht in Vertretung des Gläubigers! Er handelt auf Auftrag hin und unterliegt bei seinen Handlungen der Dienstaufsicht des zuständigen Amtsgerichts. Hat der Schuldner also Bedenken gegen das Verhalten des Gerichtsvollziehers am Ort der Pfändung, dann kann der Schuldner beim Amtsgericht Dienstaufsichtsbeschwerde einreichen.

Der Gerichtsvollzieher prüft allein, ob die Vollstreckungsvoraussetzungen (Titel – Vollstreckungsklausel – Zustellung des Titels) vorliegen. Dann besucht er den Schuldner. Findet dieser noch vor Beginn der Zwangsvollstreckung "irgendein Haar in der Suppe", kann er die Einstellung der Zwangsvollstreckung (mündlich) beantragen. Es handelt sich um einen formlosen Antrag mit dem Ziel, den Gerichtsvollzieher zurückzupfeifen. Jeder noch so aussichtslose Antrag bringt dem Schuldner Aufschub. Die Einstellung der Zwangsvollstreckung kann sogar dann noch erfolgen, wenn bereits einige Gegenstände gepfändet sind. In diesem Falle bleiben die Gegenstände zwar gepfändet, können aber nicht versteigert (verwertet) werden. Sowohl der Gerichtsvollzieher als auch der Rechtspfleger können die Einstellung verfügen. Stellt der Gerichtsvollzieher ein, weil er selbst irgendwelche Mängel feststellt, dann wird er dies in dem von ihm auszustellenden und zu unterzeichnenden Protokoll angeben (§ 762 ZPO). Stellt der Rechtspfleger ein, geschieht dies durch einen Beschluß.

Immer hat der Schuldner die Möglichkeit, aus zahlreichen Gründen gegen die Art und Weise der Vollstreckung mit der Erinnerung (§ 766 ZPO) vorzugehen oder Vollstreckungsgegenklage (§ 767 ZPO) bzw. Drittwiderspruchsklage (§ 771 ZPO) einzureichen, um die Unzulässigkeit der Zwangsvollstreckung feststellen zu lassen. Weder die Erinnerung noch die Klagen stoppen die einmal eingeleiteten Zwangsvollstreckungsmaßnahmen. Sie können aber dazu führen, daß die Zwangsvollstreckung beispielsweise eiligst gegen Sicherheitsleistung oder bei Vermögenslosigkeit des Schuldners dann eingestellt wird, wenn der Schuldner darlegt, daß die Zwangsvollstreckung einen nicht wiedergutzumachenden Nachteil für ihn zur Folge haben könnte (§ 765 ZPO).

II. Pannen helfen dem Schuldner

Der Gerichtsvollzieher wird entweder auf Hinweis des Schuldners oder von sich aus prüfen, ob der Vor- und Nachname in dem Titel mit derjenigen Person, die er nun aufsucht, identisch sind. Ist der Vorname nicht richtig angegeben, ist der Nachname falsch geschrieben, gibt der Gerichtsvollzieher nach seinem Gespräch mit dem Schuldner die Zwangsvollstreckungsunterlagen an den Gläubiger zurück.

Ein geradezu hervorragender Schutz bietet sich für den Schuldner, wenn er seinen Namen geändert hat (s.o.). Hier steht plötzlich nach der Eheschließung der Schuldnerin oder des Schuldners ein anderer Name am Klingelschild. Der Gerichtsvollzieher schellt dann in der Regel schon nicht mehr und schickt den Titel und alle Zwangsvollstreckungsunterlagen mit seinen eigenen Gebühren an den Gläubiger zurück mit dem Hinweis, daß der Schuldner nicht zu ermitteln ist. Der Versuch des Gläubigers, mit Hilfe des Einwohnermeldeamtes zu erfahren, ob der Schuldner (unter seinem alten Namen) gemeldet ist, scheitert meist. Das Einwohnermeldeamt stellt dann in einer Antwort an den Gläubiger in der Regel fest, daß die Anschrift des Schuldners noch unverändert ist, denn: der Schuldner ist nicht verpflichtet, seine Namensänderung dem Einwohnermeldeamt unverzüglich mitzuteilen (s.o.). Hier muß also der Gläubiger weitere Ermittlungen anstellen, die mit erheblichen Kosten verbunden sein können. Hat der Schuldner durch Heirat seinen Namen geändert und kann dies der Gläubiger in irgendeiner Form beweisen, dann muß er an das zuständige Standesamt schreiben, um die Identität zwischen dem Schuldner und dem Adressaten festzustellen. Erhält er dann die Bescheinigung des Standesamtes (erneut sind 6 Wochen vergangen), dann muß er diese an das Gericht senden, das den Mahnbescheid ausgestellt bzw. den rechtskräftigen Titel erlassen hat mit dem Antrag, den Titel umzuschreiben. Den umgeschriebenen Titel hat der Gläubiger dann dem Gerichtsvollzieher erneut zu übersenden mit der Bitte, das Zwangsvollstreckungsverfahren zu beginnen. Dieses Katz'-und Maus-Spiel erfordert nicht nur Zeit und Geld, sondern auch Geduld. Manchen Gläubiger verläßt bei einer derartigen Namensänderung der Mut. Er bucht die Forderung aus. Der Schuldner ist zwar nicht gerettet, er wird aber wegen dieser Sache vom Gerichtsvollzieher nicht mehr belangt.

Manchmal hat der Gesellschafter einer oHG das Glück, daß der Gläubiger versehentlich nur zwei Gesellschafter (bei einer oHG, die aus drei Gesellschaftern besteht) den Titel neben der Firma selbst zugestellt hat. Ist die oHG dann zahlungsunfähig, geht der Gläubiger leer aus. Sein Fehler kommt ihm teuer zu stehen, denn der Gesellschafter ist als Schuldner geschützt. Da der Gläubiger von vorne anfangen müßte, wird er in der Regel die Forderung gegen diesen Gesellschafter ausbuchen.

Der Schuldner sollte nicht "das Zittern" bekommen, wenn der Gerichtsvollzieher schellt. Er sollte ihn freundlich empfangen. Denn der Gerichtsvollzieher erfüllt als Halb-Beamter und als Halb-Unternehmer nur seine Pflicht. Der Schuldner sollte mit dem Gerichtsvollzieher gemeinsam sämtliche Mängel am Titel besprechen. Überzeugt er den Gerichtsvollzieher an Ort und Stelle vom Bestehen eines Mangels, kann dieser die Zwangsvollstreckung einstellen. Ist ein Titel undeutlich formuliert, ist der Zinsbeginn nicht genau angegeben, kann insoweit nicht vollstreckt werden.

Nicht selten kommt es vor, daß ein an die Gerichtsvollzieherverteilungsstelle des zuständigen Amtsgerichts versandte Zwangsvollstreckungsgesuch nebst Titel verlorengeht. Bis der Gläubiger dies merkt, vergehen mindestens 6 Monate. Dann wird er – wenn er noch die Energie hat, aus dem erstrittenen Urteil zu vollstrecken – den Antrag auf Erteilung einer Zweitausfertigung stellen, die er dann erneut an das zuständige Gericht mit der Bitte um Durchführung der Zwangsvollstreckung senden muß.

Günstig für den Schuldner ist es, wenn der Gerichtsvollzieher sich selbst verrechnet oder versehentlich weniger Geld einzieht, als die Schuldsumme nebst Zinsen und zuzüglich seiner Unkosten ausmachen, und dem Schuldner dann den Titel aushändigt. Dann muß der Gläubiger u.U. erneut vorgehen, und zwar einmal gegen den Gerichtsvollzieher, was außerordentlich schwer ist, und zum anderen gegen den Schuldner, was fast aussichtslos ist.

Der Schuldner sollte beim ersten Besuch des Gerichtsvollziehers prüfen, ob er ihn nicht wieder nach Hause schicken kann:

a) Liegt ein Titel vor (Vollstreckungsbescheid/Urteil/notarielle Urkunde o.ä.)?
b) Ist der Titel mit der Vollstreckungsklausel versehen?
c) Ist die Zustellungsurkunde an den Titel geheftet, d.h. der Nachweis, daß dem Schuldner der Titel ordnungsgemäß zugegangen ist?
d) Hat der Gläubiger u.U. die im Urteil angegebene Sicherheitsleistung (Bürgschaft etc.) erbracht?
e) Ist die Zwangsvollstreckung von einer Gegenleistung des Gläubigers abhängig?
f) Gibt es irgendwelche neuen Zweifel an der Parteifähigkeit oder der Prozeßfähigkeit des Gläubigers?
g) Erstreckt sich die Vollmacht, die der Gläubiger seinem Prozeßbevollmächtigten erteilt hat, auf die Vollstreckung?

III. Die einzelnen Vollstreckungsmaßnahmen

Aus dem Titel selbst ergibt sich, welche Vollstreckungsmaßnahme notwendig ist, um den Titel zu verbrauchen. Herausgabeansprüche werden gemäß § 883 ZPO dadurch vollstreckt, daß der Gerichtsvollzieher die Sache dem Schuldner wegnimmt; Handlungen, die ein Dritter statt des Schuldners vornehmen kann, werden auf Kosten des Schuldners durch einen Dritten vorgenommen (§ 887 ZPO). Handlungen, die der Schuldner nur selbst vornehmen kann, werden dadurch erzwungen, daß gegen den Schuldner ein Zwangsgeld oder die Zwangshaft angeordnet wird (§ 888 ZPO); Unterlassungen oder Duldungen werden ebenfalls durch Ordnungshaft oder Ordnungsgeld erzwungen (§ 890 ZPO); abzugebende Willenserklärungen sind durch die Rechtskraft des Titels abgegeben (§ 894 ZPO).

1. Der Besuch des Gerichtsvollziehers

Bei den Zahlungsansprüchen führt der erste Besuch des Gerichtsvollziehers bei dem Schuldner dazu, den Schuldner zur Zahlung aufzufordern. Wenn der Schuldner nicht zahlen kann (oder will), fragt ihn der Gerichtsvollzieher, ob er seine Wohnung auf pfändbare Gegenstände hin besichtigen könne. Der Schuldner kann dies dem Gerichtsvollzieher untersagen. Seit der Entscheidung des Bundesverfassungsgerichtes (NJW 1979, 1539) darf der Gerichtsvollzieher die Wohnung des Schuldners nur betreten, wenn dieser entweder einwilligt oder ein ausdrücklicher Gerichtsbeschluß vorliegt. Stimmt der Schuldner also nicht zu, schickt der Gerichtvollzieher die gesamten Vollstreckungsunterlagen an den Gläubiger zurück, der dann in einem neuen Formular das Vollstreckungsgericht bitten muß, einen sogenannten Durchsuchungsbeschluß (Anhang XV) zu erlassen mit der Maßgabe, daß der Gerichtsvollzieher auch gegen den ausdrücklichen Willen des Schuldners dessen Wohnung besichtigen kann. In der Regel wird der Durchsuchungsbeschluß anstandslos erteilt. Nur: Bis zur Übersendung des Durchsuchungsbeschlusses an den Gerichtsvollzieher vergehen erneut insgesamt mindestens 2 Monate. Diese 2 Monate sind häufig eine unbezahlbare Chance für den Schuldner, entweder seine restlichen Wertsachen zu veräußern oder sie an einen Dritten zu übereignen, um sie dann wieder vertraglich anzumieten (= zu besitzen) oder sie zur Reparatur in eine Werkstatt zu bringen.

2. Der Durchsuchungsbeschluß

Beim nächsten Besuch wird dann der Gerichtsvollzieher in der Regel den Schuldner nicht antreffen. Der Schuldner ist tagsüber zur Arbeit. Er hat seiner Frau die Anweisung gegeben, die Tür nicht zu öffnen. Nach einem Besuchsversuch des Gerichtsvollziehers mit der Durchsuchungsanordnung sendet der Gerichtsvollzieher, der ohnehin völlig überlastet ist und auch kein Interesse daran hat, sich durch übermäßige Arbeit zu profilieren, die ohnehin nicht bezahlt wird, die Vollstreckungsunterlagen dem Gläubiger erneut mit dem Hinweis zurück, er – der Gerichtsvollzieher – habe mehrfach versucht, den Schuldner zu erreichen, ihn aber nie angetroffen. Für diese Formulierung hat der Gerichtsvollzieher schon einen Stempel angefertigt. Von mehrfachen Besuchen kann in der Regel nicht die Rede sein. Der Gerichtsvollzieher stempelt das Papier schon nach <u>einem</u> vergeblichen Besuch. Dem Gläubiger bleibt nun nichts anderes übrig, als beim Vollstreckungsgericht (§ 761) den Antrag zu stellen, die Pfändung zur Nachtzeit sowie an Sonn- und Feiertagen zuzulassen. Nachtzeit ist im Sommer (1.4. bis 30.9.) die Zeit von 21 bis 4 Uhr und im Winter (1.10. bis 31.3.) die Zeit von 21 bis 6 Uhr (§ 188 ZPO).
Außerdem muß der Gläubiger <u>glaubhaft</u> machen, daß der Schuldner ein Gewerbe betreibt, obwohl er angeblich zahlungsunfähig ist, da der Schuldner zu den Tageszeiten niemals angetroffen werden konnte.

Mit diesem neuerlichen Beschluß (wiederum sind mindestens 4 Wochen vergangen) fährt dann der Gerichtsvollzieher gegen 21 Uhr zum Schuldner. Das Pflichtbewußtsein des Gerichtsvollziehers treibt ihn nicht an, etwa um 2 Uhr nachts zu pfänden. Der Schuldner kann also warten und Besuchern nach 20 Uhr die Tür öffnen. Dann sollte er den Gerichtsvollzieher freundlich begrüßen und ihm seine Wohnung zeigen. In der Regel wird der Gerichtsvollzieher dann nur die gesetzliche Einrichtung vorfinden, d.h. unpfändbare Gegenstände wie z.B. ein Farbfernsehgerät (LG Essen, NJW 1970, 153); ein Fahrrad, eine Nähmaschine (KG DGVZ 53, 116), ein Tonbandgerät, einen alten Teppich, eine normale Wohnzimmer-Einrichtung, einen Fotoapparat, die Waschmaschine (AG Siegen, DGVZ 77, 29), den Kühlschrank (LG Mainz, DB 60, 873) etc. (vgl. § 800 ff. ZPO – Anhang XX b).

3. Vollstreckung in Dritten sicherungsübereignete Gegenstände

Hat der Schuldner Werte Dritten sicherungsübereignet oder gehören sie Dritten, befinden sich diese Gegenstände aber noch in seinem Besitz, können sie zunächst einmal, da der Gerichtsvollzieher materielles Recht nicht nachprüft, gepfändet und der Termin zur Abholung für die Versteigerung festgelegt werden. Dem Schuldner bleibt dann nichts anderes übrig, als den Gläubiger unter Beifügung einer Urkunde, aus der sich das fremde Eigentum ergibt, eiligst aufzufordern, den Gegenstand freizugeben. Gibt dieser ihn nicht frei, muß er im Wege einer von ihm veranlaßten Drittwidersp-ruchs- oder Interventionsklage (§ 771 ZPO) den Nachweis erbringen, daß er über die vom Gerichtsvollzieher gepfändeten Gegenstände nicht verfügungsbefugt ist. Ziel der Klage ist, die Zwangsvollstreckung in den gepfändeten Gegenstand für unzulässig zu erklären. Gleichzeitig muß eiligst beantragt werden, die Zwangsvollstreckung in den Gegenstand einzustellen.

Wenn das Gericht für die Klage (z.B. Landgericht) ein anderes ist als das am Ort der Zwangsvollstreckung zuständige, ist in besonderen Eilfällen das Amtsgericht am Sitz des gepfändeten Gegenstandes berechtigt, auf Antrag hin die Versteigerung so lange auszusetzen, bis die Entscheidung des zuständigen Gerichts in der Klage getroffen worden ist (§ 769 ZPO).

Auch der Hinweis des Schuldners, er lebe mit seiner Frau im Güterstand der Gütertrennung, d.h., ihr gehörten alle Einrichtungsgegenstände, hindert den Gerichtsvollzieher zunächst nicht, das sogenannte Pfandsiegel an den für ihn interessanten Gegenständen anzubringen. Die Ehefrau als Geschädigte muß dann in ihrer Widerspruchsklage nachweisen, daß ihr allein die einzelnen Gegenstände gehören und deshalb die Zwangsvollstrekung (Pfändung) aus dem Titel gegen ihren Ehemann unzulässig ist. Denn nach § 1362 BGB wird zunächst (gesetzlich) bei Ehegatten vermutet, daß der jeweilige Schuldner auch der Eigentümer der Sachen ist; ausgenommen sind jene Sachen, die dem persönlichen Gebrauch dienen wie Kleidungsstücke, Schmuck etc.

Natürlich kann der Gläubiger im neuen gerichtlichen Verfahren behaupten, der Sicherungsübereignungsvertrag beispielsweise sei ungültig. Dann muß er aber beweisen, daß der Sicherungsgeber dem Sicherungsnehmer gegenüber keine Gegenleistung erbracht hat. Dies ist praktisch nicht möglich.

In der Regel besichtigt der Gerichtsvollzieher stumm die Räumlichkeiten. Er sieht nur oberflächlich hin, entweder, weil er vermutet, daß die besten Gegenstände schon verschwunden sind, oder weil er davon überzeugt ist, daß der Schuldner wirklich nichts hat. Oft finden sich interessante Werte oder antike Stücke im Keller. Welcher Gerichtsvollzieher hat jemals in seinem Leben den zur Wohnung des Schuldners gehörenden Kellerraum besichtigt? Der Schuldner selbst ist weder verpflichtet, den Gerichtsvollzieher auf bestimmte Werte hinzuweisen, noch seine Fragen wahrheitsgemäß zu beantworten, noch von sich aus irgendeine Auskunft zu erteilen. Hierunter fallen auch Fragen nach Grundeigentum etc.

4. Festsetzung des Wertes durch den Gerichtsvollzieher / Austauschpfändung

Auch über den Wert einzelner Einrichtungsgegenstände braucht der Schuldner keine Auskunft zu erteilen. Er sollte dem Gerichtsvollzieher die Schätzung immer überlassen. In der Regel versteht der Gerichtsvollzieher von derartigen Dingen entweder nicht viel, oder aber die Schätzung des Wertes ist selbst für Sachverständige schwierig. So neigt nach statistischen Angaben der Gerichtsvollzieher nicht dazu, moderne Kunstgegenstände zu pfänden, da diese bei der Zwangsversteigerung nur wenig Erlös bringen, selbst wenn es sich um Kunstgegenstände handelt, die im Rahmen von Ausstellungen des Künstlers selbst erhebliche Preise erzielt haben. So ist der Schuldner auch berechtigt, z.B. den Gerichtsvollzieher irrezuführen und seine wertvolle Uhr als billige Nachahmung auszugeben.

Vorsicht ist aber immmer am Platze: Manchmal hat sich der Schuldner gerade eine neue Einbauküche geleistet. Er hat dafür Jahre gespart und ist stolz darauf, daß sie sich nach 6 Monaten immer noch in gutem Zustand befindet. In diesem Falle könnte der Gerichtsvollzieher dem Gläubiger im Pfändungsprotokoll mitteilen, daß sich in den Räumlichkeiten des Schuldners eine ausgezeichnete Einbauküche befindet. Dann versucht der Gläubiger im Wege der Austauschpfändung die dem Schuldner gehörende Küche zu pfänden und abtransportieren zu lassen und stellt ihm als Gegenleistung die notwendigen, allerdings billigen Gegenstände (einen Schrank, einen Tisch und vier Stühle) für den Betrieb einer Durchschnittsküche zur Verfügung (§ 811a II, 802 ZPO). Er kann dem Schuldner auch einen bestimmten Geldbetrag zum Erwerb der "billigen Küche" zur Verfügung stellen.

In gleicher Weise kann der Gläubiger im Wege der Austauschpfändung ein verhältnismäßig neuwertiges Fahrzeug pfänden und dem Schuldner ein gebrauchtes, aber noch in fahrbereitem Zustand befindliches Fahrzeug zur Verfügung stellen, wenn der Schuldner nachweisbar auf ein Fahrzeug angewiesen ist (Fahrt zur Arbeitsstelle).

Interessanterweise kann der Schuldner das Fahrzeug jedem Pfändungsversuch eines Gläubigers entziehen, indem er es vorher nicht bar bezahlt, sondern von irgendeiner Bank finanzieren läßt und den Kfz-Brief als Sicherheit dort hinterlegt. Der Gläubiger ist dann in der Regel nicht daran interessiert, bei der Bank die Restkaufsumme zu begleichen, selbst wenn die Summe sehr viel niedriger als die titulierte Forderung ist, um in den Besitz des Kfz-Briefes zu gelangen und dann im Wege der Austauschpfändung in den Besitz des Fahrzeugs zu kommen.

Interessant ist für den Schuldner, daß in der Regel der Gerichtsvollzieher den Schuldner noch nicht einmal befragt, ob er ein Fahrzeug hat. Jedenfalls ist es günstig für den Schuldner, bei angekündigten Besuchen des Gerichtsvollziehers – auf diese Besuche kann sich der Schuldner in der Regel 10-12 Monate vorbereiten – das Fahrzeug nicht gerade vor dem Haus zu parken.

5. Fazit

Der Schuldner kann durch eigenes Verhalten erheblich dazu beitragen, daß der Gerichtsvollzieher keine unnötigen Fragen stellt, um sich legal jeder Zwangsvollstreckung so lange wie möglich zu entziehen.

6. Die Pfändung

Findet der Gerichtsvollzieher wider Erwarten einen pfändbaren Gegenstand, dann muß er ihn mit dem Pfandsiegel (Anhang XVI) versehen und ihn in die Pfandkammer abtransportieren lassen. Vor dem Abtransport verlangt er vom Gläubiger einen weiteren besonderen Vorschuß. Der Gläubiger wird sich bei der Zahlung des Vorschusses erneut fragen, ob sich die Fortsetzung der Zwangsvollstreckung lohnt, da er bis zu diesem Zeitpunkt schon erhebliche Mittel investiert und noch immer nichts in der Hand hat als ein Stück Papier, das sich "Titel" nennt.

Das Pfandsiegel darf der Schuldner auf keinen Fall entfernen, auch dann nicht, wenn die Pfändung unberechtigt gewesen ist, weil z.B. der Gerichtsvollzieher gegen das Verbot der Überpfändung verstoßen hat. So darf der Gerichtsvollzieher nicht einen wertvollen Gegenstand (Filmkamera) pfänden, obwohl der mögliche Erlös bei einer Versteigerung in keinem Verhältnis zur Forderung zuzüglich der Kosten steht (BGH NJW 1985, 1157). Der Schuldner muß sich immer wehren und Erinnerung (§ 766 ZPO) einlegen.

Mit der Anbringung des Pfandsiegels teilt der Gerichtsvollzieher dem Schuldner auch den Versteigerungstermin mit. Obwohl für den Gläubiger Eile geboten ist, ist der Gerichtsvollzieher großzügig in denjenigen Fällen, in denen er die Sache nicht selbst mitnehmen kann: Es vergehen mindestens 6-8 Wochen bis zum Versteigerungstermin. Diese Zeit bietet dem Schuldner erneut die Chance, entweder ein Arrangement mit dem Gläubiger zu treffen, indem er ihm mitteilt, daß er als arbeitsloser Schuldner nur den einen Wertgegenstand besitzt und diesen Wertgegenstand für seine Familie gegen Zahlung von 50% der gesamten Summe erhalten bleiben soll etc. In der Regel wird der Gläubiger dem zustimmen, denn er geht bei der Versteigerung ein hohes Risiko ein:

Einerseits gibt es erfahrungsgemäß wenig Interessenten, die alte Gegenstände für viel Geld ersteigern wollen, andererseits ist der Versteigerungserlös manchmal so niedrig, daß noch nicht einmal die vom Gläubiger verauslagten Vollstreckungskosten zuzüglich 50% der Schuldsumme hereinkommen. Da der Gläubiger dieses einkalkuliert, wird er einem Einigungsversuch des Schuldners immer positiv gegenüberstehen.

7. Die Versteigerung

Am Tage der Versteigerung, zu der auch der Gläubiger geladen wird, kann dann der Schuldner einen Dritten beauftragen, den gepfändeten Gegenstand für ihn zu ersteigern, um ihn dann wieder ihm zur Nutzung zur Verfügung zu stellen mit der Maßgabe, daß er das Recht hat, den Gegenstand zum ersteigerten Preis später zu erwerben.

Stets muß die Hälfte des gewöhnlichen Verkaufswertes der Sache erzielt werden (§ 817a ZPO: Mindestgebot). Der gewöhnliche Verkaufswert ist der Preis, der bei einem Verkauf außerhalb der Versteigerung erzielt werden könnte. Der Gerichtsvollzieher legt den Wert selbst fest (Schätzung). Wenn er hierzu nicht sachverständig genug ist, bedient er sich der Erfahrung eines Sachverständigen (Einholung eines mündlichen Gutachtens wie beispielsweise bei Schmuck, Gemälden etc.). Der Meistbietende erhält den Zuschlag, sofern er den Betrag in bar bezahlen kann. Der Erwerber erwirbt den Gegenstand lastenfrei.

8. Die Verteilung des Erlöses

Bei der Teilung des Erlöses werden zunächst die Kosten der Zwangsvollstreckung berücksichtigt. Dann erhält der Gläubiger seine titulierte Forderung. Ist der Gegenstand von mehreren Gläubigern gleichzeitig gepfändet worden, wird der Erlös unter ihnen verteilt. Reicht der Erlös nicht aus, erfolgt die Verteilung verhältnismäßig nach dem Wert ihrer Forderungen.

Wird kein Mindest-Gebot abgegeben, muß der Gläubiger entscheiden, was zu tun ist: Entweder er übernimmt das Pfandstück, um es zu veräußern (zum Mindest-Gebot), oder er übernimmt den Gegenstand in sein Eigentum. Dann wird das Mindest-Gebot auf die Forderung angerechnet, soweit das Vollstreckungsgericht zustimmt. Oder der Gläubiger ist weder selbst daran interessiert, noch will er eine weitere Miete für die Unterstellung des Gegenstandes beim Gerichtsvollzieher oder einem Dritten bezahlen und bis zum nächsten Versteigerungstermin warten: Dann gibt er das Pfandstück frei. Das ist natürlich das beste Ergebnis für den Schuldner, das nicht selten ist. Der Gerichtsvollzieher transportiert anschließend den Gegenstand auf Kosten des Gläubigers zum Schuldner zurück. Sämtliche bisher entstandenen Vollstreckungskosten sind vom Gläubiger zu verauslagen (vgl. § 825 ZPO). Nach der Aufhebung der Pfändung kann der Schuldner wieder über sein Eigentum frei verfügen, ohne die Schulden bezahlt zu haben.

9. Der Pfändungs- und Überweisungsbeschluß

Ist der Rundgang des Gerichtsvollziehers in der Wohnung des Schuldners (für den Gläubiger) ohne Erfolg gewesen, dann stellt der Gerichtsvollzieher die sogenannte Pfandlosbescheinigung aus, d.h., er trägt in das Pfändungsprotokoll ein, daß pfändbare Gegenstände nicht vorhanden sind. Damit hat der Schuldner erneut Zeit gewonnen. Er weiß, daß noch weitere Maßnahmen drohen. Er kann vorbeugen und sich darauf vorbereiten. Bis jetzt hat er jedenfalls keinen Pfennig gezahlt.

Erfolgt wider Erwarten ein Hinweis des Schuldners auf seinen Arbeitgeber, den er tunlichst unterlassen sollte, dann kann jetzt der Gläubiger den Antrag auf Erlaß eines Pfändungs- und Überweisungsbeschlusses (Anhang XVII) stellen. Dieser Beschluß wird dem Arbeitgeber und dem Schuldner zugestellt und gibt dem Gläubiger das Recht, den pfändungsfreien Betrag unmittelbar vom Arbeitgeber so lange überwiesen zu erhalten, bis seine Forderung nebst entstandener Kosten erloschen ist. Verdient der Schuldner nur den pfändungsfreien Betrag oder liegen schon zahlreiche Vorpfändungen (bzw. Abtretungen) vor, dann war die Investition, einen Pfändungsüberweisungsbeschluß zu erlangen, wiederum umsonst. Was der Schuldner verdienen darf, ergibt sich aus Anhang XX c.

Der Hinweis des Schuldners auf seine Arbeitslosigkeit in der Pfandlosigkeitsbescheinigung sollte allerdings gegeben werden. Denn er wird den Gläubiger davon abhalten, zunächst einmal weitere vermeidbare und damit kostenverursachende Vollstreckungsmaßnahmen einzuleiten.

10. Besonderheiten bei Lebens- und Wohngemeinschaften

Der Schutz des Schuldners vor Pfändungsmaßnahmen des Gerichtsvollziehers kann heute in Einzelfällen allumfassend sein, d.h., es wird dem Gläubiger unmöglich gemacht, zu seinem Ziel (d.h. der Pfändung und Verwertung beweglicher Gegenstände) zu gelangen:

a) Bei sogenannten Lebensgemeinschaften richtet sich in der Regel der vollstreckbare Titel seltsamerweise immer gegen diejenige Person, der in der Wohnung nichts gehört. Das Gegenteil nachzuweisen ist fast unmöglich.

b) Bei Wohngemeinschaften, d.h. Wohnungen, in denen mehrere unabhängige Personen zusammenleben, ist die Feststellung, ob der Gegenstand einem ganz bestimmten Schuldner gehört, außerordentlich schwierig. Wird die Wohnung beispielsweise von drei Personen bewohnt, unter denen sich der Schuldner befindet, gegen den der Titel gerichtet ist, müssen alle Bewohner der Durchsuchung der Wohnung durch den Gerichtsvollzieher zustimmen. Stimmen diese nicht zu, was selbstverständlich ist, kann auch ein richterlicher Beschluß dem Gerichtsvollzieher nicht gestatten, die Wohnung zu besichtigen, es sei denn, es steht eindeutig fest, daß ein bestimmter Raum eben dem von ihm gesuchten Schuldner zur alleinigen Benutzung zugewiesen ist. Dieser Nachweis ist bei Wohngemeinschaften nie zu erbringen. Die Wohngemeinschaft selbst bietet also dem Schuldner einen perfekten Schutz vor Vollstreckungsmaßnahmen!

Enthält das Pfändungsprotokoll des Gerichtsvollziehers keinen weiteren Hinweis, dann wird in aller Regel der Gläubiger die letzte Maßnahme gegen den Schuldner einleiten und beim zuständigen Vollstreckungsgericht den Antrag stellen, den Schuldner zur Abgabe der eidesstattlichen Versicherung zu laden.

IV. Die eidesstattliche Versicherung (Offenbarungseid)

1. Der Antrag auf Abgabe der eidesstattlichen Versicherung

Mit dem Antrag an das für den Schuldner örtlich zuständige Amtsgericht, den Schuldner zur Abgabe der eidesstattlichen Versicherung zu laden (Anhang XVIII) leitet der Gläubiger die letzte Etappe und damit den härtesten Eingriff in die Schuldnersphäre ein. Denn der Schuldner muß sein gesamtes verwertbares Vermögen offenlegen (§ 807 II, 478 ZPO) und die Richtigkeit der Angaben an Eides Statt versichern. Er muß sogar darlegen, welches Bargeld er im Augenblick der Abgabe der eidesstattlichen Versicherung in seinem Portemonnaie hat, welche Forderung er gegen Dritte hat, wo er arbeitet und welches Bruttogehalt er monatlich bei wem bezieht, welchen Grundbesitz er möglicherweise allein oder mit anderen hat

(gemeinsam mit seiner Ehefrau/gemeinsam mit Mit-Erben etc.), ob er an einem Unternehmen beteiligt ist, welche Versicherungen für welche Laufzeit und Fälligkeit und unter Angabe welcher Person als Begünstigten er unterhält (Anhang XIX). Und:
Mit der Abgabe der eidesstattlichen Versicherung wird der Schuldner in die sogenannte Schuldnerliste eingetragen, die für jedermann einsehbar ist.

Er erhält keinen Kredit mehr, weil die Schufa die Eintragung registriert und den Schuldner damit für alle Banken sperrt. So hat der Schuldner nach Abgabe der eidesstattlichen Versicherung für 3 Jahre Ruhe vor weiteren Vollstreckungen, aber jedes von ihm neueröffnete Konto kann gepfändet werden oder wird wegen des Sperrvermerks gar nicht erst eröffnet. Dem Schuldner hilft nur noch das Postscheckkonto, um bargeldlose Überweisungen vorzunehmen oder erhalten zu können. Die eidesstattliche Versicherung macht es dem Schuldner schwer, eine Arbeit zu finden, wenn er arbeitslos ist.

Deshalb sollte der Schuldner erneut alles versuchen, die eidesstattliche Versicherung nicht abzugeben:

a) Er hat das Recht, eine Ratenzahlung anzubieten und dieses Angebot vor dem Rechtspfleger am Tage des Termins abzugeben. Dann muß der Rechtspfleger dieses Angebot dem Gläubiger erst zur Stellungnahme zusenden. In der Regel muß der Gläubiger bei angemessener Ratenzahlung dem Angebot zustimmen. Das beste ist zur Vorbereitung auf diese Erklärung, bereits einige Tage vor dem Ladungstermin die erste Rate auf das Konto des Gläubigers zu zahlen und den Einzahlungsbeleg zum Nachweis der Glaubwürdigkeit dem Rechtspfleger vorzulegen.

b) Der Schuldner kann mit dem Gläubiger in Verbindung treten, um auch jetzt noch einen außergerichtlichen Vergleich herbeizuführen, indem er ihm anbietet, mit Hilfe seiner Verwandten und Freunde ca. 50% der gesamten Schuldsumme sofort zu begleichen, wenn der Restbetrag erlassen wird.

Stimmt der Gläubiger einer Ratenzahlung zu, sollte der Schuldner pünktlich die Raten zahlen, da mit der Annahme eines Ratenzahlungsvorschlages eine wirksame Stundung bezüglich der jeweiligen Restforderung verbunden ist und der Schuldner keine neue Zwangsvollstreckungsmaßnahme zu befürchten hat. Ist der Gläubiger mit der Zahlung von 50% der gesamten Summe einverstanden, weil er bei einer Ratenzahlung praktisch Monat für

Monat sich die Akte erneut vorlegen lassen muß und dadurch neue Kosten entstehen, muß er Zug um Zug gegen Zahlung des Vergleichsbetrages dem Schuldner den Titel aushändigen.

2. Die sogenannte Schuldnerliste

Das Einsichtsrecht von jedermann in die Liste (§ 915 III ZPO) und die Tatsache, daß die Eintragung von Amts wegen erst nach 3 Jahren gelöscht wird (§ 915 II ZPO), sollte den Schuldner veranlassen, jeden Strohhalm zu ergreifen und alles Erdenkliche zu tun, um die eidestattliche Versicherung nicht abgeben zu müssen bzw. ihre Abgabe durch Vergleichsverhandlungen hinauszögern zu können. Der Schuldner sollte jedenfalls – wie immer – aktiv sein. Untätigkeit, d.h. der Ladung bewußt nicht zu folgen, veranlaßt den Gläubiger, unverzüglich einen Haftbefehl zu beantragen mit der Folge, daß der Gerichtsvollzieher den Schuldner zum Zwecke der Abgabe der eidesstattlichen Versicherung verhaftet und dem Rechtspfleger vorführt. Dort muß dann der Schuldner die eidesstattliche Versicherung abgeben (§ 901, 4 II Rechtspflegergesetz).

Natürlich kann der Schuldner den Antrag stellen, den Termin auf Abgabe der eidesstattlichen Versicherung zu verschieben, weil er krank ist oder weil er in Vergleichsverhandlungen steht. Er muß dies aber auch glaubhaft machen, indem er ein ärztliches Attest zu den Gerichtsakten reicht bzw. ein Schreiben, aus dem hervorgeht, daß er tatsächlich dem Gläubiger ein Angebot unterbreitet hat. Dann erfolgt eine Vertagung in der Regel von drei Monaten. Diese Zeit gibt dem Schuldner eine weitere Chance zur Regulierung der Forderung nach Möglichkeit ohne Abgabe der eidesstattlichen Versicherung.

Folgt der Schuldner dann persönlich der Ladung und sitzt er vor dem Rechtspfleger, um das Formular auszufüllen, dann hat er noch ein weiteres Recht, nämlich das des Widerspruchs: Er kann seine Verpflichtung zur Abgabe der Offenbarungsversicherung bestreiten mit der Begründung, daß ein Titel fehlt oder daß bereits bekannt sei, daß er leistungsunfähig sei. Bei Zurückweisung des Widerspruches (durch Beschluß gemäß § 900 V ZPO) kann der Schuldner sich zur Ausfüllung des Formulars (= Abgabe der Offenbarungsversicherung) bereit erklären, muß es aber nicht sofort. Jedenfalls ist ein neuer Termin zur Abgabe zu bestimmen, aber erst nach Rechtskraft des Beschlusses. Der Schuldner gewinnt dadurch wieder Zeit.

Wenn der Schuldner nicht erscheint oder aber seinen Widerspruch nicht begründen kann, kann der Gläubiger den Antrag stellen, Haftbefehl zu erlassen (§ 901 ZPO, s.o.). Die Anordnung erfolgt durch Beschluß zusammen mit dem Haftbefehl.

3. Der Haftbefehl

Aber auch gegen den Haftbefehl kann sich der Schuldner wenden: Er kann die sofortige Beschwerde einlegen (§ 793 ZPO), die er auf Gründe stützen muß, die er vorher bei seinem Widerspruch nicht genannt hat (KG in NJW 1963, 866 ff.). Erneut gewinnt der Schuldner Zeit und eine letzte Chance, seinen Kopf aus der Schlinge zu ziehen.

4. Die Haft

Natürlich kann der Schuldner sich generell auch weiterhin weigern, die eidesstattliche Versicherung abzugeben. Dann wird er in Haft genommen, die im Höchstfalle 6 Monate beträgt (§ 913 ZPO). Befindet sich der Schuldner in einer schlechten gesundheitlichen Verfassung, die ärztlicherseits bestätigt wird, wird er in der Regel von der Haft verschont.

Es ist selten, daß der Schuldner wegen der Nicht-Abgabe der eidestattlichen Versicherung ins Gefängnis muß. In der Regel kann es dem Schuldner bei etwas gutem Willen und der Einsicht zur Regulierung sogar gelingen, an der Eintragung in die "schwarze Liste" vorbeizukommen!

5. Der Umfang der eidesstattlichen Versicherung

Gibt der Schuldner die eidesstattliche Versicherung ab, dann muß die Erklärung umfassend sein. Er hat auch den <u>Verbleib</u> von beweglichen Sachen anzugeben, die ihm gehören oder an denen ihm eine Anwartschaft auf Erwerb zusteht (BGH St 15, 130). Er muß entgeltliche Veräußerungen an Ehegatten, nahe Verwandte und Verschwägerte, ferner unentgeltliche Verfügungen <u>des letzten Jahres</u> (der letzten <u>zwei</u> Jahre, wenn zugunsten des Ehegatten erfolgt) angeben. Der Schuldner darf aber seinen Arbeitsplatz nur ungenau angeben (ohne gegen seine Offenbarungspflicht zu verstoßen), d.h. ohne Anschrift, ohne Straßenbezeichnung und ohne genaue Bezeichnung der Firma. Dadurch zwingt er den Gläubiger, ihn zur Ergänzung der eidesstattlichen Versicherung erneut zu laden. Bis dahin sind weitere drei Monate vergangen. Der Schuldner kann also, wenn er die Verwandtenhilfe noch nicht sofort in Anspruch nehmen kann, es dem Gläubiger schwer machen, sein Ziel zu erreichen. Es kommt hier auf den Rechtspfleger an, nämlich, ob dieser die Angaben des Schuldners überprüft und zusätzliche Fragen stellt. Bezeichnet der Schuldner das Grundstück nicht genau, kann der Gläubiger überhaupt nichts unternehmen. Der Schuldner kann also wahrheitsgemäße Angaben machen, diese aber so lückenhaft, daß der Gläubiger seinerseits recherchieren muß. Diese Zermürbungstaktik eröffnet dem Schuldner letzlich die Chance, den Gläubiger mit einem Bruchteil seiner Forderung zufriedenzustellen. Dies sollte er stets im Auge behalten.

Der Schuldner als selbständiger Gewerbetreibender, als Journalist, als Vertreter muß grundsätzlich die von ihm vertretenen Firmen angeben. Natürlich sollte er vorher sämtliche fälligen Provisionen der vergangenen Monate und auch einen kräftigen Vorschuß auf seine künftige Tätigkeit vor Abgabe der eidesstattlichen Versicherung kassieren, so daß er dann im Termin wahrheitsgemäß sagen kann, daß er keinen fälligen Provisionsanspruch hat. Es ist bestritten, ob der Schuldner den Vertretenen nennen muß, daß zukünftig irgendwann einmal wieder Provisionen fällig werden. Im Zweifel sollte der Schuldner schweigen (entschuldbarer Irrtum!).

V. Die allgemeine Härteklausel zum Schutz des Schuldners

Der Schuldner kann in jeder Phase des langen und komplizierten Vollstreckungsverfahrens den Antrag nach § 765 a ZPO stellen, wenn die Vollstreckungsart ihn sittenwidrig hart belastet. So kann der Schuldner bei ein wenig Kreativität eine Anordnung nach § 765 a ZPO zu einer Dauerblockade der Vollstreckung machen. Das Vollstreckungsgericht entscheidet auf seinen Antrag hin durch den Rechtspfleger (§ 20 Nr. 17 RPflG). Zur Begründung kann der Schuldner vortragen, eine Zwangsvollstreckung des Gläubigers in sein bewegliches Vermögen sei eine mißbräuchliche Vermögensverschleuderung (er kann dasselbe auch bei einer Teilungsversteigerung sagen). Bei der Vollstreckung von Räumungsurteilen sollte er die "Gesundheitsgefährdung" darlegen, die bei einer Räumung ihm und seiner Familie droht.

Auch der Hinweis auf psychische Schäden bei der Durchführung der Zwangsvollstreckung begründet seinen Antrag genauso wie die Feststellung, ein Familienmitglied stehe unmittelbar vor der Einlieferung ins Krankenhaus oder seiner Familie drohe die Einweisung in ein Obdachlosenasyl.

Nicht ausreichend ist nach Ansicht der Rechtsprechung der Vortrag des Schuldners, daß der Gläubiger keine volle Befriedigung erlangen kann (LG Hannover in MDR 84, 764) oder daß durch die Zwangsvollstreckung in das Konto eines Bauherren der Bau stillgelegt wird (BGH ZMR 73, 171). Auch nicht der Hinweis, der Gläubiger habe sich arglistig den Titel erschlichen, reicht für einen Antrag nach § 765a ZPO aus. Hier müßte der Schuldner eiligst Vollstreckungsgegenklage einreichen oder die Wiederaufnahme des Verfahrens betreiben (§ 578 ZPO).

VI. Die Forderungspfändung

1. Die Lohnpfändung

Aus dem Vermögensverzeichnis des Schuldners, dessen Richtigkeit er an Eides Statt versichern muß, erfährt der Gläubiger in der Regel die Arbeitsstelle des Schuldners, aber auch Forderungen, die er gegen Dritte hat. Der Gläubiger kann dann den Erlaß eines Pfändungs- und Überweisungsbeschlusses beantragen, d.h. den Zahlungsanspruch des Schuldners gegen Dritte pfänden und sich zur Einziehung überweisen lassen. Im Hinblick auf die Dauer der Bearbeitung des Antrags bis zum Beschluß wird der Gläubiger in der Regel ein vorläufiges Zahlungsverbot (Vorpfändung) beantragen (§ 845 ZPO), das drei Wochen Geltung hat und dem Gläubiger den Rang sichert. Innerhalb dieser Zeit muß der Pfändungs-und Überweisungsbeschluß erlassen und zugestellt sein. Der Beschluß wird einmal dem Dritten (= Drittschuldner) als Anspruchsgegner des Schuldners und dem Schuldner selbst zugestellt. Der Drittschuldner ist verpflichtet, dem Gläubiger Auskunft zu erteilen, ob er die Forderung anerkennt und zur Zahlung bereit ist, bzw. ob andere Gläubiger Ansprüche auf die Forderung erheben oder der pfändungsfreie Teil bereits gepfändet oder abgetreten ist. Durch die Zustellung des Beschlusses wird dem Drittschuldner verboten, in Höhe des pfändungsfreien Betrages an den Schuldner zu zahlen. Der Schuldner muß sich jeder Verfügung (Abtretung, Veräußerung etc.) über die Forderung enthalten. Für die Wirksamkeit des Beschlusses ist die Zustellung an den Drittschuldner entscheidend (§ 829 III ZPO).

Statt einer Auskunft kann der Drittschuldner gegen den Pfändungs- und Überweisungsbeschluß vorgehen (was selten ist!). Er hat das Recht der Erinnerung nach § 766 ZPO (wie der Schuldner) mit der Begründung, die Pfändung der Forderung sei nicht wirksam u.ä. Will er Auskunft geben, ob überhaupt ein pfändbarer Betrag existiert, teilt er dem Gläubiger in der Regel mit, welchen Teilbetrag er – der Drittschuldner – monatlich auf das Konto des Gläubigers oder seines Prozeßbevollmächtigten überweisen werde. Will er keine Auskunft geben, muß er mit einer Klage des Gläubigers gegen ihn rechnen (das Arbeitsgericht ist zuständig).
Der Drittschuldner kann mit allen Mitteln die Klage abwehren, z.B. mit dem Hinweis, die Forderung des Schuldners sei erloschen, er – der Drittschuldner – rechne mit einer Gegenforderung auf etc. Hätte er diese Bedenken auch schon *vor* Einleitung gerichtlicher Schritte vortragen können, macht er sich aber jetzt dem Gläubiger gegenüber hinsichtlich der Prozeßkosten schadenersatzpflichtig (BGH MDR 83, 308).

Nach § 850 ZPO sind Arbeitseinkommen, d.h. Dienst- und Versorgungsbezüge der Beamten, Arbeits- und Dienstlöhne, Ruhegelder u.ä., nach dem einstweiligen oder dauernden Ausscheiden aus dem Dienst- oder Arbeitsverhältnis gewährte fortlaufende Einkünfte, ferner Hinterbliebenenbezüge sowie sonstige Vergütungen für Dienstleistungen aller Art, die die Erwerbstätigkeit des Schuldners in Anspruch nehmen, sowie die Bezüge, die ein Arbeitnehmer zum Ausgleich für eine Wettbewerbsbeschränkung für die Zeit nach Beendigung seines Dienstverhältnisses beanspruchen kann, und Renten in einer bestimmten Höhe pfändbar.

Zum Arbeitseinkommen gehören demnach das Entgelt (Vergütung) für die Arbeitsleistung. Dazu gehört die Provision genauso wie der Gewinnanteil, die Teuerungszulage, die Familienzulage, der Kinderzuschlag etc. Nicht hierunter fallen das Trinkgeld, der Ersatzanspruch für Auslagen, die Arbeitnehmer-Sparzulage, die Auslösungsansprüche des auswärts Arbeitenden, die Urlaubsgelder etc.

2. Der Freibetrag

Der Schuldner muß bereits vor der entsprechenden Maßnahme des Gläubigers wissen, welcher Betrag schlimmstenfalls ihm durch einen solchen Beschluß "weggenommen" werden könnte. Ihm wird nach einem in § 850 c ZPO (Anhang XX c) beschriebenen Berechnungsschlüssel je nach der Höhe

seines Einkommens und der Zahl seiner Unterhaltsberechtigten ein Teil seines Arbeitseinkommens belassen. Dieser Teil ändert sich von Zeit zu Zeit wegen der Inflation, der Änderung der Tarifverträge, der Gesetze etc.
So sind beispielsweise die Überstunden-Bezüge, die Zuwendungen aus Anlaß eines bestehenden Betriebsereignisses, die Treuegelder, die Gefahrenzulagen, die Weihnachtsvergütung bis zu DM 400,-, die Heirats- und Geburtshilfen unpfändbar. Dies ergibt sich aus § 850 a ZPO.

Bestimmte Renten, Leistungen und Bezüge sind nur dann pfändbar (bedingt pfändbar), wenn die Vollstreckung in das sonstige bewegliche Vermögen des Schuldners zu einer Befriedigung des Gläubigers nicht geführt hat und die Pfändung der Billigkeit entspricht. Bei diesen unpfändbaren Bezügen handelt es sich gemäß § 850 b ZPO um die Rente, die wegen der Verletzung des Körpers oder der Gesundheit zu zahlen ist (auch ein rückständiger oder kapitalisierter Betrag, den man durch ein Urteil zugesprochen erhalten hat), die Rente des Handlungsgehilfen im Falle der Verletzung der Fürsorgepflicht des Unternehmens (§ 62 III HGB); eine Rente aus § 8 Haftpflichtgesetz etc. Hierzu zählen auch gesetzliche Unterhaltsforderungen und Renten nach § 844 BGB; Einkünfte aus einer Stiftung, der Anspruch aus Altenteil, die Bezüge aus Witwenkassen. Das Gericht prüft immer in diesen besonderen Fällen nach Anhörung des Gläubigers und des Schuldners, ob ausnahmsweise die im Grunde nicht pfändbaren Ansprüche gepfändet werden sollen. Die Pfändung muß der Billigkeit entsprechen. Der Gläubiger muß die Billigkeit darlegen (LG Düsseldorf, NJW 77, 1642).

Der Pfändungs- und Überweisungsbeschluß (Anhang XVII b) ist für den Schuldner besonders unangenehm, da es noch heute Arbeitgeber gibt, die generell im Besuch des Gerichtsvollziehers eine Disqualifikation des Arbeitnehmers sehen. Außerdem ist mit der Bearbeitung derartiger Anträge (Änderung des Computer-Programmes etc.) erheblicher Arbeitsaufwand verbunden. Der Arbeitsplatz ist daher häufig auch heute noch gefährdet.

Der Schuldner kann diese Situation vermeiden, indem er rechtzeitig mit der Personalabteilung spricht, da er ja Monate vor Zustellung eines solchen Beschlusses mit der Möglichkeit rechnen muß. Er sollte sogar seinen Arbeitgeber, wenn er einige Jahre dort beschäftigt ist und dieser mit ihm zufrieden ist, fragen, ob er nicht bereit sei, seinerseits ihm – dem Schuldner – mit einem sogenannten Arbeitgeber-Darlehen unter die Arme zu greifen, das in der Regel zinsgünstig ist. Mit einem solchen Darlehen kann der Schuldner den Gläubiger zufriedenstellen, indem er einen Teil seiner Schuldsumme sofort zahlt und der Rest erlassen wird.

3. Die freiwillige Zahlung / stille und offene Abtretung

Der Schuldner kann einem Antrag auf Erlaß eines Pfändungs- und Überweisungsbeschlusses auch vorbeugen, indem er mit dem Gläubiger Verhandlungen darüber führt, daß er freiwillig monatlich von seinem ausgezahlten Lohn einen bestimmten Betrag an den Gläubiger überweist. Darauf geht der Gläubiger in der Regel ein, wenn die monatliche Rate angemessen ist. Denn auch er muß daran interessiert sein, daß der Arbeitsplatz des Schuldners erhalten bleibt. Zahlreiche Schuldner haben darüber hinaus Nebenverdienste (Einkommen aus Hobby oder aus einer Nebenbeschäftigung), mit denen sie derartige "lästige Schulden" begleichen können. Gleichzeitig verhindert eine solche Ratenzahlungsvereinbarung weitere Zwangsvollstreckungsmaßnahmen. Der Schuldner kann als letztes Mittel auch bei Offenlegung seiner finanziellen Verhältnisse eine Abtretung (stille Abtretung) mit dem Gläubiger vereinbaren, indem er einen bestimmten Teil seines monatlichen Gehaltes an den Gläubiger abtritt, ohne dies dem Arbeitgeber mitzuteilen. Offengelegt wird die Abtretung erst dann, wenn der Schuldner mit zwei aufeinanderfolgenden Raten im Verzug ist.

Der Schuldner kann auch eine offene Abtretung mit dem Gläubiger vereinbaren, wenn der an den Gläubiger zu zahlende Betrag niedriger ist als der pfändungsfreie Betrag, der dem Gläubiger zustehen müßte. Der Schuldner behält also, wenn er aktiv bleibt, immer eine Chance, den Erlaß des Pfändungs- und Überweisungsbeschlusses zu verhindern.

4. Das Ruhen des Verfahrens

Aber auch wenn der Beschluß dem Arbeitgeber zugestellt worden ist und es daraufhin zu einem Gespräch zwischen dem Arbeitgeber und dem Schuldner kommt, kann der Schuldner durch freiwillige Zahlung an den Gläubiger zumindest das Verfahren zum Ruhen bringen, wenn auch die Pfändung selbst aufrechterhalten bleibt, bis der Gläubiger befriedigt ist oder er aufgrund einer anderen Vereinbarung den Antrag auf Erlaß eines Pfändungs- und Überweisungsbeschlusses zurücknimmt.

Scheitern alle Bemühungen des Schuldners und will er seinen Arbeitsplatz behalten, dann soll er vor Zustellung des Pfändungs- und Überweisungsbeschlusses seinen pfändbaren Betrag an einen Dritten abtreten, um den Gläubiger daran zu hindern, Beträge des Arbeitseinkommens an sich überweisen zu lassen. Diese Abtretung an einen Dritten sollte der Schuldner immer vornehmen, wenn ihm dieser einen bestimmten Betrag zur Verfügung stellt oder wenn er einen Gegenstand dringend benötigt, den er mit der Abtretung der Forderung finanziert. In jedem Fall geht die Abtretung jedem später erlassenen Pfändungs- und Überweisungsbeschluß vor (§ 804 III ZPO). Auch zur Begleichung von Darlehen des Arbeitgebers kann der Arbeitnehmer zukünftige Lohnforderungen abtreten.

5. Die Pfändung künftiger Forderungen

Aber Vorsicht: Auch künftige Forderungen können gepfändet werden, wenn sie individualisierbar sind (BGH, NJW 82, 2195).

Interessant ist: Steuer-Rückerstattungsansprüche sind erst nach Entstehen (= Bescheid des Finanzamtes an den Schuldner) pfändbar und gelten nicht als künftige Ansprüche. Eine vorzeitige Pfändung ist daher nichtig. Der Schuldner kann über diesen Anspruch noch verfügen, selbst wenn ein Pfändungs- und Überweisungsbeschluß erlassen worden ist.

Der Gläubiger kann beispielsweise auch das Bankguthaben des Schuldners pfänden. In der Regel wird der Schuldner dann dem vorbeugen und ein solches Konto nicht im Haben führen oder auch zur Sicherheit gleich das ganze Konto auflösen.

6. Die Pfändung von Versicherungen

Pfändungen von Versicherungen (Lebensversicherungen, Sterbeversicherungen etc.) sind unbefriedigend. Denn der Schuldner wird, wenn er bereits vorher einen Schuldenberg aufgebaut hat, schon seit längerem keine Prämie mehr zahlen. Dadurch ist der Rückkaufswert (Guthaben) außerordentlich niedrig und für den Gläubiger letztlich nicht interessant. Welcher Schuldner hat schon eine Lebensversicherung über eine erhebliche Summe mit monatlich hohen Prämien abgeschlossen, wenn er nicht zur Verhinderung dieser Zwangsvollstreckung dem Gläubiger vorher eine angemessene Ratenzahlung anbietet?

Es ist sicherlich sinnvoller, dem Gläubiger eine für ihn interessante monatliche Rate anzubieten, als eine Prämie für eine Versicherung zu leisten. Den Versicherungsvertrag sollte der Schuldner im Einvernehmen mit der jeweiligen Versicherung für eine bestimmte Zeit zum Ruhen bringen und die Prämienzahlung nach Durchführung der Ratenzahlungen an den Gläubiger wieder aufnehmen.

7. Die Vollstreckung in den Nettoverdienst eines Selbständigen

Ist der Schuldner selbständig und gibt er in der eidesstattlichen Versicherung seinen monatlichen Netto-Betrag mit einer bestimmten Summe X an, dann ist es für den Gläubiger ungeheuer schwierig, an dieses Geld zu kommen. In der Regel ist der Netto-Betrag erheblich höher als der pfändungsfreie Betrag, der in § 850 c ZPO bei abhängiger Arbeit angegeben ist. Aber pfänden und sich zur Einziehung überweisen lassen, kann sich der Gläubiger nichts: Wenn der Schuldner beispielsweise eine Gastwirtschaft unterhält, dann kann der Gerichtsvollzieher den sogenannten Kasseninhalt als Sache pfänden und mitnehmen. Darauf ist der Schuldner, der den zuständigen Gerichtsvollzieher natürlich persönlich kennt, immer vorbereitet. Betritt dieser das Restaurant, wird nur ein Taschengeld in der Kasse sein. Sonst gibt es praktisch keine Handhabe, das Netto-Einkommen des Schuldners aus seinem eigenen Gewerbebetrieb zu beschlagnahmen.

Übt der Schuldner den Beruf eines Vertreters aus, wird er seinen Kundenstamm nicht angeben, gegen den er möglicherweise irgendwelche Forderungen einmal haben wird. In der Regel sind diese Forderungen erst fällig, wenn entsprechende Verträge vermittelt sind. Infolgedessen kann der Schuldner immer sagen: "Ich habe jetzt keine Forderung gegen einen Dritten" (s.o.). Er ist erst dann verpflichtet, eine Forderung anzugeben, wenn sie existiert. Deshalb hat der Gläubiger hier kaum eine Chance zur Befriedigung.

8. Die Pfändung von Forderungen gegen Dritte, u.a. die Pfändung des Taschengeldes

Andere Forderungen des Schuldners gegen Dritte, Gesellschaftsanteile etc. sind selten interessant für den Gläubiger.

Mancher Schuldner erhält lediglich ein Taschengeld, d.h., der alleinverdienende Ehepartner ist verpflichtet, dem anderen Ehepartner, der die Arbeiten im Haushalt und die Erziehung der Kinder übernommen hat, monatlich ein Taschengeld auszuzahlen. Während früher die Ehefrau einen solchen Taschengeldanspruch hatte, ist es heute häufig umgekehrt. Die Ehefrau arbeitet, ihr Ehemann, der arbeitslos ist, versorgt den Haushalt und hat daraufhin einen Taschengeldanspruch gegen seine alleinverdienende Ehefrau.

Dieses Taschengeld ist nach der herrschenden Lehre auch pfändbar, selbst dann wenn der Schuldner keinen Barbetrag von seinem Ehegatten erhält. In diesem Fall bleibt dem Gläubiger nichts anderes übrig, als diesen Anspruch zu errechnen und dem arbeitenden Ehegatten einen Pfändungs- und Überweisungsbeschluß zuzustellen.

In der Regel – so jedenfalls die Erfahrung – reagiert der Ehegatte auf einen solchen Beschluß nicht. Wer zahlt schon der anderen Ehehälfte ein "vereinbartes Taschengeld". Die Gerichte neigen in der Mehrzahl dazu, einer anschließenden Drittschuldner-Klage den Erfolg zu versagen, d.h. wollen die Pfändbarkeit des Taschengeldanspruchs im Grunde nur dann befürworten, wenn der alleinverdienende Eheteil "vermögend" ist. Das LG Bonn ist der Auffassung, daß ein solcher Anspruch nur bei einer außerordentlich geringen Forderung des Gläubigers pfändbar sei (MDR 83, 1027), während das LG Frankenthal die Meinung vertritt, der Taschengeld-Anspruch sei bei intakter Ehe überhaupt nicht pfändbar (RpflegerG 85, 120).

VII. Die Sicherungsvollstreckung

Der Gläubiger ist manchmal besonders bösartig. Glück für den Schuldner ist nur, daß die wenigsten Gläubiger die Sicherungsvollstreckung kennen (§ 720 a ZPO):

Da zahlreiche Urteile nur gegen Sicherheitsleistung vorläufig vollstreckbar sind (§§ 708, 709, 712 II 2), dauert die Beibringung der Sicherheit (Bürgschaft einer Bank etc.) Zeit, da der Gläubiger den Barbetrag nicht hinterlegen will. § 720 a ZPO gibt dem Gläubiger die Möglichkeit, diesen Zeitverlust zu überbrücken und deshalb mit großer Eile Gegenstände des Schuldners (§ 803 ZPO), Forderungen (§ 829 ZPO) zu beschlagnahmen und die Eintragung einer Sicherungshypothek (§ 866 I ZPO) im Grundbuch ohne Sicherheitsleistung durchzusetzen. Natürlich ist eine Verwertung (Versteigerung etc.) so lange ausgeschlossen, bis der Titel rechtskräftig geworden oder aber die Sicherheit vom Gläubiger geleistet worden ist. (Die Bürgschaftsurkunde muß ebenfalls dem Schuldner zugestellt werden!)

Der Schuldner muß aber mit dieser Eilmaßnahme bei seinen Dispositionen rechnen! Denn er kann nach dieser Maßnahme nicht mehr frei über die Gegenstände, Forderungen etc. verfügen.

VIII. Die Vollstreckung in Grundvermögen

(§§ 864-871 ZPO)

In der Regel erfährt der Gläubiger erst durch die eidesstattliche Versicherung, daß der Schuldner Grundvermögen besitzt. Wenn der Schuldner den Hinweis so ungenau wie möglich gibt, um Zeit zu gewinnen, so kann der Gläubiger nach Wochen den Schuldner zur Ergänzung und zur Spezifizierung seiner Angaben laden lassen, um die Eintragung einer Sicherungshypothek zu erreichen. Diese hat den Zweck, dem Gläubiger einen Rang zu sichern. Die Eintragung der Zwangshypothek wird der Schuldner hinnehmen. Häufig hat der Gläubiger jedoch Pech. Er steht an ungünstiger Rangstelle und kann sich aufgrund der Vorbelastungen schon ausrechnen, daß er bei einer Zwangsversteigerung, die ohnehin immer weniger Erlös einbringt als eine Veräußerung des Grundstücks auf dem freien Markt, nicht mehr zum Zuge kommt. In diesem Fall wird der Gläubiger aus dem dinglichen Recht den Versteigerungsantrag nicht stellen. Denn hierfür sind weitere Investitionen notwendig wie beispielsweise der Kostenvorschuß zur Einholung eines Gutachtens über den Wert des Grundstücks etc.

Einen besonderen Schutz für den Schuldner kann es darstellen, wenn sich der Gläubiger zwischen mehreren Grundstücken entscheiden muß und er sich – weil er die Örtlichkeit und die effektive Belastung des Grundstücks nicht kennt – für das falsche Grundstück entscheidet. Hier muß dennoch der Schuldner aufpassen: Der Gläubiger kann auf beide Grundstücke eine Sicherungshypothek in Höhe von je 50% seines titulierten Anspruchs eintragen lassen, um "zwei Eisen im Feuer zu halten", wenn er im Hinblick auf die eingetragenen Belastungen Chancen auf eine Befriedigung sieht. Hier schützt den Schuldner vielleicht einmal seine eigene Untätigkeit: Hat der Schuldner in den letzten Jahren vorher laufend Teilforderungen, die durch Grundschulden und/oder Hypotheken gesichert sind, beglichen, dann ist dies aus der Grundbucheintragung, die allein dem Gläubiger zur Einsicht vor seiner Entscheidung zur Verfügung steht, nicht zu ersehen. Der Schuldner sollte sich also stets hüten, sein Grundbuch nach Rückzahlungen von Beträgen insoweit berichtigen zu lassen. Der Gläubiger muß so bei seiner Rechnung zu einer falschen Belastungssumme und einem unrichtigen Verkehrswert des Grundstücks kommen. Der Gläubiger muß den Wert des Grundstücks hypothetisch errechnen. Er geht davon aus, daß Hypothekenbanken Grundbesitz bis zu 60% des Verkehrswerts beleihen. Aus der Höhe der erstrangigen Hypothek rechnet der Gläubiger hoch (plus 40%) und kommt somit zu einem Circa-Verkehrswert, einem Wert, den der erstrangige Gläubiger ursprünglich vor seiner Eintragung gutachterlich festgestellt hat. Schwieriger ist es heute, einen Verkehrswert festzustellen, da die Grundstückspreise derzeit zurückgehen und damit letztlich nach der Errechnung des Verkehrswertes zum Zeitpunkt der erstrangigen Belastung erhebliche Abschläge (bis zu 40%) gemacht werden müssen.

Die Mitteilung von der Eintragung der Sicherungshypothek, die dem Schuldner vom Amts wegen zugestellt wird (§ 55 GBO), sollte ihn immer veranlassen, mit dem Gläubiger Vergleichsgespräche zu beginnen. Sind die Voraussetzungen zur Eintragung der Sicherungshypothek vorhanden, sollte der Schuldner kein Rechtsmittel gegen die Eintragung einlegen.

1. Der Versteigerungsantrag

Zahlt der Schuldner nicht und kommt keine andere Einigung zwischen den Parteien zustande, wird der Gläubiger den Antrag auf Zwangsversteigerung des Grundstücks stellen, damit er aus dem Versicherungserlös in Höhe seiner Forderungen befriedigt werden kann (§ 1 ZVG). Der Antrag kann formlos schriftlich oder zu Protokoll des Urkundsbeamten des zuständigen Amtsgerichts gestellt werden und muß gemäß § 16 I ZVG das Grundstück, den Eigentümer, den Anspruch und den vollstreckbaren Titel bezeichnen. Er geht dahin, "das angerufene Gericht möge dem Gläubiger ... wegen der vollstreckbaren (persönlichen oder dinglichen) Forderung über die Hauptsumme von DM ... nebst ... Zinsen und ... Kosten die Zwangsversteigerung des im Eigentum des Schuldners stehenden und im Grundbuch von ... eingetragenen Grundstücks bewilligen, bzw. es möge seine Zwangsversteigerung anordnen". Das zuständige Vollstreckungsgericht ordnet, soweit alle Voraussetzungen vorliegen, die Zwangsversteigerung an (§ 16 II ZVG)!

Die Zwangsversteigerung wird in das Grundbuch eingetragen und in der örtlichen Presse veröffentlicht. Durch die Eintragung des Vermerks wird praktisch der freie Verkauf unmöglich gemacht, das Grundstück verliert erheblich an Wert. Der Zwangsversteigerungsbeschluß wird wirksam mit der Zulassung an den Schuldner (§ 8 ZVG) oder mit Zugehen des Ersuchens zur Eintragung des Versteigerungsvermerks beim Grundbuchamt. Damit ist das Grundstück des Schuldners beschlagnahmt (§ 20 I ZVG). Beschlagnahmt sind auch alle Gegenstände, auf die sich die Hypothek erstreckt wie wesentliche Bestandteile und das Zubehör, d.h. die mit dem Grund und Boden fest verbundenen Sachen, die dem Gebäude dienen (Geräte, Vieh, Maschinen). Der Schuldner ist von diesem Augenblick daran gehindert, das Grundstück selbst zu veräußern. Das Vollstreckungsgericht setzt den Wert des Grundstückes fest aufgrund eines Sachverständigen-Gutachtens. Die hierzu notwendigen Kosten werden von den die Versteigerung betreibenden Gläubigern eingezogen. Der Wertfestsetzungsbeschluß wird den Beteiligten, d.h. sowohl dem Gläubiger bzw. den Gläubigern als auch dem Schuldner gemäß § 329 II ZPO formell zugestellt. Ist der Schuldner mit der Bewertung nicht einverstanden, dann kann er sich selbstverständlich gegen die Festsetzung wehren. Denn er hat möglicherweise bereits durch Verkaufsversuche aus früherer Zeit Anhaltspunkte für den Wert des Grundstücks. Diese Kenntnis kann er nun einbringen. In der Regel wird dem Schuldner auch schon vor dem Festsetzungsbeschluß Gelegenheit gegeben, sich zum Wert zu äußern. Gemäß § 74 a V ZVG kann der Schuldner bei Bedenken gegen den festgesetzten Wert sofortige Beschwerde einlegen.

Nach Vorliegen des Verkehrswertes des Grundstücks wird in der Regel ein Termin zur Versteigerung des Grundstücks festgelegt. Die Terminbestimmung muß die Bezeichnung des Grundstücks, Zeit und Ort des Versteigerungstermins, die Angabe, daß die Versteigerung im Wege der Zwangsvollstreckung erfolgt, sowie die Aufforderung, Rechte, soweit sie im Grundbuch nicht ersichtlich sind, im Versteigerungstermin anzumelden (§ 37 ZVG), erhalten. Die Terminbestimmung wird dann in das für Bekanntmachungen des Gerichts bestimmte Blatt öffentlich bekanntgemacht (§ 39 ZVG). Sie ist sowohl den Gläubigern als auch dem Schuldner zuzustellen (§ 41 ZVG).

In der Zeit zwischen dem Beschluß, die Zwangsversteigerung durchzuführen (Eintragung des Zwangsversteigerungsvermerks) und dem vom Gericht festgesetzten Termin zur Zwangsversteigerung hat der Schuldner zahlreiche Möglichkeiten, die drohende Vernichtung seines Grundvermögens zu verhindern: Es wird ihm aber im Falle von finanziellen Problemen keine Bank mehr Kredit gewähren, da das Grundstück nicht mehr als Sicherheit gegeben werden kann.

2. Der Antrag des Schuldners, das Zwangsversteigerungsverfahren einzustellen

Auch jetzt noch, obwohl das Grundstück beschlagnahmt ist, kann der Schuldner den Antrag stellen, das Zwangsversteigerungsverfahren bis zu 6 Monaten einzustellen (§ 30 a ZVG). Er kann den Antrag begründen, es bestehe die Aussicht, daß er in dieser Zeit zahlungsfähig wird (d.h., der Schuldner ist sanierungsfähig) und/oder es sei wahrscheinlich, daß sich seine persönlichen Verhältnisse bessern oder gebessert haben und daß nach seinen persönlichen und wirtschaftlichen Verhältnissen die Einstellung der Zwangsvollstreckung der Billigkeit entspreche.

Über das Antragsrecht nach § 30 a ZVG wird der Schuldner seitens des Gerichtes belehrt, d.h., er wird ausdrücklich darauf hingewiesen, von diesem Recht Gebrauch zu machen. Nach dieser Belehrung durch das Gericht bleiben ihm 14 Tage Zeit zur Stellung des Antrags. Da das Gericht den Schuldner und Gläubiger über den Antrag hören muß und die mündliche Verhandlung anberaumen kann, vergehen in der Regel mehr als 6 Monate, auch wenn der Antrag des Schuldners schließlich durch das Gericht abgelehnt wird. Insgesamt kann der Schuldner höchstens zweimal solche Einstellungsanträge stellen und damit Zeit gewinnen.

3. Die Einstellung der Zwangsvollstreckung nach § 765a (Prüfung der Sittenwidrigkeit)

Zusätzlich, d.h. neben den Anträgen gemäß § 30 a ZVG, kann der Schuldner nach § 765 a ZPO die Einstellung der Zwangsversteigerung beantragen. Die Bestimmung des § 765 a ZPO ist von großer Bedeutung für den Schuldner. Danach kann auf Antrag des Schuldners das Vollstreckungsgericht eine Maßnahme der Zwangsvollstreckung ganz oder teilweise aufheben, untersagen oder einstweilen einstellen, wenn die Maßnahme unter voller Würdigung des Schutzbedürfnisses des Gläubigers wegen besonderer Umstände eine Härte bedeutet, die mit den guten Sitten nicht vereinbar ist.

Es wird aber die Meinung vertreten, daß der Antrag nach § 765 a ZPO nicht neben, d.h. zusätzlich zu den Anträgen aus § 30 a ZVG, gestellt werden kann. Im Hinblick auf die besondere Bedeutung der Vorschrift des § 765 a (Prüfung der Sittenwidrigkeit der Versteigerung etc.) kann man von einer überwiegenden Meinung sprechen, die beide Anträge dem Schuldner gestatten (vgl. Zeller, § 1 Anmerkung 64 (24)). Denn das Gericht muß es als eine besondere Aufgabe von Amts wegen ansehen, jede sittenwidrige Vollstreckung zu vermeiden.

Bei der Interessenabwägung (Interessen des Gläubigers gegenüber Interessen des Schuldners) müssen konkrete Anhaltspunkte vorliegen, die glaubhaft machen, daß das Ergebnis ohne die beantragte Vollstreckungsmaßnahme günstiger sein würde.

Lediglich der Erstantrag nach § 30 a ZPO ist an eine bestimmte Frist gebunden, nicht mehr der zweite Antrag. An keine Frist ist der Antrag nach § 765 a ZPO gebunden.

Auf den Antrag des Schuldners hin kann das Vollstreckungsgericht die Einstellung der Zwangsversteigerung beschließen. Die Einstellung erfolgt für mindestens 6 Monate. Der Zwangsversteigerungsvermerk bleibt selbstverständlich im Grundbuch und hindert auch weiterhin den Schuldner daran, über das Grundstück zu verfügen. Indessen hat er durch die ihm gewährte Zeit eine zusätzliche Chance, sich entweder mit dem die Zwangsversteigerung betreibenden Gläubiger zu einigen oder aber finanzielle Mittel aufzutreiben.

Wird die Aussetzung des Antrages abgelehnt, hat der Schuldner die Möglichkeit, gegen die Ablehnung Beschwerde einzulegen, damit das höhere Gericht den Beschluß inhaltlich überprüft.

4. Einigungsversuch mit dem bestrangigen Gläubiger

Liegt der Zwangsversteigerungstermin fest, d.h., hat der Schuldner sämtliche Verzögerungsmöglichkeiten realisiert, und ist keine große finanzielle Wende zu erwarten, dann ist es nicht auszuschließen, daß er doch noch zu einem Geldbetrag kommt. Er sollte sich mit dem Gläubiger einigen, auf den es in dem Zwangsversteigerungsverfahren ankommt: Das ist in der Regel der bestrangig betreibende Gläubiger, der oft mit relativ geringen

Geldbeträgen zufrieden ist, weil er ja auch bestrangig gesichert ist und daher bei einem eventuell erforderlich werdenden späteren Versteigerungstermin auch am wenigsten riskiert. Nach der Einigung wird er seinen Antrag auf Zwangsversteigerung zurücknehmen mit der Folge, daß die Zwangsversteigerung aufgehoben wird (§ 29 ZVG).

Der Schuldner sollte alle seine Rechte nutzen, d.h. bei jeder Anordnung von Rechtspfleger oder Gericht von seinen Rechtsbehelfen Gebrauch machen.

5. Rechtsbehelfe in der Zwangsversteigerung

In dem Zwangsversteigerungsverfahren hat der Schuldner die gleichen Rechtsbehelfe wie bei der ZPO oder sonstigen Zwangsvollstreckung, nämlich die Rechtspflegeerinnerung (§ 11 Rechtspflegergesetz), die Vollstreckungs-Erinnerung (§ 766 ZPO), die Vollstreckungsgegenklage (§ 771 ZPO) und die Beschwerde (§§ 567 ff., 793 ZPO). Zusätzlich hat der Schuldner im Zwangsversteigerungsverfahren die in den §§ 95-104 ZVG geregelten Beschwerde-Möglichkeiten. Gegen alle Entscheidungen des Rechtspflegers, die mit der sofortigen Beschwerde angefochten werden können, ist zunächst die Rechtspfleger-Erinnerung gegeben. Diese Erinnerung soll den Schuldner vor Nachteilen jeder Art schützen. Außerdem hat der Schuldner ein Interesse daran, daß der Richter die Entscheidung (Anordnung des Rechtspflegers) überprüft. Er muß die Erinnerung innerhalb von 14 Tagen beim zuständigen Richter einlegen.

Gegen bloße Zwangsvollstreckungsmaßnahmen des Rechtspflegers kann der Schuldner auch die Erinnerung nach § 766 (Vollstreckungs-Erinnerung) einlegen. Der Rechtspfleger kann seinen Fehler selbst erkennen und seine frühere Entscheidung abändern. Will er dies nicht, muß er sie dem Richter zur Entscheidung vorlegen. Es geht bei dieser Vollstreckungs-Erinnerung nur um die formellen Voraussetzungen und gegen das Verfahren der Zwangsvollstreckung, nicht um materielles Recht.

Mit der Vollstreckungsabwehrklage (§ 767 ZPO) will der Schuldner neue Einwendungen gegen den materiellen Bestand der Forderung geltend machen. Der Schuldner kann dabei auch mit dem Argument gehört werden, die Forderung hätte nie bestanden oder sie stehe dem Gläubiger nicht mehr zu (s.o.). Wird nämlich der Wegfall der Forderung bestätigt, wird die auf Betreiben des Gläubigers eingetragene Zwangshypothek gelöscht.

Die Drittwiderspruchsklage wendet sich ebenfalls gegen den materiellen Bestand der Forderung. Sie ist eine legale Möglichkeit eines Dritten, der sich durch die Zwangsvollstreckungsmaßnahmen gegen den Schuldner in seinen Rechten beeinträchtigt fühlt (ein Dritter hat vorrangige Rechte an dem Grundstück etc.).

Die Beschwerde ist der eigentliche Rechtsbehelf im Zwangsversteigerungsverfahren für den Schuldner. Er muß die Frist von 14 Tagen nach Zustellung der Entscheidung bzw. bei der Zuschlagversagung nach deren Verkündigung (§ 98 ZVG) einlegen. Ergeht die Entscheidung des Beschwerdegerichtes, gibt es die weitere Beschwerde zum Oberlandesgericht, wenn ein neuer selbständiger Beschwerdegrund vorliegt. (§ 568 II ZPO) und wenn die weitere Beschwerde nicht ausdrücklich verboten ist. Ein solcher neuer selbständiger Grund ist z.B. gegeben, wenn das Beschwerdegericht selbst einen wesentlichen Verfahrensfehler begangen hat und seine Entscheidung hierauf beruht. Für beide Instanzen besteht kein Anwaltszwang. Die einfache Beschwerde muß nicht begründet werden, die weitere Beschwerde wohl.

Der Schuldner wird in Zwangsversteigerungsverfahren häufig von der Beschwerde Gebrauch machen. Er kann sie einlegen gegen den Beschluß, das Grundstück zu versteigern und das Zwangsversteigerungsverfahren fortzusetzen, gegen den Verkehrswert (Festsetzungsbeschluß) etc. Hat der Schuldner Bedenken gegen die Person des Rechtspflegers, kann er (wie beim Gerichtvollzieher auch!) gegen ihn eine Dienstaufsichtsbeschwerde einlegen. Wendet er sich gegen einen Richter, kann er das gleiche tun.

6. Termin zur Zwangsversteigerung

Kommt es nicht zur Einstellung oder Aufhebung des Zwangsversteigerungsverfahrens, gelingt dem Schuldner keine Einigung mit dem Gläubiger, hat er seine sämtlichen Rechtsmittel zur Verzögerung ausgeschöpft, kann an dem Versteigerungstermin jeder mitsteigern, auch der Schuldner selbst, ein von ihm Beauftragter oder sein Freund.

Nach dem Zuschlag wird die Entscheidung des Gerichts über den Zuschlag durch Beschluß (§87 Abs. 1 ZVG) verkündet. Der Zuschlag wird in der Regel erteilt, wenn der halbe Grundstückswert nicht unterschritten wird, da anderenfalls der Zuschlag von Amts wegen nicht erteilt werden darf

(§ 85 a ZVG). Der Ersteher muß einen bestimmten Bar-Betrag bezahlen (§ 49 I ZVG). Den Restbetrag kann er später zahlen. Er darf auch Belastungen in bestimmter Höhe übernehmen. In der Regel erhält der Ersteher das Grundstück außerordentlich preiswert, d.h. im ersten Termin bis zu 50% billiger als auf dem freien Verkaufsmarkt.

Gibt es im Zwangsversteigerungstermin keinen Interessenten, der den halben Grundstückswert bietet, wird ein weiterer Versteigerungstermin anberaumt, in dem dann – bedauerlicherweise zu Lasten des Schuldners – derjenige das Grundstück erhalten kann, der "am meisten bietet". Deshalb sollte bei jedem Zwangsversteigerungstermin der Schuldner anwesend sein, wenn er sein Vermögen retten will. Sämtliche Hypotheken und Grundschulden erlöschen nämlich mit dem Zuschlag, es sei denn, sie werden durch den Erwerb nach Rücksprache mit den Berechtigten (Banken etc.) übernommen, was bei Hypotheken regelmäßig der Fall ist.

7. Räumungsvollstreckung aus dem Zuschlagbeschluß gegen den Schuldner

Die nächste brutale Folge ist, daß mit dem Zuschlagbeschluß der Erwerber des Grundstücks gegen den bisherigen Eigentümer (Schuldner) die Räumung des Grundstücks (§ 885 BGB) und Herausgabe der mitversteigerten beweglichen Sachen (§ 883 BGB) zwangsweise durchsetzen kann (§ 93 I ZVG), ohne eine erneute Räumungsklage einreichen zu müssen. Natürlich nur, wenn der Schuldner noch in dem Gebäude wohnt. Wenn der Schuldner im Rahmen einer Erbengemeinschaft sein Wohnrecht auf einen Mietvertrag stützen kann, dann kann aus dem Zuschlagbeschluß gegen ihn nicht auf Räumung vollstreckt werden. Er wird behandelt wie jeder Mieter, dem gemäß § 57 a ZVG der Ersteher unter Einhaltung der gesetzlichen Frist kündigen kann, um dann in mehreren Instanzen ein Räumungsverfahren durchzuführen, bis er den Titel hat, aus dem er dann die zwangsweise Räumung mit all den Verzögerungsmöglichkeiten durchsetzen kann (s.o.).

8. Verteilung des Versteigerungserlöses

Für die Verteilung des Versteigerungserlöses ist ein besonderes Verteilungsverfahren vorgesehen. Das Gericht bestimmt einen Termin, in dem der Teilungsplan aufgestellt (§ 113 ZVG) und verhandelt (§ 115 ZVG), der Erlös entgegengenommen und verteilt (§ 109 ff. ZVG) wird. Etwa 6 Wochen nach Wirksamwerden des Zuschlages wird dem Ersteher die genaue Höhe seiner Zahlungsverpflichtung mitgeteilt. Er muß in dieser Zeit die Finanzierung sicherstellen. Rechtzeitig vor dem Verteilungstermin haben die Beteiligten sämtlich dem Gericht eine Berechnung ihrer Ansprüche mitgeteilt. Nach dem Verteilungsplan, der in dem Verteilungstermin aufgestellt wird (§ 113 ZVG), wird der Erlös verteilt. Dieses Verteilungsverfahren ist für den Schuldner nicht mehr interessant, weil nach einer bestimmten Regel von Amts wegen der vom Ersteher zu zahlende Betrag an die Gläubiger verteilt wird. Der Schuldner wird daher gegen die einzelnen Maßnahmen keine Beschwerde einlegen wollen, wird aber spätestens nach dem Verteilungstermin von den Gläubigern erfahren, welche Gläubiger noch eine Forderung gegen ihn – den Schuldner – haben und auf welche Weise sie diese gegen den Schuldner langfristig durchsetzen wollen.

9. Die Zwangsverwaltung

Statt der Zwangsversteigerung des Grundstücks (oder neben dieser Maßnahme) kann der Gläubiger den Antrag an das zuständige Amtsgericht stellen, das Grundvermögen des Schuldners unter Zwangsverwaltung zu stellen. Durch Beschluß wird das Gericht das Grundstück beschlagnahmen. Ein amtlicher Verwalter wird eingesetzt, der die einkommenden Mieten einnimmt und an den bzw. die Gläubiger überweist (§§ 146 bis 161 ZVG).

Die Zwangsverwaltung soll bei landwirtschaftlichen Grundstücken und bei Mietshäusern die Zwangsversteigerung verhindern, d.h. letztlich das Vermögen des Schuldners erhalten. Mit der Beschlagnahme darf der Schuldner über das Grundstück nicht mehr frei verfügen, d.h., die Mieter (bzw. Nutzungsberechtigten) dürfen nicht mehr an den Schuldner, sondern ausschließlich an den Zwangsverwalter leisten. Dieser benimmt sich wie ein Eigentümer und muß deshalb alles tun, daß der Wert des beschlagnahmten Grundvermögens erhalten bleibt. Dies wird vom Gericht kontrolliert.

Der Schuldner kann sich gegen die Ernennung irgendeiner Person zum Zwangsverwalter wehren. Er kann erreichen, daß dieser eine geringere Vergütung erhält oder sogar abgelöst wird, weil er unsachgemäße und unwirtschaftliche Entscheidungen trifft. Andererseits ist die Zwangsverwaltung das befristete, gesetzlich mildere Mittel für den Schuldner.

IX. Zwangsvollstreckung wegen anderer Ansprüche

Hat der Schuldner an irgendeinen Gläubiger eine bestimmte bewegliche Sache herauszugeben, die im Titel ganz genau beschrieben und identifizierbar ist, dann muß der Gerichtsvollzieher die Sache dem Schuldner wegnehmen und dem Gläubiger übergeben, soweit er sie bei dem Schuldner findet. Der Schuldner ist nicht verpflichtet, dem Gerichtsvollzieher mitzuteilen, wo sie sich befindet (s.o.). Dies kann der Gläubiger nur über die eidesstattliche Versicherung in Erfahrung bringen (§ 883 II ZPO).

Häufig muß der Schuldner auch eine unbewegliche Sache, nämlich eine Wohnung an den Gläubiger herausgeben, d.h. räumen. Hier kann der Schuldner immer einen Antrag auf Räumungsschutz stellen (oder die Einstellung nach § 765 a ZPO betreiben s.o.), wenn ihm nicht andere Tricks einfallen:
Werden die Räumlichkeiten von mehreren Personen gemeinschaftlich genutzt (Wohngemeinschaft s.o.) und liegt eine vertragliche Zustimmung zur gemeinschaftlichen Nutzung seitens des Vermieters vor, dann kann eine Räumung nur erfolgen, wenn ein Titel gegen alle besitzenden Personen rechtskräftig vorliegt. Gegen den Untermieter muß der Vermieter einen neuen Titel haben, anderenfalls ist letzterer zur Räumung nicht verpflichtet.

Interessant ist das Problem dann, wenn ein Mieter die Wohnung angemietet und dann geheiratet hat, der Vermieter aber nur den Räumungstitel gegen den Erstmieter hat. Dann wird – so jedenfalls die Rechtsprechung – eine Räumung nicht möglich sein, da ein Titel auch gegen den Ehepartner vorliegen muß. Haben beide Ehepartner den Mietvertrag unterschrieben, muß der Titel gegen beide lauten. Hat nur ein Ehegatte den Mietvertrag unterschrieben, so kann der andere Ehegatte zwar in der Wohnung bleiben, nicht aber die minderjährigen Kinder!

Wenn kein Trick mehr hilft, muß der Schuldner an § 765a ZPO (s.o.) denken und – mit blumigen Worten – darlegen, daß eine Räumung für ihn und seine Familie gesundheitliche Schäden zwangsläufig zur Folge hat bzw. die Räumung eine psychisch unerträgliche Belastung darstellt. In der Regel wird dann Vollstreckungsschutz gewährt, d.h. dem Schuldner eine weitere Räumungsfrist bewilligt, innerhalb derer er in Ruhe eine andere Wohnung suchen kann.

X. Zwangsvollstreckung zur Erwirkung von Handlungen und Unterlassungen

1. Vertretbare Handlungen

Es gibt Fälle, in denen ein Schuldner verurteilt worden ist, eine Leistung zu erbringen, z.B. ein Kraftfahrzeug zu reparieren, eine Sache zu befördern, eine Zentralheizung in Betrieb zu setzen etc. Eine solche Handlung wird in der ZPO als eine vertretbare Handlung angesehen, da sie auch von einem fremden Dritten (Unternehmen) vorgenommen werden kann. Wichtig ist für den Schuldner, daß er – wenn möglich – seiner Verpflichtung nachkommen sollte, da er anderenfalls die sehr viel teurere Ersatzvornahme des Gläubigers bezahlen muß.

2. Unvertretbare Handlungen

Unvertretbare Handlungen sind ausschließlich vom Willen des Schuldners abhängig, d.h. durch einen Dritten nicht realisierbar, wie die Auskunftserteilung (Bay OwLg NJW 75, 741), die Rechnungslegung (KG NJW 1972, 2093 ff.), die Erteilung eines Zeugnisses, der Widerruf etc. Ist die Handlung mit besonderem Aufwand verbunden oder für den Schuldner dauernd unmöglich geworden, ist die Vollstreckung ausgeschlossen. Besonderer Aufwand ist gegeben, wenn ein anderer mitwirken muß. Unmöglich geworden ist eine Handlung, wenn z.B. die Unterlagen für die Aufstellung einer Bilanz, für eine Auskunft etc. vernichtet sind. Das ist ärgerlich für den Gläubiger, da sein Titel dann ins Leere geht.

3. Bestrafungsverfahren im Wettbewerbsrecht (Verstoß gegen den Urteilstenor)

Aus dem Wettbewerbsrecht kennt der Schuldner (Einzelhändler / Unternehmer) Vollstreckungstitel, nach denen er eine bestimmte Werbung / Handlung unterlassen muß. Der Schuldner braucht hier nur darauf zu achten, daß er, wenn er letztinstanzlich und rechtskräftig verurteilt worden ist, gegen den Urteilstenor bei seiner zukünftigen werblichen Gestaltung nicht verstößt. Bei einem Verstoß gegen den Kern der gerichtlichen Entscheidung kann der Gläubiger ein sogenanntes Bestrafungsverfahren (Verstoß gegen den Unterlassungstitel) einleiten, in dem das erkennende Gericht nach eigenem Ermessen ein an das Gericht zu zahlendes Ordnungsgeld festsetzt. Mit einer Verurteilung ist dann zu rechnen, wenn ein objektiver Verstoß vorliegt und der Gläubiger nachgewiesen hat, daß der Schuldner schuldhaft gehandelt hat. Der Gläubiger muß also ein Verschulden nachweisen. Da der Schuldner immer gehört werden muß, kann er mit viel Phantasie darlegen, daß und aus welchen Gründen er geglaubt hat, seine neue Werbung tangiere nicht den Kernbereich des gerichtlichen Verbotes.

Gegen den Bestrafungsbeschluß des angerufenen Gerichts steht dem Schuldner die sofortige Beschwerde zum OLG zu (§ 793 ZPO). Der Schuldner sollte sich generell wehren, weil in der Regel kein direkter (wörtlicher!) Verstoß gegen das Urteil (Tenor) vorliegt. Ist sogar der Tenor nicht eindeutig, d.h. auslegbar, müssen die Entscheidungsgründe hinzugezogen werden. Das Verschulden für einen Verstoß infolge einer ähnlich gestalteten Werbung ist also geringer. Unbefriedigend ist ein solches Bestrafungsverfahren für den Gläubiger, weil der Schuldner das Ordnungsgeld nicht an ihn, sondern an den Staat zahlt. Deshalb zögert in der Regel der Gläubiger mit einem solchen Bestrafungsverfahren. In seinem Interesse kann nur liegen, daß sich der Schuldner außergerichtlich unterwirft und sich verpflichtet, bei jedem Verstoß gegen den sogenannten Unterlassungsvertrag einen bestimmten Betrag (DM 2.000,--) an ihn zu zahlen.

Der Schuldner muß rechtzeitig wissen, was ihm lieber ist: Ist sein – des Schuldners – Verstoß gegen eine wettbewerbsrechtliche Bestimmung aufgrund der Rechtsprechung zu § 1 UWG eindeutig – hier sollte er immer einen Rechtsanwalt befragen –, dann ist eine strafbewehrte Unterlassungserklärung vor Einleitung gerichtlicher Schritte der billigste Weg. Diesen Weg sollte jeder Schuldner gehen, wenn mehr als 50% Zweifel bestehen, ob seine Werbung rechtmäßig ist oder nicht. Lehnt sich dann der Schuldner bei der Neugestaltung seiner Werbung an den Text der Werbung an oder wiederholt er sie, zu deren Unterlassung er sich verpflichtet hat, dann muß der Gläubiger eine Zahlungsklage einreichen, für die der Schuldner zwei Instanzen hat. Wird der Schuldner vom Gericht verurteilt, eine bestimmte Werbung zu unterlassen – rechtskräftig –, dann sollte der Schuldner keine strafbewehrte Unterlassungserklärung mehr abgeben, es sei denn, der Gläubiger kommt ihm entgegen. Dann ist eine Verurteilung billiger und besser, weil das Interesse des Gläubigers an der Verfolgung aus o.a. Gründen geringer ist.

XI. Arrest und einstweilige Verfügung

1. Der Arrest

In der Regel geht der Gläubiger bei der Durchsetzung seiner Ansprüche den langen Weg bis zur Beendigung der Zwangsvollstreckung aus einem von ihm erwirkten rechtskräftigen Titel. Dem Schuldner bleibt ausreichend Zeit, es dem Gläubiger auf seinem Weg schwerzumachen. Er muß die Zeit nutzen.

Häufig hat der Gläubiger am Ende seines langen Weges keine Chance zur Befriedigung mehr. Deshalb benutzt er zuweilen – in nur 5% aller rechtlichen Auseinandersetzungen! – die für den Schuldner unangenehme Waffe der vorläufigen Eilsicherung, den Arrest oder die sogenannte Sicherungsverfügung.

Voraussetzung des dinglichen Arrestes sind der Arrest-Anspruch, d.h. eine Geldforderung oder ein Anspruch, der in eine Geldforderung übergehen kann (§ 916 ZPO); und der Arrest-Grund, d.h. die Besorgnis, daß ohne Verhängung des Arrestes die Vollstrek-kung (eines späteren Urteils) vereitelt oder wesentlich erschwert wird.

Neben dem dinglichen Arrest gibt es noch den sogenannten persönlichen Arrest: Hier muß neben dem Arrest-Anspruch und dem Arrest-Grund noch zusätzlich die Festhaltung des Schuldners erforderlich sein, um die Arrestierung (Beschlagnahme) eines Teiles seines Vermögens oder eines Gegenstandes erst zu bewirken, weil z.B. nur der Schuldner weiß, wo sich der von dem Gläubiger gesuchte Gegenstand befindet und sich weigert, irgendetwas zu sagen. Als Arten des persönlichen Arrestes kommen in Betracht die Meldepflicht, Reiseverbote, Wegnahme von Ausweispapieren und sogar die Inhaftierung, ein seltener Eingriff in die Freiheit des Schuldners!

Bei dem Arrest-Befehl muß der Gläubiger recherchieren und durch eidesstattliche Versicherung irgendeine negative Aktivität des Schuldners glaubhaft machen, z.B. daß er entweder alle seine Vermögensgegenstände veräußern, belasten oder gar verschleudern will (LG Hamm, FamRZ 80, 391; LG München, NJW 83, 2578), einen verschwendeischen Lebenswandel führt, häufig seinen Wohnsitz wechselt, einen neuen Wohnsitz nicht begründen will (LG Karlsruhe, FamRZ 85, 508), Vorbereitungen zur Auswanderung oder zum Wegzug ins Ausland trifft (KG FamRZ 85, 731) oder aber seinen Grundbesitz vor der Eintragung einer bereits zugesicherten Sicherungshypothek veräußert (Schwertner in NJW 70, 225). Es genügt nicht der Vortrag des Gläubigers, dem Schuldner ginge es zur Zeit finanziell schlecht oder sein wirtschaftlicher Zusammenbruch stehe unmittelbar bevor (LG Augsburg, NJW 75, 2350) bzw. der Schuldner zahle äußerst unregelmäßig (LG Köln, FamRZ 83, 1260); zahlreiche Gläubiger stünden unmittelbar vor der Vollstreckung (LG Karlsruhe, FamRZ 85, 508) etc.

2. Die Rechte des Schuldners gegen den Arrest-Befehl

Der Schuldner kann sich gegen einen ohne mündliche Verhandlung erlassenen Beschluß (Arrest-Befehl genannt) mit dem Widerspruch wehren und eine Aufhebung erreichen, z.B. mit dem Hinweis, der Gläubiger sei bereits ausreichend gesichert (BGH, NJW 72, 1045; LG Hamburg, MDR 58, 613) oder er, der Gläubiger, besitze bereits einen vollstreckbaren Titel für den Anspruch. Der Schuldner sollte daher, wenn mit einer solchen Möglichkeit seitens des Gläubigers zu rechnen ist, ein unauffälliges Verhalten an den Tag legen, um eine geringe "Angriffsfläche" zu bieten. Er – der Schuldner – kann jedem glaubhaft gemachten Grund des Gläubigers begegnen, wenn er sich rechtzeitig auf die Möglichkeit eines solchen Angriffs einstellt.

Nach Einlegung des Widerspruchs (eine Frist ist nicht einzuhalten) ordnet das Gericht Termin zur mündlichen Verhandlung an, damit es auch die Argumentation des Schuldners würdigen kann. Wird über den Arrest-Antrag aufgrund einer mündlichen Verhandlung gegen den Schuldner entschieden, kann er gegen die Entscheidung Berufung einlegen. Nach der mündlichen Verhandlung kann das Gericht den Antrag des Gläubigers kostenpflichtig abweisen bzw. aufgrund des Widerspruchs einen erlassenen Arrest-Befehl entweder aufheben oder bestätigen.

Ganz eilig sollte der Schuldner – sieht er eine gute Chance für sich –, wenn die Hauptsache noch nicht rechtshängig ist, beim Gericht beantragen, dem Gläubiger (Arrest-Kläger) aufzuerlegen, binnen einer bestimmten Frist Klage in der Hauptsache zu erheben. Durch Beschluß bestimmt dann der Rechtspfleger die Frist. Befolgt der Gläubiger die Anordnung nicht, wird der Arrest (-Befehl) nach beantragter mündlicher Verhandlung durch Endurteil aufgehoben (§ 926 II ZPO). Sieht der Schuldner keine Chance, soll er schnell und kostengünstig vor einer Aufforderung (Abschlußschreiben) des Gläubigers diesem mitteilen, daß er die gerichtliche Entscheidung als endgültig akzeptiert und auf seine Rechte aus § 927 ff. ZPO verzichtet.

Der Schuldner kann auch jederzeit beantragen, einen bereits erlassenen Arrest wegen veränderter Umstände aufzuheben (§ 927 ZPO), wenn er sich gegen die Fortsetzung der Beschlagnahme seines Vermögens wehren will.

Wenn er den Gläubiger befriedigt (bezahlt) hat oder der Gläubiger hat versehentlich versäumt, den Arrest-Befehl oder das vom Arrest-Befehl abweichende Endurteil dem Schuldner im Parteibetrieb zuzustellen (§ 922 Abs. 2 ZPO), können auf seinen Antrag hin 4 Wochen nach Erlaß bzw. Verkündung der Arrest-Befehl bzw. das Urteil aufgehoben werden.

Schließlich kann der Schuldner auch den Betrag, den der Gläubiger verlangt, beim Gericht hinterlegen (Anhang XXI). Es bleibt zwar dann der Arrest-Befehl bis zur Beendigung der Hauptsache in der Welt, indessen hindert die Hinterlegung den Gläubiger daran, aus dem Arrest zu vollstrecken.

Die Vollziehung des Arrestes für das bewegliche Vermögen geschieht durch Pfändung (§ 930 I ZPO), in Grundstücke durch Eintragung einer Sicherngshypothek (§ 932 ZPO).

3. Die Sicherungsverfügung

Die einstweilige Sicherungsverfügung dient der vorläufigen Regelung von Ansprüchen, die nicht auf Geld gerichtet sind (§ 935 ZPO). Sie kommt beispielsweise in Betracht bei Ansprüchen des Eigentümers auf Herausgabe irgendeiner Sache, die der Schuldner im Besitz hat, bei Ansprüchen des Käufers, bei Lieferung einer bestimmten gekauften Sache etc.

Der Gläubiger muß den zu sichernden Anspruch (Verfügungsanspruch) glaubhaft machen, d.h. die Richtigkeit durch entsprechende eidesstattliche Versicherungen darlegen. Außerdem muß er vortragen, daß der Schuldner, gegen den sich die Sicherungsverfügung richten soll, seine – des Gläubigers – Rechte vereitelt oder wesentlich erschwert (= Verfügungsgrund), so z.B. bei Nachweis drohender Veräußerung des Gegenstandes, der angeblich im Eigentum des Gläubigers z.B. ist oder dann, wenn der Schuldner das Grundstück veräußern will, in das der Gläubiger vollstrecken will u.ä.

In der Regel wird aber dann die im Besitz des Schuldners befindliche Sache nicht in den Besitz des Gläubigers gegeben, sondern an einen Sequester, der Gerichtsvollzieher sein kann. Dieser muß dann für die Sicherung des Gegenstandes sorgen, d.h., ihn unterstellen und die entsprechenden Vorschüsse vom Gläubiger (für die Miete etc.) anfordern. Eine Befriedigung des Gläubigers soll bis zur Entscheidung in der Hauptsache ausgeschlossen bleiben.

Neben dieser Sicherungsverfügung gibt es auch eine sogenannte Regelungsverfügung (§ 940), die sich gegen den Schuldner richtet, wenn von ihm drohende Gewalt ausgeht oder der Gläubiger wesentliche Nachteile für eine bestimmte Situation befürchtet und dies auch darlegen (glaubhaft machen) kann.

Zum Unterschied dieser beiden Arten einstweiliger Verfügungen gibt es noch die auf Befriedigung gerichtete einstweilige Verfügung, die sogenannte Leistungsverfügung, die auf eine Verurteilung von Zahlung und Geld gerichtet ist, beispielsweise im Unterhaltsprozeß von Eheleuten, Kindern und ihren Unterhaltsverpflichteten und in besonderen Schadensersatzfällen, aber auch in Wettbewerbsfällen (s.o.).

Gegen alle gerichtlichen Beschlüsse. kann der Schuldner, wie beim Arrest-Befehl, Widerspruch einlegen. Dann wird mündliche Verhandlung angeordnet und über die Bestätigung oder die Aufhebung des Beschlusses durch Urteil entschieden, gegen das der Schuldner Berufung einlegen kann, wenn es ihn belastet.

4. Besonderheiten bei wettbewerbsrechtlichen Auseinandersetzungen

a) Die Abmahnung

Hat der Schuldner die Regeln des lauteren Wettbewerbs zu seinem Konkurrenten nicht eingehalten, d.h. gegen Bestimmungen des Gesetzes gegen den unlauteren Wettbewerb verstoßen, wird er – sofern sein Konkurrent den Verstoß bemerkt – in der Regel "abgemahnt", d.h. in einem Schreiben auf die konkrete Verletzungshandlung hingewiesen und – um die Wiederholungsgefahr zu beseitigen – aufgefordert, eine Erklärung zu unterzeichnen, daß er die vom Gläubiger beanstandete und als wettbewerbswidrig angesehene Handlung, Formulierung etc. nicht mehr wiederholen wird. Für jeden Fall der Zuwiderhandlung muß er sich noch verpflichten, an den Gläubiger eine Vertragsstrafe in Höhe von bis zu DM 2.000,-- zu zahlen (s.o.). Gleichzeitig enthält das sogenannte Abmahnschreiben die Androhung der Einleitung gerichtlicher Schritte gegen den Schuldner für den Fall, daß der

Schuldner die strafbewährte Unterlassungserklärung nicht abgibt. Der Schuldner darf sich – nach Beratung mit einem Anwalt – nun entscheiden, ob er sich unterwirft und damit auch die RA-Gebühren bezahlt, die der Gläubiger ihm durch die Abmahnung in Rechnung gestellt hat oder aber, ob er einen Rechtsstreit riskieren soll. Dann sollte er *eiligst* bei dem für ihn zuständigen Gericht (zuständig ist das Gericht an dem Ort, an dem er sein Geschäft betreibt und jedes Gericht, an dem u.a. seine Werbungsmaßnahme erschienen ist!) eine sogenannte Schutzschrift hinterlegen, damit das vom Gläubiger nun anzurufende Gericht eine Entscheidung gegen den Schuldner nicht ohne mündliche Verhandlung trifft.

Ergeht eine einstweilige Verfügung gegen den Schuldner zu Recht, aber ohne vorherige Abmahnung, dann sollte der Schuldner Widerspruch einlegen und diesen Widerspruch auf die Kostenentscheidung beschränken (LG Braunschweig, WRP 1984, 364). Denn die Kosten des Verfahrens hat in der Regel der Gläubiger zu tragen, weil er den Schuldner nicht vor Einleitung gerichtlicher Schritte außergerichtlich abgemahnt hat, d.h. ihm nicht eine angemessene Frist zur Abgabe einer Unterlassungserklärung eingeräumt hat (OLG Karlsruhe 1982, 426, und OLG Bremen, JurBüro 1983, 764).

b) Die Schutzschrift

Selten haben die Gerichte festgestellt, daß eine Abmahnung entbehrlich ist, weil die Angelegenheit außerordentlich eilbedürftig ist, so z.B. eine Werbung mit dem "Angebot der Woche" (OLG Düsseldorf, WRP 1972, 257, 258) u. bei "Eröffnungsveranstaltungen" (OLG Düsseldorf, WRP 1971, 74) etc. Bei nachgewiesenen vorsätzlichen (regelmäßigen) Verstößen des Schuldners gegen gesetzliche Bestimmungen, die der Gläubiger aber glaubhaft machen muß, kann er ausnahmsweise auf eine vorherige gerichtliche Abmahnung verzichten.

c) Das Abschlußschreiben

Ist der Schuldner ordnungsgemäß abgemahnt worden und will er dann die ihm zugestellte einstweilige Verfügung anerkennen, weil er ohnehin seine Werbung abändern will oder seine beanstandete Werbung tatsächlich rechtswidrig war, dann sollte er eiligst dem Gläubiger mitteilen, daß er die vorläufige Regelung (Beschluß des Gerichts) als endgültig (s.o.) ansieht, damit nicht der Gläubiger ihm nach Zustellung des gerichtlichen Beschlusses ein kostenverursachendes sogenanntes Abschlußschreiben zusendet.

d) Die Vollziehung der gerichtlichen Entscheidung

Alle einstweiligen Verfügungen gemäß § 929 Abs. 2 ZPO müssen (s.o.) binnen Monatsfrist nach der Zustellung durch das Gericht an den Antragsteller (im Falle des Erlasses ohne mündliche Verhandlung) bzw. nach Urteilsverkündung (nach mündlicher Verhandlung) "vollzogen" werden. Die Vollziehung erfolgt durch Zustellung. Die Vollziehung geschieht in der Regel durch Zustellung von Anwalt zu Anwalt. Sie kann auch durch die Post erfolgen. Die formlose Aushändigung der Verfügung ist ebenfalls als wirksame Vollziehung anzusehen (vgl. Zöller, ZPO 13. Auflage, § 929 Anmerkung 2). Streitig ist in Rechtsprechung und Lehre, ob ein nach mündlicher Verhandlung verkündetes Urteil, das von dem ohne mündliche Verhandlung erlassenen Beschluß im Tenor abweicht (ein Weniger darstellt), ebenfalls gemäß § 122 Abs. 2 ZPO im Parteibetrieb zugestellt werden muß, um den Anforderungen des § 929 Abs. 2 ZPO zu genügen.
Das OLG Hamburg (WRP 1980, 341 ff.) und das OLG Bremen (WRP 1979, 791 ff.) vertreten die Auffassung, daß eine durch Urteil erlassene Verbotsverfügung mit der Verkündigung des Urteils wirksam wird und daher eine Vollziehung im Parteibetrieb *nicht* mehr nötig ist. Demgegenüber steht die herrschende Meinung auf dem Standpunkt, daß auch eine durch Urteil erlassene einstweilige Verfügung durch den Gläubiger vollzogen, d.h. im Parteibetrieb zugestellt, werden muß (OLG Frankfurt, WRP 1981, 680 mit Nachweisen). Dabei ist aber zu beachten, daß nach herrschender Auffassung ein Unterlassungsgebot durch einmalige fristgemäße Zustellung ein für alle Male vollzogen ist. Das bedeutet, daß eine erneute Vollziehung durch Zustellung im Parteibetrieb jedenfalls dann immer entbehrlich ist, wenn eine Beschlußverfügung auf Widerspruch hin durch ein Urteil in vollem Umfange bestätigt wird.

Ist durch das Urteil der Verbotstenor erweitert worden, ist das Urteil auf jeden Fall im Parteibetrieb erneut zuzustellen. Vergißt einmal der Gläubiger eine solche Parteizustellung – dieser Fehler passiert nicht wenigen Rechtsanwälten! –, dann kann die Vollziehung "ersetzt" werden, wenn innerhalb von 4 Wochen seit Verkündung der Entscheidung zumindest das Bestrafungsverfahren gegen den Schuldner eingeleitet worden ist, denn der Sinn des § 929 Abs. 2 besteht darin, daß der Schuldner alsbald – spätestens binnen Monatsfrist – Klarheit darüber erhalten soll, ob der Gläubiger die Rechte aus der einstweiligen Verfügung tatsächlich durchsetzen will oder nicht. Über ihm soll nicht unbegründet das Damokles-Schwert der Zwangsvollstreckung hängen, welches ihn auch dann noch treffen kann, wenn sich die Umstände geändert haben. Leitet der Gläubiger aber nicht ein solches

Ordnungsgeldverfahren ein und hat er die Zustellung in den o.g. Fällen nicht vorgenommen, muß aufgrund der Berufung des Schuldners die erstinstanzliche Entscheidung schon aus formalen Gründen, d.h. wegen fehlender Vollziehung, aufgehoben werden.

Das Vergleichsverfahren

I. Außergerichtlicher Vergleich nach titulierten Forderungen

Liegen zahlreiche titulierte Forderungen vor, aus denen die Gläubiger jederzeit vollstrecken können und ist der Schuldner zahlungsunfähig, dann sollte er ungeachtet dessen nach Vorlage des Status noch vor Einleitung eines gerichtlichen Verfahrens versuchen, sein Unternehmen durch einen außergerichtlichen Vergleich mit allen Gläubigern zu retten (s.o.). Es gibt Situationen, in denen die Gläubiger nach einer sofortigen Zahlung von 20% ihrer Forderung auf die Restforderung voll verzichten. Die Gläubiger rechnen sich aus, daß bei einem sehr unsicheren Vergleichsverfahren, das möglicherweise in ein Konkursverfahren übergeht, die Aussichten noch magerer sind.

In den Vorschlag für einen außergerichtlichen Vergleich müssen die Maßnahmen eingebettet sein, die der Schuldner als seinen Sanierungsbeitrag sieht und durchsetzten kann wie die Freistellung von Angestellten, der Verzicht der verbleibenden Angestellten auf einen Teil ihres monatlichen Lohnes für eine bestimmte Zeit bzw. die Stundung derselben, das Einfrieren von Löhnen, die Schließung oder Veräußerung unrentabler Teile des Betriebes oder von Filialen etc. Wesentlich für die Verhandlung mit den Gläubigern ist die Erkenntnis, daß die Großgläubiger im Hinblick auf die von ihnen abgeschlossene Kreditversicherung grundsätzlich entgegenkommend sind (s.o.). Ein Forderungsverzicht wird von der Versicherung mitgetragen, wenn damit das Überleben des Unternehmens gesichert ist. Die Versicherung muß dem Forderungsverzicht deshalb zustimmen, weil die Forderung in Höhe der Entschädigung, die sie an den Versicherungsnehmer (Gläubiger) für einen Forderungsausfall von bis zu 75% zahlen muß, nach § 67 VVG auf sie übergeht.

II. Das gerichtliche Vergleichsverfahren

1. Der gesetzliche Quotenvergleich

Neben dem sogenannten außergerichtlichen Vergleich kann der Schuldner jederzeit den Antrag beim zuständigen Amtsgericht stellen, ein gerichtliches Vergleichsverfahren durchzuführen, das sich nach der Vergleichsordnung (VerglO) richtet.

Das Gericht setzt nach einem entsprechenden Antrag einen sogenannten Vergleichsverwalter ein, der neutral und unabhängig gegenüber dem Schuldner und den Gläubigern unter der Aufsicht des Gerichtes die Masse darauf sichten soll, ob eine Quote von mindestens 35% erreicht werden kann (untere Grenze). Besteht die Aussicht, die Gläubiger in dieser Höhe zu befriedigen, bei Antragstellung nicht, dann wird das Vergleichsverfahren in der Regel in ein Konkursverfahren übergehen (wenn nicht ein außergerichtlicher Vergleich oder eine andere Regelung zustande kommen). Der Vergleichsverwalter hat daher das Recht, die Geschäftsbücher des Schuldners einzusehen, von der Geschäftsleitung alle Auskünfte zu verlangen, in den Geschäftsräumen zu residieren (§ 40 Abs. 1 VerglO) sowie die Kassenordnung persönlich zu übernehmen (§ 57 VerglO).

Angesichts dieser umfangreichen Vollmachten für den Vergleichsverwalter ist es notwendig, daß sich der Schuldner mit ihm arrangiert und versucht, die Vergleichsquote zu erreichen. Denn erst wenn der Vergleichsverwalter geprüft und entschieden hat, daß der Vergleichsvorschlag der Vermögenslage des Schuldners entspricht (§§ 3, 7, 8 VerglO) und erfüllbar erscheint (§§ 17, 18 VerglO), wird das Vergleichsverfahren durch Beschluß eröffnet. In der Regel konstituiert sich dann neben dem Vergleichsverwalter ein sogenannter Gläubiger-Beirat, der den Vergleichsverwalter berät, ihn aber auch kontrolliert.

Der Vergleichsverwalter hat bei seiner Tätigkeit sowohl dem Schuldner als auch den Gläubigern (§ 42 VerglO) gegenüber für eigenes Verschulden nach Maßgabe der § 276 BGB als auch für solches seiner Erfüllungsgehilfen nach § 278 BGB einzustehen. Er kann seine persönliche Haftung weder allgemein ausschließen noch zum Beispiel auf Vorsatz oder grobe Fahrlässigkeit beschränken, selbst wenn er von vornherein auf eine Vergütung für seine Tätigkeit verzichten (Bley-Mohrbutter, § 42 Anmerkung 3 m.b.H.) würde.

In dem vom Vergleichsverwalter zu bestimmenden sogenannten Vergleichstermin, zu dem alle Gläubiger und der Schuldner geladen werden, hat der Verwalter über die Sachlage, insbesondere über die Ursachen des Zusammenbruchs des Unternehmens zu berichten und die Angemessenheit des Vergleichsvorschlages sowie die Aussichten auf Erfüllung des Vergleichs zu erläutern (§ 40 Abs. 3 S.1 VerglO). Der Bericht soll die Gläubiger bei ihrer Abstimmung über den Vergleichsvorschlag positiv beeinflussen.

Enthält der Vergleichsvorschlag den vom Gesetz vorgesehenen Mindestsatz von 35% und stimmt die Mehrheit der Gläubiger (gemeint ist die Mehrheit der Forderungen, die durch die Gläubiger vertreten werden) zu, dann ist der Vergleich perfekt (es handelt sich um einen Vertrag zwischen dem Schuldner und den Gläubigern, der von dem Gericht mit Hilfe des Vergleichsverwalters sanktioniert wird). Innerhalb kürzester Frist ist die Quote dann in bar an die Gläubiger auszuschütten (§ 7 Abs. 3 VerglO). Benötigt der Schuldner einen längeren Zeitraum, innerhalb dessen er 35% der gesamten Forderungen auszahlen will, z.B. wenn Grundstücke noch veräußert werden müssen, dann muß er eine Quote von 40% anbieten.

Während der Durchführung des Vergleichsverfahrens kann das Unternehmen – soweit es der Vergleichsverwalter wünscht – weiter wie bisher existieren und vorliegende Aufträge erfüllen. Der Vergleichsverwalter kann also <u>neben</u> der Versilberung von Vermögenswerten, um innerhalb von 12 Monaten die 40% oder sofort, d.h. ohne schuldhaftes Zögern, die 35%-Quote zu erreichen, das Unternehmen unbefristet fortführen.

2. Der Liquidationsvergleich

Eine besondere Art des gerichtlichen Vergleiches ist der sogenannte Liquidationsvergleich (Anhang XXII). Der Schuldner überläßt sein Vermögen ganz oder teilweise seinen Gläubigern mit der Abrede, daß der nicht durch die Verwertung des Vermögens gedeckte Teil der Forderungen von vornherein erlassen wird, soweit er über die Quote von 35% hinausgeht. Grundsätzlich gehört demnach zum Wesen des Liquidationsvergleichs, daß das gesamte Schuldnervermögen zur Befriedigung der Gläubiger herangezogen wird (BGH VIII ZR 36/62). In der Hoffnung, daß die Gläubiger eine <u>höhere Quote als 35%</u> erhalten, geben sie sich mit einer längerfristigen Vermögensverwertung (bis zu 5 Jahren!) zufrieden. Rechtlich gesehen handelt es sich um die Aussonderung der Liquidationsmasse aus dem sonstigen Vermögen des Schuldners.

Treuhänder des Vermögens ist der Vergleichsverwalter, der aufgrund einer vom Schuldner erteilten unwiderruflichen Vollmacht das Vermögen versilbert und den Erlös unter die Gläubiger verteilt. In der Regel besteht zwischen ihm – dem Vergleichsverwalter – und dem Schuldner ein sogenannter Treuhandvertrag, der die Rechte und Pflichten von beiden Parteien, aber auch das Honorar des Vergleichsverwalters und die Art und Weise der Verwertung regelt und damit Teil des gerichtlichen Vergleichs ist.

Das Positive für den Schuldner an einem solchen Liquidationsvergleich ist, daß die Gläubiger mit der Annahme eines solchen Vergleichsvorschlages auf alle Forderungen gegenüber dem Schuldner sofort verzichten, soweit sie die 35%-Quote übersteigen, den Schuldner aber verpflichten, den gesamten durch die Versilberung des Unternehmens erzielten Erlös über 35% hinaus auch ihnen – den Gläubigern – zur Verfügung zu stellen. Letztlich zwingt der Liquidationsvergleich zur Veräußerung des gesamten haftenden Vermögens des Schuldners.

Die Art der Verwertung durch den Vergleichsverwalter richtet sich nach der Art der Branche und nach seinen Fähigkeiten. Der Vergleichsverwalter kann für eine gewisse Zeit das Unternehmen fortführen (s.o.) oder mit Totalausverkäufen, Sonderausverkäufen, Räumungsverkäufen bzw. durch ebenfalls mit der nötigen Werbung bekannt gemachten Versteigerungen die in den Lagern befindlichen Gegenstände preisgünstig veräußern. Entscheidend ist immer, was der Vergleichsverwalter nach seinem eigenen Ermessen für richtig hält.

Soweit er 10% der Gesamtforderungen der Gläubiger eingenommen hat, muß er diese 10% als Akontozahlung an sie ausschütten. Darauf haben die einzelnen Gläubiger einen Anspruch, so daß etwa 12 Monate nach Eröffnung des Liquidationsvergleichsverfahrens die Gläubiger mindestens 10%, in der Regel aber schon 20% oder gar mehr ihrer Forderung vom Vergleichsverwalter erhalten haben.

Ist in einem Liquidationsvergleich die Quote von 35% wider Erwarten nicht erreicht worden, wird der Schuldner bezüglich der Differenz noch persönlich in Anspruch genommen, auch bei einer GmbH. Denn die Gläubiger machen die Zustimmung zu einem solchen Liquidationsvergleich von der Bereitschaft des Schuldners abhängig, für die nicht bezifferbare Differenz persönlich zu haften (Bürgschaften in unbezifferter Höhe ...): Die Grenze insgesamt bleibt bei 35% der Forderungen!

Während des oft Jahre andauernden Vergleichsverfahrens hat der Schuldner gegenüber dem Vergleichsverwalter selbstverständlich Kontroll- und Abwehrrechte. Er kennt sein Unternehmen wie auch den Markt und damit die Verwertungschancen für die Gegenstände. Er weiß, welche Beträge beim freien Verkauf oder bei einer Versteigerung der Vermögenswerte für die Gläubiger erreicht werden können.

Erweist sich der Vergleichsverwalter als fachlich nicht qualifiziert, hat er wenig kaufmännische Detail-Kenntnis und Erfahrung oder weicht er eigenmächtig von den Empfehlungen des Schuldners ab, steht dem Schuldner neben seinem Schadensersatzanspruch auch das Recht zu, ihn vom Amtsgericht abberufen zu lassen. Zwar ist jede Entscheidung des Vergleichsverwalters, welchen Erlös er erzielen kann und auf welche Weise dies geschehen soll, eine Ermessensentscheidung, die nur eingeschränkt nachprüfbar ist. Es gibt aber Grenzen, bei deren Überschreiten ein Vergleichsverwalter rechtsmißbräuchlich handelt (Marktdaten, kaufmännische Usancen: BGH in KDS 66, 74 und OLG Celle in MDR 54, 370). Ein Schaden ist immer zu bejahen, wenn durch das rechtsmißbräuchliche Verhalten des Vergleichsverwalters ein niedrigerer Erlös als 35% erzielt wird oder aber gegen die Interessen des Gläubigers verstoßen wird, den höchstmöglichen Betrag (über 35% und mehr) zu erzielen.

Nach Veräußerung sämtlicher Vermögensgegenstände bis hin zur letzten Büroklammer erlischt die Firma des Schuldners. Nach einer gewissen Zeit erfolgt auch die Löschung von Amts wegen im Handelsregister, wenn kein entsprechender Antrag gestellt wurde (OLG Hamm, BB 55, 626). Für die juristische Person und Handelsgesellschaften sind in §§ 34, 145 HGB die Anmeldung der Liquidation und der bestellten Liquidatoren im übrigen ausdrücklich vorgeschrieben, ferner in § 263, AktG, § 65 GmbHG, § 78 GenG (hier: Eintragung in das Genossenschaftsregister), so daß in der Regel der Vergleichsverwalter nach Durchführung des Liquidationsvergleiches eine entsprechende Mitteilung an das Register gibt.

Auch noch in diesem Zeitpunkt, d.h., wenn bereits ein Vergleichsverwalter benannt ist, der die Vergleichsmasse gesichtet und bereits mit der Versilberung begonnen hat, kann es im Interesse des Schuldners liegen, eine sogenannte Auffanggesellschaft mit den Gläubigern zu gründen.

III. Die Auffanggesellschaft zur Verhinderung des Konkurses

Die Hauptgläubiger verzichten bei der Auffanggesellschaft auf einen erheblichen Teil ihrer Forderungen (bis zu 80%) und gründen gleichzeitig mit dem Schuldner gemeinsam eine neue Gesellschaft, meist eine GmbH. Diese neue Gesellschaft übernimmt die noch vorhandenen Restschulden (nach dem Teilverzicht) und Vermögenswerte des alten Schuldner-Unternehmens. Es ist auch möglich, daß die Gläubiger, die in der Auffanggesellschaft die Mehrheit bilden können, dem Schuldner die Möglichkeit einräumen, nach einer gewissen Zeit die Mehrheit der Gesellschaftsanteile zu erlangen (Option), wenn eine Nachbesserung (Zahlung von 5-10% der früheren Forderung) durch die neue Firma erfolgt ist. Im Hinblick auf die Universalhaftung (§ 429 BGB) der neuen Auffanggesellschaft ist es notwendig, daß vorher die Gläubiger wirksam auf einen erheblichen Teil ihrer Forderung verzichten.

Das Konkursverfahren

I. Der Konkursantrag

Hat der Schuldner mit dem Vergleichsverwalter oder seinem Rechtsanwalt alle Möglichkeiten geprüft und ist er zu dem Ergebnis gekommen, daß entweder ein außergerichtlicher Vergleich über eine niedrigere Quote nicht möglich, ein gerichtlicher Zwangsvergleich nicht erzielbar ist, dann bleibt nur die Möglichkeit, entweder selbst oder durch den Vergleichsverwalter Konkursantrag zu stellen.

Der zuständige Richter des Amtsgerichts am Sitz des Schuldners (§ 71 KO) wird dem Schuldner Gelegenheit geben, sich schriftlich und auch mündlich zu äußern (Anhörung). Noch in diesem Moment kann der Schuldner eine Ratenzahlung anbieten, die, wenn sie realistisch ist, vom Gericht in der Regel akzeptiert wird. Erscheint der Schuldner zum Anhörungstermin unentschuldigt nicht, wird er durch den Gerichtsvollzieher zwangsweise vorgeführt. Stellt sich bei der Anhörung heraus, daß er keine Raten zahlen kann und im übrigen zahlungsunfähig ist, erläßt der Richter das sogenannte Veräußerungsverbot, das in der örtlichen Zeitung veröffentlicht wird. Damit wird dem Schuldner untersagt, Gegenstände aus seinem Vermögen zu veräußern oder über sie zu verfügen sowie Forderungen einzuziehen.

II. Mangelnde Masse

In zahlreichen Fällen weist der Schuldner bereits in seinem Antrag an das Konkursgericht zur Überzeugung des Richters nach, daß er keinerlei Mittel hat, um auch nur einen Teil der Forderungen zu befriedigen: Es ist keine Konkursmasse vorhanden. Dann wird der Antrag auf Eröffnung des Konkursverfahrens mangels Masse zurückgewiesen, es sei denn, der Gläubiger besteht unter Übernahme des Konkursverfahrens (Zahlung des Honorars an den Konkursverwalter etc.) auf der Durchführung des Verfahrens. Wird der Antrag auf Eröffnung mangels Masse zurückgewiesen, melden sich wenige Tage später die sogenannten bevorrechtigten Gläubiger wie das Finanzamt und die öffentlichen Kassen, um zu prüfen, ob sie gegen den Schuldner bzw. Geschäftsführer der Schuldnerin persönlich zivilrechtliche und strafrechtliche Schritte mit Erfolg einleiten können.

III. Ausreichende Masse

Hat der Schuldner vorher einigen Gläubigern persönliche Sicherheiten gegeben oder ist er Bürge, beginnen jetzt die Rechtsstreitigkeiten gegen den Schuldner persönlich. Ist eine ausreichende Konkursmasse vorhanden, wird der Konkurs durch Beschluß des Konkursgerichtes eröffnet, ein Konkursverwalter (meist ein Rechtsanwalt) ernannt. Seine Aufgabe ist es, die Konkursmasse zu erfassen und sie sofort in Besitz zu nehmen (§ 117 KO), ein Verzeichnis aller einzelnen Gegenstände mit Wertangaben anzufertigen (§ 123 KO), ein Inventar und eine Bilanz zu erstellen (§ 124 KO), aus der das Verhältnis der Aktiva zu den Passiva hervorgeht. Zusätzlich kann der Gemeinschuldner zur Abgabe der eidesstattlichen Versicherung gezwungen werden (§ 125 KO).

IV. Die Verwertung der Masse durch den Konkursverwalter

Auch die Verwertung der Masse erfolgt durch den Konkursverwalter. Er kann alle Gegenstände freihändig oder im Wege der Versteigerung veräußern. Der Schuldner selbst braucht sich nicht mehr darum zu kümmern, in welcher Form und mit welchem Arbeitsaufwand die Gläubiger nunmehr irgendwelche Ansprüche zur Konkurstabelle anmelden. Dennoch liegt hier für den Schuldner eine letzte Chance zu einem neuen Anfang. Wenn der Schuldner einmal in einer stillen Stunde die Fehler analysiert, die er sich selbst zuzuschreiben hat, dann kann er aus dieser Ehrlichkeit lernen und Mut für einen Anfang schöpfen. Der beste Mut hilft natürlich nicht weiter, wenn er nicht eine finanzielle Basis hat. Der Schuldner sollte daher, sofern er Geschäftsführer einer ihm gehörenden GmbH gewesen ist, überlegen, ob er mit seinem Notgroschen, d.h. mit seinem persönlichen Vermögen oder mit dem Vermögen seiner Ehefrau bzw. mit der finanziellen Hilfe seiner Freunde, neu beginnen kann. Soweit die Branche Zukunft hat, ist es das beste für ihn, im gleichen Metier zu bleiben, denn hier hat er Erfahrungen.

V. Schutz der Arbeitnehmer (Konkursausfallgeld)

Arbeitnehmer sind persönlich geschützt, gleichgültig ob das Konkursverfahren eröffnet ist oder nicht. Ihr Zorn auf den Schuldner (Arbeitgeber) ist deshalb heute gering. Durch das Konkursausfall-Gesetz sind seit dem

1.7.1974 die rückständigen Löhne und Gehälter der letzten 3 Monate garantiert. Die Auszahlung erfolgt über die Arbeitsämter, bei denen der Arbeitnehmer einen entsprechenden Antrag stellen muß. Wichtig ist, daß der Antrag auf Konkursausfallgeld rechtzeitig gestellt wird, d.h. innerhalb einer Frist von 2 Monaten seit der Konkurseröffnung. Wenn die Frist verstrichen ist, erlischt der Anspruch. Der Anspruch besteht auch für gekündigte Arbeitnehmer und solche, die arbeitslos geworden sind. Maßgeblich ist allein, daß überhaupt ein Rückstand von Arbeitsentgelt besteht (Anhang XXIV).

VI. Neugründung einer Firma durch den Schuldner und Übernahme von Teilen aus der Konkursmasse

Entschließt sich der Schuldner – wenn auch indirekt – zu neuen Aktivitäten, soll er dem Konkursverwalter bei der Bewertung der Konkursmasse behilflich sein. Bei einer neuen GmbH sollte er nicht persönlich in Erscheinung treten. Es ist im Hinblick auf die in einem Konkursverfahren durchaus verärgerten Gläubiger nicht opportun, wenn er vor oder nach Konkurseröffnung als Gesellschafter einer neuen Firma in Erscheinung tritt. Sinnvoller ist es, im Rahmen eines Treuhandverhältnisses die Anteile an der neuen Firma zu halten oder sie seiner Frau zu übertragen. Der Treunehmer (im Handelsregister eingetragener Gesellschafter) ist aufgrund des Treuhand-Vertrages ohnehin verpflichtet, die Entscheidung des Treugebers (Schuldners) auszuführen.

Ist dann diese GmbH konstituiert und mit einem Geschäftsführer versehen, der nicht identisch sein sollte mit dem zunächst ins zweite Glied zurückgetretenen Schuldner, kann diese GmbH, die natürlich von dem Gemeinschuldner gesteuert wird, mit dem Konkursverwalter Verhandlungen über den Erwerb wesentlicher Vermögenswerte aus der Konkursmasse beginnen. Steht einmal die Inventarliste fest und ist der Wert der einzelnen Gegenstände durch den Konkursverwalter geschätzt, dann besteht die große Chance für das neue Unternehmen, preiswert an die interessanten Werte aus der Konkursmasse zu gelangen oder die Masse insgesamt zu erwerben. Der Konkursverwalter schließt dann in eigenem Namen einen Kaufvertrag ab, überträgt das lastenfreie Eigentum von sämtlichen Gegenständen Zug um Zug gegen Zahlung des Kaufpreises auf die neue GmbH. Der Gesetzgeber hilft der neuen GmbH mit steuerlichen Einsparungen:

Nach § 6 d des Einkommensteuergesetzes ist die Bildung einer befristeten Rücklage zur Absicherung des Erwerbsrisikos bei gefährdeten Betrieben zulässig. Voraussetzung ist, daß der Kaufvertrag nach dem 30.9.1982 und vor dem 1.1.1987 geschlossen wird. Bei Anerkennung der Begünstigung ist eine Bescheinigung der obersten Landesbehörde vorzulegen, aus der hervorgeht, daß im Jahr des Erwerbs des Teilbetriebes, der Filiale oder des Gesamtbetriebes dieser vor der Stillegeung bedroht war, durch den Erwerb seine Sicherung erreicht wurde und durch die Fortführung Dauerarbeitsplätze erhalten werden konnten.

Nach dem Kaufvertrag zwischen dem Konkursverwalter und der neuen GmbH kann die neue Firma in den gleichen Räumlichkeiten und mit geringerem Kapital den Neubeginn starten. Sie kann das beste Personal übernehmen (sämtlichen Angestellten/Arbeitern wurde fristlos gekündigt), da diese nicht wenige Tage nach der Kündigung bereits eine neue Arbeitsstelle gefunden haben. Die Zahlung des Kaufpreises der neuen GmbH an den Konkursverwalter und damit in die Konkursmasse sorgt dafür, daß einige Gläubiger, möglicherweise die bevorrechtigten, teilweise oder ganz befriedigt werden, was immerhin für den Schuldner (Geschäftsführer/ Gesellschafter) u. U. ein strafrechtliches Ermittlungsverfahren wegen der Nicht-Abführung von Sozialbeiträgen u.a. verhindert.

VII. Auflösung der Firma

Während im Vergleichsverfahren im Grunde eine bestehende Firma saniert wird, um sie nach Abwicklung des Vergleiches weiterzuführen (Ausnahme: der Liquidationsvergleich), wird durch den Konkurseröffnungsbeschluß die Firma aufgelöst. Der Schuldner hat das Recht, gegen den Beschluß (aufgrund eines Gläubiger-Antrages) sofortige Beschwerde beim zuständigen Landgericht einzulegen. Dies muß innerhalb einer Frist von 2 Wochen (§ 577 ZPO) geschehen. In der Regel kommt es aber nicht dazu, da der Antrag auf Eröffnung eines Konkursverfahrens bei der heutigen Vorsicht der Gläubiger das bestätigt, was der Schuldner ohnehin schon seit langem weiß.

Wichtig für den Schuldner ist immer, daß er nach Zahlungseinstellung irgendwelche Verfügungen zu Lasten der Gläubiger nicht treffen darf. Sie sind später nach einer genauen Untersuchung vom Konkursverwalter anfechtbar. Die Beendigung des Konkursverfahrens erfolgt durch Beschluß des Gerichts unter Abhaltung des sogenannten Schlußtermins (§163 I 1 KO). Der Gemeinschuldner erhält das Verwaltungs- und Verfügungsrecht über die Masse zurück. Da aber in der Regel schon alles verteilt ist, bleibt nichts für ihn übrig. Zu einem geringen Teil sind die Konkursanforderungen befriedigt worden.

Bedauerlicherweise bleiben nach § 164 I KO die Konkursforderungen, soweit sie nicht befriedigt wurden, bestehen und können nun wieder ohne jede Einschränkung gegen den Schuldner geltend gemacht und vollstreckt werden (Recht der freien Nachforderung). Die Forderungen bleiben als Geldforderung, die sie im Konkurs geworden sind und schon vorher waren, bestehen. Es besteht also weiterhin für die Zukunft des Schuldners die Gefahr – soweit er persönlich haftet –, daß er aus dem alten Chaos in Anspruch genommen wird.

Es ist daher immer zu empfehlen, das Unternehmen zumindest in der Rechtsform einer GmbH zu führen. Es gibt bösartige Gläubiger, die den persönlich haftenden Schuldner (in einer KG u.ä.) noch jahrelang quälen.

Strafbestimmungen, die der Schuldner beachten sollte

Der Gesetzgeber gibt dem Schuldner viele legale Möglichkeiten, sich gegen die Vollstreckung zu wehren. Es gibt auch heute viele legale Chancen, sich aus der Pleite heraus eine neue Zukunft zu bauen. Infolgedessen sollte der Schuldner sich nicht wegen einer Vollstreckungsmaßnahme oder eines Konkurses strafbar machen. Die Strafbestimmungen muß er kennen. Unkenntnis beseitigt nicht sein Verschulden:

I. Der Bankrott

Der Schuldner bzw. der verantwortliche Vertreter einer juristischen Person ist mit Freiheitsstrafe bis zu 5 Jahren oder mit Geldstrafe bedroht, wenn er nach Eintritt der Überschuldung oder bei drohender bzw. bereits erfolgter Zahlungsunfähigkeit die Bestandteile des Vermögens, die im Fall der Konkurseröffnung zur Masse gehören würden, beiseite schafft, verheimlicht, beschädigt, unbrauchbar macht u.ä. Eine Überschuldung liegt immer dann vor, wenn das Vermögen des Schuldners seine Verbindlichkeiten nicht mehr deckt, wenn also die passiven (alle gegenwärtigen, im Falle der Konkurseröffnung aus der Masse zu begleichenden Schulden) die aktiven (alle mit ihrem wirklichen Gegenwartswerten einzusetzenden Vermögenswerte) überwiegen. Die Zahlungsunfähigkeit setzt voraus (s.o.), daß der Schuldner wirklich und dauernd außerstande ist, seine fälligen Verbindlichkeiten zu erfüllen.

II. Der Bankrott aus Gewinnsucht

Geschieht die Handlung des Schuldners gemäß § 283 StGB (= Bankrott) aus <u>Gewinnsucht</u> oder bringt er viele Personen in die Gefahr des Verlustes ihrer ihm anvertrauten Vermögenswerte, dann wird der Bankrott mit Freiheitsstrafe von 6 Monaten bis zu 10 Jahren bestraft. Mit dieser gesetzlichen Bestimmung hat der Gesetzgeber auf die sogenannten Anlage- und Abschreibungsgesellschaften reagiert, die bestehend aus cleveren Geschäftsleuten eine Auffanggesellschaft zur Rettung des X-Konzerns gründen und den Gesellschaftern Steuervorteile versprechen, indem sie ihnen suggerieren, daß ihnen die Verluste durch die Übernahme der Pleite-Firma steuerlich zugute kommen. Dies ist unrichtig (§ 15 a Einkommensteuergesetz). Nach der neuen Regelung ist die Verlustverrechnung von beschränkt haftenden Gesellschaftern auf den Haftungsbetrag begrenzt. Die Verrechnung mit anderen Einkünften zur Verminderung der Steuerschuld ist nur noch eingeschränkt möglich. Die erzielten Verluste können lediglich in den Folgejahren mit den Gewinnen aus der gleichen Einkunftsquelle verrechnet werden.

III. Die Verletzung der Buchführungspflicht

Wenn der Schuldner Handelsbücher, zu deren Führung er gesetzlich verpflichtet ist, nicht oder nicht nach den gesetzlichen Regeln führt, sie verändert bzw. beiseite schafft, verheimlicht, zerstört und beschädigt und schließlich Bilanzen verfälscht, dann kann er mit Gefängnis bis zu 2 Jahren oder mit Geldstrafe bestraft werden.

IV. Gläubigerbegünstigung

Wenn der Schuldner einen Gläubiger besonders bevorzugt, d.h. ihm vor den übrigen Gläubigern einen Gegenstand übereignet, dann kann er mit Gefängnis bis zu 2 Jahren oder mit Geldstrafe bestraft werden. Der Gesetzgeber will, daß im Falle der Zahlungsunfähigkeit alle Gläubiger mit ihren fälligen Ansprüchen gleichbehandelt werden. § 283 d schützt schließlich in einer weiteren verschärften Strafbestimmung das Interesse der Gesamtheit der Gläubiger vor einer Verringerung der Aktivmasse durch bestimmte Eingriffe, wenn diese mit der Einwilligung des Schuldners von Dritten ausgehen.

V. Vollstreckungsvereitelung

Der Gesetzgeber droht dem Schuldner mit einer Freiheitsstrafe bis zu 2 Jahren oder Geldstrafe, wenn er trotz Androhung der Zwangsvollstreckung Bestandteile seines Vermögens veräußert oder beiseite schafft. Er darf also von einem bestimmten Zeitpunkt an Bestandteile nicht mehr veräußern oder Scheinverträge abschließen etc. Die Zwangsvollstreckung droht dann, wenn die Gläubiger die Absicht haben, die Vollstreckung zu betreiben. Voraussetzung ist also, daß der Anspruch rechtskräftig besteht bzw. vom Schuldner anerkannt worden ist.

VI. Pfandkehr

Wenn der Schuldner die Gegenstände, an denen ein Dritter sein gesetzliches Pfandrecht hat (Vermieter oder Verpächterpfandrecht etc.) heimlich wegschafft oder an sich nimmt, um den Gegenstand "in Sicherheit zu bringen", kann er mit Gefängnis bis zu 3 Jahren bestraft werden.

VII. Kreditbetrug

Strafbar macht sich der Schuldner, der über seine wirtschaftlichen Verhältnisse unrichtige oder unvollständige Unterlagen vorlegt und lückenhafte schriftliche oder mündliche Auskunft erteilt (durch Bilanzen, Gewinn- und Verlustrechnung etc.), um sich dadurch einen Kredit zu erschleichen. Mit dem gleichen Strafmaß wird bestraft, wer nach Gewährung des Kredites eine Verschlechterung seiner wirtschaftlichen Verhältnisse nicht mitteilt, um so eine Kreditaufnahme zu verhindern.

Straffrei bleibt indessen derjenige, der die Gewährung des Kredites nach Eintritt verschlechterter Verhältnisse freiwillig verhindert oder die notwendige Mitwirkung versagt (z.B. Eintragung von Grundpfandrechten).

VIII. Subventionsbetrug

Bei dem Subventionsbetrug geht es um die Erschleichung öffentlicher Mittel, Zuschüsse oder sonstiger Vergünstigungen.

IX. Vollstreckungsbruch

Der Schuldner sollte das Pfandsiegel weder zerstören noch beschädigen oder unbrauchbar machen. Er sollte die gepfändete Sache auch nicht aus der Wohnung schaffen oder verstecken. Er muß vorher tätig werden und das beachten, was in diesem Buch steht.

X. Widerstand gegen Vollstreckungsbeamte

Der Schuldner sollte den Gerichtsvollzieher freundlich empfangen. Seinen Besuch kündigt er mehrfach an. Der Schuldner hat es nicht nötig, Gewalt anzuwenden. Das Gesetz gibt ihm eine Unzahl von Mitteln in die Hand, sich legal zu wehren.

XI. Verletzung der Unterhaltspflicht

Der Schuldner muß seine Unterhaltsverpflichtungen erfüllen. Wenn er dies nicht tut und dadurch der Lebensunterhalt des Unterhaltsberechtigten gefährdet wird, macht er sich strafbar.

XII. Verstoß gegen die Anmeldepflicht

Wenn sich der Schuldner schließlich an seinem Wohnsitz verspätet oder mit falscher Bezeichnung anmeldet, begeht er eine Ordnungswidrigkeit. Er muß sich also anmelden. Dennoch werden kaum Verstöße gegen das Meldegesetz geahndet. Der Schuldner hat also in der Regel eine große Chance, selbst wenn der Gläubiger, verärgert über die unbekannte Anschrift, ein solches Verfahren gegen den Schuldner einleiten sollte. Dieses Verfahren ist nicht weiterzuführen, weil ja der Schuldner unbekannt verzogen ist. Außerdem ist die Verjährungsfrist wegen der Ordnungswidrigkeit kurz (s.o.).

Schadenersatzanspruch des Schuldners gegen den Gläubiger bei unberechtigten Vollstreckungsmaßnahmen

Der Schuldner sollte sich immer wehren. Er muß immer prüfen und den Gläubiger kontrollieren, mag er sich noch so ohnmächtig fühlen. Auf dem langen Weg zur Befriedigung oder Teilbefriedigung des Gläubigers macht dieser Fehler. Der Schuldner muß daher alle Rechtsbefehle, alle Tricks ausnutzen und sie gegen den Gläubiger nutzen. Er soll wissen, daß aufgrund der Statistik lediglich 30% aller Schuldner aufgrund des Mahn- oder Vollstreckungsbescheides bezahlen bzw. eine außergerichtliche Ratenzahlungsvereinbarung über die Gesamtsumme oder einen Restbetrag treffen, weitere 10% teilweise oder ganz zahlen, wenn der Gerichtsvollzieher anklopft, während die übrigen 60% aller Schuldner darum kämpfen, nach Möglichkeit nichts zu zahlen. Das ist zu wenig im Hinblick auf die umfangreichen Rechte des Schuldners.

Macht der Gläubiger Fehler auf dem Wege zur Befriedigung, macht er sich dem Schuldner gegenüber schadenersatzpflichtig. Vollstreckt er lediglich aufgrund eines vorläufig vollstreckbaren Titels, wird der Titel dann aufgehoben, hat er – der Gläubiger – dem Schuldner den gesamten ihm entstandenen Schaden (durch die Verwertung/Versteigerung des Gegenstandes) zu ersetzen. Wird durch den Erlaß einer einstweiligen Verfügung die aktive Tätigkeit eines Unternehmens eingeschränkt oder gelähmt, muß der Gläubiger den gesamten entgangenen Gewinn dem Schuldner erstatten, wenn dieser im Hauptklageverfahren rechtskräftig obsiegt.

Wird ein unberechtigter, unbegründeter Konkursantrag gestellt und hierdurch das Vertrauen anderer Gläubiger in den Schuldner so erschüttert, daß sie die Kredite kündigen und erst die Zahlungsunfähigkeit des Schuldners herbeiführen, macht sich der Antragsteller (Gläubiger) schadenersatzpflichtig. Aber auch, wenn ein Titel rechtskräftig ist und der Gläubiger einen gesicherten Anspruch hat, sollte er vorsichtig gegen den Schuldner vorgehen, denn er muß mit der Rechtsprechung (z.B. KG Berlin NJW 73, 860) generell das mildeste Mittel in der Vollstreckung wählen. Er darf die Existenz des Schuldners niemals bewußt vernichten wollen. Gefährlich ist, wenn der Gläubiger versehentlich Ratenzahlungen des Schuldners auf den

Titel nicht berücksichtigt oder gar die Befriedigung dem Vollstreckungsgericht nicht meldet, damit dem Schuldner rechtzeitig der Titel ausgehändigt und er in der schwarzen Liste gestrichen werden kann. Nimmt der Schuldner alle seine Kontrollmöglichkeiten wahr, die ihm das Gesetz oder die Lücken des Gesetzes einräumen, hat er mit Hilfe dieses Büchleins in jeder Phase seine Chance.

Notgroschen und Neubeginn

I. Sicherheiten für den Notgroschen

1. Das Auslandskonto

Manchem Schuldner gelingt es, während seines geschäftlichen Lebens in Zeiten der Hochkonjunktur erhebliche Gewinne zu machen und diese in der BRD versteuerten Gewinne für schlechte Zeiten zurückzulegen. Er wird dies in einer bevorzugten stabilen Währung tun wollen und in einem Land, das von ihm schnell erreichbar ist.

Es bieten sich hier in Europa besonders Luxemburg und die Schweiz an. Die Schweiz ist deshalb von besonderem Interesse, weil sie in den letzten 50 Jahren den niedrigsten Kaufkraftschwund zu verzeichnen hat. Luxemburg bietet heute mit geringstem Risiko eine Anlage in einer aus verschiedenen europäischen Währungen bestehenden Mischwährung (Ecu) an. In beiden Ländern wie auch in Liechtenstein wird das Bankgeheimnis recht ernst genommen!

Jeder kann in diesen Ländern ein Konto eröffnen. Er braucht nur bei einer von ihm ausgewählten Bank seine erste Einlage zu tätigen und seine Unterschrift zu deponieren. Damit wird er Inhaber des Kontos. Falls er auch einem Dritten die Möglichkeit einräumen will, Verfügungen über sein Konto zu treffen, kann er die Vollmacht bei der Bank hinterlegen.

Er kann die Vollmacht jederzeit widerrufen. In der Regel ist aber seine Vollmacht auch über den Tod hinaus sinnvoll, damit seine Vertrauensperson das Guthaben noch sicherstellen kann, nachdem er verstorben ist, und es dadurch nicht in die Erbmasse gelangt. Die Banken verdienen unverdient an solchen mißtrauischen Kontoinhabern, die keinem die Existenz eines Auslandskontos mitteilen, es versäumen, eine Vollmacht zu erteilen. Dadurch werden sie nach dem Tode des Kontoinhabers Nutznießer des Guthabens.

Der Kontoinhaber kann aber auch eine sogenannte Verwaltungsvollmacht der Bank ausstellen, die dann seine angesparten Beträge in Wertpapieren u.a. anlegt, denn der Zinsgewinn ist mager. Zwar werden in allen drei Ländem bei Festlegung einer bestimmten Summe für eine bestimmte Zeit Zinsen gezahlt. Diese Zinsen werden aber wieder durch Gebühren, die der Kontoinhaber an die Bank zahlen muß, fast wieder aufgezehrt. Nach dem Motto: Muß man etwas zahlen, schmerzt der effektive Wertverlust (im Hinblick auf die Inflation) des Guthabens nicht allzusehr.

Das Nummernkonto (in der Schweiz) ist nichts Ungewöhnliches. Statt des Namens des Kontoinhabers trägt das Konto lediglich eine Nummer, die ausschließlich der Inhaber oder ein von ihm bevollmächtigter Dritter sowie ein Vertreter der Bank kennen. Der Kontoinhaber muß in der Regel die Nummer und einen bestimmten Code angeben, bevor er über das Konto verfügen kann. Das Nummernkonto ist niemals anonym!

2. Die Holding-Gesellschaft

Der Schuldner ist möglicherweise in der Lage, entweder zu Zeiten seiner Aktivitäten in der BRD oder aber nach dem ersten Kollaps in einem der sogenannten Niedrigst-Steuer-Länder eine Gesellschaft zu gründen und von dort aus neue Aktivitäten zu entwickeln oder alte geschäftliche Beziehungen auf ein steuerbegünstigtes Gleis zu schieben. In den in Europa in Betracht kommenden Ländern Liechtenstein, Schweiz und Luxemburg sind sogenannte Holding-Gesellschaften steuerbegünstigt (Holding-Privileg), soweit sie sich auf die Verwaltung von Beteiligungen in der BRD oder in anderen Ländern beschränken, den betreffenden Firmen Finanzmittel zur Verfügung stellen oder mit diesen oder Dritt-Firmen Lizenz-Verträge abschließen (Warenzeichen-, Patent- oder know-how-Verträge). In den überseeischen Ländern gibt es zum Teil für derartige Firmen völlige Steuerfreiheit.

a) Die Gesellschaft in der Schweiz

In der Schweiz wird für eine sogenannte "Holding-Gesellschaft" regelmäßig die Form der Aktiengesellschaft gewählt, seltener die der Gesellschaft mit beschränkter Haftung. Die Gesellschafter der GmbH können ihre Anonymität nicht wahren. Die AG (geregelt in Art. 620 – 763 des Schweizer Obligationen-Rechts) erfordert ein Mindestkapital von sfr 50.000,-- und die Mindestanzahl von drei Gründern. Ihre Tätigkeit muß im wesentlichen auf die Leitung der Tochtergesellschaften und Verwaltung der Anteile beschränkt sein.

Die Aktien müssen einen Nennwert von mindestens sfr 100,-- haben. Sie können als Namens- oder Inhaber-Aktien, als Vorzugs-, Stamm-, Genuß-, Stimmrechtsaktien usw. ausgegeben werden.
Der Verwaltungsrat, der die Geschäfte führt und die Gesellschaft nach außen hin vertritt, besteht aus einem oder mehreren Mitgliedern, die Aktionäre sein müssen. Nach den strengen Wohnsitz- und Nationalitäten-Vorschriften, die für die Mitglieder des Verwaltungsrates gelten (besteht der Verwaltungsrat nur aus einem Mitglied, so muß es ein Schweizer Bürger sein, der in der Schweiz wohnt!), kann der Bundesrat bei Holding-Gesellschaften Ausnahmen bewilligen (Art. 711 Nr. 2 Schweizer Obligationen-Recht).
Die sogenannte Kontrollstelle in der AG hat die Aufgabe, die Bilanz und die Einhaltung der Bewertungsvorschriften zu prüfen. Die Generalversammlung ist gesellschaftsrechtlich das oberste Organ der AG und tritt periodisch zusammen.

Die Gesellschaft mit beschränkter Haftung als Alternative benötigt mindestens zwei Gründer. Ihr Stammkapital muß im Minimum 50.000,-- Schweizer Franken betragen. Jeder Gesellschafter ist am Stammkapital mit einer Stammeinlage von mindestens sfr 1.000,-- beteiligt. Er haftet in Höhe der Gesamtsumme des Stammkapitals, falls dieses nicht eingezahlt oder durch Rückzahlung oder durch ungerechtfertigte Gewinnentnahmen vermindert worden ist.

Holding-, Domizil- und Basis-Gesellschaften unterliegen der Besteuerung durch den Bund, die Kantone und die Gemeinden. Die Bundessteuer wird nach einheitlichen Vorschriften erhoben, die kantonalen und kommunalen Steuern sind unterschiedlich. Auf die richtige Wahl des Kantons kommt es daher an!

Die Wehrsteuer (Bundessteuer) wird vom Ertrag und Kapital erhoben. Sie privilegiert reine Holding-Gesellschaften (nicht aber die Domizil- und Basis-Gesellschaften!), indem sie deren Erträge von der Besteuerung freistellt. Die reine Holding-Gesellschaft hat daher nur die Ergänzungssteuer vom Kapital zu entrichten (sie beträgt 0,75 %o des eingezahlten Grundkapitals und der anrechenbaren Reserven).

Den gemischten Holding-Gesellschaften wird ein sogenannter Holding-Abzug gewährt. Unter derartigen Gesellschaften sind solche zu verstehen, die mit mindestens 20% und 20 Mio. sfr am Kapital anderer Gesellschaften beteiligt sind.

Auch die kantonalen Steuersysteme begünstigen Holding-Gesellschaften, d.h. Gesellschaften, deren Geschäftstätigkeit hauptsächlich in der dauernden Verwaltung von Beteiligungen an anderen Unternehmen besteht. In 21 Kantonen sind die Erträge dieser Gesellschaften völlig steuerfrei. Die Kantone Thurgau, Neuenburg und Appenzell erheben eine reduzierte Ertragssteuer. Das Kapital wird je nach Kanton mit 0,3 bis 2,2 ‰ besteuert. Die aus dem Ausland stammenden Beträge sind steuerbegünstigt. Lediglich die Beteiligungserträge in Luzern und Nidwalden sind völlig steuerfrei.

Praktische Hilfestellungen für jeden leistet die Handelskammer Deutschland-Schweiz, Talacker 41, 8 Zürich.

b) Die Holding-Gesellschaft in Luxemburg

In Luxemburg hat sich ebenfalls die Form der Aktiengesellschaft für die Holding durchgesetzt. Unter das sogenannte Holding-Statut fallen nur solche Aktiengesellschaften, die ausschließlich die Verwaltung oder Verwertung von Beteiligungen zum Gegenstand haben. Eine eigene Handels- oder Produktionstätigkeit ist daher ausgeschlossen. Den Holding-Begriff erfüllen vor allem die Kontroll-, Kapitalanlage-, Finanzierungs-, Beratungs- und Patentverwertungsgesellschaften. Für die Errichtung der Société anonyme (Aktiengesellschaft) sind mindestens 7 Gründer erforderlich. Der Gesellschaftsvertrag bedarf der notariellen Form. Das Gesellschaftskapital muß in in- oder ausländischer Währung festgelegt und eingezahlt werden. Zulässig sind sowohl Namens- als auch Inhaber-Aktien, Aktien ohne Nennwert, Mehrstimmrechts-Aktien. Bevorzugt werden Inhaber-Aktien, da bei diesen die Anonymität gewahrt bleibt. Der Verwaltungsrat besteht aus drei Mitgliedern, die Ausländer sein können. Die Geschäftsführung wird durch einen oder mehrere "Commissaires" überwacht, deren Funktion der des Aufsichtsrates nach deutschem Recht entspricht. Die Generalversammlung muß wenigstens einmal im Jahr stattfinden, und zwar an dem Ort, den die Satzung bestimmt. Der Ort muß im Land Luxemburg liegen.

Die reine Holding-Gesellschaft zahlt keine Einkommen- und Vermögensteuer. Sie zahlt lediglich eine jährliche Abonnement-Gebühr von 0,16 % auf den Wert der ausgegebenen Aktien, als wäre der durchschnittliche Jahreskurs zugrunde gelegt, wenn die Aktien an einer Börse notiert werden. Anderenfalls wird der Wert durch Kapitalisierung der für das Vorjahr gezahlten Dividende ermittelt. Liquidationsgewinne werden nicht besteuert. Bilanz und Gewinn- und Verlustrechnung sind zu veröffentlichen.

In der Schweiz und in Luxemburg muß jede Holding, die die Aktivitäten steuert, mit einer monatlichen Unkostenpauschale von bis zu DM 500,-- zur Zeit rechnen, die an den sogenannten Verwaltungsrat für die von ihm durchzuführenden Kontrollaufgaben, Verwaltung der Holding, Buchhaltung und die Erstellung der Bilanz zu zahlen sind. Mit derartigen Neben-Unkosten von jährlich mindestens DM 6.000,-- ist zu rechnen.

c) Die Gesellschaft in Liechtenstein

Das Liechtenstein'sche Gesellschaftsrecht kennt die Gesellschaftsformen der BRD, zusätzlich noch den Trust, die Ein-Mann-Gesellschaft und die Einzelunternehmung mit beschränkter Haftung. Alle Holding-Gesellschaften, gleichgültig in welcher Rechtsform, unterliegen nur der Vermögensteuer: Sie können in der Form einer "Ein-Mann-Verbands-Person" errichtet werden. Die Haftung ist auf das Kapital beschränkt, es gibt keine Publizitäts-Vorschriften.

Die Aktiengesellschaft hat sich (wie in der Schweiz und in Luxemburg) gegenüber der GmbH durchgesetzt. Sie wird durch einen Gründungsvertrag mit Statuten errichtet. Die notarielle Form wird nicht verlangt. Im Anschluß an die Errichtung wird die Gesellschaft im Öffentlichkeitsregister eingetragen. Ihr Kapital muß mindestens sfr 50.000,-- betragen. Die Aktien müssen auf den Namen oder den Inhaber lauten. Der Verwaltungsrat braucht nur aus einer Person zu bestehen.

Neben der Aktiengesellschaft ist die häufigste Rechtsform für Holding- und Sitz-Gesellschaft die Anstalt. Sie muß ebenfalls im Öffentlichkeitsregister eingetragen werden.

Daneben gibt es noch die Stiftung, die für einen bestimmten, bezeichneten Zweck errichtet wird, z.B. für familiäre, gemeinnützige und andere Aufgaben, für die Verwaltung und Verwertung von Vermögen etc. Die Errichtung der Stiftung erfolgt in Form einer Urkunde (Stiftsbrief).

Daneben gibt es sogenannte "Treuunternehmen" oder den "Trust". Es handelt sich hierbei um ein rechtlich selbständiges Unternehmen, das von einem oder mehreren Treuhändern (als treuhänderischer Inhaber) geführt wird, wirtschaftlichen oder anderen Interessen dient und über ein eigenes Vermögen verfügt.

3. Die überseeischen Steueroasen

a) Bahamas

Als Gesellschaftsform auf den Bahamas kommt die 'Company with limited liability' in Betracht, im technischen Sinne der deutschen Aktiengesellschaft entsprechend. Zu ihrer Gründung sind 5 Personen erforderlich. Diese müssen eine Gründungsurkunde (Memorandum) erstellen und unterzeichnen, die die wesentlichen Gründungstatsachen enthält. Die Gesellschaft selbst entsteht mit der Eintragung ins Gesellschaftsregister oder mit der Aushändigung der Eintragungsbestätigung (Certificate of incorporation). Als Aktien sind nur Namensaktien zulässig. Es wird weder das Einkommen noch das Vermögen besteuert. Auch Kapitalgewinne, Dividenden, außerordentliche Erlöse sind steuerfrei. Ebensowenig gibt es eine Erbschaftsteuer. Lediglich bebauter Grundbesitz wird mit etwa 12 % der Erträge besteuert! Also ein wahres Steuerparadies.

b) Bermudas

Auf den Bermudas gibt es zwei Arten von Aktiengesellschaften, die eigentliche 'Company', deren Ziel und Zweck es ist, auf den Inseln selbst eine Tätigkeit auszuüben, und die sogenannte 'Exempted Company', die auf den Inseln selbst nicht geschäftlich tätig sein darf. Die nicht auf den Inseln tätige Firma ist in der Regel eine Holding-Gesellschaft und hält Anteile anderer in Europa ansässigen Firmen insgesamt. Ist die Firma gegründet (Urkunde) und die Satzung erstellt sowie das Mindest-Kapital eingezahlt, werden die Namensaktien an die Aktionäre ausgegeben. Zusätzlich genehmigt das Parlament die Gründung dieser Firma. Außer der jährlichen Anerkennungsgebühr von etwa DM 5.000,-- unterliegt die Exempted Company keiner Steuerpflicht.

c) Panama

Der Vertrag zur Gründung einer Gesellschaft in Panama, der "Sociedad anonima" (= Aktiengesellschaft) bedarf der notariellen Beurkundung. Einkünfte, die durch eine Geschäftstätigkeit außerhalb von Panama entstehen, sind völlig steuerfrei. Hierunter fallen alle Auslandserträge der Holding-, Kapitalanlage- und Patentverwertungsgesellschaften. Gewinn und -ausschüttungen werden ebenfalls nicht besteuert. Es herrscht totale Steuerfreiheit.

d) Uruguay

In Uruguay sind Holding-Gesellschaften solche Aktiengesellschaften (Sociedad anonima), die ihren Sitz in Uruguay haben und die mindestens 51 % ihrer Aktien im Ausland angelegt haben oder deren Gesamteinkünfte zu mehr als 50 % aus nicht-uruguayischen Quellen stammen. Die Entstehung setzt nach Abschluß eines Gesellschaftsvertrages durch zwei Gründer einen Regierungserlaß und die Eintragung in das Handelsregister voraus. Die Holding-Gesellschaft ist von der Einkommen- und Gründungssteuer befreit. Sie unterliegt lediglich der Erbschafts-Ersatz-Steuer, die 3 Promille vom Kapital und von den Reserven beträgt.

Soweit eine (unvollständige) Auswahl attraktiver Steuerparadiese. Es gibt also im wahrsten Sinne des Wortes traumhafte Gegenden mit erheblichen Steuervergünstigungen, die dem Schuldner garantieren können, daß er nicht nur sein Vermögen behält, sondern steigern kann, um mit diesem Vermögen dann verschiedene Aktivitäten weltweit zu steuern.

Die Steuerung von Inlandsgesellschaften durch Holding-Gesellschaften kann auch bei Firmenzusammenbrüchen hilfreich sein. In guten Zeiten werden die Gewinne aus der BRD abgezogen, damit sie dem Schuldner bei Zusammenbrüchen und in schlechten Zeiten eine finanzielle Basis für einen Neubeginn bilden. Alle Firmen haben gemein, daß die Gründungskosten gering sind (im Schnitt bis zu DM 4.000,--), daß aber monatliche Unkostenpauschalen aufgewandt werden müssen, um die am jeweiligen Sitz befindlichen Treunehmer für ihre Tätigkeit (Verwaltung der Gesellschaft) zu honorieren (s.o).

II. Tips zum Neubeginn aus dem Zusammenbruch

1. Die neue Gesellschaft

Mancher Unternehmer vergißt bei seinem bevorstehenden Zusammenbruch, daß es nicht nur die anderen waren, die ihn "in die Knie gezwungen haben", sondern er auch Fehler gemacht hat. Er hätte dies vermeiden können, wenn er die roten Warnleuchten erkannt hätte. Sind sämtliche Bemühungen ohne Ergebnis geblieben, die er generalstabsmäßig nach diesem Buch zumindest prüfen sollte, dann ist ein schmerzloser Neubeginn das beste Mittel, den Zusammenbruch des alten Unternehmens zu vergessen.

Mit einem neuen Kapital (bei einer GmbH) von nur DM 50.000,-- muß der Schuldner jetzt besonders sorgfältig umgehen. Er muß beim Aufbau seines neuen Unternehmens an alles denken. Hat er bei seinem zusammengebrochenen Unternehmen staatliche Finanzierungshilfe noch nicht in Anspruch genommen, dann kann er dies jetzt tun. Er braucht billiges Kapital. Das von ihm benötigte Kapital soll "über den Daumen" mindestens 50 % höher sein als die zum Betreiben des neuen Geschäftes notwendigerweise zu machenden Anschaffungen (Material, Werkzeug etc.) kosten. Die zinsgünstigen Selbständigkeitsdarlehen (5 %) sind für den Neubeginn genauso wichtig wie das Zahlungsziel. Zahlungsziele sind praktisch, eine vorzeitige Zahlung mit 2 oder 3 % Skonto kann allerdings einen Zinsgewinn von umgerechnet bis zu 36% p.a. bedeuten.

2. Die Außenstände

Der Unternehmer soll die Schuldner seines Unternehmens genauso behandeln, wie er von seinen Gläubigern behandelt wird. Hat dieser das Zahlungsziel von 30 Tagen erreicht, muß nach einem weiteren Überschreiten von 14 Tagen die erste Mahnung folgen. Wird das Zahlungsziel um 30 Tage überschritten, muß das gerichtliche Mahnverfahren eingeleitet werden. Denn der Unternehmer kann sich in der Regel ein längeres Warten auf Liquidität nicht leisten, zumal das Mahnverfahren bis hin zum gerichtlichen Titel so lange dauert, wie es in diesem Buch dargestellt ist.

3. Die Lagerbestände

Die Lagerbestände sollen kontrolliert gering sein und der Umschlaggeschwindigkeit der einzelnen Produkte entsprechen. Die Lagerhaltung selbst (Miete etc.) kostet Geld. Zusätzlich aber bindet der Unternehmer mit unnötigen Lagerbeständen Kapital. Es darf nicht zu Ladenhütern kommen, da diese nur mit erheblichen Verlusten abgesetzt werden können.

4. Die Blockkosten-Kontrolle

Gemeinkosten (Blockkosten des Unternehmens) wie Löhne, Gehälter, Porto, Telefon, Steuern müssen vom Unternehmer im Auge behalten werden.

5. Die Zinssätze

Die Zinssätze mit der Hausbank im Falle einer Überziehung sollten für sechs Monate festgelegt werden, ebenfalls müßte erreichbar sein, daß ein Guthaben mit mindestens 2,5 % verzinst wird. Dies bedarf einer besonderen Vereinbarung mit der Bank.

6. Die Rentabilität

Der Unternehmer muß immer prüfen, ob der Betrieb rentabel arbeitet. Der betriebliche Gewinn ergibt sich aus der Gegenüberstellung der Erlöse zu den Kosten unter Berücksichtigung evtl. halbfertiger Arbeiten. Das eingesetzte Kapital besteht aus Eigenkapital und Fremdmitteln, die betrieblich genutzt sind. Beide Werte, im Verhältnis zueinander gebracht, ergeben die Rentabilität (betrieblicher Gewinn x 100 : eingesetztes Betriebskapital = Rentabilität). Ist die Rentabilität gering, bedeutet dies eine Warnleuchte für den Unternehmer. In den ersten 18 Monaten seines neuen Unternehmens sollte er mindestens einen halbjährlichen Status erstellen lassen.

7. Die Auslastung der Maschinen/Geräte

Der Unternehmer hat immer zu prüfen, ob seine maschinelle Ausstattung den Anforderungen des Marktes entspricht. Die Auslastung der

Geräte/Maschinen zu 75 % gilt als hervorragend, eine Auslastung von unter 50 % führt langfristig automatisch zum Konkurs.

8. Die Werbung

Aufwendungen für die Werbung dürfen einen durchschnittlichen Prozentsatz vom Jahresumsatz nicht überschreiten. Er ist für jede Branche bekannt und beruht auf Untersuchungen von Groß- und Kleinstädten etc. Der Unternehmer sollte sich für diese Prozentziffern bei der IHK interessieren! Daneben sollte er eine Planung (Finanzplanung) aufstellen, die auf den Jahresumsatz und den Jahres-Fixkosten des Vorjahres aufbaut. Sie gibt ihm Durchschnittswerte für das laufende Geschäftsjahr.

9. Schwerpunktbildung

Auch in einer bestimmten Branche gibt es Umsatzverschiebungen. Die Umsatzausweitung von Leerkassetten hat in der Regel einen Rückgang der Schallplatten zur Folge, der Verkauf von Video-Kassetten den Rückgang der verleihenden Filmkassetten. Es kann sich auch die Gewinnspanne in einzelnen Teilbereichen verschieben. Der Unternehmer muß dann umdisponieren und bei einem geringeren Absatz von Schallplatten den Lagerbestand ändern, kein Kapital binden, nach Möglichkeit nach Marktlücken suchen, sich auf Umsatzrenner konzentrieren. Der Unternehmer hat sein Angebot auf einer angemessenen Fläche (Mietzins, Größe des Geschäftes etc.) anzubieten. Die Netto-Miete muß im Verhältnis zum täglichen Netto-Umsatz stehen.

10. Personal

Nicht ausgelastetes Personal muß ersetzt oder versetzt werden. Im Hinblick auf die Lohnnebenkosten ist der Angestellte ein teures Gut.

11. Prüfung der Gesellschaftsform

Der Unternehmer muß immer prüfen, ob die von ihm gewählte Gesellschaftsform (Einzelfirma, GmbH, GmbH & Co. KG, KG u.a.) die richtige ist.

Vorbeugen und Agieren

ist immer besser

als Heilen oder Reagieren.

Die besten Tricks der anderen

(Buchbesprechungen)

Einige Bücher zum Thema bieten teilweise recht interessante Vorschläge. Deshalb halten wir die Buchbesprechungen in der Form von Zitaten bzw. Zusammenfassungen, durch die man sowohl Stil als auch Qualität der gegebenen Tips beurteilen kann. Es schadet bestimmt nicht, sich noch ein oder zwei weitere Bücher zum Thema zuzulegen.

Schach dem Schuldner

von Meyer/McCormic: Interbook Verlagsunion, Anguilla, Bezugsquelle unbekannt, wahrscheinlich vergriffen. Auszüge:

Das Schuldenverzögern wird als Schachspiel definiert. Das Spiel besteht darin, das Ende des Spiels um viele, viele Jahre herauszuzögern. "Da Sie um Zeit spielen, müssen Sie so langsam wie möglich spielen. Beantworten Sie niemals einen Brief sofort, wenn dies Zeit bis zum nächsten Monat hat. Geben Sie niemals eine klare Antwort auf eine Frage, da eine abwegige Halbantwort den Gegner dazu zwingt, Ihnen wieder zu schreiben. Seien Sie abwegig, zweideutig, ungenau." Telefonische Unerreichbarkeit schützt vor frühzeitiger Klarstellung. Wer dennoch telefonisch erreicht wird, möge auf "Anraten des Rechtsanwalts" sich nicht zur Sache äußern.

Schuldenverzögerer sollten sich immer höflich und freundlich benehmen. Beleidigungen sollten dem Gegner überlassen werden. Lügenerzählen ist kein Verbrechen als solches, ist also nicht kriminell, es sei denn, man erschwindelt sich damit gleichzeitig einen Kredit. Auch ein Eid verpflichtet niemanden, offen zu sein, sondern lediglich ehrlich auf vorgegebene Fragen zu antworten.

Der Schuldner soll auf jeden Brief, den er erhält, reagieren (zwischendurch ist natürlich mal einer nicht angekommen). Die Reaktion kann aus einer Kombination von Ableugnen, Verwirren, Versprechungen und Teilzahlungen bestehen. Verwirrung stiftet man z.B. mit Gegenforderungen, die von vor drei Jahren herrühren und eventuell gar nicht bestehen. Wenn ihm etwas versprochen wird, wird der Gläubiger sich Spekulationen hingeben. Und Spekulationen kosten Zeit. Auch Verzögerungen von winzigen Teilzahlungsbeträgen bringen dem Schuldner Zeit und kosten den Gläubiger Nerven, wobei er sich immer wieder überlegt, ob er denn den Fall überhaupt weiter verfolgen soll.

Das Verwirren mit Vorgängen, die Jahre zurückliegen, bringt vor allem bei Großunternehmen, die erst mühsam in Akten nachsehen müssen, wertvollen Zeitgewinn. Oder eine Übereinkunft mit einem nicht existierenden Adam Müller im Großunternehmen wird angeführt. Nach zwei Monaten gibt der Schuldner zu, etwas verwechselt zu haben. Computerisierte Verwaltungsmaschinerien sind auf derartigen Humbug einfach nicht vorbereitet. Verwirrung stiftet auch ein Scheck über DM 218,- in Ziffern und DM zweihundertachtzig in Worten. Die Schuldnerakte im Unternehmen kommt damit immer wieder in andere Abteilungen, und das bringt Zeit. Natürlich entschuldigt sich der Schuldner nach sechs Wochen für sein Versehen und vergißt vielleicht, den neuen Scheck zu unterschreiben.

Schreiben von Anwälten sollten nicht ignoriert werden. "Durchlaufen Sie dabei nochmals die Ihnen so vertrauten Schachzüge des Ableugnens, des Verwirrens, des Versprechens und der Teilzahlung." Der Anwalt wird dann jeweils seinen Klienten konsultieren. Wird der Anwalt gefragt, ob der Anspruch nicht in Widerspruch stände mit der Entscheidung XY des OLG Hamm, dann wird dieser erst Zeit benötigen, um festzustellen, daß dieses Urteil entweder gar nicht existiert oder nichts mit dem Fall zu tun hat. Zeit ist alles.

Wer unbekannt verzieht, riskiert die öffentliche Zustellung. Wer aber mit neuer, ausländischer Adresse verzieht, ist besser dran. Denn im Ausland können Zustellungen nur problematisch vorgenommen werden, und viele Anwälte raten den Gläubigern in diesem Fall, auf das Geld zu verzichten. So ist nach einem Urteil des Landgerichts Frankfurt (2/24 S 49/70 vom 14.06.1976) die Zustellung durch die Post im Ausland nicht ordnungsgemäß, sondern hätte auf diplomatischem Weg vorgenommen werden müssen.

Im Zivilprozeß hat der Beklagte das Recht, Aufklärung über alle Einzelheiten seines Falles zu erhalten. Ohne ausreichende Antwort kann man beim Gericht Beweisantrag auf Einzelheiten stellen und Beschwerde gegen das Gericht erheben, wenn es den Beweisantrag verwirft. Und wer Zeit fordert, seine Verteidigung auszuarbeiten, nachdem die Einzelheiten geliefert worden sind, handelt nur vernünftig. Im Idealfall kann man so über ein Jahr Zeit gewinnen.

"Bedenken Sie jedoch, daß jeder Schriftsatz zu Ihrer Verteidigung eine schriftliche Eideserklärung darstellt. Und Sie darauf vielleicht später einmal schwören müssen. Wie phantastisch auch Ihre Verteidigungsvorschläge sein mögen, versuchen Sie wenigstens, sich an wahre Tatsachen zu halten. Aber wenn Sie mündlich eine Lüge anbringen, ist das Risiko wesentlich geringer. Nehmen wir also an, Sie haben geschworen, vor vier Jahren zufällig Ihren Gläubiger getroffen und ihm dabei die Schuld in bar bezahlt zu haben. Dieser wird es – natürlich – abstreiten, und das Gericht wird es ihm auch glauben. Und Sie werden Ihren Fall verloren haben. Aber es ist ein weiter Weg von dieser Situation aus bis zu Ihrer Überführung wegen eines Meineides. Um Sie wegen eines Meineides zu überführen, muß Ihr Gläubiger einen Beweis erbringen, der sehr schwer zu finden ist. Ein Zivilgericht entscheidet lediglich, wer von Ihnen wohl eher die Wahrheit sagt."

Gegenansprüche zwecks Aufrechnung können sehr interessant sein. Wie wär's mit einer Aufrechnung wegen mündlicher oder schriftlicher Verleumdung? Wenn die Behauptungen Dritten mitgeteilt werden, berechtigt das zu Schadenersatzforderungen, und das zur Aufrechnung. Oft auch dann, wenn nur die Wahrheit ausgesprochen wurde.

Alle gegnerischen Dokumente und Anspruchsschreiben sollte der Schuldner peinlichst genau überprüfen. Formfehler und kleine Ungereimtheiten können ganz erheblichen Zeitaufschub bedeuten. Mitunter sollte man sich mit der Aufklärung bis zu einer Gerichtsverhandlung Zeit lassen. Vielleicht muß der Gläubiger dann alles von vorne beginnen, und vielleicht spielen dann auch schon Verjährungsfragen eine Rolle. Zeitaufschub bringt auch plötzliche Krankheit vor dem Gerichtstermin.

Verdammte Schulden

von Stefanie Holzmann, Verlag für Grundlagenwissen, Wemding, ca. DM 20,-, eventuell vergriffen. Auf 220 Seiten im Taschenbuchformat werden die einzelnen Stationen der Schuldenbehandlung sehr ausführlich, klar und verständlich ausgeführt.

So wird darauf aufmerksam gemacht, daß Päckchen immer mal wieder verschwinden. War in dem Päckchen der Gegenstand eines Kaufvertrages, so muß er von der Lieferfirma nochmals verschickt werden, wenn diese dafür Geld bekommen will. Wer dies unwahr behauptet, macht sich allerdings eines wohl nicht nachweisbaren Betruges schuldig und wird in Zukunft bei der Versandfirma mit Negativmerkmal geführt werden. Beim Öffnen von Paketen sollte man immer einen Zeugen dabei haben, um die Beschädigung des Inhalts nachweisen zu können.

Rechtsanwälte und Inkasso-Unternehmen sind oft relativ leicht durch eine Anzahlung (in Höhe ihrer Kosten) zu beruhigen, da ihre Kosten zuerst beglichen werden. Man kann die Hauptschuld inclusive Anwaltskosten auch ratenweise direkt an den Gläubiger zahlen. Durch diese häppchenweise Abtragung der Schuld braucht der Schuldner auch oft keine Zinsschulden zu tragen, da Gläubiger im Gegensatz zu Anwälten im Regelfall froh sind, überhaupt auf diese Weise ihr Geld bekommen zu haben. Lohnabtretungserklärungen sollten aufgrund der negativen Auswirkungen im Betrieb möglichst vermieden werden.

Widerspruch gegen Mahnbescheide bringt dem Schuldner eines mit Sicherheit: Zeitgewinn. Und kostet nicht viel, wenn man seinen Widerspruch eine Woche vor dem Gerichtstermin zurückzieht.

Ein Mieter muß schon mit zwei aufeinanderfolgenden Mietzahlungen in Verzug sein, bevor der Vertrag fristlos gekündigt werden kann. Auch dann kann man noch getrost die Räumungsklage abwarten. Wenn jetzt die rückständige Summe binnen vier Wochen gezahlt wird, ist die fristlose Kündigung hinfällig. Wenn jetzt fristgemäß gekündigt wird, kann sich der Mieter neben eventuell anderen Erwiderungsgründen auch auf die sogenannte Sozialklausel des § 556 BGB berufen: "Der Mieter kann der Kündigung eines Mietverhältnisses über Wohnraum widersprechen und vom Vermieter die Fortsetzung des Mietverhältnisses verlangen, wenn die vertragsmäßige Beendigung des Mietverhältnisses für den Mieter oder seine Familie eine Härte bedeuten würde, die auch unter Würdigung der berechtigten Interessen des Vermieters nicht zu rechtfertigen ist. Eine Härte liegt auch vor, wenn angemessener Ersatzwohnraum zu zumutbaren Bedingungen nicht beschafft werden kann. Bei der Würdigung der berechtigten Interessen des Vermieters werden nur die in dem Kündigungsschreiben nach § 564a Abs. 1 Satz 2 angegebenen Gründe berücksichtigt, soweit die Gründe nicht nachträglich entstanden sind." Dieser Widerspruch gegen die Kündigung sollte per Einschreiben mit Rückschein an den Vermieter gesandt werden, damit später nicht Aussage gegen Aussage steht. Das Nennen von Gründen wäre ganz sinnvoll.

"Allerdings gibt es noch eine andere Möglichkeit: Wurde die Miete nicht bezahlt, das Mietverhältnis fristlos gekündigt und eine Räumungsklage angestrengt, so kann der Mieter dennoch kommentarlos wohnen bleiben. Erfährt dies der Vermieter, so kann er zwar versuchen, die Wohnung räumen zu lassen, stößt jedoch auf ZPO § 721: Wird auf Räumung von Wohnraum erkannt, so kann das Gericht auf Antrag oder von Amts wegen dem Schuldner eine den Umständen nach angemessene Räumungsfrist gewähren. Der Antrag ist vor dem Schluß der mündlichen Verhandlung zu stellen, auf die das Urteil ergeht. Ist der Antrag bei der Entscheidung übergangen, so gilt § 321; bis zur Entscheidung kann das Gericht auf Antrag die Zwangsvollstreckung wegen des Räumungsanspruchs einstweilen einstellen." Als Mietschuldner sollte man also auf jeden Fall den Verhandlungstermin wahrnehmen und mündlich den formlosen Antrag stellen. Schließlich kann das eine "Mietverlängerung" um ein Jahr bedeuten.

Trick-Kiste für Schuldner und Gläubiger

Von Theo Drewes, 189 Seiten, Verlag Heinz Wolf, Karlsruhe, Mosbacher Str. 3, DM 48,- Vorkasse. Das Buch eignet sich für jeden, der die Thematik noch einfacher und verständlicher dargelegt haben will. Viele Beispiele und Muster machen es auch für absolute juristische Laien leicht lesbar. Im folgenden einige Auszüge:

Pfändung und Abtretung

Wenn der Schuldner sein Gehalt oder Lohn abgetreten hat, dann gehört dieser Anspruch nicht mehr zu seinem Vermögen. Die Gläubiger können deshalb nicht mehr in das Gehalt/Lohn hineinpfänden. Bei der Teilabtretung können die Gläubiger in den Teil des Lohnes hineinpfänden, der nicht abgetreten ist. Es kommt relativ häufig vor, daß der Schuldner zur Deckung von Kreditverpflichtungen z.B. einen Betrag von monatlich DM 100,- von seinem Lohn oder Gehalt an einen privaten Gläubiger abtritt. Der übrige Teil des Lohnes wäre dann für die Pfandgläubiger frei, soweit er nicht unpfändbar ist.

Eine solche Abtretung wirkt auch dann, wenn sie dem Arbeitgeber erst nach der Pfändung bekannt wird, sogenannte stille Zession. Der Abtretungsgläubiger muß, wenn er seine Rechte aus der Abtretung geltend machen will, dies dem Arbeitgeber anzeigen. Allerdings führt eine solche späte Anzeige oft zu Mißtrauen beim Pfändungsgläubiger. Der Pfändungsgläubiger wird versuchen nachzuweisen, daß die Abtretungsvereinbarung erst später getroffen worden sei. Dies wäre dann ein Betrug. Wenn Sie als Schuldner befürchten, daß Ihr Gehalt oder Lohn eines Tages gepfändet werden könnte, dann schließen Sie rechtzeitig einen Abtretungsvertrag etwa folgenden Inhalts ab:

Abtretungsvertag

Zwischen Herrn Theo Schulze, ... und Frau Helma Schulze, geb. Krause, ...

Hiermit erkläre ich, der unterzeichnende Fritz Schulze, daß mir meine Mutter wegen meiner schwierigen finanziellen Lage DM 10.000,- am... geborgt hat. Ich habe mich verpflichtet, diese Schuld in monatlichen Raten von DM 500,- abzutragen. In Erfüllung dieser Schuldverpflichtung trete

ich hiermit meiner Mutter von dem pfändbaren Teil meines Arbeitseinkommens einen monatlichen Betrag von DM 500,- ab.
Sollte der pfändbare Betrag meines Arbeitseinkommens DM 500,- nicht erreichen, wird ausdrücklich nur der pfändbare Teil dieses Arbeitseinkommens abgetreten.
Ich arbeite zur Zeit bei der Firma Vielkauf in Korschenbroich. Sollte ich meine Arbeitsstelle wechseln, wird auch der pfändbare Teil des Arbeitseinkommens gegen den neuen Arbeitgeber hiermit abgetreten. Meine Mutter ist jederzeit berechtigt, diese Abtretung dem Arbeitgeber anzuzeigen.

Erklärung der Mutter: Ich, die unterzeichnende Frau Helma Schulze erkläre hiermit, daß ich diese Abtretungserklärung annehme.

Datum

Unterschrift Unterschrift

Verschleiertes Arbeitseinkommen

Verständlicherweise versucht ein Schuldner, dem eine Pfändung des Arbeitseinkommens droht, irgendwie zu tricksen. Ein alter Trick ist es, daß sich der Schuldner keinen oder nur einen geringen Lohn von seinem Arbeitgeber auszahlen läßt. Stattdessen sorgt er aber dafür, daß ein ihm nahestehender Dritter, z.B. seine Ehefrau ein angemessenes höheres Gehalt bekommt. Für solche Fälle sieht der Gesetzgeber nach § 850 h Abs.1 ZPO vor, daß der Anspruch des Drittberechtigten gepfändet werden kann. Der Gläubiger muß aber diese Schiebung erst einmal nachweisen. Dies wird ihm unter Umständen schwerfallen. Oder der Schuldner, der voll arbeitet, läßt sich nur ein ganz geringes oder gar kein Gehalt auszahlen. Die übliche Form ist es z.B. daß der Vater in seinem Betrieb seinen hochverschuldeten Sohn "für ein Taschengeld" arbeiten läßt.
Die häufigste Anwendungsform dieses Tricks ist, daß der verschuldete Mann im Geschäft der Ehefrau arbeitet. In diesem Fall kann das sogenannte verschleierte Arbeitseinkommen gepfändet werden, aber auch das muß der Gläubiger zunächst einmal nachweisen.
In diesen Zusammenhang gehört auch der schon im Kapitel "unpfändbare und bedingt pfändbare Bezüge" erwähnte Trick "niedriges Gehalt, hohe Spesen".

Zwangsversteigerung

Wenn es soweit gekommen ist, dann ist für den Schuldner die Lage wirklich ernst, aber keineswegs hoffnungslos. Die Zwangsversteigerungsverfahren dauern heutzutage nämlich sehr lange. Sie können davon ausgehen, daß die Zwangsversteigerung eines Einfamilienhauses heute mindestens ein Jahr dauert. Wenn Sie sich darum bemühen, das Verfahren zu verzögern, dann dauert es zwei, drei Jahre oder noch länger. Bei Fabrikgrundstücken oder solchen Grundstücken, für die nur ein kleiner Käuferpreis in Betracht kommt, dauert es in der Regel viele Jahre. Oft endet das Verfahren ohne Versteigerung des Objektes, weil sich kein Bieter findet. In dieser langen Zeitspanne muß der Schuldner versuchen, sein Haus zu retten. Dabei kommt zugunsten des Schuldners noch folgendes hinzu:

Das Verfahren kostet den Gläubiger zunächst eine Menge Geld und er muß warten, bis die Versteigerung durchgeführt ist. Da kein Gläubiger gern wartet und zusätzliche Gelder in diese langdauernden Zwangsversteigerungsverfahren hineinsteckt, werden Sie als Schuldner viele Gläubiger vergleichsbereit finden. Im übrigen müssen Sie die Zeit bis zum Zuschlag ausnutzen, um entweder Ihr Haus freihändig zu verkaufen oder die zur Befriedigung der Gläubiger erforderlichen Geldmittel auftreiben.

Schach dem Schuldner

von Wolfgang Rogalla. 151 Seiten, Köln 1984.
Ebert Verlag, Hagedornstr. 28, 5000 Köln 80, DM 50,- Vorkasse. Sehr fundierte Gesamtdarstellung der Möglichkeiten aus der Sicht des Gläubigers. Ein vielen Gläubigern unbekanntes und doch sehr wirkungsvolles Instrument stellt der Konkursantrag dar. Dazu auszugsweise Richter am Landgericht Wolfgang Rogalla:

Keine andere Vollstreckungsmaßnahme hat eine solch gewaltige Wirkung auf den Schuldner wie gerade ein Konkursantrag. Leider wissen das nur die allerwenigsten Gläubiger. Wer aber zu diesem Mittel einmal mit Erfolg gegriffen hat, kennt seine Wirkung und wird es immer wieder anwenden. Diese Vollstreckungsmaßnahme eignet sich insbesondere sehr gut bei der Durchsetzung von Ansprüchen gegen natürliche Personen und weniger gegen Handelsgesellschaften.

Voraussetzungen für den Konkursantrag: Während bei den bislang aufgezeigten Vollstreckungsmaßnahmen stets ein Vollstreckungstitel vorliegen mußte, genügt es für den Konkursantrag eines Gläubigers, daß er seine Forderung und die Zahlungsfähigkeit des Schuldners glaubhaft macht (§ 105 KO).

In der Regel besitzt der Gläubiger einen Vollstreckungstitel und das Protokoll über eine fruchtlose Pfändung. Es gnügt aber auch ein protestierter Wechsel. Aus dem Wechsel ergibt sich die Glaubhaftmachung der Forderung und aus der Protesturkunde die Glaubhaftmachung der Zahlungsfähigkeit des Schuldners. Das gleiche gilt für einen nicht eingelösten Scheck. Nur reicht hierfür als Mittel der Glaubhaftmachung für die Zahlungsfähigkeit der Vermerk "vorgelegt und nicht bezahlt" nicht aus. Die bezogene Bank muß vielmehr bescheinigen, daß der Scheck "mangels Deckung" nicht eingelöst worden ist.

Form des Antrags: Der Antrag ist schriftlich in zwei Ausfertigungen an das zuständige Amtsgericht zu richten. Er muß enthalten: vollständige Namen und Anschriften von Gläubiger und Schuldner, Benennung der Forderung des Gläubigers nach Grund und Höhe, wobei Hauptforderung, Zinsen und Kosten zweckmäßig getrennt aufzuführen sind, Angaben zur Zahlungsunfähigkeit des Schuldners. Die der Glaubhaftmachung dienenden Unterlagen (Vollstreckungstitel, Protokoll des Gerichtsvollziehers, Wechsel, Scheck) sind dem Antrag im Original beizufügen.

Nach Eingang des Konkursantrags nimmt der Richter dessen Prüfung vor. Hat der Gläubiger alle Voraussetzungen erfüllt, ordnet der Richter die Anhörung des Schuldners an. Zu diesem Zweck beraumt er einen Termin an und lädt dazu den Schuldner unter Übersendung einer Abschrift des Konkursantrages. Der Schuldner muß nun wissen, was auf ihn zukommt, und sich entsprechend einrichten. Von dem Termin erhält der Gläubiger ebenfalls eine Nachricht, weil auch er daran teilnehmen darf. Antrag und Ladung werden dem Schuldner mit der Zustellurkunde förmlich zugestellt. Die Wirkung auf den Schuldner ist manchmal – aber nur manchmal – dermaßen stark, daß er noch vor dem Termin die gesamte Forderung des Gläubigers begleicht.

Anhörung des Schuldners: Normalerweise erscheint der Schuldner im Anhörungstermin. Beim Gläubiger ist das selten. In diesem Anhörungstermin ist es schon vorgekommen, daß der Schuldner zahlen wollte. In der Regel aber erklärt er, keine Einwendungen gegen die Fordrung des Gläubigers erhaben zu wollen, bittet aber um Ratenzahlung. Damit ist in der Regel zu rechnen. Der Richter wird diesem Erbieten des Schuldners meist stattgeben.

Für die Bemessung der Raten sind etwa die Grundsätze maßgebend, die für die Bewilligung von Ratenzahlung nach erfolgter Pfändung maßgebend sind, nämlich nach einem Jahr soll alles bezahlt sein. Eine Monatsrate wäre also auf ein Zehntel der Hauptforderung festzusetzen, so daß die 11. und 12. Raten auf Zinsen und Kosten zu verrechnen sind. Der Schuldner wird in jedem Falle darauf eingehen und ist gewöhnlich auch bemüht, dieser Verpflichtung nachzukommen. Der Gläubiger wird nach Eingang der zweiten Rate den Antrag zurücknehmen und die geleisteten Zahlungen nach § 367 BGB zunächst auf die Kosten verrechnen. Sollte der Schuldner seine Ratenzahlung grundlos einstellen, so hat der Gläubiger das Recht, einen neuen Konkursantrag zu stellen.

Ausbleiben des Schuldners im Termin: Manchmal – allerdings ganz selten – erscheint der Schuldner im Termin nicht und entschuldigt sich auch nicht (z.B. wegen Krankheit). Dann werden gegen ihn gemäß § 106 KO Zwangs- und Sicherungsmaßnahmen angeordnet. Es erfolgt die Vorführung des Schuldners durch einen Gerichtsvollzieher zu einem neuen Termin. Gleichzeitig wird ein allgemeines Veräußerungsverbot gegen den Schuldner erlassen. Dieses Veräußerungsverbot wird dann nicht nur in den amtlichen Blättern, sondern auch in den örtlichen Tageszeitungen veröffentlicht.

Wirkung: Das in der örtlichen Presse veröffentlichte Veräußerungsverbot hat eine verheerende Wirkung, denn es nennt den Namen dessen, der in Konkurs gegangen ist, wodurch sich vor allem auch Angehörige (Eltern, Kinder, ...) in ihrer Ehre verletzt fühlen. ...

Unzulässig ist ein Konkursantrag, wenn ein Gläubiger in der Lage ist, sich auf andere Art Befriedigung zu verschaffen. Das würde z.B. dann gegeben sein, wenn ein erstrangiger Grundpfandrechtgläubiger bei Nichtzahlung der Zinsen einen Konkursantrag stellen würde, obwohl er in der Lage wäre, durch Zwangsversteigerung des von ihm belasteten Grundstücks sein Recht zu erlangen. Gleiches gilt, wenn der Gläubiger durch Forderungsabtretungen und Sicherungsübereigungen, die ohne weiteres zu verwerten sind, bestens abgesichert ist.

Es gilt die einhellige Meinung, daß für einen Konkursantrag lediglich als Druckmittel zu Ratenzahlungen des Rechtsschutzbedürfnis fehlt. Der Gläubiger darf also niemals in seinem Antrag zum Ausdruck bringen, daß er mit Ratenzahlungen einverstanden ist. Nun wird man sich fragen, weshalb dennoch dem Schuldner Ratenzahlungen zugebilligt werden: Der Gläubiger legt die Voraussetzungen für eine Eröffnung des Konkursverfahrens dar. Der Schuldner wiederum bietet Ratenzahlungen an. Un nun hat das Gericht soziale Gesichtspunkte zu berücksichtigen. Es muß Gläubiger- und Schuldnerinteressen gegeneinander abwägen. Wenn dann die Wahrscheinlichkeit gegeben ist, daß der Gläubiger innerhalb eines Jahres zu seinem Geld kommt, muß er das hinnehmen. Auf der anderen Seite würde die Eröffnung des Konkursverfahrens für den Schuldner den völligen Ruin bedeuten. Auch darf niemals außer acht gelassen werden, daß Arbeitsplätze in Gefahr kommen und vernichtet werden können. Diese Interessenabwägung führt dann zu dieser Ratenzahlungsbefugnis. Hier kommt der Grundgedanke des § 765a ZPO zum Ausdruck, daß das Gericht eine Zwangsvollstreckungsmaßnahme ganz oder teilweise aufheben, untersagen oder einstweilen einstellen kann, "wenn die Maßnahme unter voller Würdigung des Schutzbedürfnisses des Gläubigers wegen ganz besonderer Umstände eine Härte bedeutet, die mit den guten Sitten nicht vereinbar ist". ...

Selbsthilfe bei Zwangsvollstreckung

United Business Publications, London, evtl. vergriffen. Auszüge:

Was Sie als Schuldner niemals tun dürfen:
Ihre Wut sollten Sie niemals an Ihrer Familie auslassen. Reden Sie offen über Ihre Probleme, bleiben Sie sachlich.
Greifen Sie niemals Ihre Gläubiger an, schon gar nicht mit Beschimpfungen! Gehen Sie freundlich mit ihnen um, es wird sich auszahlen.
Keine Flucht in den Alkohol! Das hilft nicht.
Machen Sie sich keine Selbstvorwürfe! Bekämpfen Sie Resignation. Stellen Sie sich Ihren Problemen.
Gehen Sie niemals zu den sogenannten Kredithaien!

Mit einigen Tricks erreichen Sie, daß Ihr Gläubiger am Ende froh ist, wenn er überhaupt noch was von seinem Geld sieht. Sie sollten sich immer zahlungswillig zeigen. Auch wenn Sie aufgrund der Umstände jetzt völlig pleite sind. Als Druckmittel erstatten manche Gläubiger sogar Strafanzeigen, meist ohne den erwünschten Erfolg. Zeigen Sie sich trotzdfem freundlich und zahlungsbereit.

Verzögern Sie die Zahlung über Monate! Mahnen Sie die aus der Rechnung resultierende Leistung, Sache oder ähnliches an, oder auch vorhandene Sachmängel! Sie können die Bezahlung der Rechnung oder eines Teilbetrags zurückweisen, bevor nicht die Ware ausgetauscht, nachgebessert, im Preis reduziert oder sogar zurückgenommen wird. § 273 BGB regelt das Zurückhaltungsrecht und § 320 BGB die Einrede des nicht erfüllten Vertrages. Dabei sollte man eine Frist zur Erfüllung setzen – am besten per Einschreiben. Diese Leistungsverweigerung kann dann geltend gemacht werden, wenn nicht unwesentlichen Teile der Leistung /Lieferung zu bemängeln sind.

Mögliche Frage der Gegenseite: Bitte stellen Sie die Mängel dar o.ä.! Prüfen Sie die Maße und die Verarbeitung. Übrigens: der Verarbeitungstrick ist meist unangreifbar... Fast jedes Teil hat irgendwelche Mängel aufzuweisen. Anhand dieses Kritisierverfahrens werden Sie fast immer Erfolge erzielen. Oft braucht man allein zum Aushandeln der Sache Monate, und oft gewinnen Sie schon allein durch die Ungeduld Ihrer Kontrahenten..

Das Wo-bleibt-die-Rechnung?-Spiel: Manche Schuldner haben Rechnungen, die sie nicht per Einschreiben o.ä. erhalten haben, angeblich nie bekommen. Sie gewinnen dadurch mitunter Monate.

Das Mahnungsverwirrspiel: Wer auf Mahnungen schreibt "Bereits überwiesen – bitte überprüfen Sie Ihre Buchhaltung!" wird ebenfalls Zeitgewinn verbuchen. Denn das Überprüfen sämtlicher Konten kostet den Gegner auf jeden Fall Zeit.

Zu Ratenzahlungen sind sowohl Anwälte als auch Inkassobüros meist bereit. Verhandeln Sie also dementsprechend. Auch wenn Sie die Rate nicht einhalten können. Auch Banken werden fast niemals einem potentiellen Kunden einen Zahlungsaufschub verwehren. Hinhaltetaktik: Bieten Sie von sich aus eine Ratenzahlung ab in 1-3 Monaten an Mit Sicherheit wird die Bank gegen diesen Vorschlag keine Einwände haben.

Seien Sie niemals allzu ehrlich! Auch bei einem Riesenberg an Schulden brauchen Sie ein sorgenfreies Gesicht und selbstverständlich eine gesunde Portion Optimismus! Strahlen Sie das Gefühl aus: Ich werde es schon schaffen. Kommen Sie aber blaß mit angstvollem Ausdruck in den Augen zu Ihrer Bank, wird man skeptisch und überlegt, ob eine sofortige Maßnahme nicht doch mehr Erfolg bringen kann.

Sie sind zu einer vernünftigen Regelung bereit, aber nicht gewillt, sich schikanieren zu lassen. Zeigen Sie sich notfalls auch stur! Gehen Sie, wenn es nicht anders geht. Ein vernünftiger Bankier wird Sie aufhalten. Aus einem Schuldner wird ein Herr Schuldner!

Geben Sie sich niemals nur mit dem Sachbearbeiter einer Bank zufrieden, verlangen Sie den Chef! Notfalls sollten Sie lieber auf das Gespräch verzichten. Ein Vorteil mündlicher Besprechungen: Später kann nichts gegen Sie verwendet werden. Ein Gespräch von Mensch zu Mensch ist oft der beste Weg. Mischen Sie Menschlichkeit und Härte sowie eiserne Entschlossenheit!

Schecks: Stellen Sie niemals ungedeckte Schecks aus oder akzeptieren Sie einen Wechsel, wenn Sie genau wissen, daß Sie nicht zahlen können. Seien Sie lieber ehrlich, sagen Sie, daß Sie zur Zeit nicht zahlen können. Wenn das nicht hilft, warten Sie die Zustellung des Mahnbescheides ab, denn dem können Sie immer noch widersprechen. Die Zahlung mit ungedeckten Papieren bringt Sie in größte (strafrechtliche) Schwierigkeiten. Bei geplatzten Schecks müssen Sie zumindest erwartet haben, Ihr Konto wäre zum Zeitpunkt der Vorlage gedeckt.

Mahnbescheidtaktikspiel: S.M. aus München erhielt einen Mahnbescheid. Er legte Widerspruch ein und zahlte am gleichen Tag noch DM 70,- auf das Konto des Gläubigers. Als Vermerk brachte er an: 1. Zahlung auf die Gesamtforderung. Es vergingen Monate! Zum einen wußte der Gläubiger nicht recht, was er denn nun machen sollte, zum anderen dauert es halt ein wenig, bis das Gericht den Gläubiger vom Widerspruch benachrichtigt. S.M. hatte Ruhe. Vor dem Gläubiger und dem Gericht.

Zwei Möglichkeiten gab es nun: Entweder den Gläubiger um Zahlungsaufschub bitten oder aber in Ruhe abwarten. Er wartete und erhielt nach längerer Zeit einen berichtigten Mahnbescheid. Genau an diesem Tag machte sich S.M. auf den Weg zur Bank und überwies DM 140,- mit dem Vermerk: 2. Zahlung auf die Gesamtforderung. Für den erhaltenen Mahnbescheid legte er Widerspruch ein: "Die Höhe der Forderung stimmt nicht!" Es vergingen wieder Monate. ...

Braucht der Schuldner einen Anwalt? Meist nicht. Doch ist es anzuraten bei großen bzw. aufwendigen Insolvenzverfahren, Prozessen, die aus dem Straf-, Wirtschafts-, Steuer- und dem Konkursrecht kommen.

Nur die, die etwas versuchen, können auch etwas erreichen!
Wenn jemand nichts versucht, was will er dann erreichen?

Schulden machen, aber richtig

Von Frank Bieber. Eichborn Verlag, Frankfurt. 170 Seiten. DM 20,- Humorvoll und doch recht kreativ geschriebener Ratgeber mit vielen Beispielen. Vor allem die ca.. 20 sehr ausführlichen Beispiele aus der Großfinanz machen das Buch zu einer Art "Wenn schon Schulden, dann Millionen". Im folgenden einige Auszüge:

Kosten-Nutzen-Analyse: Je 100 000 veruntreuten, ertrogenen Deutschen Mark darf man mit einem Jahr Knast rechnen. Drunter ist bei Ersttätern auch Bewährung möglich, bei mehr gibt's Rabatt. Oder wie Brecht in der Dreigroschenoper schon singen läßt:"Was ist der Einbruch in eine Bank gegen die Gründung einer Bank."

Also billiger als bei der Bank bekommst Du in unserem Gewerbe nur noch Geld, wenn es Dir gelingt, einen sittenwidrigen Kreditvertrag abzuschließen. Sittenwidrig ist ein Kreditvertrag im wesentlichen dann, wenn er drei Merkmale erfüllt:

- der effektive Jahreszins ist mehr als doppelt so teuer wie bei anderen Banken;
- drückende Bestimmungen im Kleingedruckten (AGB-Klauseln), die den Schuldner benachteiligen;
- Ausnutzung der wirtschaftlichen Schwäche der Kreditnehmer.

Zum ersten Merkmal: Einen Kreditvermittler suchen, dessen effektiver Jahreszins inclusive Vermittlergebühren und Nebenkosten sichtlich um das Doppelte höher ist als der Schwerpunktzins der Deutschen Bundesbank. Dann auch wirklich brav zurückzahlen, was man geliehen hat, aber ohne Zinsen. Nur den Betrag. Die sogenannte "Hauptsache". Dann einen Anwalt nehmen. Besser schon vorher. Vor Gericht wird der Kreditvertrag als sittenwidrig anerkannt, wenn es dem Anwalt gelingt, auch die Punkte 2 und 3 glaubhaft zu machen. Der Vertrag wäre demnach nichtig. Das gelingt immerhin in 75% der Fälle. D.h. es müssen nur die vier Prozent gesetzliche Zinsen zusätzlich zur Hauptsache gezahlt werden. Gerichtskosten zahlt der Wucherer. Bei Privatpersonen ist der Gerichtsstand der Wohnsitz des Schuldners.

... war auf Ingeborgs Namen eingetragen, die das Häuschen gleich über eine Freundin mit einer 440 000-DM-Hypothek belastete und damit dem Zugriff anderer Gläubiger entzog. ...

Die Bank fragt die Schutzgemeinschaft für allgemeine Kreditsicherung (Schufa). 13 regionale Schufa-Gesellschaften gibt es in der BRD. Die jeweils zuständige örtliche Schufa verarbeitet aber nur die Daten der anderen örtlichen Schufa-Mitglieder. Wenn du bei einer Bank in Berlin einen Kredit beantragt hast, müßte sie eine überregionale Anfrage in jeder einzelnen Schufa starten. Das geschieht seltener, als vielleicht angenommen wird. Diese überregionalen Anfragen betragen nur 1/4 des gesamten Auskunftvolumens, nämlich knapp 7 von 27 Millionen Anfragen im Jahr. Man muß es versuchen! Die Praxis zeigt, daß man sehr wohl hochverschuldet sein kann und doch noch einen Kredit bekommt – in einem anderen Schufa-Gebiet. Es hängt immer von der Cleverneß der Gläubiger ab und von dem guten Eindruck, ob über die Regelanfrage bei der örtlichen Schufa hinausgegangen wird. Ohne irgendeinen Anlaß wird das kaum geschehen. ...

Ganz anders macht es Hans. Er verkauft alle pfändbaren Gegenstände an Marlene. Da kommt für so eine gesamte Wohnungseinrichtung schon einiges zusammen. Das steht alles in einem ordnungsgemäßen Vertrag. Diesen Vertrag legt Hans Hempel dem Gerichtsvollzieher vor. Voraussetzung ist allerdings, daß Marlene den Kaufpreis auch tatsächlich bezahlt hat. Spätestens vor der Offenbarungsversicherung. Dort müßte Hans sonst sagen, daß er gegen Marlene noch eine Forderung offen hat; und schon würde man bei Marlene zufassen. ...

Nicht einfach seine Sachen bei Freunden unterstellen oder proforma "verschenken". Spätestens bei der Offenbarungsversicherung muß man sagen, wo die Klamotten stehen. Und verschenken – das muß spätestens ein Jahr vor dem OV-Termin passiert sein. Also – verkaufen ist immer noch eine saubere Lösung: wenn man kann. Und dann – vorsichtig verfressen, in Unpfändbares umsetzen oder Investitionen tätigen. ...

Ganz nebenbei (und daher gefährlich) fragt der Gerichtsvollzieher nach dem Arbeitgeber, worauf Alois nicht antwortet. Er muß nämlich nicht. Nicht antworten und Lügen ist erst beim Offenbarungseid strafbar. Vorher ist Lügen menschlich. ...

Besonders beeindruckend machte es Theo Wildbach Er war vor Jahren einmal einem Betrüger aufgesessen, der ihm für DM 50.000 ein Gemälde Holländischer Schule (1620) verkauft hatte, mit Expertise natürlich, in der der Kaufpreis auch wirklich ausgewiesen war. Als 1978 der Gerichtsvollzieher kam, stürzte er sich geiergleich auf das wertvolle

Gemälde und versuchte es zu versteigern. Den Zuschlag hätte das Gericht aber nur erteilen dürfen, wenn mindestens DM 25.000 geboten worden wären (§ 817 a ZPO). Ein solcher Dummer fand sich nicht und also schrieb das Gericht dem Gläubiger: Entweder du kaufst das Bild selbst für 25.000 oder du zahlst die Lagerkosten, oder du hebst die Pfändung auf. Das tat der schlaue Gläubiger. Schuldner Wildbach zog um mit seinem Gemälde und freute sich auf den nächsten Gerichtsvollzieher.

Laßt Freunde mitsteigern. Sie erwerben preiswert das geliebte Ölbild und hängen es Vater Alois wieder übers gewohnte Sofa. Damit ist es ein für allemal geschützt. Alois selbst kann natürlich nicht mitsteigern, denn dann würde ihm ja das Bild wieder gehören und könnte vom Gerichtsvollzieher auch wieder abgehängt werden.

... Der Rechtspfleger prüft zunächst, ob das Vermögensverzeichnis vollständig ausgefüllt ist. Da fehlt die Nummer des Versicherngsscheins der Lebensversicherung, oder das polizeiliche Kennzeichen des Privatwagens ist nicht erinnerlich (der Schuldner ist mit dem Taxi gekommen, alle Papiere liegen zu Hause). Ein Grundstück ist mit dem Straßennamen nur sehr ungefähr bezeichnet. Da müßte der gesamte Grundbucheintrag her. Den hat man ohnehin nicht bei sich. Und welcher Schuldner weiß schon die eigene Kontonummer? Auf dem Konto ist ja sowieso nie was drauf. Die fehlenden Daten müssen nun erst besorgt werden, der Termin ist also hinfällig. Bis zur nächsten Ladung vergehen selbstverständlich wieder mindestens vier Wochen. Diese Art Terminverschiebung kann auch ein zweites Mal geschehen (so schusselig können Schuldner sein!). Die Güte (oder Faulheit) des Vollstreckungsgerichts ist ohne Grenzen. ...

Im folgenden aus diesem Buch (Schulden machen – aber richtig!) ein paar Beispiele aus der Großfinanz. Von diesen wunderschönen "Anleitungen aus der Praxis" findet man in dem Werk eine ganze Menge. Wenn schon Schulden, dann muß es sich auch lohnen :

BERNIE HEMPEL PACKT AUS:

Interessant ist doch, daß die meisten Menschen Angst vor dem Ärger haben, wenn sie nicht zahlen können. Und wie man dann dasteht! Na bestens, denke ich. Je weiter man nach oben kommt, was die Verschuldung angeht, desto weniger braucht man sich Sorgen machen: Man ist ein angesehener Mann, und die Bank ist mit auf der Party. Also: Einen Banker ausreichend begeistern, möglichst große Summe leihen und zusehen, daß man selbst und das Geld in Sicherheit sind, wenn es zum Schwur kommt und die Bank Konkurs anmelden müßte, wenn nicht . . . Also das ist die Geschichte der renommierten Privatbank Schröder, Münchmeyer, Hengst & Co aus Frankfurt und wie sie von dem Baumaschinenhändler Esch um bare 1,2 Milliarden Mark erleichtert wurde.

Es war einmal ein pfiffiger Schlossersohn, der in den USA studiert hatte, überzeugend, energisch und 40 Jahre alt war. Der kaufte seit 1975 stets mit geliehenem Geld verschuldete Baumaschinenfirmen und hoffte, mit den Umsätzen von morgen die Kredite von gestern zu bezahlen. Aber die meisten reichen Länder hatten schon Häfen und Straßen, Wohnungen und Fabriken, und so verkaufte der weitreisende Mann allerlei Gerät in die armen Länder, denen wegen ihrer eigenen Schulden aber in diesen Jahren das Geld ausging. Je flacher der Boom, desto mehr Firmen kaufte der gelehrige Finanzmann, denn er wollte der Drittgrößte am Weltmarkt werden. Und so die Krise überstehen. Seine Mainzer Holding IBH, in die er auch Firmen wie Hanomag oder Zettelmeyer verschachtelte und alles mit der eigenen Finanzierungsgesellschaft Finzac verwob, war denn auch bald so groß, wie er wollte, aber auch die Schulden: allein 1982 DM 212 000 000. Und denen entsprach sein Lebenswandel.

Naja, was ich sagen wollte: Seine Mainzer IBH-Holding hing aber immer mehr am Tropf der vornehmen SMH-Bank, die sich nicht lumpen ließ. Denn dort regierte Graf Friedrich von Galen, der, die guten Grundsätze des Gewerbes mißachtend, schließlich an eine einzige Firma das Achtfache des Bankkapitals ausgeliehen hatte.

Als Horst Dieter Esch den Laden dicht machte, hatte er 1 200 000 000 DM (lies 1,2 Milliarden) Bankschulden. Das gab Ende 1983 wg. Kreditbetrugs und Bilanzfälschung dreieinhalb Jahre Knast: Für gute sieben Jahre Leben, wie es sich gehört, sich als Chef ganz oben fühlen (10 000 Mitarbeiter) und die Cremetörtchen der ganz Reichen essen dürfen. Immerhin.

Und dann muß man sich das mal ausrechnen: Wenn er nur 50 Millionen im Jahr zurückzahlen wollte, bräuchte er schon 25 Jahre dafür (den Rest seines Arbeitslebens) und müßte 50mal mehr verdienen als ein Vorstandsmitglied der Deutschen Bank. Und dann muß er davon noch leben. Also mit der Hände Arbeit ist da nichts zu machen. Aber rührig ist der Schlossersohn geblieben: In seinem Knasturlaub wirbt er Werbekunden fürs Kabel-Radio Petticoat.

Und um das Zurückzahlen kümmern sich andere:
Die SMH-Bank war ja nun so pleite wie ihr Kunde durch die Gebefreudigkeit des Grafen, der schlechtem Geld immer noch gutes hinterhergeworfen hatte. Also trafen sich die Bankerkollegen von 40 deutschen Banken, die ihrerseits der SMH-Bank Geld geliehen hatten (ist ja alles so vernetzt heutzutage). Sie retteten, was zu retten war, indem sie ihre Leihgaben zu Einlagen machten. Das heißt, sie übernahmen gleich die ganze Bank und die übriggebliebenen Esch-Firmen. Damit war die Bank über den Berg. Aber die Kollegen wollten natürlich nun von dem persönlich haftenden Gesellschafter von Galen wiederhaben, was zu holen war: immerhin ein Schloß, ein Haus, Grundbesitz, Aktien (geschätzte 55 Millionen) und seine Bankeinlage von 43 Millionen. Die war Graf Ferdinand allerdings los.

Aber das macht nichts. Denn er war mit einer Bankierstochter verheiratet: Anita Hengst. Und da herrscht Gütertrennung. Wie der Name schon sagt, gehörten der Frau Bankanteile, die sie ein halbes Jahr vor der Pleite ihrem Mann für 30 Millionen verkauft hatte.

In Holland ging das so:

1. Von mittellanger Hand vorbereiten: Freundin Inge-borg (ein wegweisender Name!) hatte ein Konto bei der Amsterdam-Rotterdam-Bank (AMRO) in Bergen-op-Zoom eröffnet: Bei einer kleinen Filiale wächst das Vertrauen zwischen Kunde und Direktor viel schneller. (Man darf so etwa ein Jahr rechnen.) Inzwischen kaufte Herr Sperber Maßanzüge in Mailand, Parfüm in Paris und kämmte sich die vornehmen grauen Haare.

2. Als soignierter Herr und mit dem schönen, geraunten Satz, er sei Diamantenhändler aus Berlin, eröffnete er, persönlich vorgestellt von Ingeborg, ein Konto. Dies mittels eines (bedauerlicherweise gefälschten) Passes. (Urkundenfälschung: etwa 2 Jahre.)

3. Nach und nach werden in den Filialen der AMRO-Bank in Holland und England Konten eröffnet. Der Diamantenhändler ist umtriebig. Nur mit Diamanten hat er nichts zu tun.

4. 12 passende Decknamen sind zu suchen. Nicht Rudi Ratlos oder Donald Duck, sondern eher etwas Internationales: José Vazquez de Andrade (Spanien) oder Willem Schoemaker (Südafrika). Dann werden mehr oder weniger bescheidene Summen (Grundkapital ist allerdings notwendig – vielleicht 2 bis 3 Hundert Tausend Mark) auf den Konten verschoben. Ein gutes Jahr lang.

5. Natürlich zahlten die Banken nur aus, wenn auch Geld auf den

Konten war. Die bisherige Aktion ist mehr als vertrauensbildende Maßnahme zu betrachten, denn selbstverständlich hat Sperber keinen computergedruckten Gehaltsnachweis oder eine interessante Steuererklärung auf den Tresen zu legen, auch Wertpapiere oder Immobilien fehlen noch, um einen Dispokredit in entsprechender Höhe abzusichern. Und auf den kommt es an.

6. Daher bittet Sperber jetzt um einen Überziehungskredit mit jeweiligem Zahlungsziel von 3 Wochen. Den sichert er mit einem Guthaben von 150 000 Gulden ab, die er in Wertpapieren anlegt. Wenn gewünscht, so zahle er für die ja immer nur kurzfristig in Anspruch genommenen Leihgelder auch ein paar Prozent mehr Zinsen als üblich. Das gefiel der Bank.

7. Nun mußte Sperber heftige geschäftliche Aktivität vortäuschen: Überweisungen und Abhebungen geschahen, wie man das von einem gutgehenden Diamantenhandel erwarten darf: Bis zu 35 Scheckhefte die Woche füllten Sigismund Sperber und zwei Freundinnen mit verschiedenen Schriften und Unterschriften. Sie überwiesen von Filiale zu Filiale: immer dasselbe Geld. Bis zu dem Tag, an dem auf allen Sperber-Konten der AMRO-Bank zwischen Bergen-op-Zoom und London gleichzeitig alle Dispos ausgeschöpft waren. Es fehlten 2 Millionen DM. Und der Diamantenhändler.

8. Das sieht doch nach Betrug aus! Aber halt: Wie viele Unternehmen sind mal zahlungsunfähig? Das kommt doch vor. Da ist man doch kein schlechter Mensch! Aber um den aufkeimenden Verdacht zu entkräften, braucht es jetzt einen Gesetzesmann. Da nehmen wir einen CDU-Politiker aus Berlin, der Anwalt ist. Er bietet der Bank an, die Millionen in 10 000-DM-Stückchen monatlich zurückzuzahlen. Das passiert viermal. Als die Zahlungen aufhören, wartet die Bank trotzdem noch im Glauben an den ehrbaren Händler. Das hat seinen sozialpsychologischen Grund: Der Bankdirektor war durch das ausgeliehene Geld zu einem Freund des Kunden geworden: Da gab es mal eine schöne Reise, mal einen gleißenden Diamanten, mal eine nette Nutte umsonst. Bankdirektoren sind ja auch Menschen, und nachher ist es ihnen peinlich.

9. Nun kommt der Witz der Sache. Was sind schon 2 Millionen? Nichts! Deshalb muß man das Scheckkarussell auch bei anderen Banken drehen. So arbeitete Sperber z. B. mit der Bank of Credit & Commerce International zusammen und legte sich in England denn auch den passenden Wohnsitz und 102 maßgeschnittene Anzüge zu.

BGB – Bürgerliches Gesetzbuch

Fünfter Abschnitt. Verjährung

§ 194. [Gegenstand der Verjährung]

(1) Das Recht, von einem anderen ein Tun oder Unterlassen zu verlangen (Anspruch), unterliegt der Verjährung.

(2) Der Anspruch aus einem familienrechtlichen Verhältnis unterliegt der Verjährung nicht, soweit er auf die Herstellung des dem Verhältnis entsprechenden Zustandes für die Zukunft gerichtet ist.

§ 195. [Regelmäßige Verjährungsfrist]

Die regelmäßige Verjährungsfrist beträgt dreißig Jahre.

§ 196. [Zweijährige Verjährungsfrist]

(1) In zwei Jahren verjähren die Ansprüche:

1. der Kaufleute, Fabrikanten, Handwerker und derjenigen, welche ein Kunstgewerbe betreiben, für Lieferung von Waren, Ausführung von Arbeiten und Besorgung fremder Geschäfte, mit Einschluß der Auslagen, es sei denn, daß die Leistung für den Gewerbebetrieb des Schuldners erfolgt;
2. derjenigen, welche Land- oder Forstwirtschaft betreiben, für Lieferung von land- oder forstwirtschaftlichen Erzeugnissen, sofern die Lieferung zur Verwendung im Haushalte des Schuldners erfolgt;
3. der Eisenbahnunternehmungen, Frachtfuhrleute, Schiffer, Lohnkutscher und Boten wegen des Fahrgeldes, der Fracht, des Fuhr- und Botenlohns, mit Einschluß der Auslagen;
4. der Gastwirte und derjenigen, welche Speisen oder Getränke gewerbsmäßig verabreichen, für Gewährung von Wohnung und Beköstigung sowie für andere den Gästen zur Befriedigung ihrer Bedürfnisse gewährte Leistungen, mit Einschluß der Auslagen;
5. derjenigen, welche Lotterielose vertreiben, aus dem Vertriebe der Lose, es sei denn, daß die Lose zum Weitervertriebe geliefert werden;
6. derjenigen, welche bewegliche Sachen gewerbsmäßig vermieten, wegen des Mietzinses;
7. derjenigen, welche, ohne zu den in Nummer 1 bezeichneten Personen zu gehören, die Besorgung fremder Geschäfte oder die Leistung von Diensten gewerbsmäßig betreiben, wegen der ihnen aus dem Gewerbebetriebe gebührenden Vergütungen, mit Einschluß der Auslagen;
8. derjenigen, welche im Privatdienste stehen, wegen des Gehalts, Lohnes oder anderer Dienstbezüge, mit Einschluß der Auslagen, sowie der Dienstberechtigten wegen der auf solche Ansprüche gewährten Vorschüsse;
9. der gewerblichen Arbeiter – Gesellen, Gehilfen, Lehrlinge, Fabrikarbeiter –, der Tagelöhner und Handarbeiter wegen des Lohnes und anderer anstelle oder als Teil des Lohnes vereinbarter Leistungen, mit Einschluß der Auslagen, sowie der Arbeitgeber wegen der auf solche Ansprüche gewährten Vorschüsse;

10. der Lehrherren und Lehrmeister wegen des Lehrgeldes und anderer im Lehrvertrage vereinbarter Leistungen sowie wegen der für die Lehrlinge bestrittenen Auslagen;
11. der öffentlichen Anstalten, welche dem Unterrichte, der Erziehung, Verpflegung oder Heilung dienen, sowie der Inhaber von Privatanstalten solcher Art für Gewährung von Unterricht, Verpflegung oder Heilung und für die damit zusammenhängenden Aufwendungen;
12. derjenigen, welche Personen zur Verpflegung oder zur Erziehung aufnehmen, für Leistungen und Aufwendungen der in Nummer 11 bezeichneten Art;
13. der öffentlichen Lehrer und der Privatlehrer wegen ihrer Honorare, die Ansprüche der öffentlichen Lehrer jedoch nicht, wenn sie auf Grund besonderer Einrichtungen gestundet sind;
14. der Ärzte, insbesondere auch der Wundärzte, Geburtshelfer, Zahnärzte und Tierärzte, sowie der Hebammen für ihre Dienstleistungen, mit Einschluß der Auslagen;
15. der Rechtsanwälte, Notare sowie aller Personen, die zur Besorgung gewisser Geschäfte öffentlich bestellt oder zugelassen sind, wegen ihrer Gebühren und Auslagen, soweit nicht diese zur Staatskasse fließen;
16. der Parteien wegen der ihren Rechtsanwälten geleisteten Vorschüsse;
17. der Zeugen und Sachverständigen wegen ihrer Gebühren und Auslagen.

(2) Soweit die im Absatz 1 Nr. 1, 2, 5 bezeichneten Ansprüche nicht der Verjährung von zwei Jahren unterliegen, verjähren sie in vier Jahren.

§ 197. [Vierjährige Verjährungsfrist]

In vier Jahren verjähren die Ansprüche auf Rückstände von Zinsen, mit Einschluß der als Zuschlag zu den Zinsen zum Zwecke allmählicher Tilgung des Kapitals zu entrichtenden Beträge, die Ansprüche auf Rückstände von Miet- und Pachtzinsen, soweit sie nicht unter die Vorschrift des § 196 Abs. 1 Nr. 6 fallen, und die Ansprüche auf Rückstände von Renten, Auszugsleistungen, Besoldungen, Wartegeldern, Ruhegehalten, Unterhaltsbeiträgen und allen anderen regelmäßig wiederkehrenden Leistungen.

§ 198. [Regelmäßiger Verjährungsbeginn]

[1] Die Verjährung beginnt mit der Entstehung des Anspruchs. [2] Geht der Anspruch auf ein Unterlassen, so beginnt die Verjährung mit der Zuwiderhandlung.

§ 199. [Verjährungsbeginn bei Kündigung]

[1] Kann der Berechtigte die Leistung erst verlangen, wenn er dem Verpflichteten gekündigt hat, so beginnt die Verjährung mit dem Zeitpunkte, von welchem an die Kündigung zulässig ist. [2] Hat der Verpflichtete die Leistung erst zu bewirken, wenn seit der Kündigung eine bestimmte Frist verstrichen ist, so wird der Beginn der Verjährung um die Dauer der Frist hinausgeschoben.

§ 200. [Verjährungsbeginn bei Anfechtung]

[1] Hängt die Entstehung eines Anspruchs davon ab, daß der Berechtigte von einem ihm zustehenden Anfechtungsrechte Gebrauch macht, so beginnt die Verjährung mit dem Zeitpunkte, von welchem an die Anfechtung zulässig ist. [2] Dies gilt jedoch nicht, wenn die Anfechtung sich auf ein familienrechtliches Verhältnis bezieht.

§ 201. [Beginn der kurzen Verjährung]

[1] Die Verjährung der in den §§ 196, 197 bezeichneten Ansprüche beginnt mit dem Schlusse des Jahres, in welchem der nach den §§ 198 bis 200 maßgebende Zeitpunkt eintritt. [2] Kann die Leistung erst nach dem Ablauf einer über diesen Zeitpunkt hinausreichenden Frist verlangt werden, so beginnt die Verjährung mit dem Schlusse des Jahres, in welchem die Frist abläuft.

§ 202. [Hemmung der Verjährung aus Rechtsgründen]

(1) Die Verjährung ist gehemmt, solange die Leistung gestundet oder der Verpflichtete aus einem anderen Grunde vorübergehend zur Verweigerung der Leistung berechtigt ist.

(2) Diese Vorschrift findet keine Anwendung auf die Einrede des Zurückbehaltungsrechts, des nicht erfüllten Vertrags, der mangelnden Sicherheitsleistung, der Vorausklage sowie auf die nach § 770 dem Bürgen und nach den §§ 2014, 2015 dem Erben zustehenden Einreden.

§ 203. [Hemmung aus tatsächlichen Gründen]

(1) Die Verjährung ist gehemmt, solange der Berechtigte durch Stillstand der Rechtspflege innerhalb der letzten sechs Monate der Verjährungsfrist an der Rechtsverfolgung verhindert ist.

(2) Das gleiche gilt, wenn eine solche Verhinderung in anderer Weise durch höhere Gewalt herbeigeführt wird.

§ 204. [Hemmung aus familiären Gründen]

[1] Die Verjährung von Ansprüchen zwischen Ehegatten ist gehemmt, solange die Ehe besteht. [2] Das gleiche gilt von Ansprüchen zwischen Eltern und Kindern während der Minderjährigkeit der Kinder und von Ansprüchen zwischen dem Vormund und dem Mündel während der Dauer des Vormundschaftsverhältnisses.

§ 205. [Wirkung der Hemmung]

Der Zeitraum, während dessen die Verjährung gehemmt ist, wird in die Verjährungsfrist nicht eingerechnet.

§ 206. [Ablaufhemmung bei nicht voll Geschäftsfähigen]

(1) [1] Ist eine geschäftsunfähige oder in der Geschäftsfähigkeit beschränkte Person ohne gesetzlichen Vertreter, so wird die gegen sie laufende Verjährung nicht vor dem Ablaufe von sechs Monaten nach dem Zeitpunkte vollendet, in welchem die Person unbeschränkt geschäftsfähig wird oder der Mangel der Vertretung aufhört. [2] Ist die Verjährungsfrist kürzer als sechs Monate, so tritt der für die Verjährung bestimmte Zeitraum an die Stelle der sechs Monate.

(2) Diese Vorschriften finden keine Anwendung, soweit eine in der Geschäftstätigkeit beschränkte Person prozeßfähig ist.

§ 207. [Ablaufhemmung bei Nachlaßsachen]

[1] Die Verjährung eines Anspruchs, der zu einem Nachlasse gehört oder sich gegen einen Nachlaß richtet, wird nicht vor dem Ablaufe von sechs Monaten nach dem Zeitpunkte vollendet, in welchem die Erbschaft von dem Erben angenommen oder der Konkurs über

den Nachlaß eröffnet wird oder von welchem an der Anspruch von einem Vertreter oder gegen einen Vertreter geltend gemacht werden kann. [2] Ist die Verjährungsfrist kürzer als 6 Monate, so tritt der für die Verjährung bestimmte Zeitraum an die Stelle der 6 Monate.

§ 208. [Unterbrechung der Verjährung durch Anerkenntnis]
Die Verjährung wird unterbrochen, wenn der Verpflichtete dem Berechtigten gegenüber den Anspruch durch Abschlagzahlung, Zinszahlung, Sicherheitsleistung oder in anderer Weise anerkennt.

§ 209. [Unterbrechung durch gerichtliche Geltendmachung]
(1) Die Verjährung wird unterbrochen, wenn der Berechtigte auf Befriedigung oder auf Feststellung des Anspruchs, auf Erteilung der Vollstreckungsklausel oder auf Erlassung des Vollstreckungsurteils Klage erhebt.
(2) Der Erhebung der Klage stehen gleich:
1. die Zustellung eines Mahnbescheids im Mahnverfahren;
1.a. die Geltendmachung eines Anspruchs durch Anbringung eines Güteantrags bei einer Gütestelle der im § 794 Abs. 1 Nr. 1 der Zivilprozeßordnung bezeichneten Art;
2. die Anmeldung des Anspruchs im Konkurse;
3. die Geltendmachung der Aufrechnung des Anspruchs im Prozesse;
4. die Streitverkündung in dem Prozesse, von dessen Ausgange der Anspruch abhängt;
5. die Vornahme einer Vollstreckungshandlung und, soweit die Zwangsvollstreckung den Gerichten oder anderen Behörden zugewiesen ist, die Stellung des Antrags auf Zwangsvollstreckung.

§ 210. [Unterbrechung durch Antrag auf Vorentscheidung]
[1] Hängt die Zulässigkeit des Rechtswegs von der Vorentscheidung einer Behörde ab oder hat die Bestimmung des zuständigen Gerichts durch ein höheres Gericht zu erfolgen, so wird die Verjährung durch die Einreichung des Gesuchs an die Behörde oder das höhere Gericht in gleicher Weise wie durch Klagerhebung oder durch Anbringung des Güteantrags unterbrochen, wenn binnen drei Monaten nach der Erledigung des Gesuchs die Klage erhoben oder der Güteantrag angebracht wird. [2] Auf diese Frist finden die Vorschriften der §§ 203, 206, 207 entsprechende Anwendung.

§ 211. [Dauer und Ende der Unterbrechung bei Klage]
(1) Die Unterbrechung durch Klagerhebung dauert fort, bis der Prozeß rechtskräftig entschieden oder anderweit erledigt ist.
(2) [1] Gerät der Prozeß infolge einer Vereinbarung oder dadurch, daß er nicht betrieben wird, in Stillstand, so endigt die Unterbrechung mit der letzten Prozeßhandlung der Parteien oder des Gerichts. [2] Die nach der Beendigung der Unterbrechung beginnende neue Verjährung wird dadurch, daß eine der Parteien den Prozeß weiter betreibt, in gleicher Weise wie durch Klagerhebung unterbrochen.

§ 212. [Unterbrechung bei Klagerücknahme]
(1) Die Unterbrechung durch Klagerhebung gilt als nicht erfolgt, wenn die Klage zurückgenommen oder durch ein nicht in der Sache selbst entscheidendes Urteil rechtskräftig abgewiesen wird.

(2) [1] Erhebt der Berechtigte binnen sechs Monaten von neuem Klage, so gilt die Verjährung als durch die Erhebung der ersten Klage unterbrochen. [2] Auf diese Frist finden die Vorschriften der §§ 203, 206, 207 entsprechende Anwendung.

§ 212a. [Dauer der Unterbrechung bei Güteantrag]

[1] Die Unterbrechung durch Anbringung des Güteantrags dauert bis zur Erledigung des Güteverfahrens und, wenn an dieses Verfahren sich ein Streitverfahren unmittelbar anschließt, nach Maßgabe der §§ 211, 212 fort. [2] Gerät das Güteverfahren dadurch, daß es nicht betrieben wird, in Stillstand, so finden die Vorschriften des § 211 Abs. 2 entsprechende Anwendung. [3] Wird der Güteantrag zurückgenommen, so gilt die Unterbrechung der Verjährung als nicht erfolgt.

§ 213. [Dauer der Unterbrechung bei Mahnbescheid]

[1] Auf die Unterbrechung durch Zutellung eines Mahnbescheids im Mahnverfahren finden die Vorschriften des § 212a entsprechende Anwendung. [2] Die Unterbrechung gilt als nicht erfolgt, wenn der Mahnbescheid seine Kraft verliert (§ 701 der Zivilprozeßordnung).

§ 214. [Dauer der Unterbrechung bei Anmeldung im Konkurs]

(1) Die Unterbrechung durch Anmeldung im Konkurse dauert fort, bis der Konkurs beendigt ist.

(2) Die Unterbrechung gilt als nicht erfolgt, wenn die Anmeldung zurückgenommen wird.

(3) Wird bei der Beendigung des Konkurses für eine Forderung, die infolge eines bei der Prüfung erhobenen Widerspruchs in Prozeß befangen ist, ein Betrag zurückbehalten, so dauert die Unterbrechung auch nach der Beendigung des Konkurses fort; das Ende der Unterbrechung bestimmt sich nach den Vorschriften des § 211.

§ 215. [Dauer der Unterbrechung bei Aufrechnung und Streitverkündung]

(1) Die Unterbrechung durch Geltendmachung der Aufrechnung im Prozeß oder durch Streitverkündung dauert fort, bis der Prozeß rechtskräftig entschieden oder anderweit erledigt ist; die Vorschriften des § 211 Abs. 2 finden Anwendung.

(2) [1] Die Unterbrechung gilt als nicht erfolgt, wenn nicht binnen sechs Monaten nach der Beendigung des Prozesses Klage auf Befriedigung oder Feststellung des Anspruchs erhoben wird. [2] Auf diese Frist finden die Vorschriften der §§ 203, 206, 207 entsprechende Anwendung.

§ 216. [Unterbrechung bei Vollstreckungshandlungen]

(1) Die Unterbrechung durch Vornahme einer Vollstreckungshandlung gilt als nicht erfolgt, wenn die Vollstreckungsmaßregel auf Antrag des Berechtigten oder wegen Mangels der gesetzlichen Voraussetzungen aufgehoben wird.

(2) Die Unterbrechung durch Stellung des Antrags auf Zwangsvollstreckung gilt als nicht erfolgt, wenn dem Antrage nicht stattgegeben oder der Antrag vor der Vornahme der Vollstreckungshandlung zurückgenommen oder die erwirkte Vollstreckungsmaßregel nach Absatz 1 aufgehoben wird.

§ 217. [Wirkung der Unterbrechung]
Wird die Verjährung unterbrochen, so kommt die bis zur Unterbrechung verstrichene Zeit nicht in Betracht; eine neue Verjährung kann erst nach der Beendigung der Unterbrechung beginnen.

§ 218 [Verjährung des rechtskräftigen Anspruchs]
(1) [1] Ein rechtskräftig festgestellter Anspruch verjährt in dreißig Jahren, auch wenn er an sich einer kürzeren Verjährung unterliegt. [2] Das gleiche gilt von dem Anspruch aus einem vollstreckbaren Vergleich oder einer vollstreckbaren Urkunde sowie von einem Anspruche, welcher durch die im Konkurs erfolgte Feststellung vollstreckbar geworden ist.
(2) Soweit sich die Feststellung auf regelmäßig wiederkehrende, erst künftig fällig werdende Leistungen bezieht, bewendet es bei der kürzeren Verjährungsfrist.

§ 219. [Verjährung des Anspruchs aus Vorbehaltsurteil]
Als rechtskräftige Entscheidung im Sinne des § 211 Abs. 1 und des § 218 Abs. 1 gilt auch ein unter Vorbehalt ergangenes rechtskräftiges Urteil.

§ 220. [Unterbrechung der Verjährung bei sonstigen Verfahren]
(1) Ist der Anspruch vor einem Schiedsgericht oder einem besonderen Gerichte, vor einem Verwaltungsgericht oder einer Verwaltungsbehörde geltend zu machen, so finden die Vorschriften der §§ 209 bis 213, 215, 216, 218, 219 dieses Gesetzes entsprechende Anwendung.
(2) Sind in dem Schiedsvertrage die Schiedsrichter nicht ernannt oder ist die Ernennung eines Schiedsrichters aus einem anderen Grunde erforderlich oder kann das Schiedsgericht erst nach der Erfüllung einer sonstigen Voraussetzung angerufen werden, so wird die Verjährung schon dadurch unterbrochen, daß der Berechtigte das zur Erledigung der Sache seinerseits Erforderliche vornimmt.

§ 221. [Verjährung bei Rechtsnachfolge]
Gelangt eine Sache, in Ansehung deren ein dinglicher Anspruch besteht, durch Rechtsnachfolge in den Besitz eines Dritten, so kommt die während des Besitzes des Rechtsvorgängers verstrichene Verjährungszeit dem Rechtsnachfolger zustatten.

§ 222. [Wirkung der Verjährung]
(1) Nach der Vollendung der Verjährung ist der Verpflichtete berechtigt, die Leistung zu verweigern.
(2) [1] Das zur Befriedigung eines verjährten Anspruchs Geleistete kann nicht zurückgefordert werden, auch wenn die Leistung in Unkenntnis der Verjährung bewirkt worden ist. [2] Das gleiche gilt von einem vertragsmäßigen Anerkenntnisse sowie einer Sicherheitsleistung des Verpflichteten.

§ 223. [Wirkung bei gesicherten Rechten]
(1) Die Verjährung eines Anspruchs, für den eine Hypothek, eine Schiffshypothek oder ein Pfandrecht besteht, hindert den Berechtigten nicht, seine Befriedigung aus dem verhafteten Gegenstande zu suchen.

(2) Ist zur Sicherung eines Anspruchs ein Recht übertragen worden, so kann die Rückübertragung nicht auf Grund der Verjährung des Anspruchs gefordert werden.
(3) Diese Vorschriften finden keine Anwendung bei der Verjährung von Ansprüchen auf Rückstände von Zinsen oder anderen wiederkehrenden Leistungen.

§ 224. [Verjährung der Nebenleistungen]
Mit dem Hauptanspruche verjährt der Anspruch auf die von ihm abhängenden Nebenleistungen, auch wenn die für diesen Anspruch geltende besondere Verjährung noch nicht vollendet ist.

§ 225. [Vereinbarungen über die Verjährung]
[1] Die Verjährung kann durch Rechtsgeschäft weder ausgeschlossen noch erschwert werden. [2] Erleichterung der Verjährung, insbesondere Abkürzung der Verjährungsfrist, ist zulässig.

Anlage 1 (zu § 114)

Unabhängig von der Zahl der Rechtszüge sind höchstens 48 Monatsraten nach der folgenden Tabelle aufzubringen:

Nettoeinkommen auf volle Deutsche Mark abgerundet monatlich bei Unterhaltsleistungen auf Grund gesetzlicher Unterhaltspflicht für						Monatsrate
0	1	2	3	4	5 Personen*	Deutsche Mark
bis 850	1300	1575	1850	2125	2400	0
900	1350	1625	1900	2175	2450	40
1000	1450	1725	2000	2275	2550	60
1100	1550	1825	2100	2375	2650	90
1200	1650	1925	2200	2475	2750	120
1300	1750	2025	2300	2575	2850	150
1400	1850	2125	2400	2675	2950	180
1500	1950	2225	2500	2775	3050	210
1600	2050	2325	2600	2875	3150	240
1800	2250	2525	2800	3075	3350	300
2000	2450	2725	3000	3275	3550	370
2200	2650	2925	3200	3475	3750	440
2400	2850	3125	3400	3675	3950	520

* Bei Unterhaltsleistungen für mehr als 5 Personen erhöhen sich die in dieser Spalte angeführten Beträge um 275 Deutsche Mark für jede weitere Person.

Siebenter Titel.
Prozeßkostenhilfe und Prozeßkostenvorschuß

§ 114. [Voraussetzungen]

[1] Eine Partei, die nach ihren persönlichen und wirtschaftlichen Verhältnissen die Kosten der Prozeßführung nicht, nur zum Teil oder nur in Raten aufbringen kann, erhält auf Antrag Prozeßkostenhilfe, wenn die beabsichtigte Rechtsverfolgung oder Rechtsverteidigung hinreichende Aussicht auf Erfolg bietet und nicht mutwillig erscheint. [2] Für die Bewilligung der Prozeßkostenhilfe sind die nachfolgenden Vorschriften und die diesem Gesetz als Anlage 1 beigefügte Tabelle maßgebend.

§ 115. [Einzusetzendes Einkommen und Vermögen]

(1) [1] Soweit aus dem Einkommen Raten aufzubringen sind, ergibt sich deren Höhe aus der Tabelle. [2] Zum Einkommen gehören alle Einkünfte in Geld oder Geldeswert. [3] § 76 Abs. 2 des Bundessozialhilfegesetzes ist entsprechend anzuwenden; von dem Einkommen sind weitere Beträge abzusetzen, soweit dies mit Rücksicht auf besondere Belastungen angemessen ist. [4] Unterhaltsberechtigte Personen, die eigenes Einkommen haben, bleiben unberücksichtigt, es sei denn, daß dies wegen der geringen Höhe ihres Einkommens unbillig wäre.

(2) Die Partei hat ihr Vermögen einzusetzen, soweit dies zumutbar ist; § 88 des Bundessozialhilfegesetzes ist entsprechend anzuwenden.

(3) Prozeßkostenhilfe wird nicht bewilligt, wenn die Kosten vier Monatsraten und die aus dem Vermögen aufzubringenden Teilbeträge voraussichtlich nicht übersteigen.

(4) [1] Eine Partei, deren Einkommen die in der Tabelle festgelegte Obergrenze übersteigt, erhält Prozeßkostenhilfe, wenn die Belastung mit den Kosten der Prozeßführung ihren angemessenen Lebensunterhalt erheblich beeinträchtigen würde. [2] Die in der Tabelle festgesetzte Höchstrate ist in diesem Falle um den Einkommensteil, der die Obergrenze übersteigt, zu erhöhen.

§ 116. [Partei kraft Amtes; juristische Person; parteifähige Vereinigung]

[1] Prozeßkostenhilfe erhalten auf Antrag

1. eine Partei kraft Amtes, wenn die Kosten aus der verwalteten Vermögensmasse nicht aufgebracht werden können und den am Gegenstand des Rechtsstreits wirtschaftlich Beteiligten nicht zuzumuten ist, die Kosten aufzubringen;
2. eine inländische juristische Person oder parteifähige Vereinigung, wenn die Kosten weder von ihr noch von den am Gegenstand des Rechtsstreits wirtschaftlich Beteiligten aufgebracht werden können und wenn die Unterlassung der Rechtsverfolgung oder Rechtsverteidigung allgemeinen Interessen zuwiderlaufen würde.

[2] § 114 Satz 1 letzter Halbsatz ist anzuwenden. [3] Können die Kosten nur zum Teil oder nur in Teilbeträgen aufgebracht werden, so sind die entsprechenden Beträge zu zahlen.

§ 117. [Antrag]

(1) [1] Der Antrag auf Bewilligung der Prozeßkostenhilfe ist bei dem Prozeßgericht zu stellen; er kann vor der Geschäftsstelle zu Protokoll erklärt werden. [2] In dem Antrag ist das Streitverhältnis unter Angabe der Beweismittel darzustellen.

(2) Dem Antrag sind eine Erklärung der Partei über ihre persönlichen und wirtschaftlichen Verhältnisse (Familienverhältnisse, Beruf, Vermögen, Einkommen und Lasten) sowie entsprechende Belege beizufügen.

(3) Der Bundesminister der Justiz wird ermächtigt, zur Vereinfachung und Vereinheitlichung des Verfahrens durch Rechtsverordnung mit Zustimmung des Bundesrates Vordrucke für die Erklärung einzuführen.

(4) Soweit Vordrucke für die Erklärung eingeführt sind, muß sich die Partei ihrer bedienen.

§ 118. [Bewilligungsverfahren; Vergleich]

(1) [1] Vor der Bewilligung der Prozeßkostenhilfe ist dem Gegner Gelegenheit zur Stellungnahme zu geben, wenn dies nicht aus besonderen Gründen unzweckmäßig erscheint. [2] Die Stellungnahme kann vor der Geschäftsstelle zu Protokoll erklärt werden. [3] Das Gericht kann die Parteien zur mündlichen Erörterung laden, wenn eine Einigung zu erwarten ist; ein Vergleich ist zu gerichtlichem Protokoll zu nehmen. [4] Dem Gegner entstandene Kosten werden nicht erstattet. [5] Die durch die Vernehmung von Zeugen und Sachverständigen nach Absatz 2 Satz 3 entstandenen Auslagen sind als Gerichtskosten von der Partei zu tragen, der die Kosten des Rechtsstreits auferlegt sind.

(2) [1] Das Gericht kann verlangen, daß der Antragsteller seine tatsächlichen Angaben glaubhaft macht. [2] Es kann Erhebungen anstellen, insbesondere die Vorlegung von Urkunden anordnen und Auskünfte einholen. [3] Zeugen und Sachverständige werden nicht vernommen, es sei denn, daß auf andere Weise nicht geklärt werden kann, ob die Rechtsverfolgung oder Rechtsverteidigung hinreichende Aussicht auf Erfolg bietet und nicht mutwillig erscheint; eine Beeidigung findet nicht statt. [4] Kann das Gericht sich über die Einkommens- und Vermögensverhältnisse des Antragstellers keine ausreichende Gewißheit verschaffen, so kann es eine Auskunft der zuständigen Behörde einholen.

(3) Die in Absatz 1, 2 bezeichneten Maßnahmen werden von dem Vorsitzenden oder einem von ihm beauftragten Mitglied des Gerichts durchgeführt.

§ 119. [Bewilligung für jeden Rechtszug]

[1] Die Bewilligung der Prozeßkostenhilfe erfolgt für jeden Rechtszug besonders. [2] In einem höheren Rechtszug ist nicht zu prüfen, ob die Rechtsverfolgung oder Rechtsverteidigung hinreichende Aussicht auf Erfolg bietet oder mutwillig erscheint, wenn der Gegner das Rechtsmittel eingelegt hat.

§ 120. [Festsetzung von Raten; vorläufige Einstellung der Zahlungen]

(1) Mit der Bewilligung der Prozeßkostenhilfe setzt das Gericht zu zahlende Monatsraten und aus dem Vermögen zu zahlende Beträge fest.

(2) Die Zahlungen sind an die Landeskasse zu leisten, im Verfahren vor dem Bundesgerichtshof an die Bundeskasse, wenn Prozeßkostenhilfe in einem vorherigen Rechtszug nicht bewilligt worden ist.

(3) Das Gericht soll die vorläufige Einstellung der Zahlungen bestimmen,

1. wenn abzusehen ist, daß die Zahlungen der Partei die Kosten decken;
2. wenn die Partei, ein ihr beigeordneter Rechtsanwalt oder die Bundeskasse oder Landeskasse die Kosten gegen einen anderen am Verfahren Beteiligten geltend machen kann.

§ 121. [Beiordnung eines Rechtsanwalts]

(1) Ist eine Vertretung durch Anwälte vorgeschrieben, wird der Partei ein zur Vertretung bereiter Rechtsanwalt ihrer Wahl beigeordnet; § 78 Abs. 1 Satz 2 zweiter Halbsatz gilt entsprechend.

(2) [1] Ist eine Vertretung durch Anwälte nicht vorgeschrieben, wird der Partei auf ihren Antrag ein zur Vertretung bereiter Rechtsanwalt ihrer Wahl beigeordnet, wenn die Vertretung durch einen Rechtsanwalt erforderlich erscheint oder der Gegner durch einen Rechtsanwalt vertreten ist. [2] Ein nicht bei dem Prozeßgericht zugelassener Rechtsanwalt kann nur beigeordnet werden, wenn dadurch weitere Kosten nicht entstehen.

(3) Wenn besondere Umstände dies erfordern, kann der Partei auf ihren Antrag ein zur Vertretung bereiter Rechtsanwalt ihrer Wahl zur Wahrnehmung eines Termins zur Beweisaufnahme vor dem ersuchten Richter oder zur Vermittlung des Verkehrs mit dem Prozeßbevollmächtigten beigeordnet werden.

(4) Findet die Partei keinen zur Vertretung bereiten Anwalt, ordnet der Vorsitzende ihr auf Antrag einen Rechtsanwalt bei.

§ 122. [Wirkung der Prozeßkostenhilfe]

(1) Die Bewilligung der Prozeßkostenhilfe bewirkt, daß
1. die Bundes- oder Landeskasse
   a) die rückständigen und entstehenden Gerichtskosten und Gerichtsvollzieherkosten,
   b) die auf sie übergegangenen Ansprüche der beigeordneten Rechtsanwälte gegen die Partei

   nur nach den Bestimmungen, die das Gericht trifft, gegen die Partei geltend machen kann,
2. die Partei von der Verpflichtung zur Sicherheitsleistung für die Prozeßkosten befreit ist,
3. die beigeordneten Rechtsanwälte Ansprüche auf Vergütung gegen die Partei nicht geltend machen können.

(2) Ist dem Kläger, dem Berufungskläger oder dem Revisionskläger Prozeßkostenhilfe bewilligt und ist nicht bestimmt worden, daß Zahlungen an die Bundes- oder Landeskasse zu leisten sind, so hat dies für den Gegner die einstweilige Befreiung von den in Absatz 1 Nr. 1 Buchstabe a bezeichneten Kosten zur Folge.

§ 123. [Kostenerstattung]

Die Bewilligung der Prozeßkostenhilfe hat auf die Verpflichtung, die dem Gegner entstandenen Kosten zu erstatten, keinen Einfluß.

§ 124. [Aufhebung der Bewilligung]

Das Gericht kann die Bewilligung der Prozeßkostenhilfe aufheben, wenn
1. die Partei durch unrichtige Darstellung des Streitverhältnisses die für die Bewilligung der Prozeßkostenhilfe maßgebenden Voraussetzungen vorgetäuscht hat;

2. die Partei absichtlich oder aus grober Nachlässigkeit unrichtige Angaben über die persönlichen oder wirtschaftlichen Verhältnisse gemacht hat;
3. die persönlichen oder wirtschaftlichen Voraussetzungen für die Prozeßkostenhilfe nicht vorgelegen haben; in diesem Falle ist die Aufhebung ausgeschlossen, wenn seit der rechtskräftigen Entscheidung oder sonstigen Beendigung des Verfahrens vier Jahre vergangen sind;
4. die Partei länger als drei Monate mit der Zahlung einer Monatsrate oder mit der Zahlung eines sonstigen Betrages im Rückstand ist.

§ 125. [Beitreibung der Gerichtskosten]
Die Gerichtskosten und die Gerichtsvollzieherkosten können von dem Gegner erst eingezogen werden, wenn er rechtskräftig in die Prozeßkosten verurteilt ist.
(2) Die Gerichtskosten, von deren Zahlung der Gegner einstweilen befreit ist, sind von ihm einzuziehen, soweit er rechtskräftig in die Prozeßkosten verurteilt oder der Rechtsstreit ohne Urteil über die Kosten beendet ist.

§ 126. [Beitreibung der Anwaltskosten]
(1) Die für die Partei bestellten Rechtsanwälte sind berechtigt, ihre Gebühren und Auslagen von dem in die Prozeßkosten verurteilten Gegner im eigenen Namen beizutreiben.
(2) [1] Eine Einrede aus der Person der Partei ist nicht zulässig. [2] Der Gegner kann mit Kosten aufrechnen, die nach der in demselben Rechtsstreit über die Kosten erlassenen Entscheidung von der Partei zu erstatten sind.

§ 127. [Entscheidungen; Rechtsmittel]
(1) [1] Entscheidungen im Verfahren über die Prozeßkostenhilfe ergehen ohne mündliche Verhandlung. [2] Zuständig ist das Gericht des ersten Rechtszuges; ist das Verfahren in einem höheren Rechtszug anhängig, so ist das Gericht dieses Rechtszuges zuständig.
(2) [1] Die Bewilligung der Prozeßkostenhilfe ist unanfechtbar. [2] Im übrigen findet die Beschwerde statt, es sei denn, daß das Berufungsgericht die Entscheidung getroffen hat. [3] Die weitere Beschwerde ist ausgeschlossen.

§ 127a. [Prozeßkostenvorschuß in Unterhaltssachen]
(1) In einer Unterhaltssache kann das Prozeßgericht auf Antrag einer Partei durch einstweilige Anordnung die Verpflichtung zur Leistung eines Prozeßkostenvorschusses für diesen Rechtsstreit unter den Parteien regeln.
(2) [1] Die Entscheidung nach Absatz 1 ist unanfechtbar. [2] Im übrigen gelten die §§ 620a bis 620g entsprechend.

Vollzugsordnung zur ZPO

Vollstreckungsarten

§ 753. [Vollstreckung durch Gerichtsvollzieher; Vollstreckungsantrag]
(1) Die Zwangsvollstreckung wird, soweit sie nicht den Gerichten zugewiesen ist, durch Gerichtsvollzieher durchgeführt, die sie im Auftrag des Gläubigers zu bewirken haben.
(2) [1] Der Gläubiger kann wegen Erteilung des Auftrags zur Zwangsvollstreckung die Mitwirkung der Geschäftsstelle in Anspruch nehmen. [2] Der von der Geschäftsstelle beauftragte Gerichtsvollzieher gilt als von dem Gläubiger beauftragt.

§ 754. [Wirkung des Vollstreckungsantrages]
In dem schriftlichen oder mündlichen Auftrag zur Zwangsvollstreckung in Verbindung mit der Übergabe der vollstreckbaren Ausfertigung liegt die Beauftragung des Gerichtsvollziehers, die Zahlungen oder sonstigen Leistungen in Empfang zu nehmen, über das Empfangene wirksam zu quittieren und dem Schuldner, wenn dieser seiner Verbindlichkeit genügt hat, die vollstreckbare Ausfertigung auszuliefern.

§ 755. [Ermächtigung des Gerichtsvollziehers]
[1] Dem Schuldner und Dritten gegenüber wird der Gerichtsvollzieher zur Vornahme der Zwangsvollstreckung und der im § 754 bezeichneten Handlungen durch den Besitz der vollstreckbaren Ausfertigung ermächtigt. [2] Der Mangel oder die Beschränkung des Auftrags kann diesen Personen gegenüber von dem Gläubiger nicht geltend gemacht werden.

§ 756. [Zwangsvollstreckung bei Leistung Zug um Zug]
Hängt die Vollstreckung von einer Zug um Zug zu bewirkenden Leistung des Gläubigers an den Schuldner ab, so darf der Gerichtsvollzieher die Zwangsvollstreckung nicht beginnen, bevor er dem Schuldner die diesem gebührende Leistung in einer den Verzug der Annahme begründenden Weise angeboten hat, sofern nicht der Beweis, daß der Schuldner befriedigt oder im Verzug der Annahme ist, durch öffentliche oder öffentlich beglaubigte Urkunden geführt wird und eine Abschrift dieser Urkunden bereits zugestellt ist oder gleichzeitig zugestellt wird.

§ 757. [Übergabe des Titels; Quittung]
(1) Der Gerichtsvollzieher hat nach Empfang der Leistungen dem Schuldner die vollstreckbare Ausfertigung nebst einer Quittung auszuliefern, bei teilweiser Leistung diese auf der vollstreckbaren Ausfertigung zu vermerken und dem Schuldner Quittung zu erteilen.
(2) Das Recht des Schuldners, nachträglich eine Quittung des Gläubigers selbst zu fordern, wird durch diese Vorschriften nicht berührt.

§ 758. [Durchsuchung; Gewaltanwendung]

(1) Der Gerichtsvollzieher ist befugt, die Wohnung und die Behältnisse des Schuldners zu durchsuchen, soweit der Zweck der Vollstreckung dies erfordert.

(2) Er ist befugt, die verschlossenen Haustüren, Zimmertüren und Behältnisse öffnen zu lassen.

(3) Er ist, wenn er Widerstand findet, zur Anwendung von Gewalt befugt und kann zu diesem Zwecke die Unterstützung der polizeilichen Vollzugsorgane nachsuchen.

§ 759. [Zusicherung von Zeugen]

Wird bei einer Vollstreckungshandlung Widerstand geleistet oder ist bei einer in der Wohnung des Schuldners vorzunehmenden Vollstreckungshandlung weder der Schuldner noch eine zu seiner Familie gehörige oder in dieser Familie dienende erwachsene Person anwesend, so hat der Gerichtsvollzieher zwei erwachsene Personen oder einen Gemeinde- oder Polizeibeamten als Zeugen zuzuziehen.

§ 760. [Akteneinsicht; Aktenabschrift]

Jeder Person, die bei dem Vollstreckungsverfahren beteiligt ist, muß auf Begehren Einsicht der Akten des Gerichtsvollziehers gestattet und Abschrift einzelner Aktenstücke erteilt werden.

§ 761. [Vollstreckung zur Nachtzeit und an Sonn- und Feiertagen]

(1) Zur Nachtzeit (§ 188 Abs. 1) sowie an Sonntagen und allgemeinen Feiertagen darf eine Vollstreckungshandlung nur mit Erlaubnis des *Amtsrichters* erfolgen, in dessen Bezirk die Handlung vorgenommen werden soll.

(2) Die Verfügung, durch welche die Erlaubnis erteilt wird, ist bei der Zwangsvollstreckung vorzuzeigen.

§ 762. [Protokoll über Vollstreckungshandlungen]

(1) Der Gerichtsvollzieher hat über jede Vollstreckungshandlung ein Protokoll aufzunehmen.

(2) Das Protokoll muß enthalten:

1. Ort und Zeit der Aufnahme;
2. den Gegenstand der Vollstreckungshandlung unter kurzer Erwähnung der wesentlichen Vorgänge;
3. die Namen der Personen, mit denen verhandelt ist;
4. die Unterschrift dieser Personen und den Vermerk, daß die Unterzeichnung nach Vorlesung oder Vorlegung zur Durchsicht und nach Genehmigung erfolgt sei;
5. die Unterschrift des Gerichtsvollziehers;

(3) Hat einem der unter Nummer 4 bezeichneten Erfordernisse nicht genügt werden können, so ist der Grund anzugeben.

§ 763. [Aufforderungen und Mitteilungen des Gerichtsvollziehers]

(1) Die Aufforderungen und sonstigen Mitteilungen, die zu den Vollstreckungshandlungen gehören, sind von dem Gerichtsvollzieher mündlich zu erlassen und vollständig in das Protokoll aufzunehmen.

(2) [1] Kann dies mündlich nicht ausgeführt werden, so hat der Gerichtsvollzieher eine Abschrift des Protokolls unter entsprechender Anwendung der §§ 181 bis 186 zuzustellen oder durch die Post zu übersenden. [2] Es muß im Protokoll vermerkt werden, daß diese Vorschrift befolgt ist. [3] Eine öffentliche Zustellung findet nicht statt.

§ 764. [Vollstreckungsgericht]

(1) Die den Gerichten zugewiesene Anordnung von Vollstreckungshandlungen und Mitwirkung bei solchen gehört zur Zuständigkeit der Amtsgerichte als Vollstreckungsgerichte.

(2) Als Vollstreckungsgericht ist, sofern nicht das Gesetz ein anderes Amtsgericht bezeichnet, das Amtsgericht anzusehen, in dessen Bezirk das Vollstreckungsverfahren stattfinden soll oder stattgefunden hat.

(3) Die Entscheidungen des Vollstreckungsgerichts können ohne mündliche Verhandlung ergehen.

§ 765. [Vollstreckungsgericht bei Leistung Zug um Zug]

[1] Hängt die Vollstreckung von einer Zug um Zug zu bewirkenden Leistung des Gläubigers an den Schuldner ab, so darf das Vollstreckungsgericht eine Vollstreckungsmaßregel nur anordnen, wenn der Beweis, daß der Schuldner befriedigt oder im Verzug der Annahme ist, durch öffentliche oder öffentlich beglaubigte Urkunden geführt wird und eine Abschrift dieser Urkunden bereits zugestellt ist. [2] Der Zustellung bedarf es nicht, wenn bereits der Gerichtsvollzieher die Zwangsvollstreckung nach § 756 begonnen hatte und der Beweis durch das Protokoll des Gerichtsvollziehers geführt wird.

§ 765a. [Vollstreckungsschutz]

(1) Auf Antrag des Schuldners kann das Vollstreckungsgericht eine Maßnahme der Zwangsvollstreckung ganz oder teilweise aufheben, untersagen oder einstweilen einstellen, wenn die Maßnahme unter voller Würdigung des Schutzbedürfnisses des Gläubigers wegen ganz besonderer Umstände eine Härte bedeutet, die mit den guten Sitten nicht vereinbar ist.

(2) Eine Maßnahme zur Erwirkung der Herausgabe von Sachen kann der Gerichtsvollzieher bis zur Entscheidung des Vollstreckungsgerichts, jedoch nicht länger als eine Woche, aufschieben, wenn ihm die Voraussetzungen des Absatzes 1 glaubhaft gemacht werden und dem Schuldner die rechtzeitige Anrufung des Vollstreckungsgerichts nicht möglich war.

(3) Das Vollstreckungsgericht hebt seinen Beschluß auf Antrag auf oder ändert ihn, wenn dies mit Rücksicht auf eine Änderung der Sachlage geboten ist.

(4) Die Aufhebung von Vollstreckungsmaßregeln erfolgt in den Fällen der Absätze 1 und 3 erst nach Rechtskraft des Beschlusses.

§ 766. [Erinnerungen gegen Art und Weise der Zwangsvollstreckung]

(1) [1] Über Anträge, Einwendungen und Erinnerungen, welche die Art und Weise der Zwangsvollstreckung oder das vom Gerichtsvollzieher bei ihr zu beobachtende Verfahren betreffen, entscheidet das Vollstreckungsgericht. [2] Es ist befugt, die im § 732 Abs. 2 bezeichneten Anordnungen zu erlassen.

(2) Dem Vollstreckungsgericht steht auch die Entscheidung zu, wenn ein Gerichts-

vollzieher sich weigert, einen Vollstreckungsauftrag zu übernehmen oder eine Vollstreckungshandlung dem Auftrag gemäß auszuführen, oder wenn wegen der von dem Gerichtsvollzieher in Ansatz gebrachten Kosten Erinnerungen erhoben werden.

§ 767. [Vollstreckungsabwehrklage]

(1) Einwendungen, die den durch das Urteil festgestellten Anspruch selbst betreffen, sind von dem Schuldner im Wege der Klage bei dem Prozeßgericht des ersten Rechtszuges geltend zu machen.

(2) Sie sind nur insoweit zulässig, als die Gründe, auf denen sie beruhen, erst nach dem Schluß der mündlichen Verhandlung, in der Einwendungen nach den Vorschriften dieses Gesetzes spätestens hätten geltend gemacht werden müssen, entstanden sind und durch Einspruch nicht mehr geltend gemacht werden können.

(3) Der Schuldner muß in der von ihm zu erhebenden Klage alle Einwendungen geltend machen, die er zur Zeit der Erhebung der Klage geltend zu machen imstande war.

§ 768. [Klage gegen Vollstreckungsklausel]

Die Vorschriften des § 767 Abs. 1, 3 gelten entsprechend, wenn in den Fällen des § 726 Abs. 1, der §§ 727 bis 729, 738, 742, 744, des § 745 Abs. 2 und des § 749 der Schuldner den bei der Erteilung der Vollstreckungsklausel als bewiesen angenommenen Eintritt der Voraussetzung für die Erteilung der Vollstreckungsklausel bestreitet, unbeschadet der Befugnis des Schuldners, in diesen Fällen Einwendungen gegen die Zulässigkeit der Vollstreckungsklausel nach § 732 zu erheben.

§ 769. [Einstweilige Anordnungen]

(1) [1] Das Prozeßgericht kann auf Antrag anordnen, daß bis zum Erlaß des Urteils über die in den §§ 767, 768 bezeichneten Einwendungen die Zwangsvollstreckung gegen oder ohne Sicherheitsleistung eingestellt oder nur gegen Sicherheitsleistung fortgesetzt werde und daß Vollstreckungsmaßregeln gegen Sicherheitsleistung aufzuheben seien. [2] Die tatsächlichen Behauptungen, die den Antrag begründen, sind glaubhaft zu machen.

(2) [1] In dringenden Fällen kann das Vollstreckungsgericht eine solche Anordnung erlassen, unter Bestimmung einer Frist, innerhalb der die Entscheidung des Prozeßgerichts beizubringen sei. [2] Nach fruchtlosem Ablauf der Frist wird die Zwangsvollstreckung fortgesetzt.

(3) Die Entscheidung über diese Anträge kann ohne mündliche Verhandlung ergehen.

§ 770. [Einstweilige Anordnungen im Urteil]

[1] Das Prozeßgericht kann in dem Urteil, durch das über die Einwendungen entschieden wird, die in dem vorstehenden Paragraphen bezeichneten Anordnungen erlassen oder die bereits erlassenen Anordnungen aufheben, abändern oder bestätigen. [2] Für die Anfechtung einer solchen Entscheidung gelten die Vorschriften des § 718 entsprechend.

§ 771. [Widerspruchsklage]

(1) Behauptet ein Dritter, daß ihm an dem Gegenstand der Zwangsvollstreckung ein die Veräußerung hinderndes Recht zustehe, so ist der Widerspruch gegen die Zwangsvollstreckung im Wege der Klage bei dem Gericht geltend zu machen, in dessen Bezirk die Zwangsvollstreckung erfolgt.

(2) Wird die Klage gegen den Gläubiger und den Schuldner gerichtet, so sind diese als Streitgenossen anzusehen.

(3) [1] Auf die Einstellung der Zwangsvollstreckung und die Aufhebung der bereits getroffenen Vollstreckungsmaßregeln sind die Vorschriften der §§ 769, 770 entsprechend anzuwenden. [2] Die Aufhebung einer Vollstreckungsmaßregel ist auch ohne Sicherheitsleistung zulässig.

§ 772. [Widerspruchsklage bei Veräußerungsverbot]

[1] Solange ein Veräußerungsverbot der in den §§ 135, 136 des Bürgerlichen Gesetzbuchs bezeichneten Art besteht, soll der Gegenstand, auf den es sich bezieht, wegen eines persönlichen Anspruchs oder auf Grund eines infolge des Verbots unwirksamen Rechtes nicht im Wege der Zwangsvollstreckung veräußert oder überwiesen werden. Auf Grund des Veräußerungsverbots kann nach Maßgabe des § 771 Widerspruch erhoben werden.

§ 773. [Widerspruchsklage des Nacherben]

[1] Ein Gegenstand, der zu einer Vorerbschaft gehört, soll nicht im Wege der Zwangsvollstreckung veräußert oder überwiesen werden, wenn die Veräußerung oder die Überweisung im Falle des Eintritts der Nacherbfolge nach § 2115 des Bürgerlichen Gesetzbuchs dem Nacherben gegenüber unwirksam ist. [2] Der Nacherbe kann nach Maßgabe des § 771 Widerspruch erheben.

§ 774. [Widerspruchsklage des Ehegatten]

Findet nach § 741 die Zwangsvollstreckung in das Gesamtgut statt, so kann ein Ehegatte nach Maßgabe des § 771 Widerspruch erheben, wenn das gegen den anderen Ehegatten ergangene Urteil in Ansehung des Gesamtgutes ihm gegenüber unwirksam ist.

§ 775. [Einstellung und Beschränkung der Zwangsvollstreckung]

Die Zwangsvollstreckung ist einzustellen oder zu beschränken:

1. wenn die Ausfertigung einer vollstreckbaren Entscheidung vorgelegt wird, aus der sich ergibt, daß das zu vollstreckende Urteil oder seine vorläufige Vollstreckbarkeit aufgehoben oder daß die Zwangsvollstreckung für unzulässig erklärt oder ihre Einstellung angeordnet ist;
2. wenn die Ausfertigung einer gerichtlichen Entscheidung vorgelegt wird, aus der sich ergibt, daß die einstweilige Einstellung der Vollstreckung oder einer Vollstreckungsmaßregel angeordnet ist oder daß die Vollstreckung nur gegen Sicherheitsleistung fortgesetzt werden darf;
3. wenn eine öffentliche Urkunde vorgelegt wird, aus der sich ergibt, daß die zur Abwendung der Vollstreckung erforderliche Sicherheitsleistung oder Hinterlegung erfolgt ist;
4. wenn eine öffentliche Urkunde oder eine von dem Gläubiger ausgestellte Privaturkunde vorgelegt wird, aus der sich ergibt, daß der Gläubiger nach Erlaß des zu vollstreckenden Urteils befriedigt ist oder Stundung bewilligt hat;
5. wenn ein Postschein vorgelegt wird, aus dem sich ergibt, daß nach Erlaß des Urteils die zur Befriedigung des Gläubigers erforderliche Summe zur Auszahlung an den letzteren bei der Post eingezahlt ist.

§ 776. [Aufhebung von Vollstreckungsmaßregeln]

1 In den Fällen des § 775 Nr. 1, 3 sind zugleich die bereits getroffenen Vollstreckungsmaßregeln aufzuheben. 2 In den Fällen der Nummern 4, 5 bleiben diese Maßregeln einstweilen bestehen; dasselbe gilt in den Fällen der Nummer 2, sofern nicht durch die Entscheidung auch die Aufhebung der bisherigen Vollstreckungshandlungen angeordnet ist.

§ 777. [Erinnerung bei genügender Sicherung des Gläubigers]

1 Hat der Gläubiger eine bewegliche Sache des Schuldners im Besitz, in Ansehung deren ihm ein Pfandrecht oder ein Zurückbehaltungsrecht für seine Forderung zusteht, so kann der Schuldner der Zwangsvollstreckung in sein übriges Vermögen nach § 766 widersprechen, soweit die Forderung durch den Wert der Sache gedeckt ist. 2 Steht dem Gläubiger ein solches Recht in Ansehung der Sache auch für eine andere Forderung zu, so ist der Widerspruch nur zulässig, wenn auch diese durch den Wert der Sache gedeckt ist.

§ 778. [Zwangsvollstreckung vor Erbschaftsannahme]

(1) Solange der Erbe die Erbschaft nicht angenommen hat, ist eine Zwangsvollstreckung wegen eines Anspruchs, der sich gegen den Nachlaß richtet, nur in den Nachlaß zulässig.

(2) Wegen eigener Verbindlichkeiten des Erben ist eine Zwangsvollstreckung in den Nachlaß vor der Annahme der Erbschaft nicht zulässig.

§ 779. [Tod des Schuldners nach Beginn der Zwangsvollstreckung]

(1) Eine Zwangsvollstreckung, die zur Zeit des Todes des Schuldners gegen ihn bereits begonnen hatte, wird in seinen Nachlaß fortgesetzt.

(2) 1 Ist bei einer Vollstreckungshandlung die Zuziehung des Schuldners nötig, so hat, wenn die Erbschaft noch nicht angenommen oder wenn der Erbe unbekannt oder es ungewiß ist, ob er die Erbschaft angenommen hat, das Vollstreckungsgericht auf Antrag des Gläubigers dem Erben einen einstweiligen besonderen Vertreter zu bestellen. 2 Die Bestellung hat zu unterbleiben, wenn ein Nachlaßpfleger bestellt ist oder wenn die Verwaltung des Nachlasses einem Testamentsvollstrecker zusteht.

§ 780. [Vorbehalt der beschränkten Erbenhaftung]

(1) Der als Erbe des Schuldners verurteilte Beklagte kann die Beschränkung seiner Haftung nur geltend machen, wenn sie ihm im Urteil vorbehalten ist.

(2) Der Vorbehalt ist nicht erforderlich, wenn der Fiskus als gesetzlicher Erbe verurteilt wird oder wenn das Urteil über eine Nachlaßverbindlichkeit gegen einen Nachlaßverwalter oder einen anderen Nachlaßpfleger oder gegen einen Testamentsvollstrecker, dem die Verwaltung des Nachlasses zusteht, erlassen wird.

§ 781. [Beschränkte Erbenhaftung in der Zwangsvollstreckung]

Bei der Zwangsvollstreckung gegen den Erben des Schuldners bleibt die Beschränkung der Haftung unberücksichtigt, bis auf Grund derselben gegen die Zwangsvollstreckung von dem Erben Einwendungen erhoben werden.

§ 782. [Einreden des Erben gegen Nachlaßgläubiger]

1 Der Erbe kann auf Grund der ihm nach den §§ 2014, 2015 des Bürgerlichen Gesetzbuchs zustehenden Einreden nur verlangen, daß die Zwangsvollstreckung für die Dauer

der dort bestimmten Fristen auf solche Maßregeln beschränkt wird, die zur Vollziehung eines Arrestes zulässig sind. 2 Wird vor dem Ablauf der Frist die Eröffnung des Nachlaßkonkurses beantragt, so ist auf Antrag die Beschränkung der Zwangsvollstreckung auch nach dem Ablauf der Frist aufrechtzuerhalten, bis über die Eröffnung des Konkursverfahrens rechtskräftig entschieden ist.

§ 783. [Einreden des Erben gegen persönliche Gläubiger]

In Ansehung der Nachlaßgegenstände kann der Erbe die Beschränkung der Zwangsvollstreckung nach § 782 auch gegenüber den Gläubigern verlangen, die nicht Nachlaßgläubiger sind, es sei denn, daß er für die Nachlaßverbindlichkeiten unbeschränkt haftet.

§ 784. [Zwangsvollstreckung bei Nachlaßverwaltung und -konkurs]

(1) Ist eine Nachlaßverwaltung angeordnet oder der Nachlaßkonkurs eröffnet, so kann der Erbe verlangen, daß Maßregeln der Zwangsvollstreckung, die zugunsten eines Nachlaßgläubigers in sein nicht zum Nachlaß gehörendes Vermögen erfolgt sind, aufgehoben werden, es sei denn, daß er für die Nachlaßverbindlichkeiten unbeschränkt haftet.

(2) Im Falle der Nachlaßverwaltung steht dem Nachlaßverwalter das gleiche Recht gegenüber Maßregeln der Zwangsvollstreckung zu, die zugunsten eines anderen Gläubigers als eines Nachlaßgläubigers in den Nachlaß erfolgt sind.

§ 785. [Vollstreckungsabwehrklage des Erben]

Die auf Grund der §§ 781 bis 784 erhobenen Einwendungen werden nach den Vorschriften der §§ 767, 769, 770 erledigt.

§ 786. [Vollstreckungsabwehrklage bei sonstiger beschränkter Haftung]

Die Vorschriften des § 780 Abs. 1 und der §§ 781 bis 785 sind auf die nach § 1489 des Bürgerlichen Gesetzbuchs eintretende beschränkte Haftung, die Vorschriften des § 780 Abs. 1 und der §§ 781, 785 sind auf die nach den §§ 419, 1480, 1504, 2187 des Bürgerlichen Gesetzbuchs eintretende beschränkte Haftung entsprechend anzuwenden.

§ 787. [Zwangsvollstreckung bei herrenlosem Grundstück oder Schiff]

(1) Soll durch die Zwangsvollstreckung ein Recht an einem Grundstück, das von dem bisherigen Eigentümer nach § 928 des Bürgerlichen Gesetzbuchs aufgegeben und von dem Aneignungsberechtigten noch nicht erworben worden ist, geltend gemacht werden, so hat das Vollstreckungsgericht auf Antrag einen Vertreter zu bestellen, dem bis zur Eintragung eines neuen Eigentümers die Wahrnehmung der sich aus dem Eigentum ergebenden Rechte und Verpflichtungen im Zwangsvollstreckungsverfahren obliegt.

(2) Absatz 1 gilt entsprechend, wenn durch die Zwangsvollstreckung ein Recht an einem eingetragenen Schiff oder Schiffsbauwerk geltend gemacht werden soll, das von dem bisherigen Eigentümer nach § 7 des Gesetzes über Rechte an eingetragenen Schiffen und Schiffsbauwerken vom 15. November 1940 (Reichsgesetzbl. I S. 1499) aufgegeben und von dem Aneignungsberechtigten noch nicht erworben worden ist.

§ 788. [Kosten der Zwangsvollstreckung]

(1) 1 Die Kosten der Zwangsvollstreckung fallen, soweit sie notwendig waren (§ 91), dem Schuldner zur Last; sie sind zugleich mit dem zur Zwangsvollstreckung stehenden

Anspruch beizutreiben. [2] Als Kosten der Zwangsvollstreckung gelten auch die Kosten der Ausfertigung und der Zustellung des Urteils.
(2) Die Kosten der Zwangsvollstreckung sind dem Schuldner zu erstatten, wenn das Urteil, aus dem die Zwangsvollstreckung erfolgt ist, aufgehoben wird.
(3) Die Kosten eines Verfahrens nach den §§ 765a, 811a, 811b, 813a, 850k, 851a und 851b kann das Gericht ganz oder teilweise dem Gläubiger auferlegen, wenn dies aus besonderen, in dem Verhalten des Gläubigers liegenden Gründen der Billigkeit entspricht.

§ 789. [Mitwirkung von Behörden]
Wird zum Zwecke der Vollstreckung das Einschreiten einer Behörde erforderlich, so hat das Gericht die Behörde um ihr Einschreiten zu ersuchen.

§ 790. *(weggefallen)*

§ 791. [Zwangsvollstreckung im Ausland]
(1) Soll die Zwangsvollstreckung in einem ausländischen Staate erfolgen, dessen Behörden im Wege der Rechtshilfe die Urteile deutscher Gerichte vollstrecken, so hat auf Antrag des Gläubigers das Prozeßgericht des ersten Rechtszuges die zuständige Behörde des Auslandes um die Zwangsvollstreckung zu ersuchen.
(2) Kann die Vollstreckung durch einen Bundeskonsul erfolgen, so ist das Ersuchen an diesen zu richten.

§ 792. [Erteilung von Urkunden an Gläubiger]
Bedarf der Gläubiger zum Zwecke der Zwangsvollstreckung eines Erbscheins oder einer anderen Urkunde, die dem Schuldner auf Antrag von einer Behörde, einem Beamten oder einem Notar zu erteilen ist, so kann er die Erteilung an Stelle des Schuldners verlangen.

§ 793. [Sofortige Beschwerde]
Gegen Entscheidungen, die im Zwangsvollstreckungsverfahren ohne mündliche Verhandlung ergehen können, findet sofortige Beschwerde statt.

§ 794. [Weitere Vollstreckungstitel]
(1) [1] Die Zwangsvollstreckung findet ferner statt:

1. aus Vergleichen, die zwischen den Parteien oder zwischen einer Partei und einem Dritten zur Beilegung des Rechtsstreits seinem ganzen Umfang nach oder in betreff eines Teiles des Streitgegenstandes vor einem deutschen Gericht oder vor einer durch die Landesjustizverwaltung eingerichteten oder anerkannten Gütestelle abgeschlossen sind, sowie aus Vergleichen, die gemäß § 118 Abs. 1 Satz 3 zu richterlichem Protokoll genommen sind;
2. aus Kostenfestsetzungsbeschlüssen;

2a. aus Beschlüssen, die den Betrag des vom Vater eines nichtehelichen Kindes zu zahlenden Regelunterhalts, auch eines Zu- oder Abschlags hierzu, festsetzen;

2b. aus Beschlüssen, die über einen Antrag auf Abänderung eines Unterhaltstitels im Vereinfachten Verfahren entscheiden;

3. aus Entscheidungen, gegen die das Rechtsmittel der Beschwerde stattfindet;

3a. aus einstweiligen Anordnungen nach den §§ 127a, 620, 620b, 621f;

4. aus Vollstreckungsbescheiden;

4a. aus den für vollstreckbar erklärten Schiedssprüchen und schiedsrichterlichen Vergleichen, sofern die Entscheidung über die Vollstreckbarkeit rechtskräftig oder für vorläufig vollstreckbar erklärt ist;

5. aus Urkunden, die von einem deutschen Gericht oder von einem deutschen Notar innerhalb der Grenzen seiner Amtsbefugnisse in der vorgeschriebenen Form aufgenommen sind, sofern die Urkunde über einen Anspruch errichtet ist, der die Zahlung einer bestimmten Geldsumme oder die Leistung einer bestimmten Menge anderer vertretbarer Sachen oder Wertpapiere zum Gegenstand hat, und der Schuldner sich in der Urkunde der sofortigen Zwangsvollstreckung unterworfen hat. [2] Als ein Anspruch, der die Zahlung einer Geldsumme zum Gegenstand hat, gilt auch der Anspruch aus einer Hypothek, einer Grundschuld, einer Rentenschuld oder einer Schiffshypothek.

(2) Soweit nach den Vorschriften der §§ 737, 743, des § 745 Abs. 2 und des § 748 Abs. 2 die Verurteilung eines Beteiligten zur Duldung der Zwangsvollstreckung erforderlich ist, wird sie dadurch ersetzt, daß der Beteiligte in einer nach Absatz 1 Nr. 5 aufgenommenen Urkunde die sofortige Zwangsvollstreckung in die seinem Rechte unterworfenen Gegenstände bewilligt.

§ 794a. [Zwangsvollstreckung aus Räumungsvergleich]

(1) [1] Hat sich der Schuldner in einem Vergleich, aus dem die Zwangsvollstreckung stattfindet, zur Räumung von Wohnraum verpflichtet, so kann ihm das Amtsgericht, in dessen Bezirk der Wohnraum belegen ist, auf Antrag eine den Umständen nach angemessene Räumungsfrist bewilligen. [2] Der Antrag ist spätestens zwei Wochen vor dem Tage, an dem nach dem Vergleich zu räumen ist, zu stellen; §§ 233 bis 238 gelten sinngemäß. [3] Die Entscheidung kann ohne mündliche Verhandlung ergehen. [4] Vor der Entscheidung ist der Gläubiger zu hören. [5] Das Gericht ist befugt, die im § 732 Abs. 2 bezeichneten Anordnungen zu erlassen.

(2) [1] Die Räumungsfrist kann auf Antrag verlängert oder verkürzt werden. [2] Absatz 1 Sätze 2 bis 5 gilt entsprechend.

(3) [1] Die Räumungsfrist darf insgesamt nicht mehr als ein Jahr, gerechnet vom Tage des Abschlusses des Vergleichs, betragen. [2] Ist nach dem Vergleich an einem späteren Tage zu räumen, so rechnet die Frist von diesem Tage an.

(4) [1] Gegen die Entscheidung des Amtsgerichts findet die sofortige Beschwerde statt. [2] Eine weitere Beschwerde ist unzulässig.

(5) Die Absätze 1 bis 4 gelten nicht in den Fällen des § 564c Abs. 2 des BGB.

§ 795. [Zwangsvollstreckung aus Titeln nach § 794]

[1] Auf die Zwangsvollstreckung aus den in § 794 erwähnten Schuldtiteln sind die Vorschriften der §§ 724 bis 793 entsprechend anzuwenden, soweit nicht in den §§ 795a bis 800 abweichende Vorschriften enthalten sind. [2] Auf die Zwangsvollstreckung aus den in § 794 Abs. 1 Nr. 2, 2a erwähnten Schuldtiteln ist § 720a entsprechend anzuwenden, wenn die Schuldtitel auf Urteilen beruhen, die nur gegen Sicherheitsleistung vorläufig vollstreckbar sind.

§ 795a. [Zwangsvollstreckung aus Kostenfestsetzungsbeschluß]
Die Zwangsvollstreckung aus einem Kostenfestsetzungsbeschlusse, der nach § 105 auf das Urteil gesetzt ist, erfolgt auf Grund einer vollstreckbaren Ausfertigung des Urteils; einer besonderen Vollstreckungsklausel für den Festsetzungsbeschluß bedarf es nicht.

§ 796. [Zwangsvollstreckung aus Vollstreckungsbescheid]
(1) Vollstreckungsbescheide bedürfen der Vollstreckungsklausel nur, wenn die Zwangsvollstreckung für einen anderen als den in dem Bescheid bezeichneten Gläubiger oder gegen einen anderen als den in dem Bescheid bezeichneten Schuldner erfolgen soll.
(2) Einwendungen, die den Anspruch selbst betreffen, sind nur insoweit zulässig, als die Gründe, auf denen sie beruhen, nach Zustellung des Vollstreckungsbescheids entstanden sind und durch Einspruch nicht mehr geltend gemacht werden können.
(3) Für Klagen auf Erteilung der Vollstreckungsklausel sowie für Klagen, durch welche die den Anspruch selbst betreffenden Einwendungen geltend gemacht werden oder der bei der Erteilung der Vollstreckungsklausel als bewiesen angenommene Eintritt der Voraussetzung für die Erteilung der Vollstreckungsklausel bestritten wird, ist das Gericht zuständig, das für eine Entscheidung im Streitverfahren zuständig gewesen wäre.

§ 797. [Vollstreckbare Ausfertigung vollstreckbarer Urkunden]
(1) Die vollstreckbare Ausfertigung gerichtlicher Urkunden wird von dem Urkundsbeamten der Geschäftsstelle des Gerichts erteilt, das die Urkunde verwahrt.
(2) [1] Die vollstreckbare Ausfertigung notarieller Urkunden wird von dem Notar erteilt, der die Urkunde verwahrt. [2] Befindet sich die Urkunde in der Verwahrung einer Behörde, so hat diese vollstreckbare Ausfertigung zu erteilen.
(3) Die Entscheidung über Einwendungen, welche die Zulässigkeit der Vollstreckungsklausel betreffen, sowie die Entscheidung über Erteilung einer weiteren vollstreckbaren Ausfertigung wird bei gerichtlichen Urkunden von dem im ersten Absatz bezeichneten Gericht, bei notariellen Urkunden von dem Amtsgericht getroffen, in dessen Bezirk der im 2. Absatz bezeichnete Notar oder die daselbst bezeichnete Behörde den Amtssitz hat.
(4) Auf die Geltendmachung von Einwendungen, die den Anspruch selbst betreffen, ist die beschränkende Vorschrift des § 767 Abs. 2 nicht anzuwenden.
(5) Für Klagen auf Erteilung der Vollstreckungsklausel sowie für Klagen, durch welche die den Anspruch selbst betreffenden Einwendungen geltend gemacht werden oder der bei der Erteilung der Vollstreckungsklausel als bewiesen angenommene Eintritt der Voraussetzung für die Erteilung der Vollstreckungsklausel bestritten wird, ist das Gericht, bei dem der Schuldner im Inland seinen allgemeinen Gerichtsstand hat, und sonst das Gericht zuständig, bei dem nach § 23 gegen den Schuldner Klage erhoben werden kann.

§ 797a. [Vollstreckungsklausel bei Gütestellenvergleichen]
(1) Bei Vergleichen, die vor Gütestellen der im § 794 Abs. 1 Nr. 1 bezeichneten Art geschlossen sind, wird die Vollstreckungsklausel von dem Urkundsbeamten der Geschäftsstelle desjenigen Amtsgerichts erteilt, in dessen Bezirk die Gütestelle ihren Sitz hat.
(2) Über Einwendungen, welche die Zulässigkeit der Vollstreckungsklausel betreffen, entscheidet das im Absatz 1 bezeichnete Gericht.

(3) § 797 Abs. 5 gilt entsprechend.
(4) [1] Die Landesjustizverwaltung kann Vorsteher von Gütestellen ermächtigen, die Vollstreckungsklausel für Vergleiche zu erteilen, die vor der Gütestelle geschlossen sind. [2] Die Ermächtigung erstreckt sich nicht auf die Fälle des § 726 Abs. 1, der §§ 727 bis 729 und des § 733. [3] Über Einwendungen, welche die Zulässigkeit der Vollstreckungsklausel betreffen, entscheidet das im Absatz 1 bezeichnete Gericht.

§ 798. [Wartefrist]
Aus einem Kostenfestsetzungsbeschlusse, der nicht auf das Urteil gesetzt ist, aus Beschlüssen nach § 794 Abs. 1 Nr. 2a sowie aus den nach § 794 Abs. 1 Nr. 5 aufgenommenen Urkunden darf die Zwangsvollstreckung nur beginnen, wenn der Schuldtitel mindestens eine Woche vorher zugestellt ist.

§ 798a. [Wartefrist bei Abänderungsbeschluß zu Unterhaltstitel]
[1] Aus einem Beschluß nach § 641p darf die Zwangsvollstreckung nur beginnen, wenn der Beschluß mindestens einen Monat vorher zugestellt ist. [2] Aus einem Kostenfestsetzungsbeschluß, der auf Grund eines Beschlusses nach § 641p ergangen ist, darf die Zwangsvollstreckung nicht vor Ablauf der Frist aus S.1beginnen; § 798 bleibt unberührt.

§ 799. [Vollstreckbare Urkunde bei Rechtsnachfolge]
Hat sich der Eigentümer eines mit einer Hypothek, einer Grundschuld oder einer Rentenschuld belasteten Grundstücks in einer nach § 794 Abs. 1 Nr. 5 aufgenommenen Urkunde der sofortigen Zwangsvollstreckung unterworfen und ist dem Rechtsnachfolger des Gläubigers eine vollstreckbare Ausfertigung erteilt, so ist die Zustellung der die Rechtsnachfolge nachweisenden öffentlichen oder öffentlich beglaubigten Urkunde nicht erforderlich, wenn der Rechtsnachfolger als Gläubiger im Grundbuch eingetragen ist.

§ 800. [Vollstreckbare Urkunde gegen jeweiligen Eigentümer]
(1) [1] Der Eigentümer kann sich in einer nach § 794 Abs. 1 Nr. 5 aufgenommenen Urkunde in Ansehung einer Hypothek, einer Grundschuld oder einer Rentenschuld der sofortigen Zwangsvollstreckung in der Weise unterwerfen, daß die Zwangsvollstreckung aus der Urkunde gegen den jeweiligen Eigentümer des Grundstücks zulässig sein soll. [2] Die Unterwerfung bedarf in diesem Falle der Eintragung in das Grundbuch.
(2) Bei der Zwangsvollstreckung gegen einen späteren Eigentümer, der im Grundbuch eingetragen ist, bedarf es nicht der Zustellung der den Erwerb des Eigentums nachweisenden öffentlichen oder öffentlich beglaubigten Urkunde.
(3) Ist die sofortige Zwangsvollstreckung gegen den jeweiligen Eigentümer zulässig, so ist für die im § 797 Abs. 5 bezeichneten Klagen das Gericht zuständig, in dessen Bezirk das Grundstück belegen ist.

§ 800a. [Vollstreckbare Urkunde für Schiffshypothek]
(1) Die Vorschriften der §§ 799, 800 gelten für eingetragene Schiffe und Schiffsbauwerke, die mit einer Schiffshypothek belastet sind, entsprechend.
(2) Ist die sofortige Zwangsvollstreckung gegen den jeweiligen Eigentümer zulässig, so ist für die im § 797 Abs. 5 bezeichneten Klagen das Gericht zuständig, in dessen Bezirk das Register für das Schiff oder das Schiffsbauwerk geführt wird.

§ 801. [Landesrechtliche Vollstreckungstitel]
Die Landesgesetzgebung ist nicht gehindert, auf Grund anderer als der in den §§ 704, 794 bezeichneten Schuldtitel die gerichtliche Zwangsvollstreckung zuzulassen und insoweit von diesem Gesetze abweichende Vorschriften über die Zwangsvollstreckung zu treffen.

§ 802. [Ausschließliche Gerichtsstände]
Die in diesem Buche angeordneten Gerichtsstände sind ausschließliche.

Zweiter Abschnitt.

Zwangsvollstreckung wegen Geldforderungen

Erster Titel. Zwangsvollstreckung in das bewegliche Vermögen

I. Allgemeine Vorschriften

§ 803. [Pfändung]
(1) [1]Die Zwangsvollstreckung in das bewegliche Vermögen erfolgt durch Pfändung. [2]Sie darf nicht weiter ausgedehnt werden, als es zur Befriedigung des Gläubigers und zur Deckung der Kosten der Zwangsvollstreckung erforderlich ist.
(2) Die Pfändung hat zu unterbleiben, wenn sich von der Verwertung der zu pfändenden Gegenstände ein Überschuß über die Kosten der Zwangsvollstreckung nicht erwarten läßt.

§ 804. [Pfändungspfandrecht]
(1) Durch die Pfändung erwirbt der Gläubiger ein Pfandrecht an dem gepfändeten Gegenstande.
(2) Das Pfandrecht gewährt dem Gläubiger im Verhältnis zu anderen Gläubigern dieselben Rechte wie ein durch Vertrag erworbenes Faustpfandrecht; es geht Pfand- und Vorzugsrechten vor, die für den Fall eines Konkurses den Faustpfandrechten nicht gleichgestellt sind.
(3) Das durch eine frühere Pfändung begründete Pfandrecht geht demjenigen vor, das durch eine spätere Pfändung begründet wird.

§ 805. [Klage auf vorzugsweise Befriedigung]
(1) Der Pfändung einer Sache kann ein Dritter, der sich nicht im Besitz der Sache befindet, auf Grund eines Pfand- oder Vorzugsrechts nicht widersprechen; er kann jedoch seinen Anspruch auf vorzugsweise Befriedigung aus dem Erlös im Wege der Klage geltend machen, ohne Rücksicht darauf, ob seine Forderung fällig ist oder nicht.

(2) Die Klage ist bei dem Vollstreckungsgericht und, wenn der Streitgegenstand zur Zuständigkeit der Amtsgerichte nicht gehört, bei dem Landgericht zu erheben, in dessen Bezirk das Vollstreckungsgericht seinen Sitz hat.
(3) Wird die Klage gegen den Gläubiger und den Schuldner gerichtet, so sind diese als Streitgenossen anzusehen.
(4) [1] Wird der Anspruch glaubhaft gemacht, so hat das Gericht die Hinterlegung des Erlöses anzuordnen. [2] Die Vorschriften der §§ 769, 770 sind hierbei entsprechend anzuwenden.

§ 806. [Keine Gewähr bei Pfandverkauf]
Wird ein Gegenstand auf Grund der Pfändung veräußert, so steht dem Erwerber wegen eines Mangels im Recht oder wegen eines Mangels der veräußerten Sache ein Anspruch auf Gewährleistung nicht zu.

§ 807. [Eidesstattliche Versicherung]
(1) [1] Hat die Pfändung zu einer vollständigen Befriedigung des Gläubigers nicht geführt oder macht dieser glaubhaft, daß er durch Pfändung seine Befriedigung nicht vollständig erlangen könne, so ist der Schuldner auf Antrag verpflichtet, ein Verzeichnis seines Vermögens vorzulegen und für seine Forderungen den Grund und die Beweismittel zu bezeichnen. [2] Aus dem Vermögensverzeichnis müssen auch ersichtlich sein

1. die im letzten Jahre vor dem ersten zur Abgabe der eidesstattlichen Versicherung anberaumten Termin vorgenommenen entgeltlichen Veräußerungen des Schuldners an seinen Ehegatten, vor oder während der Ehe, an seine oder seines Ehegatten Verwandte in auf- oder absteigender Linie, an seine oder seines Ehegatten voll- oder halbbürtigen Geschwister oder an den Ehegatten einer dieser Personen;
2. die im letzten Jahre vor dem ersten zur Abgabe der eidesstattlichen Versicherung anberaumten Termin von dem Schuldner vorgenommenen unentgeltlichen Verfügungen, sofern sie nicht gebräuchliche Gelegenheitsgeschenke zum Gegenstand hatten;
3. die in den letzten zwei Jahren vor dem ersten zur Abgabe der eidesstattlichen Versicherung anberaumten Termin von dem Schuldner vorgenommenen unentgeltlichen Verfügungen zugunsten seines Ehegatten.

[3] Sachen, die nach § 811 Nr. 1, 2 der Pfändung offensichtlich nicht unterworfen sind, brauchen in dem Vermögensverzeichnis nicht angegeben zu werden, es sei denn, daß eine Austauschpfändung in Betracht kommt.
(2) [1] Der Schuldner hat zu Protokoll an Eides Statt zu versichern, daß er die von ihm verlangten Angaben nach bestem Wissen und Gewissen richtig und vollständig gemacht habe. [2] Die Vorschriften der §§ 478 bis 480, 483 gelten entsprechend.

II. Zwangsvollstreckung in körperliche Sachen

§ 808. [Pfändung beim Schuldner]

(1) Die Pfändung der im Gewahrsam des Schuldners befindlichen körperlichen Sachen wird dadurch bewirkt, daß der Gerichtsvollzieher sie in Besitz nimmt.

(2) [1] Andere Sachen als Geld, Kostbarkeiten und Wertpapiere sind im Gewahrsam des Schuldners zu belassen, sofern nicht hierdurch die Befriedigung des Gläubigers gefährdet wird. [2] Werden die Sachen im Gewahrsam des Schuldners belassen, so ist die Wirksamkeit der Pfändung dadurch bedingt, daß durch Anlegung von Siegeln oder auf sonstige Weise die Pfändung ersichtlich gemacht ist.

(3) Der Gerichtsvollzieher hat den Schuldner von der erfolgten Pfändung in Kenntnis zu setzen.

§ 809. [Pfändung beim Gläubiger oder bei Dritten]

Die vorstehenden Vorschriften sind auf die Pfändung von Sachen, die sich im Gewahrsam des Gläubigers oder eines zur Herausgabe bereiten Dritten befinden, entsprechend anzuwenden.

§ 810. [Pfändung ungetrennter Früchte]

(1) [1] Früchte, die von dem Boden noch nicht getrennt sind, können gepfändet werden, solange nicht ihre Beschlagnahme im Wege der Zwangsvollstreckung in das unbewegliche Vermögen erfolgt ist. [2] Die Pfändung darf nicht früher als einen Monat vor der gewöhnlichen Zeit der Reife erfolgen.

(2) Ein Gläubiger, der ein Recht auf Befriedigung aus dem Grundstück hat, kann der Pfändung nach Maßgabe des § 771 widersprechen, sofern nicht die Pfändung für einen im Falle der Zwangsvollstreckung in das Grundstück vorgehenden Anspruch erfolgt ist.

§ 811. [Unpfändbare Sachen]

Folgende Sachen sind der Pfändung nicht unterworfen:

1. die dem persönlichen Gebrauch oder dem Haushalt dienenden Sachen, insbesondere Kleidungsstücke, Wäsche, Betten, Haus- und Küchengerät, soweit der Schuldner ihrer zu einer seiner Berufstätigkeit und seiner Verschuldung angemessenen, bescheidenen Lebens- und Haushaltsführung bedarf; ferner Gartenhäuser, Wohnlauben und ähnliche Wohnzwecken dienende Einrichtungen, die der Zwangsvollstreckung in das bewegliche Vermögen unterliegen und deren der Schuldner oder seine Familie zur ständigen Unterkunft bedarf;
2 die für den Schuldner, seine Familie und seine Hausangehörigen, die ihm im Haushalt helfen, auf vier Wochen erforderlichen Nahrungs-, Feuerungs- und Beleuchtungsmittel oder, soweit für diesen Zeitraum solche Vorräte nicht vorhanden und ihre Beschaffung auf anderem Wege nicht gesichert ist, der zur Beschaffung erforderliche Geldbetrag;
3. Kleintiere in beschränkter Zahl sowie eine Milchkuh oder nach Wahl des Schuldners statt einer solchen insgesamt zwei Schweine, Ziegen oder Schafe, wenn diese Tiere für die Ernährung des Schuldners, seiner Familie oder Hausangehörigen, die ihm im

Haushalt, in der Landwirtschaft oder im Gewerbe helfen, erforderlich sind; ferner die zur Fütterung und zur Streu auf vier Wochen erfoderlichen Vorräte oder, soweit solche Vorräte nicht vorhanden sind und ihre Beschaffung für diesen Zeitraum auf anderem Wege nicht gesichert ist, der zu ihrer Beschaffung erforderliche Geldbetrag;

4. bei Personen, die Landwirtschaft betreiben, das zum Wirtschaftsbetrieb erforderliche Gerät und Vieh nebst dem nötigen Dünger sowie die landwirtschaftlichen Erzeugnisse, soweit sie zur Sicherung des Unterhalts des Schuldners, seiner Familie und seiner Arbeitnehmer oder zur Fortführung der Wirtschaft bis zur nächsten Ernte gleicher oder ähnlicher Erzeugnisse erforderlich sind;

4a. bei Arbeitnehmern in landwirtschaftl. Betrieben die ihnen als Vergütung gelieferten Naturalien, soweit der Schuldner ihrer zu seinem / seiner Familie Unterhalt bedarf;

5. bei Personen, die aus ihrer körperlichen oder geistigen Arbeit oder sonstigen persönlichen Leistungen ihren Erwerb ziehen, die zur Fortsetzung dieser Erwerbstätigkeit erforderlichen Gegenstände;

6. bei den Witwen und minderjährigen Erben der unter Nummer 5 bezeichneten Personen, wenn sie die Erwerbstätigkeit für ihre Rechnung durch einen Stellvertreter fortführen, die zur Fortführung dieser Erwerbstätigkeit erforderlichen Gegenstände;

7. Dienstkleidungsstücke sowie Dienstausrüstungsgegenstände, soweit sie zum Gebrauch des Schuldners bestimmt sind, sowie bei Beamten, Geistlichen, Rechtsanwälten, Notaren, Ärzten und Hebammen die zur Ausübung des Berufes erforderlichen Gegenstände einschließlich angemessener Kleidung;

8. bei Personen, die wiederkehrende Einkünfte der in den §§ 850 bis 850b bezeichneten Art beziehen, ein Geldbetrag, der dem der Pfändung nicht unterworfenen Teil der Einkünfte für die Zeit von der Pfändung bis zu dem nächsten Zahlungstermin entspricht;

9. die zum Betrieb einer Apotheke unentbehrlichen Geräte, Gefäße und Waren;

10. die Bücher, die zum Gebrauch des Schuldners und seiner Familie in der Kirche oder Schule oder einer sonstigen Unterrichtsanstalt oder bei der häuslichen Andacht bestimmt sind;

11. die in Gebrauch genommenen Haushaltungs- und Geschäftsbücher, die Familienpapiere sowie die Trauringe, Orden und Ehrenzeichen;

12. künstliche Gliedmaßen, Brillen und andere wegen körperlicher Gebrechen notwendige Hilfsmittel, soweit diese Gegenstände zum Gebrauch des Schuldners und seiner Familie bestimmt sind;

13. die zur unmittelbaren Verwendung für die Bestattung bestimmten Gegenstände;

14. nicht zur Veräußerung bestimmte und im häuslichen Bereich gehaltene Hunde und andere Tiere, wenn ihr Wert 500 Deutsche Mark nicht übersteigt.

§ 811a. [Austauschpfändung]

(1) Die Pfändung einer nach § 811 Nr. 1, 5 und 6 unpfändbaren Sachen kann zugelassen werden, wenn der Gläubiger dem Schuldner vor der Wegnahme der Sache ein Ersatzstück, das dem geschützten Verwendungszweck genügt, oder den zur Beschaffung eines solchen Ersatzstückes erforderlichen Geldbetrag überläßt; ist dem Gläubiger die rechtzeitige Ersatzbeschaffung nicht möglich oder nicht zuzumuten, so kann die Pfändung mit der Maßgabe zugelassen werden, daß dem Schuldner der zur Ersatzbeschaffung erforderliche Geldbetrag aus dem Vollstreckungserlös überlassen wird (Austauschpfändung).

(2) [1] Über die Zulässigkeit der Austauschpfändung entscheidet das Vollstreckungsgericht auf Antrag des Gläubigers durch Beschluß. [2] Das Gericht soll die Austauschpfändung nur zulassen, wenn sie nach Lage der Verhältnisse angemessen ist, insbesondere wenn zu erwarten ist, daß der Vollstreckungserlös den Wert des Ersatzstückes erheblich übersteigen werde. [3] Das Gericht setzt den Wert eines vom Gläubiger angebotenen Ersatzstückes oder den zur Ersatzbeschaffung erforderlichen Betrag fest. [4] Bei der Austauschpfändung nach Absatz 1 Halbsatz 1 ist der festgesetzte Betrag dem Gläubiger aus dem Vollstreckungserlös zu erstatten; er gehört zu den Kosten der Zwangsvollstreckung.
(3) Der dem Schuldner überlassene Geldbetrag ist unpfändbar.
(4) Bei der Austauschpfändung nach Absatz 1 Halbsatz 2 ist die Wegnahme der gepfändeten Sache erst nach Rechtskraft des Zulassungsbeschlusses zulässig.

§ 811b. [Vorläufige Austauschpfändung]

(1) [1] Ohne vorgängige Entscheidung des Gerichts ist eine vorläufige Austauschpfändung zulässig, wenn eine Zulassung durch das Gericht zu erwarten ist. [2] Der Gerichtsvollzieher soll die Austauschpfändung nur vornehmen, wenn zu erwarten ist, daß der Vollstreckungserlös den Wert des Ersatzstückes erheblich übersteigen wird.
(2) Die Pfändung ist aufzuheben, wenn der Gläubiger nicht binnen einer Frist von zwei Wochen nach Benachrichtigung von der Pfändung einen Antrag nach § 811a Abs. 2 bei dem Vollstreckungsgericht gestellt hat oder wenn ein solcher Antrag rechtskräftig zurückgewiesen ist.
(3) Bei der Benachrichtigung ist dem Gläubiger unter Hinweis auf die Antragsfrist und die Folgen ihrer Versäumung mitzuteilen, daß die Pfändung als Austauschpfändung erfolgt ist.
(4) [1] Die Übergabe des Ersatzstückes oder des zu seiner Beschaffung erforderlichen Geldbetrages an den Schuldner und die Fortsetzung der Zwangsvollstreckung erfolgen erst nach Erlaß des Beschlusses gemäß § 811a Absatz 2 auf Anweisung des Gläubigers. [2] § 811a Abs. 4 gilt entsprechend.

§ 811c. [Vorwegpfändung]

(1) [1] Ist zu erwarten, daß eine Sache demnächst pfändbar wird, so kann sie gepfändet werden, ist aber im Gewahrsam des Schuldners zu belassen. [2] Die Vollstreckung darf erst fortgesetzt werden, wenn die Sache pfändbar geworden ist. (2) Die Pfändung ist aufzuheben, wenn die Sache nicht binnen eines Jahres pfändbar geworden ist.

§ 812. [Pfändung von Hausrat]

Gegenstände, die zum gewöhnlichen Hausrat gehören und im Haushalt gebraucht werden, sollen nicht gepfändet werden, wenn ohne weiteres ersichtlich ist, daß durch ihre Verwertung nur ein Erlös erzielt werden würde, der zu dem Wert außer Verhältnis steht.

§ 813. [Schätzung]

(1) [1] Die gepfändeten Sachen sollen bei der Pfändung auf ihren gewöhnlichen Verkaufswert geschätzt werden. [2] Die Schätzung des Wertes von Kostbarkeiten soll einem Sachverständigen übertragen werden. [3] In anderen Fällen kann das Vollstreckungsgericht auf Antrag des Gläubigers oder des Schuldners die Schätzung durch einen Sachverständigen anordnen.

(2) Ist die Schätzung des Wertes bei der Pfändung nicht möglich, so soll sie unverzüglich nachgeholt und ihr Ergebnis nachträglich in der Niederschrift über die Pfändung vermerkt werden.
(3) Zur Pfändung von Früchten, die von dem Boden noch nicht getrennt sind, und zur Pfändung von Gegenständen der in § 811 Nr. 4 bezeichneten Art bei Personen, die Landwirtschaft betreiben, soll ein landwirtschaftlicher Sachverständiger zugezogen werden, sofern anzunehmen ist, daß der Wert der zu pfändenden Gegenstände den Betrag von 1000 Deutsche Mark übersteigt.
(4) Die Landesjustizverwaltung kann bestimmen, daß auch in anderen Fällen ein Sachverständiger zugezogen werden soll.

§ 813a. [Aussetzung der Verwertung]
(1) Das Vollstreckungsgericht kann auf Antrag des Schuldners die Verwertung gepfändeter Sachen unter Anordnung von Zahlungsfristen zeitweilig aussetzen, wenn dies nach der Persönlichkeit und den wirtschaftlichen Verhältnissen des Schuldners sowie nach der Art der Schuld angemessen erscheint und nicht überwiegende Belange des Gläubigers entgegenstehen.
(2) Wird der Antrag nach Absatz 1 nicht binnen einer Frist von zwei Wochen nach der Pfändung gestellt, so ist er ohne sachliche Prüfung zurückzuweisen, wenn das Vollstreckungsgericht der Überzeugung ist, daß der Schuldner den Antrag in der Absicht der Verschleppung oder aus grober Nachlässigkeit nicht früher gestellt hat.
(3) Anordnungen nach Absatz 1 können mehrmals ergehen und, soweit es nach Lage der Verhältnisse, insbesondere wegen nicht ordnungsmäßiger Erfüllung der Zahlungsauf lagen, geboten ist, auf Antrag aufgehoben oder abgeändert werden.
(4) Die Verwertung darf durch Anordnungen nach Absatz 1 und Absatz 3 nicht länger als insgesamt ein Jahr nach der Pfändung hinausgeschoben werden.
(5) [1] Vor den in Absatz 1 und in Absatz 3 bezeichneten Entscheidungen ist, soweit dies ohne erhebliche Verzögerung möglich ist, der Gegner zu hören. [2] Die für die Entscheidung wesentlichen tatsächlichen Verhältnisse sind glaubhaft zu machen. [3] Das Gericht soll in geeigneten Fällen auf eine gütliche Abwicklung der Verbindlichkeiten hinwirken und kann hierzu eine mündliche Verhandlung anordnen. [4] Die Entscheidungen nach den Absätzen 1, 2 und 3 sind unanfechtbar.
(6) In Wechselsachen findet eine Aussetzung der Verwertung gepfändeter Sachen nicht statt.

§ 814. [Öffentliche Versteigerung]
Die gepfändeten Sachen sind von dem Gerichtsvollzieher öffentlich zu versteigern.

§ 815. [Gepfändetes Geld]
(1) Gepfändetes Geld ist dem Gläubiger abzuliefern.
(2) [1] Wird dem Gerichtsvollzieher glaubhaft gemacht, daß an gepfändetem Geld ein die Veräußerung hinderndes Recht eines Dritten bestehe, so ist das Geld zu hinterlegen. [2] Die Zwangsvollstreckung ist fortzusetzen, wenn nicht binnen einer Frist von zwei Wochen seit dem Tage der Pfändung eine Entscheidung des nach § 771 Abs. 1 zuständigen Gerichts über die Einstellung der Zwangsvollstreckung beigebracht wird.
(3) Die Wegnahme des Geldes durch den Gerichtsvollzieher gilt als Zahlung von seiten

des Schuldners, sofern nicht nach Absatz 2 oder nach § 720 die Hinterlegung zu erfolgen hat.

§ 816. [Zeit und Ort der Versteigerung]

(1) Die Versteigerung der gepfändeten Sachen darf nicht vor Ablauf einer Woche seit dem Tage der Pfändung geschehen, sofern nicht der Gläubiger und der Schuldner über eine frühere Versteigerung sich einigen oder diese erforderlich ist, um die Gefahr einer beträchtlichen Wertverringerung der zu versteigernden Sache abzuwenden oder um unverhältnismäßige Kosten einer längeren Aufbewahrung zu vermeiden.

(2) Die Versteigerung erfolgt in der Gemeinde, in der die Pfändung geschehen ist, oder an einem anderen Ort im Bezirk des Vollstreckungsgerichts, sofern nicht der Gläubiger und der Schuldner über einen dritten Ort sich einigen.

(3) Zeit und Ort der Versteigerung sind unter allgemeiner Bezeichnung der zu versteigernden Sachen öffentlich bekanntzumachen.

(4) Bei der Versteigerung gelten die Vorschriften des § 1239 Abs. 1 Satz 1, Abs. 2 des Bürgerlichen Gesetzbuches entsprechend.

§ 817. [Zuschlag und Ablieferung]

(1) Dem Zuschlag an den Meistbietenden soll ein dreimaliger Aufruf vorausgehen; die Vorschriften des § 156 des Bürgerlichen Gesetzbuchs sind anzuwenden.

(2) Die Ablieferung einer zugeschlagenen Sache darf nur gegen bare Zahlung geschehen.

(3) [1] Hat der Meistbietende nicht zu der in den Versteigerungsbedingungen bestimmten Zeit oder in Ermangelung einer solchen Bestimmung nicht vor dem Schluß des Versteigerungstermins die Ablieferung gegen Zahlung des Kaufgeldes verlangt, so wird die Sache anderweit versteigert. [2] Der Meistbietende wird zu einem weiteren Gebot nicht zugelassen; er haftet für den Ausfall, auf den Mehrerlös hat er keinen Anspruch.

(4) [1] Wird der Zuschlag dem Gläubiger erteilt, so ist dieser von der Verpflichtung zur baren Zahlung so weit befreit, als der Erlös nach Abzug der Kosten der Zwangsvollstreckung zu seiner Befriedigung zu verwenden ist, sofern nicht dem Schuldner nachgelassen ist, durch Sicherheitsleistung oder durch Hinterlegung die Vollstreckung abzuwenden. [2] Soweit der Gläubiger von der Verpflichtung zur baren Zahlung befreit ist, gilt der Betrag als von dem Schuldner an den Gläubiger gezahlt.

§ 817a. [Mindestgebot]

(1) [1] Der Zuschlag darf nur auf ein Gebot erteilt werden, das mindestens die Hälfte des gewöhnlichen Verkaufswertes der Sache erreicht (Mindestgebot). [2] Der gewöhnliche Verkaufswert und das Mindestgebot sollen bei dem Ausbieten bekanntgegeben werden.

(2) [1] Wird der Zuschlag nicht erteilt, weil ein das Mindestgebot erreichendes Gebot nicht abgegeben ist, so bleibt das Pfandrecht des Gläubigers bestehen. [2] Er kann jederzeit die Anberaumung eines neuen Versteigerungstermins oder die Anordnung anderweitiger Verwertung angeordnet, so gilt Absatz 1 entsprechend.

(3) [1] Gold- und Silbersachen dürfen auch nicht unter ihrem Gold- oder Silberwert zugeschlagen werden. [2] Wird ein den Zuschlag gestattendes Gebot nicht abgegeben, so kann der Gerichtsvollzieher den Verkauf aus freier Hand zu dem Preise bewirken, der den Gold- oder Silberwert erreicht, jedoch nicht unter der Hälfte des gewöhnlichen Verkaufswertes.

§ 818. [Einstellung der Versteigerung]
Die Versteigerung wird eingestellt, sobald der Erlös zur Befriedigung des Gläubigers und zur Deckung der Kosten der Zwangsvollstreckung hinreicht.

§ 819. [Wirkung des Erlösempfanges]
Die Empfangnahme des Erlöses durch den Gerichtsvollzieher gilt als Zahlung von seiten des Schuldners, sofern nicht dem Schuldner nachgelassen ist, durch Sicherheitsleistung oder durch Hinterlegung die Vollstreckung abzuwenden.

§ 820. *(aufgehoben)*

§ 821. [Verwertung von Wertpapieren]
Gepfändete Wertpapiere sind, wenn sie einen Börsen- oder Marktpreis haben, von dem Gerichtsvollzieher aus freier Hand zum Tageskurse zu verkaufen und, wenn sie einen solchen Preis nicht haben, nach den allgemeinen Bestimmungen zu versteigern.

§ 822. [Umschreibung von Namenspapieren]
Lautet ein Wertpapier auf Namen, so kann der Gerichtsvollzieher durch das Vollstreckungsgericht ermächtigt werden, die Umschreibung auf den Namen des Käufers zu erwirken und die hierzu erforderlichen Erklärungen an Stelle des Schuldners abzugeben.

§ 823. [Außer Kurs gesetzte Inhaberpapiere]
Ist ein Inhaberpapier durch Einschreibung auf den Namen oder in anderer Weise außer Kurs gesetzt, so kann der Gerichtsvollzieher durch das Vollstreckungsgericht ermächtigt werden, die Wiederinkurssetzung zu erwirken und die hierzu erforderlichen Erklärungen an Stelle des Schuldners abzugeben.

§ 824. [Verwertung ungetrennter Früchte]
[1] Die Versteigerung gepfändeter, von dem Boden noch nicht getrennter Früchte ist erst nach der Reife zulässig. [2] Sie kann vor oder nach der Trennung der Früchte erfolgen; im letzteren Falle hat der Gerichtsvollzieher die Aberntung bewirken zu lassen.

§ 825. [Andere Verwertungsart]
Auf Antrag des Gläubigers oder des Schuldners kann das Vollstreckungsgericht anordnen, daß die Verwertung einer gepfändeten Sache in anderer Weise oder an einem anderen Ort, als in den vorstehenden Paragraphen bestimmt ist, stattzufinden habe oder daß die Versteigerung durch eine andere Person als den Gerichtsvollzieher vorzunehmen sei.

§ 826. [Anschlußpfändung]
(1) Zur Pfändung bereits gepfändeter Sachen genügt die in das Protokoll aufzunehmende Erklärung des Gerichtsvollziehers, daß er die Sachen für seinen Auftraggeber pfände.
(2) Das gleiche gilt, wenn der Schuldner zur Bestellung einer Hypothek, Grundschuld oder Rentenschuld oder zur Abtretung oder Belastung einer Hypothekenforderung, Grundschuld oder Rentenschuld verurteilt ist, für die Übergabe des Hypotheken-, Grundschuld- oder Rentenschuldbriefs.

Vierter Abschnitt. Eidesstattliche Versicherung und Haft.

§ 899. [Zuständiges Amtsgericht]

Für die Abnahme der eidesstattlichen Versicherung in den Fällen der §§ 807, 883 ist das Amtsgericht, in dessen Bezirk der Schuldner im Inland seinen Wohnsitz oder in Ermangelung eines solchen seinen Aufenthaltsort hat, als Vollstreckungsgericht zuständig.

§ 900. [Verfahren zur Abnahme der eidesstattlichen Versicherung]

(1) [1] Das Verfahren beginnt mit dem Antrag des Gläubigers auf Bestimmung eines Termins zur Abgabe der eidesstattlichen Versicherung. [2] Dem Antrag sind der Vollstreckungstitel und die sonstigen Urkunden, aus denen sich die Verpflichtung des Schuldners zur Abgabe der eidesstattlichen Versicherung ergibt, beizufügen.

(2) [1] Das Vollstreckungsgericht hat vor der Terminbestimmung von Amts wegen festzustellen, ob in dem bei ihm geführten Schuldnerverzeichnis eine Eintragung darüber besteht, daß der Schuldner innerhalb der letzten drei Jahre eine eidesstattliche Versicherung abgegeben hat oder daß gegen ihn die Haft zur Erzwingung der Abgabe der eidesstattlichen Versicherung angeordnet ist. [2] Liegt eine noch nicht gelöschte Eintragung vor, so ist der Gläubiger zu benachrichtigen und das Verfahren nur auf Antrag fortzusetzen.

(3) [1] Die Ladung zu dem Termin zur Abgabe der eidesstattlichen Versicherung ist dem Schuldner selbst zuzustellen, auch wenn er einen Prozeßbevollmächtigten bestellt hat; einer Mitteilung an den Prozeßbevollmächtigten bedarf es nicht. [2] Dem Gläubiger ist die Terminbestimmung nach Maßgabe des § 357 Abs. 2 mitzuteilen. [3] Seine Anwesenheit in dem Termin ist nicht erforderlich. [4] Das Gericht kann den Termin aufheben oder verlegen oder die Verhandlung vertagen, wenn der Gläubiger zustimmt.

(4) [1] Macht der Schuldner glaubhaft, daß er die Forderung des Gläubigers binnen einer Frist von drei Monaten tilgen werde, so kann das Gericht den Termin zur Abgabe der eidesstattlichen Versicherung bis zu drei Monaten vertagen. [2] Weist der Schuldner in dem neuen Termin nach, daß er die Forderung mindestens zu zwei Dritteln getilgt hat, so kann das Gericht den Termin nochmals bis zu sechs Wochen vertagen. [3] Gegen den Beschluß, durch den der Termin vertagt wird, findet sofortige Beschwerde statt. [4] Der Beschluß, durch den die Vertagung abgelehnt wird, ist unanfechtbar.

(5) [1] Bestreitet der Schuldner die Verpflichtung zur Abgabe der eidesstattlichen Versicherung, so ist von dem Gericht durch Beschluß über den Widerspruch zu entscheiden. [2] Die Abgabe der eidesstattlichen Versicherung erfolgt erst nach Eintritt der Rechtskraft der Entscheidung; das Vollstreckungsgericht kann jedoch die Abgabe der eidesstattlichen Versicherung vor Eintritt der Rechtskraft anordnen, wenn bereits ein früherer Widerspruch rechtskräftig verworfen ist, oder wenn nach Vertagung nach Absatz 4 der Widerspruch auf Tatsachen gestützt wird, die zur Zeit des ersten Antrages auf Vertagung bereits eingetreten waren.

§ 901. [Anordnung der Haft]

Gegen den Schuldner, der in dem zur Abgabe der eidesstattlichen Versicherung bestimmten Termin nicht erscheint oder die Abgabe der eidesstattlichen Versicherung ohne Grund verweigert, hat das Gericht zur Erzwingung der Abgabe auf Antrag die Haft anzuordnen.

§ 902. [Eidesstattliche Versicherung des Verhafteten]

(1) [1] Der verhaftete Schuldner kann zu jeder Zeit bei dem Amtsgericht des Haftorts beantragen, ihm die eidesstattliche Versicherung abzunehmen. [2] Dem Antrag ist ohne Verzug stattzugeben.

(2) Nach Abgabe der eidesstattlichen Versicherung wird der Schuldner aus der Haft entlassen und der Gläubiger hiervon in Kenntnis gesetzt.

§ 903. [Wiederholte eidesstattliche Versicherung]

Ein Schuldner, der die in § 807 dieses Gesetzes oder in § 284 der Abgabenordnung bezeichnete eidesstattliche Versicherung abgegeben hat, ist, wenn die Abgabe der eidesstattlichen Versicherung in dem Schuldnerverzeichnis noch nicht gelöscht ist, in den ersten drei Jahren nach ihrer Abgabe zur nochmaligen eidesstattlichen Versicherung einem Gläubiger gegenüber nur verpflichtet, wenn glaubhaft gemacht wird, daß der Schuldner später Vermögen erworben hat oder daß ein bisher bestehendes Arbeitsverhältnis mit dem Schuldner aufgelöst ist.

§ 904. [Unzulässigkeit der Haft]

Die Haft ist unstatthaft:

1. gegen Mitglieder des Bundestages, eines Landtages oder einer zweiten Kammer während der Tagung, sofern nicht die Versammlung die Vollstreckung genehmigt;
2. *(weggefallen)*
3. gegen den Kapitän, die Schiffsmannschaft und alle übrigen auf einem Seeschiff angestellten Personen, wenn sich das Schiff auf der Reise befindet und nicht in einem Hafen liegt.

§ 905. [Unterbrechung der Haft]

Die Haft wird unterbrochen:

1. gegen Mitglieder des Bundestages, eines Landtages oder einer zweiten Kammer für die Dauer der Tagung, wenn die Versammlung die Freilassung verlangt;
2. *(weggefallen)*

§ 906. [Haftaufschub]

Gegen einen Schuldner, dessen Gesundheit durch die Vollstreckung der Haft einer nahen und erheblichen Gefahr ausgesetzt wird, darf, solange dieser Zustand dauert, die Haft nicht vollstreckt werden.

§ 907. *(aufgehoben)*

§ 908. [Haftbefehl]

Das Gericht hat bei Anordnung der Haft einen Haftbefehl zu erlassen, in dem der Gläubiger, der Schuldner und der Grund der Verhaftung zu bezeichnen sind.

§ 909. [Verhaftung]

[1] Die Verhaftung des Schuldners erfolgt durch einen Gerichtsvollzieher. [2] Der Haftbefehl muß bei der Verhaftung dem Schuldner vorgezeigt und auf Begehren abschriftlich mitgeteilt werden.

§ 910. [Verhaftung eines Beamten]
1 Vor der Verhaftung eines Beamten, eines Geistlichen oder eines Lehrers an öffentlichen Unterrichtsanstalten ist der vorgesetzten Dienstbehörde von dem Gerichtsvollzieher Anzeige zu machen. 2 Die Verhaftung darf erst erfolgen, nachdem die vorgesetzte Behörde für die dienstliche Vertretung des Schuldners gesorgt hat. 3 Die Behörde ist verpflichtet, ohne Verzug die erforderlichen Anordnungen zu treffen und den Gerichtsvollzieher hiervon in Kenntnis zu setzen.

§ 911. [Erneuerung der Haft nach Entlassung]
Gegen den Schuldner, der ohne sein Zutun auf Antrag des Gläubigers aus der Haft entlassen ist, findet auf Antrag desselben Gläubigers eine Erneuerung der Haft nicht statt.

§ 912. *(weggefallen)*

§ 913. [Haftdauer]
1 Die Haft darf die Dauer von sechs Monaten nicht übersteigen. 2 Nach Ablauf der sechs Monate wird der Schuldner von Amts wegen aus der Haft entlassen.

§ 914. [Neue Verhaftung]
(1) Ein Schuldner, gegen den wegen Verweigerung der Abgabe der eidesstattlichen Versicherung nach § 807 dieses Gesetzes oder nach § 284 der Abgabenordnung eine Haft von sechs Monaten vollstreckt ist, kann auch auf Antrag eines anderen Gläubigers von neuem zur Abgabe einer solchen eidesstattlichen Versicherung durch Haft nur angehalten werden, wenn glaubhaft gemacht wird, daß der Schuldner später Vermögen erworben hat oder daß ein bisher bestehendes Arbeitsverhältnis mit dem Schuldner aufgelöst ist.
(2) Diese Vorschrift ist nicht anzuwenden, wenn seit der Beendigung der Haft drei Jahre verstrichen sind.

§ 915. [Schuldnerverzeichnis]
(1) 1 Das Vollstreckungsgericht hat ein Verzeichnis der Personen zu führen, die vor ihm die in § 807 erwähnte eidesstattliche Versicherung abgegeben haben oder gegen die nach § 901 die Haft angeordnet ist; in dieses Verzeichnis sind auch die Personen aufzunehmen, die eine eidesstattliche Versicherung nach § 284 der Abgabenordnung abgegeben haben. 2 Die Vollstreckung einer Haft ist in dem Verzeichnis zu vermerken, wenn sie sechs Monate gedauert hat.
(2) 1 Wird die Befriedigung des Gläubigers, der gegen den Schuldner das Verfahren zur Abnahme der eidesstattlichen Versicherung betrieben hat, nachgewiesen oder sind seit dem Schlusse des Jahres, in dem die Eintragung in das Verzeichnis erfolgt ist, drei Jahre verstrichen, so hat das Vollstreckungsgericht auf Antrag des Schuldners dessen Löschung in dem Schuldnerverzeichnis anzuordnen. 2 Die Eintragung wird dadurch gelöscht, daß der Name des Schuldners unkenntlich gemacht oder das Verzeichnis vernichtet wird.
(3) Über das Bestehen oder Nichtbestehen einer bestimmten Eintragung ist jedermann auf Antrag Auskunft zu erteilen; es kann auch die Einsicht in das Verzeichnis gewährt werden.
(4) 1 Abschriften aus dem Verzeichnis dürfen nur erteilt und entnommen werden, sofern

die Einhaltung der in Absatz 2 vorgesehenen Löschungsfrist gesichert erscheint. [2] Die Veröffentlichung des Verzeichnisses in Druckerzeugnissen, die jedermann zugänglich sind, ist nicht gestattet. [3] Die näheren Vorschriften erläßt der Bundesminister der Justiz mit Zustimmung des Bundesrates.

ZVG – Zwangsversteigerungsgesetz

Erster Abschnitt

Zwangsversteigerung und Zwangsverwaltung von Grundstücken im Wege der Zwangsvollstreckung

Erster Titel. Allgemeine Vorschriften

§ 1. [Zuständiges Amtsgericht]
(1) Für die Zwangsversteigerung und die Zwangsverwaltung eines Grundstücks ist als Vollstreckungsgericht das Amtsgericht zuständig, in dessen Bezirke das Grundstück belegen ist.
(2) [1] Die Landesregierungen werden ermächtigt, durch Rechtsverordnung die Zwangsversteigerungs- und Zwangsverwaltungssachen einem Amtsgericht für die Bezirke mehrerer Amtsgerichte zuzuweisen, sofern die Zusammenfassung für eine sachdienliche Förderung und schnellere Erledigung der Verfahren erforderlich ist. [2] Die Landesregierungen können die Ermächtigung auf die Landesjustizverwaltungen übertragen.

§ 2. [Bestellung durch das höhere Gericht]
(1) Ist das Grundstück in den Bezirken verschiedener Amtsgerichte belegen oder ist es mit Rücksicht auf die Grenzen der Bezirke ungewiß, welches Gericht zuständig ist, so hat das zunächst höhere Gericht eines der Amtsgerichte zum Vollstreckungsgerichte zu bestellen; die Vorschriften des § 37 der Zivilprozeßordnung finden entsprechende Anwendung.
(2) [1] Die gleiche Anordnung kann getroffen werden, wenn die Zwangsversteigerung oder die Zwangsverwaltung mehrerer Grundstücke in demselben Verfahren zulässig ist und die Grundstücke in den Bezirken verschiedener Amtsgerichte belegen sind. [2] Von der Anordnung soll das zum Vollstreckungsgerichte bestellte Gericht die übrigen Gerichte in Kenntnis setzen.

§ 3. [Zustellungen]
Die Zustellungen erfolgen von Amts wegen.

§ 4. [Zustellung durch Aufgabe zur Post]
[1] Wohnt derjenige, welchem zugestellt werden soll, weder am Orte noch im Bezirke des Vollstreckungsgerichts, so kann die Zustellung durch Aufgabe zur Post erfolgen, solange nicht die Bestellung eines daselbst wohnhaften Prozeßbevollmächtigten oder Zustellungsbevollmächtigten dem Gericht angezeigt ist. [2]Die Postsendung muß mit der Bezeichnung "Einschreiben" versehen werden.

§ 5. [Zustellungsbevollmächtigter]
Die Bestellung eines Zustellungsbevollmächtigten bei dem Grundbuchamte gilt auch für das Verfahren des Vollstreckungsgerichts, sofern sie diesem bekannt geworden ist.

§ 6. [Bestellung eines Zustellungsvertreters]
(1) Ist der Aufenthalt desjenigen, welchem zugestellt werden soll, und der Aufenthalt seines Zustellungsbevollmächtigten dem Vollstreckungsgericht nicht bekannt oder sind die Voraussetzungen für eine öffentliche Zustellung aus sonstigen Gründen (§ 203 der Zivilprozeßordnung) gegeben, so hat das Gericht für denjenigen, welchem zugestellt werden soll, einen Zustellungsvertreter zu bestellen.
(2) [1] Das gleiche gilt, wenn im Falle der Zustellung durch Aufgabe zur Post die Postsendung als unbestellbar zurückkommt. [2] Die zurückgekommene Sendung soll dem Zustellungsvertreter ausgehändigt werden.
(3) Statt der Bestellung eines Vertreters genügt es, wenn die Zustellung für nicht prozeßfähige Personen an die Vormundschaftsbehörde, für juristische Personen oder für Vereine, die als solche klagen und verklagt werden können, an die Aufsichtsbehörde angeordnet wird.

§ 7. [Zustellung an Zustellungsvertreter]
(1) An den Zustellungsvertreter erfolgen die Zustellungen, solange derjenige, welchem zugestellt werden soll, nicht ermittelt ist.
{2} [1] Der Zustellungsvertreter ist zur Ermittlung und Benachrichtigung des Vertretenen verpflichtet. [2] Er kann von diesem eine Vergütung für seine Tätigkeit und Ersatz seiner Auslagen fordern. [3] Über die Vergütung und die Erstattung der Auslagen entscheidet das Vollstreckungsgericht.
(3) Für die Erstattung der Auslagen haftet der Gläubiger, soweit der Zustellungsvertreter von dem Vertretenen Ersatz nicht zu erlangen vermag; die dem Gläubiger zur Last fallenden Auslagen gehören zu den Kosten der die Befriedigung aus dem Grundstücke bezweckenden Rechtsverfolgung.

§ 8. [Zustellung des Anordnungs- und Beitrittsbeschlusses]
Die Vorschriften der §§ 4 bis 7 finden auf die an den Schuldner zu bewirkende Zustellung des Beschlusses, durch welchen die Zwangsvollstreckung angeordnet oder der Beitritt eines Gläubigers zugelassen wird, keine Anwendung.

§ 9. [Beteiligte]
In dem Verfahren gelten als Beteiligte, außer dem Gläubiger und dem Schuldner:
1. diejenigen, für welche zur Zeit der Eintragung des Vollstreckungsvermerkes ein Recht im Grundbuch eingetragen oder durch Eintragung gesichert ist;
2. diejenigen, welche ein der Zwangsvollstreckung entgegenstehendes Recht, ein Recht an dem Grundstück oder an einem das Grundstück belastenden Rechte, einen Anspruch mit dem Rechte auf Befriedigung aus dem Grundstück oder ein Miet- oder Pachtrecht, auf Grund dessen ihnen das Grundstück überlassen ist, bei dem Vollstreckungsgericht anmelden und auf Verlangen des Gerichts oder eines Beteiligten glaubhaft machen.

§ 10. [Rangordnung der Rechte]

(1) Ein Recht auf Befriedigung aus dem Grundstücke gewähren nach folgender Rangordnung, bei gleichem Range nach dem Verhältnis ihrer Beträge:

1. der Anspruch eines die Zwangsverwaltung betreibenden Gläubigers auf Ersatz seiner Ausgaben zur Erhaltung oder nötigen Verbesserung des Grundstücks, im Falle der Zwangsversteigerung jedoch nur, wenn die Verwaltung bis zum Zuschlage fortdauert und die Ausgaben nicht aus den Nutzungen des Grundstücks erstattet werden können;
2. bei einem land- oder forstwirtschaftlichen Grundstücke die Ansprüche der zur Bewirtschaftung des Grundstücks oder zum Betrieb eines mit dem Grundstücke verbundenen land- oder forstwirtschaftlichen Nebengewerbes angenommenen, in einem Dienst- oder Arbeitsverhältnisse stehenden Personen, insbesondere des Gesindes, der Wirtschafts- und Forstbeamten, auf Lohn, Kostgeld und andere Bezüge wegen der laufenden und der aus dem letzten Jahre rückständigen Beträge;
3. die Ansprüche auf Entrichtung der öffentlichen Lasten des Grundstücks wegen der aus den letzten vier Jahren rückständigen Beträge; wiederkehrende Leistungen, insbesondere Grundsteuern, Zinsen, Zuschläge oder Rentenleistungen, sowie Beträge, die zur allmählichen Tilgung einer Schuld als Zuschlag zu den Zinsen zu entrichten sind, genießen dieses Vorrecht nur für die laufenden Beträge und für die Rückstände aus den letzten zwei Jahren. Untereinander stehen öffentliche Grundstückslasten, gleichviel ob sie auf Bundes- oder Landesrecht beruhen, im Range gleich. Die Vorschriften des § 112 Abs. 1 und der §§ 113 und 116 des Gesetzes über den Lastenausgleich vom 14. August 1952 (Bundesgesetzblatt I S. 446) bleiben unberührt;
4. die Ansprüche aus Rechten an dem Grundstück, soweit sie nicht infolge der Beschlagnahme dem Gläubiger gegenüber unwirksam sind, einschließlich der Ansprüche auf Beträge, die zur allmählichen Tilgung einer Schuld als Zuschlag zu den Zinsen zu entrichten sind; Ansprüche auf wiederkehrende Leistungen, insbesondere Zinsen, Zuschläge, Verwaltungskosten oder Rentenleistungen, genießen das Vorrecht dieser Klasse nur wegen der laufenden und der aus den letzten zwei Jahren rückständigen Beträge;
5. der Anspruch des Gläubigers, soweit er nicht in einer der vorhergehenden Klassen zu befriedigen ist;
6. die Ansprüche der vierten Klasse, soweit sie infolge der Beschlagnahme dem Gläubiger gegenüber unwirksam sind;
7. die Ansprüche der dritten Klasse wegen der älteren Rückstände;
8. die Ansprüche der vierten Klasse wegen der älteren Rückstände;

(2) Das Recht auf Befriedigung aus dem Grundstück besteht auch für Kosten der Kündigung und der die Befriedigung aus dem Grundstücke bezweckenden Rechtsverfolgung.

§ 11. [Rangordnung verschiedener Rechte in derselben Klasse]

(1) Sind Ansprüche aus verschiedenen Rechten nach § 10 Nr. 4, 6 oder 8 in derselben Klasse zu befriedigen, so ist für sie das Rangverhältnis maßgebend, welches unter den Rechten besteht.

(2) In der fünften Klasse geht unter mehreren Ansprüchen derjenige vor, für welchen die Beschlagnahme früher erfolgt ist.

§ 12. [Rangordnung gleicher Rechte untereinander]

Die Ansprüche aus einem und demselben Rechte haben untereinander folgende Rangordnung:

1. die Ansprüche auf Ersatz der im § 10 Abs. 2 bezeichneten Kosten;
2. die Ansprüche auf wiederkehrende Leistungen und andere Nebenleistungen;
3. der Hauptanspruch.

§ 13. [Wiederkehrende Leistungen]

(1) [1] Laufende Beträge wiederkehrender Leistungen sind der letzte vor der Beschlagnahme fällig gewordene Betrag sowie die später fällig werdenden Beträge. [2] Die älteren Beträge sind Rückstände.

(2) Absatz 1 ist anzuwenden, gleichviel ob die Ansprüche auf wiederkehrende Leistungen auf öffentlichem oder privatem Recht oder ob sie auf Bundes- oder Landesrecht beruhen oder ob die gesetzlichen Vorschriften andere als die in § 10 Abs. 1 Nr. 3 und 4 bestimmten Fristen festsetzen; kürzere Fristen als die in § 10 Abs. 1 Nr. 3 und 4 bestimmten werden stets vom letzten Fälligkeitstag vor der Beschlagnahme zurückgerechnet.

(3) Fehlt es innerhalb der letzten zwei Jahre an einem Fälligkeitstermin, so entscheidet der Zeitpunkt der Beschlagnahme.

(4) [1] Liegen mehrere Beschlagnahmen vor, so ist die erste maßgebend. [2] Bei der Zwangsversteigerung gilt, wenn bis zur Beschlagnahme eine Zwangsverwaltung fortgedauert hat, die für diese bewirkte Beschlagnahme als die erste.

§ 14. [Ansprüche unbestimmten Betrages]

Ansprüche von unbestimmtem Betrage gelten als aufschiebend bedingt durch die Feststellung des Betrags.

Zweiter Titel. Zwangsversteigerung

I. Anordnung der Versteigerung

§ 15. [Antrag]

Die Zwangsversteigerung eines Grundstücks wird von dem Vollstreckungsgericht auf Antrag angeordnet.

§ 16. [Inhalt des Antrages]

(1) Der Antrag soll das Grundstück, den Eigentümer, den Anspruch und den vollstreckbaren Titel bezeichnen.

(2) Die für den Beginn der Zwangsvollstreckung erforderlichen Urkunden sind dem Antrage beizufügen.

§ 17. [Eintragung des Schuldners; Glaubhaftmachung der Erbfolge]

(1) Die Zwangsversteigerung darf nur angeordnet werden, wenn der Schuldner als Eigentümer des Grundstücks eingetragen oder wenn er Erbe des eingetragenen Eigentümers ist.

(2) [1] Die Eintragung ist durch ein Zeugnis des Grundbuchamts nachzuweisen. [2] Gehören Vollstreckungsgericht und Grundbuchamt demselben Amtsgericht an, so genügt statt des Zeugnisses die Bezugnahme auf das Grundbuch.

(3) Die Erbfolge ist durch Urkunden glaubhaft zu machen, sofern sie nicht bei dem Gericht offenkundig ist.

§ 18. [Versteigerung mehrerer Grundstücke]

Die Zwangsversteigerung mehrerer Grundstücke kann in demselben Verfahren erfolgen, wenn sie entweder wegen einer Forderung gegen denselben Schuldner oder wegen eines an jedem der Grundstücke bestehenden Rechtes oder wegen einer Forderung, für welche die Eigentümer gesamtschuldnerisch haften, betrieben wird.

§ 19. [Eintragung der Anordnung in das Grundbuch]

(1) Ordnet das Gericht die Zwangsversteigerung an, so hat es zugleich das Grundbuchamt um Eintragung dieser Anordnung in das Grundbuch zu ersuchen.

(2) [1] Das Grundbuchamt hat nach der Eintragung des Versteigerungsvermerkes dem Gericht eine beglaubigte Abschrift des Grundbuchblatts und der Urkunden, auf welche im Grundbuche Bezug genommen wird, zu erteilen, die bei ihm bestellten Zustellungsbevollmächtigten zu bezeichnen und Nachricht zu geben, was ihm über Wohnort und Wohnung der eingetragenen Beteiligten und deren Vertreter bekannt ist. [2] Statt der Erteilung einer beglaubigten Abschrift der Urkunden genügt die Beifügung der Grundakten oder der Urkunden.

(3) Eintragungen im Grundbuch, die nach der Eintragung des Vermerks über die Anordnung der Zwangsversteigerung erfolgen, soll das Grundbuchamt dem Gericht mitteilen.

§ 20. [Beschlagnahme des Grundstücks; Umfang]

(1) Der Beschluß, durch welchen die Zwangsversteigerung angeordnet wird, gilt zugunsten des Gläubigers als Beschlagnahme des Grundstücks.

(2) Die Beschlagnahme umfaßt auch diejenigen Gegenstände, auf welche sich bei einem Grundstücke die Hypothek erstreckt.

§ 21. [Umfang der Beschlagnahme]

(1) Die Beschlagnahme umfaßt land- und forstwirtschaftliche Erzeugnisse des Grundstücks sowie die Forderung aus einer Versicherung solcher Erzeugnisse nur, soweit die Erzeugnisse noch mit dem Boden verbunden oder soweit sie Zubehör des Grundstücks sind.

(2) Die Beschlagnahme umfaßt nicht die Miet- und Pachtzinsforderungen sowie die Ansprüche aus einem mit dem Eigentum an dem Grundstücke verbundenen Rechte auf wiederkehrende Leistungen.

(3) Das Recht eines Pächters auf den Fruchtgenuß wird von der Beschlagnahme nicht berührt.

§ 22. [Wirksamwerden der Beschlagnahme]

(1) [1] Die Beschlagnahme des Grundstücks wird mit dem Zeitpunkte wirksam, in welchem der Beschluß, durch den die Zwangsversteigerung angeordnet ist, dem Schuldner zugestellt wird. [2] Sie wird auch wirksam mit dem Zeitpunkt, in welchem das Ersuchen um Eintragung des Versteigerungsvermerkes dem Grundbuchamte zugeht, sofern auf das Ersuchen die Eintragung demnächst erfolgt.

(2) [1] Erstreckt sich die Beschlagnahme auf eine Forderung, so hat das Gericht auf Antrag des Gläubigers dem Drittschuldner zu verbieten, an den Schuldner zu zahlen. [2] Die Beschlagnahme wird dem Drittschuldner gegenüber erst mit dem Zeitpunkte wirksam, in welchem sie ihm bekannt oder das Zahlungsverbot ihm zugestellt wird. [3] Die Vorschriften des § 845 der Zivilprozeßordnung finden entsprechende Anwendung.

§ 23. [Wirkung der Beschlagnahme]

(1) [1] Die Beschlagnahme hat die Wirkung eines Veräußerungsverbots. [2] Der Schuldner kann jedoch, wenn sich die Beschlagnahme auf bewegliche Sachen erstreckt, über einzelne Stücke innerhalb der Grenzen einer ordnungsmäßigen Wirtschaft auch dem Gläubiger gegenüber wirksam verfügen.

(2) [1] Kommt es bei einer gegen die Beschlagnahme verstoßenden Verfügung nach § 135 Abs. 2 des Bürgerlichen Gesetzbuchs darauf an, ob derjenige, zu dessen Gunsten verfügt wurde, die Beschlagnahme kannte, so steht die Kenntnis des Versteigerungsantrags einer Kenntnis der Beschlagnahme gleich. [2] Die Beschlagnahme gilt auch in Ansehung der mithaftenden beweglichen Sachen als bekannt, sobald der Versteigerungsvermerk eingetragen ist.

§ 24. [Verwaltung und Benutzung durch den Schuldner]

Die Verwaltung und Benutzung des Grundstücks verbleibt dem Schuldner nur innerhalb der Grenzen einer ordnungsmäßigen Wirtschaft.

§ 25. [Sicherung der ordnungsmäßigen Bewirtschaftung]

[1] Ist zu besorgen, daß durch das Verhalten des Schuldners die ordnungsmäßige Wirtschaft gefährdet wird, so hat das Vollstreckungsgericht auf Antrag des Gläubigers die zur Abwendung der Gefährdung erforderlichen Maßregeln anzuordnen. [2] Das Gericht kann die Maßregeln aufheben, wenn der zu deren Fortsetzung erforderliche Geldbetrag nicht vorgeschossen wird.

§ 26. [Veräußerung nach Beschlagnahme]

Ist die Zwangsversteigerung wegen des Anspruchs aus einem eingetragenen Rechte angeordnet, so hat eine nach der Beschlagnahme bewirkte Veräußerung des Grundstücks auf den Fortgang des Verfahrens gegen den Schuldner keinen Einfluß.

§ 27. [Beitritt zum Versteigerungsverfahren]

(1) [1] Wird nach der Anordnung der Zwangsversteigerung ein weiterer Antrag auf Zwangsversteigerung des Grundstücks gestellt, so erfolgt statt des Versteigerungsbeschlusses die Anordnung, daß der Beitritt des Antragstellers zu dem Verfahren zugelassen wird. [2] Eine Eintragung dieser Anordnung in das Grundbuch findet nicht statt.

(2) Der Gläubiger, dessen Beitritt zugelassen ist, hat dieselben Rechte, wie wenn auf seinen Antrag die Versteigerung angeordnet wäre.

II. Aufhebung und einstweilige Einstellung des Verfahrens

§ 28. [Entgegenstehende grundbuchmäßige Rechte]
[1] Wird dem Vollstreckungsgericht ein aus dem Grundbuch ersichtliches Recht bekannt, welches der Zwangsversteigerung oder der Fortsetzung des Verfahrens entgegensteht, so hat das Gericht das Verfahren entweder sofort aufzuheben oder unter Bestimmung einer Frist, binnen welcher der Gläubiger die Hebung des Hindernisses nachzuweisen hat, einstweilen einzustellen. [2] Im letzteren Falle ist das Verfahren nach dem Ablaufe der Frist aufzuheben, wenn nicht inzwischen der Nachweis erbracht ist.

§ 29. [Zurücknahme des Antrages]
Das Verfahren ist aufzuheben, wenn der Versteigerungsantrag von dem Gläubiger zurückgenommen wird.

§ 30. [Einstweilige Einstellung auf Bewilligung des Gläubigers]
(1) [1] Das Verfahren ist einstweilen einzustellen, wenn der Gläubiger die Einstellung bewilligt. [2] Die Einstellung kann wiederholt bewilligt werden. [3] Ist das Verfahren auf Grund einer Bewilligung des Gläubigers bereits zweimal eingestellt, so gilt eine erneute Einstellungsbewilligung als Rücknahme des Versteigerungsantrags.
(2) Der Bewilligung der Einstellung steht es gleich, wenn der Gläubiger die Aufhebung des Versteigerungstermins bewilligt.

§ 30a. [Einstweilige Einstellung auf Antrag des Schuldners]
(1) Das Verfahren ist auf Antrag des Schuldners einstweilen auf die Dauer von höchstens sechs Monaten einzustellen, wenn Aussicht besteht, daß durch die Einstellung die Versteigerung vermieden wird, und wenn die Einstellung nach den persönlichen und wirtschaftlichen Verhältnissen des Schuldners sowie nach der Art der Schuld der Billigkeit entspricht.
(2) Der Antrag ist abzulehnen, wenn die einstweilige Einstellung dem betreibenden Gläubiger unter Berücksichtigung seiner wirtschaftlichen Verhältnisse nicht zuzumuten ist, insbesondere ihm einen unverhältnismäßigen Nachteil bringen würde, oder wenn mit Rücksicht auf die Beschaffenheit oder die sonstigen Verhältnisse des Grundstücks anzunehmen ist, daß die Versteigerung zu einem späteren Zeitpunkt einen wesentlich geringeren Erlös bringen würde.
(3) [1] Die einstweilige Einstellung kann auch mit der Maßgabe angeordnet werden, daß sie außer Kraft tritt, wenn der Schuldner die während der Einstellung fällig werdenden wiederkehrenden Leistungen nicht binnen zwei Wochen nach Eintritt der Fälligkeit bewirkt. [2]Wird die Zwangsversteigerung von einem Gläubiger betrieben, dessen Hypothek oder Grundschuld innerhalb der ersten sieben Zehnteile des Grundstückswertes steht, so darf

das Gericht von einer solchen Anordnung nur insoweit absehen, als dies nach den besonderen Umständen des Falles zur Wiederherstellung einer geordneten wirtschaftlichen Lage des Schuldners geboten und dem Gläubiger unter Berücksichtigung seiner gesamten wirtschaftlichen Verhältnisse, insbesondere seiner eigenen Zinsverpflichtungen, zuzumuten ist.

(4) Das Gericht kann ferner anordnen, daß der Schuldner Zahlungen auf Rückstände wiederkehrender Leistungen zu bestimmten Terminen zu bewirken hat.

(5) Das Gericht kann schließlich die einstweilige Einstellung von sonstigen Auflagen mit der Maßgabe abhängig machen, daß die einstweilige Einstellung des Verfahrens bei Nichterfüllung dieser Auflagen außer Kraft tritt.

§ 30b. [Antrag auf einstweilige Einstellung; Entscheidung]

(1) [1] Die einstweilige Einstellung ist binnen einer Notfrist von zwei Wochen zu beantragen. [2] Die Frist beginnt mit der Zustellung der Verfügung, in welcher der Schuldner auf das Recht zur Stellung des Einstellungsantrages, den Fristbeginn und die Rechtsfolgen eines fruchtlosen Fristablaufs hingewiesen wird. [3] Der Hinweis ist möglichst zugleich mit dem Beschluß, durch den die Zwangsversteigerung angeordnet wird, zuzustellen.

(2) [1] Die Entscheidung über den Antrag auf einstweilige Einstellung des Verfahrens ergeht durch Beschluß. [2] Vor der Entscheidung sind der Schuldner und der betreibende Gläubiger zu hören; in geeigneten Fällen kann das Gericht mündliche Verhandlung anberaumen. [3] Der Schuldner und der betreibende Gläubiger haben ihre Angaben auf Verlangen des Gerichts glaubhaft zu machen.

(3) [1] Gegen die Entscheidung ist die sofortige Beschwerde zulässig; vor der Entscheidung ist der Gegner zu hören. [2] Eine weitere Beschwerde findet nicht statt.

(4) Der Versteigerungstermin soll erst nach Rechtskraft des die einstweilige Einstellung ablehnenden Beschlusses bekanntgegeben werden.

§ 30c. [Einstweilige Einstellung auf Antrag des Konkursverwalters]

(1) [1] Befindet sich der Schuldner im Konkurs, so ist auf Antrag des Konkursverwalters das Verfahren einstweilen einzustellen, wenn durch die Versteigerung die angemessene Verwertung der Konkursmasse wesentlich erschwert werden würde oder wenn ein Zwangsvergleichsvorschlag eingereicht ist. [2] Der Antrag ist abzulehnen, wenn die einstweilige Einstellung dem betreibenden Gläubiger unter Berücksichtigung seiner wirtschaftlichen Verhältnisse nicht zuzumuten ist. [3] Das Verfahren ist auf Antrag des Gläubigers fortzusetzen, wenn der Konkursverwalter zustimmt, wenn die in Satz 1 genannten Voraussetzungen wegfallen, wenn der in Satz 2 genannte Ablehnungsgrund nachträglich eintritt oder wenn das Konkursverfahren beendet ist.

(2) § 30b gilt entsprechend mit der Maßgabe, daß an die Stelle des Schuldners der Konkursverwalter tritt.

§ 30d. [Erneute Einstellung]

(1) [1] War das Verfahren gemäß § 30a oder § 30c einstweilen eingestellt, so kann es auf Grund des § 30a und des § 30c einmal erneut eingestellt werden, es sei denn, daß die Einstellung dem Gläubiger unter Berücksichtigung seiner gesamten wirtschaftlichen Verhältnisse nicht zuzumuten ist. [2] § 30b gilt entsprechend.

(2) Hat eine erneute Einstellung stattgefunden, ist auch § 765a der Zivilprozeßordnung nicht mehr anzuwenden.

§ 31. [Fortsetzung auf Antrag des Gläubigers]

(1) [1] Im Falle einer einstweiligen Einstellung darf das Verfahren, soweit sich nicht aus dem Gesetz etwas anderes ergibt, nur auf Antrag des Gläubigers fortgesetzt werden. [2] Wird der Antrag nicht binnen sechs Monaten gestellt, so ist das Verfahren aufzuheben.

(2) Die Frist nach Absatz 1 Satz 2 beginnt

a) im Falle des § 30 mit der Einstellung des Verfahrens,
b) im Falle des § 30a mit dem Zeitpunkt, bis zu dem die Einstellung angeordnet war,
c) im Falle des § 30c mit dem Ende des Konkursverfahrens,
d) wenn die Einstellung vom Prozeßgericht angeordnet war, mit der Wiederaufhebung der Anordnung oder mit einer sonstigen Erledigung der Einstellung.

(3) Das Vollstreckungsgericht soll den Gläubiger auf den Fristbeginn unter Bekanntgabe der Rechtsfolgen eines fruchtlosen Fristablaufs hinweisen; die Frist beginnt erst zu laufen, nachdem der Hinweis auf die Rechtsfolgen eines fruchtlosen Fristablaufs dem Gläubiger zugestellt worden ist.

§ 32. [Zustellung des Aufhebungs- oder Einstellungsbeschlusses]

Der Beschluß, durch welchen das Verfahren aufgehoben oder einstweilen eingestellt wird, ist dem Schuldner, dem Gläubiger und, wenn die Anordnung von einem Dritten beantragt war, auch diesem zuzustellen.

§ 33. [Entscheidung durch Versagung des Zuschlags]

Nach dem Schlusse der Versteigerung darf, wenn ein Grund zur Aufhebung oder zur einstweiligen Einstellung des Verfahrens oder zur Aufhebung des Termins vorliegt, die Entscheidung nur durch Versagung des Zuschlags gegeben werden.

§ 34. [Löschung des Versteigerungsvermerkes]

Im Falle der Aufhebung des Verfahrens ist das Grundbuchamt um Löschung des Versteigerungsvermerkes zu ersuchen.

III. Bestimmung des Versteigerungstermins

§ 35. [Ausführung durch Vollstreckungsgericht]

Die Versteigerung wird durch das Vollstreckungsgericht ausgeführt.

§ 36. [Terminsbestimmung]

(1) Der Versteigerungstermin soll erst nach der Beschlagnahme des Grundstücks und nach dem Eingange der Mitteilungen des Grundbuchamts bestimmt werden.

(2) [1] Der Zeitraum zwischen der Anberaumung des Termins und dem Termin soll, wenn

nicht besondere Gründe vorliegen, nicht mehr als sechs Monate betragen. [2] War das Verfahren einstweilen eingestellt, so soll diese Frist nicht mehr als zwei Monate, muß aber mindestens einen Monat betragen.
(3) Der Termin kam nach dem Ermessen des Gerichts an der Gerichtsstelle oder an einem anderen Orte im Gerichtsbezirk abgehalten werden.

§ 37. [Wesentlicher Inhalt der Terminsbestimmung]
Die Terminsbestimmung muß enthalten:
1. die Bezeichnung des Grundstücks;
2. Zeit und Ort des Versteigerungstermins;
3. die Angabe, daß die Versteigerung im Wege der Zwangsvollstreckung erfolgt;
4. die Aufforderung, Rechte, soweit sie zur Zeit der Eintragung des Versteigerungsvermerkes aus dem Grundbuche nicht ersichtlich waren, spätestens im Versteigerungstermine vor der Aufforderung zur Abgabe von Geboten anzumelden und, wenn der Gläubiger widerspricht, glaubhaft zu machen, widrigenfalls die Rechte bei der Feststellung des geringsten Gebots nicht berücksichtigt und bei der Verteilung des Versteigerungserlöses dem Anspruche des Gläubigers und den übrigen Rechten nachgesetzt werden würden;
5. die Aufforderung an diejenigen, welche ein der Versteigerung entgegenstehendes Recht haben, vor der Erteilung des Zuschlags die Aufhebung oder einstweilige Einstellung des Verfahrens herbeizuführen, widrigenfalls für das Recht der Versteigerungserlös an die Stelle des versteigerten Gegenstandes treten würde.

§ 38. [Weitere Angaben in der Terminsbestimmung]
[1] Die Terminsbestimmung soll die Bezeichnung des zur Zeit der Eintragung des Versteigerungsvermerkes eingetragenen Eigentümers sowie die Angabe des Grundbuchblatts und der Größe des Grundstücks enthalten. [2] Ist in einem früheren Versteigerungstermin der Zuschlag aus den Gründen des § 74a Abs. 1 oder des § 85a Abs. 1 versagt worden, so soll auch diese Tatsache in der Terminsbestimmung angegeben werden.

§ 39. [Bekanntmachung der Terminsbestimmung]
(1) Die Terminsbestimmung muß durch eine einmalige Einrückung in das für Bekanntmachungen des Gerichts bestimmte Blatt öffentlich bekanntgemacht werden.
(2) Hat das Grundstück nur einen geringen Wert, so kann das Gericht anordnen, daß die Einrückung unterbleibt; in diesem Falle muß die Bekanntmachung dadurch erfolgen, daß die Terminsbestimmung in der Gemeinde, in deren Bezirke das Grundstück belegen ist, an die für amtliche Bekanntmachungen bestimmte Stelle angeheftet wird.

§ 40. [Anheftung an die Gerichtstafel]
(1) [1] Die Terminsbestimmung soll an die Gerichtstafel angeheftet werden. [2] Ist das Gericht nach § 2 Abs. 2 zum Vollstreckungsgerichte bestellt, so soll die Anheftung auch bei den übrigen Gerichten bewirkt werden.
(2) Das Gericht ist befugt, noch andere und wiederholte Veröffentlichungen zu veranlassen; bei der Ausübung dieser Befugnis ist insbesondere auf den Ortsgebrauch Rücksicht zu nehmen.

§ 41. [Zustellung an die Beteiligten]

(1) Die Terminsbestimmung ist den Beteiligten zuzustellen.

(2) Im Laufe der vierten Woche vor dem Termin soll den Beteiligten mitgeteilt werden, auf wessen Antrag und wegen welcher Ansprüche die Versteigerung erfolgt.

(3) Als Beteiligte gelten auch diejenigen, welche das angemeldete Recht noch glaubhaft zu machen haben.

§ 42. [Akteneinsicht]

(1) Die Einsicht der Mitteilungen des Grundbuchamts sowie der erfolgten Anmeldungen ist jedem gestattet.

(2) Das gleiche gilt von anderen das Grundstück betreffenden Nachweisungen, welche ein Beteiligter einreicht, insbesondere von Abschätzungen.

§ 43. [Terminsaufhebung]

(1) [1] Der Versteigerungstermin ist aufzuheben und von neuem zu bestimmen, wenn die Terminsbestimmung nicht sechs Wochen vor dem Termin bekanntgemacht ist. [2] War das Verfahren einstweilen zwei Wochen eingestellt, so reicht es aus, daß die Bekanntmachung der Terminsbestimmung zwei Wochen vor dem Termin bewirkt ist.

(2) Das gleiche gilt, wenn nicht vier Wochen vor dem Termin dem Schuldner ein Beschluß, auf Grund dessen die Versteigerung erfolgen kann, und allen Beteiligten, die schon zur Zeit der Anberaumung des Termins dem Gericht bekannt waren, die Terminsbestimmung zugestellt ist, es sei denn, daß derjenige, in Ansehung dessen die Frist nicht eingehalten ist, das Verfahren genehmigt.

IV. Geringstes Gebot. Versteigerungsbedingungen

§ 44. [Begriff des geringsten Gebots]

(1) Bei der Versteigerung wird nur ein solches Gebot zugelassen, durch welches die dem Anspruche des Gläubigers vorgehenden Rechte sowie die aus dem Versteigerungserlöse zu entnehmenden Kosten des Verfahrens gedeckt werden (geringstes Gebot).

(2) Wird das Verfahren wegen mehrerer Ansprüche von verschiedenem Range betrieben, so darf der vorgehende Anspruch der Feststellung des geringsten Gebotes nur dann zugrunde gelegt werden, wenn der wegen dieses Anspruchs ergangene Beschluß dem Schuldner vier Wochen vor dem Versteigerungstermin zugestellt ist.

§ 45. [Feststellung des geringsten Gebots]

(1) Ein Recht ist bei der Feststellung des geringsten Gebots insoweit, als es zur Zeit der Eintragung des Versteigerungsvermerkes aus dem Grundbuch ersichtlich war, nach dem Inhalte des Grundbuchs, im übrigen nur dann zu berücksichtigen, wenn es rechtzeitig angemeldet und, falls der Gläubiger widerspricht, glaubhaft gemacht wird.

(2) Von wiederkehrenden Leistungen, die nach dem Inhalte des Grundbuchs zu entrichten sind, brauchen die laufenden Beträge nicht angemeldet, die rückständigen nicht glaubhaft gemacht zu werden.

§ 46. [Wiederkehrende Naturalleistungen]

Für wiederkehrende Leistungen, die nicht in Geld bestehen, hat das Gericht einen Geldbetrag festzusetzen, auch wenn ein solcher nicht angemeldet ist.

§ 47. [Wiederkehrende Geldleistungen]

[1] Laufende Beträge regelmäßig wiederkehrender Leistungen sind für die Zeit bis zum Ablaufe von zwei Wochen nach dem Versteigerungstermine zu decken. [2] Nicht regelmäßig wiederkehrende Leistungen werden mit den Beträgen berücksichtigt, welche vor dem Ablaufe dieser Frist zu entrichten sind.

§ 48. [Bedingte Rechte; Vormerkung und Widerspruch]

Bedingte Rechte sind wie unbedingte, Rechte, die durch Eintragung eines Widerspruchs oder einer Vormerkung gesichert sind, wie eingetragene Rechte zu berücksichtigen.

§ 49. [Bargebot]

(1) Der Teil des geringsten Gebots, welcher zur Deckung der Kosten sowie der im § 10 Nr. 1 bis 3 und im § 12 Nr. 1, 2 bezeichneten Ansprüche bestimmt ist, desgleichen der das geringste Gebot übersteigende Betrag des Meistgebots ist von dem Ersteher im Verteilungstermine bar zu berichtigen (Bargebot).

(2) Das Bargebot ist von dem Zuschlag an zu verzinsen.

(3) Der Ersteher wird durch Hinterlegung von seiner Verbindlichkeit befreit, wenn die Hinterlegung und die Ausschließung der Rücknahme im Verteilungstermine nachgewiesen werden.

§ 50. [Erhöhung des zu zahlenden Betrages]

(1) [1] Soweit eine bei der Feststellung des geringsten Gebots berücksichtigte Hypothek, Grundschuld oder Rentenschuld nicht besteht, hat der Ersteher außer dem Bargebot auch den Betrag des berücksichtigten Kapitals zu zahlen. [2] In Ansehung der Verzinslichkeit, des Zinssatzes, der Zahlungszeit, der Kündigung und des Zahlungsorts bleiben die für das berücksichtigte Recht getroffenen Bestimmungen maßgebend.

(2) Das gleiche gilt:

1. wenn das Recht bedingt ist und die aufschiebende Bedingung ausfällt oder die auflösende Bedingung eintritt;
2. wenn das Recht noch an einem anderen Grundstücke besteht und an dem versteigerten Grundstücke nach den besonderen Vorschriften über die Gesamthypothek erlischt.

(3) Haftet der Ersteher im Falle des Absatzes 2 Nummer 2 zugleich persönlich, so ist die Erhöhung des zu zahlenden Betrags ausgeschlossen, soweit der Ersteher nicht bereichert ist.

§ 51. [Erhöhung bei Nichthypothekenrechten]

(1) [1] Ist das berücksichtigte Recht nicht eine Hypothek, Grundschuld oder Rentenschuld, so finden die Vorschriften des § 50 entsprechende Anwendung. [2] Der Ersteher hat statt des Kapitals den Betrag, um welchen sich der Wert des Grundstücks erhöht, drei Monate nach erfolgter Kündigung zu zahlen und von dem Zuschlag an zu verzinsen.

(2) Der Betrag soll von dem Gerichte bei der Feststellung des geringsten Gebots bestimmt werden.

§ 52. [Bestehenbleibende Rechte]

(1) [1] Ein Recht bleibt insoweit bestehen, als es bei der Feststellung des geringsten Gebotes berücksichtigt und nicht durch Zahlung zu decken ist. [2] Im übrigen erlöschen die Rechte.

(2) Das Recht auf eine der in den §§ 912 bis 917 des Bürgerlichen Gesetzbuchs bezeichneten Renten bleibt auch dann bestehen, wenn es bei der Feststellung des geringsten Gebots nicht berücksichtigt ist.

§ 53. [Schuldübernahme]

(1) Haftet bei einer Hypothek, die bestehenbleibt, der Schuldner zugleich persönlich, so übernimmt der Ersteher die Schuld in Höhe der Hypothek; die Vorschriften des § 416 des Bürgerlichen Gesetzbuchs finden mit der Maßgabe entsprechende Anwendung, daß als Veräußerer im Sinne dieser Vorschriften der Schuldner anzusehen ist.

(2) Das gleiche gilt, wenn bei einer Grundschuld oder Rentenschuld, die bestehenbleibt, der Schuldner zugleich persönlich haftet, sofern er spätestens im Versteigerungstermine vor der Aufforderung zur Abgabe von Geboten die gegen ihn bestehende Forderung unter Angabe ihres Betrags und Grundes angemeldet und auf Verlangen des Gerichts oder eines Beteiligten glaubhaft gemacht hat.

§ 54. [Kündigung von Grundpfandrechten]

(1) Die von dem Gläubiger dem Eigentümer oder von diesem dem Gläubiger erklärte Kündigung einer Hypothek, einer Grundschuld oder einer Rentenschuld ist dem Ersteher gegenüber nur wirksam, wenn sie spätestens in dem Versteigerungstermine vor der Aufforderung zur Abgabe von Geboten erfolgt und bei dem Gericht angemeldet worden ist.

(2) Das gleiche gilt von einer aus dem Grundbuche nicht ersichtlichen Tatsache, infolge deren der Anspruch vor der Zeit geltend gemacht werden kann.

§ 55. [Gegenstand der Versteigerung]

(1) Die Versteigerung des Grundstücks erstreckt sich auf alle Gegenstände, deren Beschlagnahme noch wirksam ist.

(2) Auf Zubehörstücke, die sich im Besitze des Schuldners oder eines neu eingetretenen Eigentümers befinden, erstreckt sich die Versteigerung auch dann, wenn sie einem Dritten gehören, es sei denn, daß dieser sein Recht nach Maßgabe des § 37 Nr. 5 geltend gemacht hat.

§ 56. [Gefahrübergang]

[1] Die Gefahr des zufälligen Unterganges geht in Ansehung des Grundstücks mit dem Zuschlag, in Ansehung der übrigen Gegenstände mit dem Schlusse der Versteigerung auf den Ersteher über. [2] Von dem Zuschlag an gebühren dem Ersteher die Nutzungen und trägt er die Lasten. [3] Ein Anspruch auf Gewährleistung findet nicht statt.

§ 57. [Mieter, Pächter]

Ist das Grundstück einem Mieter oder Pächter überlassen, so finden die Vorschriften der §§ 571, 572, des § 573 Satz 1 und der §§ 574, 575 des BGB nach Maßgabe der §§ 57a und 57b entsprechende Anwendung.

§ 57a. [Kündigungsrecht des Erstehers]

1 Der Ersteher ist berechtigt, das Miet- oder Pachtverhältnis unter Einhaltung der gesetzlichen Frist zu kündigen. 2 Die Kündigung ist ausgeschlossen, wenn sie nicht für den ersten Termin erfolgt, für den sie zulässig ist.

§ 57b. [Vorausverfügungen über Miet- und Pachtzins]

(1) 1 Soweit nach den Vorschriften des § 573 Satz 1 und der §§ 574, 575 des Bürgerlichen Gesetzbuchs für die Wirkung von Verfügungen und Rechtsgeschäften über den Miet- oder Pachtzins der Übergang des Eigentums in Betracht kommt, ist an dessen Stelle die Beschlagnahme des Grundstücks maßgebend. 2 Ist dem Mieter oder Pächter der Beschluß, durch den die Zwangsversteigerung angeordnet wird, zugestellt, so gilt mit der Zustellung die Beschlagnahme als dem Mieter oder Pächter bekannt; die Zustellung erfolgt auf Antrag des Gläubigers an die von ihm bezeichneten Personen. 3 Dem Beschlusse soll eine Belehrung über die Bedeutung der Beschlagnahme für den Mieter oder Pächter beigefügt werden. 4 Das Gericht hat auf Antrag des Gläubigers zur Feststellung der Mieter und Pächter eines Grundstücks Ermittlungen zu veranlassen; es kann damit einen Gerichtsvollzieher oder einen sonstigen Beamten beauftragen, auch die zuständige örtliche Behörde um Mitteilung der ihr bekannten Mieter und Pächter ersuchen.

(2) 1 Der Beschlagnahme zum Zwecke der Zwangsversteigerung steht die Beschlagnahme zum Zwecke der Zwangsverwaltung gleich, wenn sie bis zum Zuschlag fortgedauert hat. 2 Ist dem Mieter oder Pächter der Beschluß, durch den ihm verboten wird, an den Schuldner zu zahlen, zugestellt, so gilt mit der Zustellung die Beschlagnahme als dem Mieter oder Pächter bekannt.

(3) Auf Verfügungen und Rechtsgeschäfte des Zwangsverwalters finden diese Vorschriften keine Anwendung.

§ 57c. [Beschränkung des Kündigungsrechts]

(1) Der Ersteher eines Grundstücks kann von dem Kündigungsrecht nach § 57a keinen Gebrauch machen,

1. wenn und solange die Miete zur Schaffung oder Instandsetzung des Mietraums ganz oder teilweise vorausentrichtet oder mit einem sonstigen zur Schaffung oder Instandsetzung des Mietraums geleisteten Beitrag zu verrechnen ist, und zwar ohne Rücksicht darauf, ob die Verfügung gegenüber dem Ersteher wirksam oder unwirksam ist;
2. wenn der Mieter oder ein anderer zugunsten des Mieters zur Schaffung oder Instandsetzung des Mietraums einen Beitrag im Betrag von mehr als einer Jahresmiete geleistet oder erstattet hat und eine Vorausentrichtung der Miete oder eine Verrechnung mit der Miete nicht vereinbart ist (verlorener Baukostenzuschuß), solange der Zuschuß nicht als durch die Dauer des Vertrages getilgt anzusehen ist.

(2) 1 Im Sinne des Absatzes 1 Nr. 2 ist jeweils ein Zuschußbetrag in Höhe einer Jahresmiete als durch eine Mietdauer von vier Jahren getilgt anzusehen; ist die Miete im Hinblick auf den Betrag erheblich niedriger bemessen worden, als dies ohne den Beitrag geschehen wäre, so tritt für die Berechnung des in Absatz 1 Nr. 2 vorgesehenen Zeitraums an die Stelle der vereinbarten Jahresmiete die Jahresmiete, die ohne Berücksichtigung des Beitrags vereinbart worden wäre. 2 In jedem Falle ist jedoch der Zuschuß nach Ablauf von zwölf Jahren seit der Überlassung der Mieträume oder, sofern die vereinbarte Mietzeit kürzer ist, nach deren Ablauf als getilgt anzusehen.

(3) Ist zur Schaffung oder Instandsetzung des Mietraums sowohl ein Beitrag im Sinne des Absatzes 1 Nr. 1 als auch ein Beitrag im Sinne des Absatzes 1 Nr. 1 und 2 sich ergebenden Zeiträume zusammenzurechnen.
(4) Die Absätze 1 bis 3 gelten für Pachtverhältnisse entsprechend.

§ 57d. [Erklärungen der Mieter und Pächter]
(1) Das Vollstreckungsgericht hat, sofern nach den Umständen anzunehmen ist, daß die in § 57c vorgesehene Beschränkung des Kündigungsrechts des Erstehers in Betracht kommt, unverzüglich nach Anordnung der Zwangsversteigerung die Mieter und Pächter des Grundstücks aufzufordern, bis zum Beginn des Versteigerungstermins eine Erklärung darüber abzugeben, ob und welche Beiträge im Sinne des § 57c Abs. 1 von ihnen geleistet und welche Bedingungen hierüber vereinbart worden sind.
(2) Das Vollstreckungsgericht hat im Versteigerungstermin bekanntzugeben, ob und welche Erklärungen nach Absatz 1 abgegeben worden sind.
(3) [1] Hat ein Mieter oder Pächter keine oder eine unvollständige oder eine unrichtige Erklärung abgegeben und ist die Bekanntgabe nach Absatz 2 erfolgt, so ist § 57c ihm gegenüber nicht anzuwenden. [2] Das gilt nicht, wenn der Ersteher die Höhe der Beiträge gekannt hat oder bei Kenntnis das gleiche Gebot abgegeben haben würde.
(4) [1] Die Aufforderung nach Absatz 1 ist zuzustellen. [2] Sie muß einen Hinweis auf die in Absatz 3 bestimmten Rechtsfolgen enthalten.

§ 58. [Kosten des Zuschlagsbeschlusses]
Die Kosten des Beschlusses, durch welchen der Zuschlag erteilt wird, fallen dem Ersteher zur Last.

§ 59. [Abweichende Feststellung des geringsten Gebots]
(1) [1] Jeder Beteiligte kann eine von den gesetzlichen Vorschriften abweichende Feststellung des geringsten Gebots und der Versteigerungsbedingungen verlangen. [2] Wird durch die Abweichung das Recht eines anderen Beteiligten beeinträchtigt, so ist dessen Zustimmung erforderlich.
(2) Sofern nicht feststeht, ob das Recht durch die Abweichung beeinträchtigt wird, ist das Grundstück mit der verlangten Abweichung und ohne sie auszubieten.
(3) Soll das Fortbestehen eines Rechtes bestimmt werden, das nach § 52 erlöschen würde, so bedarf es nicht der Zustimmung eines nachstehenden Beteiligten.

§§ 60, 61: *(aufgehoben)*

§ 62. [Erörterungen über das geringste Gebot]
Das Gericht kann schon vor dem Versteigerungstermin Erörterungen der Beteiligten über das geringste Gebot und die Versteigerungsbedingungen veranlassen, zu diesem Zwecke auch einen besonderen Termin bestimmen.

§ 63. [Einzel- und Gesamtausgebot mehrerer Grundstücke]
(1) Mehrere in demselben Verfahren zu versteigernde Grundstücke sind einzeln auszubieten.
(2) [1] Jeder Beteiligte kann verlangen, daß neben dem Einzelausgebot alle Grundstücke

und, sofern einige von ihnen mit einem und demselben Rechte belastet sind, auch diese Grundstücke zusammen ausgeboten werden. 2 Auf Antrag kann das Gericht auch in anderen Fällen das Gesamtausgebot einiger der Grundstücke anordnen.
(3) Das Gesamtausgebot kann vor oder nach dem Einzelausgebot erfolgen.
(4) 1 Wird bei dem Einzelausgebot auf eines der Grundstücke ein Meistgebot abgegeben, das mehr beträgt als das geringste Gebot für dieses Grundstück, so erhöht sich bei dem Gesamtausgebote das geringste Gebot um den Mehrbetrag. 2 Der Zuschlag wird auf Grund des Gesamtausgebots nur erteilt, wenn das Meistgebot höher ist als das Gesamtergebnis der Einzelausgebote.
(5) Das Einzelausgebot unterbleibt, wenn die anwesenden Beteiligten zustimmen, deren Rechte bei der Feststellung des geringsten Gebots nicht zu berücksichtigen sind.

§ 64. [Gesamthypothek]

(1) 1 Werden mehrere Grundstücke, die mit einer dem Anspruche des Gläubigers vorgehenden Gesamthypothek belastet sind, in demselben Verfahren versteigert, so ist auf Antrag die Gesamthypothek bei der Feststellung des geringsten Gebots für das einzelne Grundstück nur zu dem Teilbetrage zu berücksichtigen, der dem Verhältnisse des Wertes des Grundstücks zu dem Werte der sämtlichen Grundstücke entspricht; der Wert wird unter Abzug der Belastungen berechnet, die der Gesamthypothek im Range vorgehen und bestehen bleiben. 2 Antragsberechtigt sind der Gläubiger, der Eigentümer und jeder dem Hypothekengläubiger gleich- oder nachstehende Beteiligte.
(2) 1 Wird der im Absatz 1 bezeichnete Antrag gestellt, so kann der Hypothekengläubiger bis zum Schlusse der Verhandlung im Versteigerungstermine verlangen, daß bei der Feststellung des geringsten Gebots für die Grundstücke nur die seinem Anspruche vorgehenden Rechte berücksichtigt werden; in diesem Falle sind die Grundstücke auch mit der verlangten Abweichung auszubieten. 2 Erklärt sich nach erfolgtem Ausgebote der Hypothekengläubiger der Aufforderung des Gerichts ungeachtet nicht darüber, welches Ausgebot für die Erteilung des Zuschlags maßgebend sein soll, so verbleibt es bei der auf Grund des Absatzes 1 erfolgten Feststellung des geringsten Gebots.
(3) Diese Vorschriften finden entsprechende Anwendung, wenn die Grundstücke mit einer und derselben Grundschuld oder Rentenschuld belastet sind.

§ 65. [Besondere Versteigerung; anderweitige Verwertung]

(1) 1 Das Gericht kann auf Antrag anordnen, daß eine Forderung oder eine bewegliche Sache von der Versteigerung des Grundstücks ausgeschlossen und besonders versteigert werden soll. 2 Auf Antrag kann auch eine andere Art der Verwertung angeordnet, insbesondere zur Einziehung einer Forderung ein Vertreter bestellt oder die Forderung einem Beteiligten mit dessen Zustimmung an Zahlungs Statt überwiesen werden. 3 Die Vorschriften der §§ 817, 820, 835 der Zivilprozeßordnung finden entsprechende Anwendung. 4 Der Erlös ist zu hinterlegen.
(2) Die besondere Versteigerung oder die anderweitige Verwertung ist nur zulässig, wenn das geringste Gebot erreicht ist.

V. Versteigerung

§ 66. [Verfahren im Termin]

(1) In dem Versteigerungstermine werden nach dem Aufrufe der Sache die das Grundstück betreffenden Nachweisungen, die das Verfahren betreibenden Gläubiger, deren Ansprüche, die Zeit der Beschlagnahme, der vom Gericht festgesetzte Wert des Grundstücks und die erfolgten Anmeldungen bekanntgemacht, hierauf das geringste Gebot und die Versteigerungsbedingungen nach Anhörung der anwesenden Beteiligten, nötigenfalls mit Hilfe eines Rechnungsverständigen, unter Bezeichnung der einzelnen Rechte festgestellt und die erfolgten Feststellungen verlesen.

(2) Nachdem dies geschehen, hat das Gericht auf die bevorstehende Ausschließung weiterer Anmeldungen hinzuweisen und sodann zur Abgabe von Geboten aufzufordern.

§ 67. [Verlangen einer Sicherheitsleistung]

(1) [1] Ein Beteiligter, dessen Recht durch Nichterfüllung des Gebots beeinträchtigt werden würde, kann Sicherheitsleistung verlangen, jedoch nur sofort nach Abgabe des Gebots. [2] Das Verlangen gilt auch für weitere Gebote desselben Bieters.

(2) [1] Steht dem Bieter eine durch das Gebot ganz oder teilweise gedeckte Hypothek, Grundschuld oder Rentenschuld zu, so braucht er Sicherheit nur auf Verlangen des Gläubigers zu leisten. [2] Auf Gebote des Schuldners oder eines neu eingetretenen Eigentümers findet diese Vorschrift keine Anwendung.

(3) Für ein Gebot des Bundes, der Deutschen Bundesbank, der Deutschen Genossenschaftsbank, der Deutschen Girozentrale (Deutsche Kommunalbank) oder eines Landes kann Sicherheitsleistung nicht verlangt werden.

§ 68. [Höhe der Sicherheit]

(1) Die Sicherheit ist für ein Zehntel des Bargebots, wenn aber der Betrag der aus dem Versteigerungserlöse zu entnehmenden Kosten höher ist, für diesen Betrag zu leisten.

(2) Ein Beteiligter, dessen Recht nach § 52 bestehenbleibt, kann Sicherheitsleistung bis zur Höhe des Betrags verlangen, welcher zur Deckung der seinem Rechte vorgehenden Ansprüche durch Zahlung zu berichtigen ist.

(3) Bietet der Schuldner oder ein neu eingetretener Eigentümer des Grundstücks, so kann der Gläubiger Sicherheitsleistung bis zur Höhe des Betrags verlangen, welcher zur Deckung seines Anspruchs durch Zahlung zu berichtigen ist.

§ 69. [Art der Sicherheitsleistung]

(1) [1] Die Sicherheitsleistung ist durch Hinterlegung von Geld oder inländischen Wertpapieren zu bewirken. [2] Wertpapiere sind zur Sicherheitsleistung nur geeignet, wenn sie auf den Inhaber lauten und einen Kurswert haben; den Inhaberpapieren stehen Orderpapiere gleich, die mit Blankoindossament versehen sind. [2] Mit Wertpapieren kann die Sicherheit in Höhe des ganzen Kurswerts geleistet werden.

(2) Bestätigte *Reichsbankschecks* sind zur Sicherheitsleistung in Höhe des Nennbetrages geeignet, wenn die Vorlegungsfrist nicht vor dem vierten Tage nach dem Versteigerungstermin abläuft.

(3) Die Übergabe an das Gericht hat die Wirkung der Hinterlegung.

(4) Als Sicherheitsleistung kann das Vollstreckungsgericht auch die Stellung eines Bürgen nach § 239 des Bürgerlichen Gesetzbuchs zulassen, jedoch nicht für Geobte des Schuldners oder eines neu eingetretenen Eigentümers.

§ 70. [Sofortige Entscheidung; sofortige Leistung]

(1) Das Gericht hat über die Sicherheitsleistung sofort zu entscheiden.

(2) [1] Erklärt das Gericht die Sicherheit für erforderlich, so ist sie sofort zu leisten. [2] Die Sicherheitsleistung durch Hinterlegung kann bereits vor dem Versteigerungstermin erfolgen. [3] Unterbleibt die Leistung, so ist das Gebot zurückzuweisen.

(3) Wird das Gebot ohne Sicherheitsleistung zugelassen und von dem Beteiligten, welcher die Sicherheit verlangt hat, nicht sofort Widerspruch erhoben, so gilt das Verlangen als zurückgenommen.

§ 71. [Zurückweisung eines unwirksamen Gebots]

(1) Ein unwirksames Gebot ist zurückzuweisen.

(2) Ist die Wirksamkeit eines Gebots von der Vertretungsmacht desjenigen, welcher das Gebot für den Bieter abgegeben hat, oder von der Zustimmung eines anderen oder einer Behörde abhängig, so erfolgt die Zurückweisung, sofern nicht die Vertretungsmacht oder die Zustimmung bei dem Gericht offenkundig ist oder durch eine öffentlich beglaubigte Urkunde sofort nachgewiesen wird.

§ 72. [Erlöschen eines Gebots; Übergebot

(1) [1] Ein Gebot erlischt, wenn ein Übergebot zugelasen wird und ein Beteiligter der Zulassung nicht sofort widerspricht. [2] Das Übergebot gilt als zugelassen, wenn es nicht sofort zurückgewiesen wird.

(2) Ein Gebot erlischt auch dann, wenn es zurückgewiesen wird und der Bieter oder ein Beteiligter der Zurückweisung nicht sofort widerspricht.

(3) Das gleiche gilt, wenn das Verfahren einstweilen eingestellt oder der Termin aufgehoben wird.

§ 73. [Stundenfrist; Verkündung des letzten Gebots]

(1) [1] Zwischen der Aufforderung zur Abgabe von Geboten und dem Zeitpunkt, in welchem bezüglich sämtlicher zu versteigernder Grundstücke die Versteigerung geschlossen wird, muß mindestens eine Stunde liegen. [2] Die Versteigerung muß so lange fortgesetzt werden, bis der Aufforderung des Gerichts ungeachtet ein Gebot nicht mehr abgegeben wird.

(2) [1] Das Gericht hat das letzte Gebot und den Schluß der Versteigerung zu verkünden. [2]Die Verkündung des letzten Gebots soll mittels dreimaligen Aufrufs erfolgen.

§ 74. [Anhörung über den Zuschlag]

Nach dem Schlusse der Versteigerung sind die anwesenden Beteiligten über den Zuschlag zu hören.

§ 74a. [Antrag auf Versagung des Zuschlags]

(1) [1] Bleibt das abgegebene Meistgebot einschließlich des Kapitalwertes der nach den Versteigerungsbedingungen bestehenbleibenden Rechte unter sieben Zehnteilen des

Grundstückswertes, so kann ein Berechtigter, dessen Anspruch ganz oder teilweise durch das Meistgebot nicht gedeckt ist, aber bei einem Gebot in der genannten Höhe voraussichtlich gedeckt sein würde, die Versagung des Zuschlags beantragen. [2] Der Antrag ist abzulehnen, wenn der betreibende Gläubiger widerspricht und glaubhaft macht, daß ihm durch die Versagung des Zuschlags ein unverhältnismäßiger Nachteil erwachsen würde.
(2) Der Antrag auf Versagung des Zuschlags kann nur bis zum Schluß der Verhandlung über den Zuschlag gestellt werden; das gleiche gilt von der Erklärung des Widerspruchs.
(3) [1] Wird der Zuschlag gemäß Absatz 1 versagt, so ist von Amts wegen ein neuer Versteigerungstermin zu bestimmen. [2] Der Zeitraum zwischen den beiden Terminen soll, sofern nicht nach den besonderen Verhältnissen des Einzelfalles etwas anderes geboten ist, mindestens drei Monate betragen, darf aber sechs Monate nicht übersteigen.
(4) In dem neuen Versteigerungstermin darf der Zuschlag weder aus den Gründen des Absatzes 1 noch aus denen des § 85a Abs. 1 versagt werden.
(5) [1] Der Grundstückswert (Verkehrswert) wird vom Vollstreckungsgericht, nötigenfalls nach Anhörung von Sachverständigen, festgesetzt. [2] Der Wert der beweglichen Gegenstände, auf die sich die Versteigerung erstreckt, ist unter Würdigung aller Verhältnisse frei zu schätzen. [3] Der Beschluß über die Festsetzung des Grundstückswertes ist mit der sofortigen Beschwerde anfechtbar; eine weitere Beschwerde findet nicht statt. [4] Der Zuschlag oder die Versagung des Zuschlags können mit der Begründung, daß der Grundstückswert unrichtig festgesetzt sei, nicht angefochten werden.

§ 74b.

Ist das Meistgebot von einem zur Befriedigung aus dem Grundstück Berechtigten abgegeben worden, so findet § 74a keine Anwendung, wenn das Gebot einschließlich des Kapitalwertes der nach den Versteigerungsbedingungen bestehenbleibenden Rechte zusammen mit dem Betrage, mit dem der Meistbietende bei der Verteilung des Erlöses ausfallen würde, sieben Zehnteile des Grundstückswertes erreicht und dieser Betrag im Range unmittelbar hinter dem letzten Betrage steht, der durch das abgegebene Gebot noch gedeckt ist.

§ 75. [Einstellung wegen Zahlung im Termin]

Zahlt nach dem Beginne der Versteigerung der Schuldner oder ein Dritter, der berechtigt ist, den Gläubiger zu befriedigen, den zur Befriedigung und zur Deckung der Kosten erforderlichen Betrag an das Gericht, so wird das Verfahren einstweilen eingestellt.

§ 76. [Einstellung wegen Deckung des Gläubigers aus einem Einzelausgebot]

(1) Wird bei der Versteigerung mehrerer Grundstücke auf eines oder einige so viel geboten, daß der Anspruch des Gläubigers gedeckt ist, so wird das Verfahren in Ansehung der übrigen Grundstücke einstweilen eingestellt; die Einstellung unterbleibt, wenn sie dem berechtigten Interesse des Gläubigers widerspricht.
(2) [1] Ist die einstweilige Einstellung erfolgt, so kann der Gläubiger die Fortsetzung des Verfahrens verlangen, wenn er ein berechtigtes Interesse daran hat, insbesondere wenn er im Verteilungstermine nicht befriedigt worden ist. [2] Beantragt der Gläubiger die Fortsetzung nicht vor dem Ablaufe von drei Monaten nach dem Verteilungstermine, so gilt der Versteigerungsantrag als zurückgenommen.

§ 77. [Einstellung wegen Mangels an Geboten]

(1) Ist ein Gebot nicht abgegeben oder sind sämtliche Gebote erloschen, so wird das Verfahren einstweilen eingestellt.

(2) [1] Bleibt die Versteigerung in einem zweiten Termine gleichfalls ergebnislos, so wird das Verfahren aufgehoben. [2] Liegen die Voraussetzungen für die Anordnung der Zwangsverwaltung vor, so kann auf Antrag des Gläubigers das Gericht anordnen, daß das Verfahren als Zwangsverwaltung fortgesetzt wird. [2] In einem solchen Falle bleiben die Wirkungen der für die Zwangsversteigerung erfolgten Beschlagnahme bestehen; die Vorschrift des § 155 Abs. 1 findet jedoch auf die Kosten der Zwangsversteigerung keine Anwendung.

§ 78. [Protokoll]

Vorgänge in dem Termine, die für die Entscheidung über den Zuschlag oder für das Recht eines Beteiligten in Betracht kommen, sind durch das Protokoll festzustellen; bleibt streitig, ob oder für welches Gebot der Zuschlag zu erteilen ist, so ist das Sachverhältnis mit den gestellten Anträgen in das Protokoll aufzunehmen.

VI. Entscheidung über den Zuschlag

§ 79. [Keine Bindung an Vorentscheidungen]

Bei der Beschlußfassung über den Zuschlag ist das Gericht an eine Entscheidung, die es vorher getroffen hat, nicht gebunden.

§ 80. [Nicht protokollierte Vorgänge]

Vorgänge in dem Versteigerungstermine, die nicht aus dem Protokoll ersichtlich sind, werden bei der Entscheidung über den Zuschlag nicht berücksichtigt.

§ 81. [Zuschlagsberechtigte]

(1) Der Zuschlag ist dem Meistbietenden zu erteilen.

(2) Hat der Meistbietende das Recht aus dem Meistgebot an einen anderen abgetreten und dieser die Verpflichtung aus dem Meistgebot übernommen, so ist, wenn die Erklärungen im Versteigerungstermin abgegeben oder nachträglich durch öffentlich beglaubigte Urkunden nachgewiesen werden, der Zuschlag nicht dem Meistbietenden, sondern dem anderen zu erteilen.

(3) Erklärt der Meistbietende im Termin oder nachträglich in einer öffentlich beglaubigten Urkunde, daß er für einen anderen geboten habe, so ist diesem der Zuschlag zu erteilen, wenn die Vertretungsmacht des Meistbietenden oder die Zustimmung des anderen entweder bei dem Gericht offenkundig ist oder durch eine öffentlich beglaubigte Urkunde nachgewiesen wird.

(4) Wird der Zuschlag erteilt, so haften der Meistbietende und der Ersteher als Gesamtschuldner.

§ 82. [Inhalt des Zuschlagsbeschlusses]

In dem Beschlusse, durch welchen der Zuschlag erteilt wird, sind das Grundstück, der Ersteher, das Gebot und die Versteigerungsbedingungen zu bezeichnen; auch sind im Falle des § 69 Abs. 4 der Bürge unter Angabe der Höhe seiner Schuld und im Falle des § 81 Abs. 4 der Meistbietende für mithaftend zu erklären.

§ 83. [Versagung des Zuschlags]

Der Zuschlag ist zu versagen:

1. wenn die Vorschrift des § 43 Abs. 2 oder eine der Vorschriften über die Feststellung des geringsten Gebots oder der Versteigerungsbedingungen verletzt ist;
2. wenn bei der Versteigerung mehrerer Grundstücke das Einzelausgebot oder das Gesamtausgebot den Vorschriften des § 63 Abs. 1, Abs. 2 Satz 1, Abs. 5 zuwider unterblieben ist;
3. wenn in den Fällen des § 64 Abs.2 S.1, Abs. 3 die Hypothek, Grundschuld oder Rentenschuld oder das Recht eines gleich- oder nachstehenden Beteiligten, der dem Gläubiger vorgeht, durch das Gesamtergebnis der Einzelausgebote nicht gedeckt werden;
4. wenn die nach der Aufforderung zur Abgabe von Geboten erfolgte Anmeldung oder Glaubhaftmachung eines Rechtes ohne Beachtung der Vorschrift des § 66 Abs. 2 zurückgewiesen ist;
5. wenn der Zwangsversteigerung oder der Fortsetzung des Verfahrens das Recht eines Beteiligten entgegensteht;
6. wenn die Zwangsversteigerung oder die Fortsetzung des Verfahrens aus einem sonstigen Grunde unzulässig ist;
7. wenn eine der Vorschriften des § 43 Abs. 1 oder des § 73 Abs. 1 verletzt ist.

§ 84. [Keine Versagung des Zuschlags]

(1) Die im § 83 Nr. 1 bis 5 bezeichneten Versagungsgründe stehen der Erteilung des Zuschlags nicht entgegen, wenn das Recht des Beteiligten durch den Zuschlag nicht beeinträchtigt wird oder wenn der Beteiligte das Verfahren genehmigt.

(2) Die Genehmigung ist durch eine öffentlich beglaubigte Urkunde nachzuweisen.

§ 85. [Versagung bei Antrag auf neuen Versteigerungstermin]

(1) [1] Der Zuschlag ist zu versagen, wenn vor dem Schlusse der Verhandlung ein Beteiligter, dessen Recht durch den Zuschlag beeinträchtigt werden würde und der nicht zu den Berechtigten des § 74a Abs.1 gehört, die Bestimmung eines neuen Versteigerungstermins beantragt und sich zugleich zum Ersatze des durch die Versagung des Zuschlages entstehenden Schadens verpflichtet, auch auf Verlangen eines anderen Beteiligten Sicherheit leistet. [2] Die Vorschriften des § 67 Abs. 3 und des § 69 sind entsprechend anzuwenden. [3] Die Sicherheit ist in Höhe des im Verteilungstermin durch Zahlung zu berichtigenden Teils des bisherigen Meistgebots zu leisten.

(2) Die neue Terminsbestimmung ist auch dem Meistbietenden zuzustellen.

(3) Für die weitere Versteigerung gilt das bisherige Meistgebot mit Zinsen von dem durch Zahlung zu berichtigenden Teile des Meistgebots unter Hinzurechnung derjenigen Mehrkosten, welche aus dem Versteigerungserlöse zu entnehmen sind, als ein von dem Beteiligten abgegebenes Gebot.

(4) In dem fortgesetzten Verfahren findet die Vorschrift des Abs. 1 keine Anwendung.

§ 85a. [Versagung bei zu geringem Meistgebot]

(1) Der Zuschlag ist ferner zu versagen, wenn das abgegebene Meistgebot einschließlich des Kapitalwertes der nach den Versteigerungsbedingungen bestehenbleibenden Rechte die Hälfte des Grundstückswertes nicht erreicht.

(2) [1] § 74a Abs. 3, 5 ist entsprechend anzuwenden. [2] In dem neuen Versteigerungstermin darf der Zuschlag weder aus den Gründen des Absatzes 1 noch aus denen des § 74a Abs. 1 versagt werden.

(3) Ist das Meistgebot von einem zur Befriedigung aus dem Grundstück Berechtigten abgegeben worden, so ist Absatz 1 nicht anzuwenden, wenn das Gebot einschließlich des Kapitalwertes der nach den Versteigerungsbedingungen bestehenbleibenden Rechte zusammen mit dem Betrage, mit dem der Meistbietende bei der Verteilung des Erlöses ausfallen würde, die Hälfte des Grundstückswertes erreicht.

§ 86. [Wirkung der Versagung]

Die rechtskräftige Versagung des Zuschlags wirkt, wenn die Fortsetzung des Verfahrens zulässig ist, wie eine einstweilige Einstellung, anderenfalls wie die Aufhebung des Verfahrens.

§ 87. [Verkündungstermin]

(1) Der Beschluß, durch welchen der Zuschlag erteilt oder versagt wird, ist in dem Versteigerungstermin oder in einem sofort zu bestimmenden Termine zu verkünden.

(2) [1] Der Verkündungstermin soll nicht über eine Woche hinaus bestimmt werden. [2] Die Bestimmung des Termins ist zu verkünden und durch Anheftung an die Gerichtstafel bekanntzumachen.

(3) Sind nachträglich Tatsachen oder Beweismittel vorgebracht, so sollen in dem Verkündungstermine die anwesenden Beteiligten hierüber gehört werden.

§ 88. [Zustellung des Beschlusses]

[1] Der Beschluß, durch welchen der Zuschlag erteilt wird, ist den Beteiligten, soweit sie weder im Versteigerungstermine noch im Verkündungstermin erschienen sind, und dem Ersteher sowie im Falle des § 69 Abs. 4 dem für mithaftend erklärten Bürgen und im Falle des § 81 Abs. 4 dem Meistbietenden zuzustellen. [2] Als Beteiligte gelten auch diejenigen, welche das angemeldete Recht noch glaubhaft zu machen haben.

§ 89. [Wirksamwerden des Zuschlags]

Der Zuschlag wird mit der Verkündung wirksam.

§ 90. [Eigentumserwerb durch Zuschlag]

(1) Durch den Zuschlag wird der Ersteher Eigentümer des Grundstücks, sofern nicht im Beschwerdewege der Beschluß rechtskräftig aufgehoben wird.

(2) Mit dem Grundstück erwirbt er zugleich die Gegenstände, auf welche sich die Versteigerung erstreckt hat.

§ 91. [Erlöschen von Rechten]

(1) Durch den Zuschlag erlöschen unter der im § 90 Abs. 1 bestimmten Voraussetzung die Rechte, welche nicht nach den Versteigerungsbedingungen bestehen bleiben sollen.

(2) Ein Recht an dem Grundstücke bleibt jedoch bestehen, wenn dies zwischen dem Berechtigten und dem Ersteher vereinbart ist und die Erklärungen entweder im Verteilungstermin abgegeben oder, bevor das Grundbuchamt um Berichtigung des Grundbuchs ersucht ist, durch eine öffentlich beglaubigte Urkunde nachgewiesen werden.

(3) [1] Im Falle des Absatzes 2 vermindert sich der durch Zahlung zu berichtigende Teil des Meistgebots um den Betrag, welcher sonst dem Berechtigten gebühren würde. [2] Im übrigen wirkt die Vereinbarung wie die Befriedigung des Berechtigten aus dem Grundstücke.

(4) [1] Das Erlöschen eines Rechts, dessen Inhaber zur Zeit des Erlöschens nach § 1179a des BGB die Löschung einer bestehenbleibenden Hypothek, Grundschuld oder Rentenschuld verlangen kann, hat nicht das Erlöschen dieses Anspruchs zur Folge. [2] Der Anspruch erlischt, wenn der Berechtigte aus dem Grundstück befriedigt wird.

§ 92. [Anspruch auf Ersatz des Wertes]

(1) Erlischt durch den Zuschlag ein Recht, das nicht auf Zahlung eines Kapitals gerichtet ist, so tritt an die Stelle des Rechtes der Anspruch auf Ersatz des Wertes aus dem Versteigerungserlöse.

(2) [1] Der Ersatz für einen Nießbrauch, für eine beschränkte persönliche Dienstbarkeit sowie für eine Reallast von unbestimmter Dauer ist durch Zahlung einer Geldrente zu leisten, die dem Jahreswerte des Rechtes gleichkommt. [2] Der Betrag ist für drei Monate vorauszuzahlen. [3] Der Anspruch auf eine fällig gewordene Zahlung verbleibt dem Berechtigten auch dann, wenn das Recht auf die Rente vor dem Ablaufe der drei Monate erlischt.

(3) Bei ablösbaren Rechten bestimmt sich der Betrag der Ersatzleistung durch die Ablösungssumme.

§ 93. [Zuschlagbeschluß als Vollstreckungstitel]

(1) [1] Aus dem Beschluß, durch den der Zuschlag erteilt wird, findet gegen den Besitzer des Grundstücks oder einer mitversteigerten Sache die Zwangsvollstreckung auf Räumung und Herausgabe statt. [2] Die Zwangsvollstreckung soll nicht erfolgen, wenn der Besitzer auf Grund eines Rechtes besitzt, das durch den Zuschlag nicht erloschen ist. [3]Erfolgt gleichwohl die Zwangsvollstreckung, so kann der Besitzer nach Maßgabe des § 771 der Zivilprozeßordnung Widerspruch erheben.

(2) Zum Ersatze von Verwendungen, die vor dem Zuschlage gemacht sind, ist der Ersteher nicht verpflichtet.

§ 94. [Gerichtliche Verwaltung]

(1) [1] Auf Antrag eines Beteiligten, der Befriedigung aus dem Bargebote zu erwarten hat, ist das Grundstück für Rechnung des Erstehers in gerichtliche Verwaltung zu nehmen, solange nicht die Zahlung oder Hinterlegung erfolgt ist. [2] Der Antrag kann schon im Versteigerungstermine gestellt werden.

(2) Auf die Bestellung des Verwalters sowie auf dessen Rechte und Pflichten finden die Vorschriften über die Zwangsverwaltung entsprechende Anwendung.

§ 95. [Zulässigkeit]

Gegen eine Entscheidung, die vor der Beschlußfassung über den Zuschlag erfolgt, kann die Beschwerde nur eingelegt werden, soweit die Entscheidung die Anordnung, Aufhebung, einstweilige Einstellung oder Fortsetzung des Verfahrens betrifft.

§ 96. [Anzuwendende Vorschriften]

Auf die Beschwerde gegen die Entscheidung über den Zuschlag finden die Vorschriften der Zivilprozeßordnung über die sofortige Beschwerde nur insoweit Anwendung, als nicht in den §§ 97 bis 104 ein anderes vorgeschrieben ist.

§ 97. [Beschwerdeberechtigte]

(1) Die Beschwerde steht im Falle der Erteilung des Zuschlags jedem Beteiligten sowie dem Ersteher und dem für zahlungspflichtig erklärten Dritten, im Falle der Versagung dem Gläubiger zu, in beiden Fällen auch dem Bieter, dessen Gebot nicht erloschen ist, sowie demjenigen, welcher nach § 81 an die Stelle des Bieters treten soll.
(2) Im Falle des § 9 Nr. 2 genügt es, wenn die Anmeldung und Glaubhaftmachung des Rechtes bei dem Beschwerdegericht erfolgt.

§ 98. [Beginn der Beschwerdefrist]

[1] Die Frist für die Beschwerde gegen einen Beschluß des Vollstreckungsgerichts, durch welchen der Zuschlag versagt wird, beginnt mit der Verkündung des Beschlusses. [2] Das gleiche gilt im Falle der Erteilung des Zuschlags für die Beteiligten, welche im Versteigerungstermin oder im Verkündungstermin erschienen waren.

§ 99. [Gegner des Beschwerdeführers]

(1) Erachtet das Beschwerdegericht eine Gegenerklärung für erforderlich, so hat es zu bestimmen, wer als Gegner des Beschwerdeführers zuzuziehen ist.
(2) Mehrere Beschwerden sind miteinander zu verbinden.

§ 100. [Beschwerdegründe]

(1) Die Beschwerde kann nur darauf gestützt werden, daß eine der Vorschriften der §§ 81, 83 bis 85a verletzt oder daß der Zuschlag unter anderen als den der Versteigerung zugrunde gelegten Bedingungen erteilt ist.
(2) Auf einen Grund, der nur das Recht eines anderen betrifft, kann weder die Beschwerde noch ein Antrag auf deren Zurückweisung gestützt werden.
(3) Die im § 83 Nr. 6, 7 bezeichneten Versagungsgründe hat das Beschwerdegericht von Amts wegen zu berücksichtigen.

§ 101. [Begründete Beschwerde; weitere Beschwerde]

(1) Wird die Beschwerde für begründet erachtet, so hat das Beschwerdegericht unter Aufhebung des angefochtenen Beschlusses in der Sache selbst zu entscheiden.
(2) Wird ein Beschluß, durch welchen der Zuschlag erteilt ist, aufgehoben, auf weitere

Beschwerde aber für begründet erachtet, so ist unter Aufhebung des Beschlusses des Beschwerdegerichts die gegen die Erteilung des Zuschlags erhobene Beschwerde zurückzuweisen.

§ 102. [Berechtigte für weitere Beschwerde]
Hat das Beschwerdegericht den Beschluß, durch welchen der Zuschlag erteilt war, nach der Verteilung des Versteigerungserlöses aufgehoben, so steht die weitere Beschwerde auch denjenigen zu, welchen der Erlös zugeteilt ist.

§ 103. [Zustellung der Beschwerdeentscheidung]
[1] Der Beschluß des Beschwerdegerichts ist, wenn der angefochtene Beschluß aufgehoben oder abgeändert wird, allen Beteiligten und demjenigen Bieter, welchem der Zuschlag verweigert oder erteilt wird, sowie im Falle des § 69 Abs. 4 dem für mithaftend erklärten Bürgen und in den Fällen des § 81 Abs. 2, 3 dem Meistbietenden zuzustellen. [2] Wird die Beschwerde zurückgewiesen, so erfolgt die Zustellung des Beschlusses nur an den Beschwerdeführer und den zugezogenen Gegner.

§ 104. [Wirksamwerden der Zuschlagserteilung in der Beschwerde]
Der Beschluß, durch welchen das Beschwerdegericht den Zuschlag erteilt, wird erst mit der Zustellung an den Ersteher wirksam.

VIII. Verteilung des Erlöses

§ 105. [Bestimmung des Verteilungstermins]
(1) Nach der Erteilung des Zuschlags hat das Gericht einen Termin zur Verteilung des Versteigerungserlöses zu bestimmen.
(2) [1] Die Terminsbestimmung ist den Beteiligten und dem Ersteher sowie im Falle des § 69 Abs. 4 dem für mithaftend erklärten Bürgen und in den Fällen des § 81 Abs. 2, 3 dem Meistbietenden zuzustellen. [2] Als Beteiligte gelten auch diejenigen, welche das angemeldete Recht noch glaubhaft zu machen haben.
(3) Die Terminsbestimmung soll an die Gerichtstafel angeheftet werden.
(4) Ist die Terminsbestimmung dem Ersteher und im Falle des § 69 Abs. 4 auch dem für mithaftend erklärten Bürgen sowie in den Fällen des § 81 Abs. 2, 3 auch dem Meistbietenden nicht zwei Wochen vor dem Termin zugestellt, so ist der Termin aufzuheben und von neuem zu bestimmen, sofern nicht das Verfahren genehmigt wird.

§ 106. [Vorläufiger Teilungsplan]
[1] Zur Vorbereitung des Verteilungsverfahrens kann das Gericht in der Terminsbestimmung die Beteiligten auffordern, binnen zwei Wochen eine Berechnung ihrer Ansprüche einzureichen. [2] In diesem Falle hat das Gericht nach dem Ablaufe der Frist den Teilungsplan anzufertigen und ihn spätestens drei Tage vor dem Termin auf der Geschäftsstelle zur Einsicht der Beteiligten niederzulegen.

§ 107. [Teilungsmasse]

(1) 1 In dem Verteilungstermin ist festzustellen, wieviel die zu verteilende Masse beträgt. 2 Zu der Masse gehört auch der Erlös aus denjenigen Gegenständen, welche im Falle des § 65 besonders versteigert oder anderweit verwertet sind.

(2) Die von dem Ersteher im Termine zu leistende Zahlung erfolgt an das Gericht.

(3) Ein Geldbetrag, der zur Sicherheit für das Gebot des Erstehers hinterlegt ist, gilt als gezahlt.

§ 108. [Verwertung einer Sicherheit]

(1) 1 Soweit das Bargebot nicht berichtigt wird, hat das Gericht, wenn Wertpapiere zur Sicherheit für das Gebot des Erstehers hinterlegt sind, die Veräußerung der Papiere nach Maßgabe der Vorschriften über die Zwangsvollstreckung anzuordnen. 2 Der Erlös ist nach Anordnung des Gerichts auszuzahlen oder zu hinterlegen.

(2) Ist der Beschluß, durch welchen der Zuschlag erteilt wird, noch nicht rechtskräftig, so soll auf Antrag desjenigen, welcher die Sicherheit geleistet hat, die Veräußerung bis zur Rechtskraft ausgesetzt werden.

§ 109. [Kosten des Verfahrens; Überschuß]

(1) Aus dem Versteigerungserlöse sind die Kosten des Verfahrens vorweg zu entnehmen, mit Ausnahme der durch die Anordnung des Verfahrens oder den Beitritt eines Gläubigers, durch den Zuschlag oder durch nachträgliche Verteilungsverhandlungen entstehenden Kosten.

(2) Der Überschuß wird auf die Rechte, welche durch Zahlung zu decken sind, verteilt.

§ 110. [Nachstehende Rechte]

Rechte, die ungeachtet der im § 37 Nr. 4 bestimmten Aufforderung nicht rechtzeitig angemeldet oder glaubhaft gemacht worden sind, stehen bei der Verteilung den übrigen Rechten nach.

§ 111. [Betagter Anspruch]

1 Ein betagter Anspruch gilt als fällig. 2 Ist der Anspruch unverzinslich, so gebührt dem Berechtigten nur die Summe, welche mit Hinzurechnung der gesetzlichen Zinsen für die Zeit von der Zahlung bis zur Fälligkeit dem Betrage des Anspruchs gleichkommt; solange die Zeit der Fälligkeit ungewiß ist, gilt der Anspruch als aufschiebend bedingt.

§ 112. [Gesamtausgebot]

(1) Ist bei der Versteigerung mehrerer Grundstücke der Zuschlag auf Grund eines Gesamtausgebots erteilt und wird eine Verteilung des Erlöses auf die einzelnen Grundstücke notwendig, so wird aus dem Erlöse zunächst der Betrag entnommen, welcher zur Deckung der Kosten sowie zur Befriedigung derjenigen bei der Festellung des geringsten Gebots berücksichtigten und durch Zahlung zu deckenden Rechte erforderlich ist, für welche die Grundstücke ungeteilt haften.

(2) 1 Der Überschuß wird auf die einzelnen Grundstücke nach dem Verhältnisse des Wertes der Grundstücke verteilt. 2 Dem Überschusse wird der Betrag der Rechte, welche nach § 91 nicht erlöschen, hinzugerechnet. 3 Auf den einem Grundstücke zufallenden Anteil am Erlöse wird der Betrag der Rechte, welche an diesem Grundstücke bestehen

bleiben, angerechnet. [4] Besteht ein solches Recht an mehreren der versteigerten Grundstücke, so ist bei jedem von ihnen nur ein dem Verhältnisse des Wertes der Grundstücke entsprechender Teilbetrag in Anrechnung zu bringen.
(3) Reicht der nach Absatz 2 auf das einzelne Grundstück entfallende Anteil am Erlöse nicht zur Befriedigung derjenigen Ansprüche aus, welche nach Maßgabe des geringsten Gebots durch Zahlung zu berichtigen sind oder welche durch das bei dem Einzelausgebote für das Grundstück erzielte Meistgebot gedeckt werden, so erhöht sich der Anteil um den Fehlbetrag.

§ 113. [Aufstellung des Teilungsplans]
(1) In dem Verteilungstermine wird nach Anhörung der anwesenden Beteiligten von dem Gerichte, nötigenfalls mit Hilfe eines Rechnungsverständigen, der Teilungsplan aufgestellt.
(2) In dem Plane sind auch die nach § 91 nicht erlöschenden Rechte anzugeben.

§ 114. [Aufzunehmende Ansprüche]
1) [1] In den Teilungsplan sind Ansprüche, soweit ihr Betrag oder ihr Höchstbetrag zur Zeit der Eintragung des Versteigerungsvermerkes aus dem Grundbuch ersichtlich war, nach dem Inhalte des Buches, im übrigen nur dann aufzunehmen, wenn sie spätestens in dem Termin angemeldet sind. [2] Die Ansprüche des Gläubigers gelten als angemeldet, soweit sie sich aus dem Versteigerungsantrag ergeben.
(2) Laufende Beträge wiederkehrender Leistungen, die nach dem Inhalte des Grundbuchs zu entrichten sind, brauchen nicht angemeldet zu werden.

§ 114a. [Kein Anspruch des Erstehers unter $^{7}/_{10}$-Grenze]
[1] Ist der Zuschlag einem zur Befriedigung aus dem Grundstück Berechtigten zu einem Gebot erteilt, das einschließlich des Kapitalwertes der nach den Versteigerungsbedingungen bestehenbleibenden Rechte hinter sieben Zehnteilen des Grundstückswertes zurückbleibt, so gilt der Ersteher auch insoweit als aus dem Grundstück befriedigt, als sein Anspruch durch das abgegebene Meistgebot nicht gedeckt ist, aber bei einem Gebot zum Betrage der Sieben-Zehnteile-Grenze gedeckt sein würde. [3] Hierbei sind dem Anspruch des Erstehers vorgehende oder gleichstehende Rechte, die erlöschen, nicht zu berücksichtigen.

§ 115. [Widerspruch gegen den Teilungsplan]
(1) [1] Über den Teilungsplan wird sofort verhandelt. [2] Auf die Verhandlung sowie auf die Erledigung erhobener Widersprüche und die Ausführung des Planes finden die §§ 876 bis 882 der Zivilprozeßordnung entsprechende Anwendung.
(2) Ist ein vor dem Termin angemeldeter Anspruch nicht nach dem Antrag in den Plan aufgenommen, so gilt die Anmeldung als Widerspruch gegen den Plan.
(3) Der Widerspruch des Schuldners gegen einen vollstreckbaren Anspruch wird nach den §§ 767, 769, 770 der Zivilprozeßordnung erledigt.
(4) Soweit der Schuldner durch Sicherheitsleistung oder Hinterlegung die Befriedigung eines solchen Anspruchs abwenden darf, unterbleibt die Ausführung des Planes, wenn die Sicherheit geleistet oder die Hinterlegung erfolgt ist.

§ 116. [Aussetzung der Ausführung]

Die Ausführung des Teilungsplans soll bis zur Rechtskraft des Zuschlags ausgesetzt werden, wenn der Ersteher oder im Falle des § 69 Abs. 4 der für mithaftend erklärte Bürge sowie in den Fällen des § 81 Abs. 2, 3 der Meistbietende die Aussetzung beantragt.

§ 117. [Ausführung bei Zahlung des Bargebots]

(1) Soweit der Versteigerungserlös in Geld vorhanden ist, wird der Teilungsplan durch Zahlung an die Berechtigten ausgeführt.

(2) [1] Die Auszahlung an einen im Termine nicht erschienenen Berechtigten ist von Amts wegen anzuordnen. [2] Die Art der Auszahlung bestimmt sich nach den Landesgesetzen. [3]Kann die Auszahlung nicht erfolgen, so ist der Betrag für den Berechtigten zu hinterlegen.

(3) Im Falle der Hinterlegung des Erlöses kann statt der Zahlung eine Anweisung auf den hinterlegten Betrag erteilt werden.

§ 118. [Ausführung bei Nichtzahlung des Versteigerungserlöses]

(1) [1] Soweit das Bargebot nicht berichtigt wird, ist der Teilungsplan dadurch auszuführen, daß die Forderung gegen den Ersteher auf die Berechtigten übertragen und im Falle des § 69 Abs. 4 gegen den für mithaftend erklärten Bürgen auf die Berechtigten mitübertragen wird; Übertragung und Mitübertragung erfolgen durch Anordnung des Gerichts. [2] Das gleiche gilt, soweit Zahlungsfristen festgesetzt worden sind.

(2) [1] Die Übertragung wirkt wie die Befriedigung aus dem Grundstücke. [2] Diese Wirkung tritt jedoch im Falle des Absatzes 1 Satz 1 nicht ein, wenn vor dem Ablaufe von drei Monaten der Berechtigte dem Gerichte gegenüber den Verzicht auf die Rechte aus der Übertragung erklärt oder die Zwangsversteigerung beantragt. [3] Wird der Antrag auf Zwangsversteigerung zurückgenommen oder das Verfahren nach § 31 Abs. 2 aufgehoben, so gilt er als nicht gestellt. [4] Im Falle des Verzichts soll das Gericht die Erklärung dem Ersteher sowie demjenigen mitteilen, auf welchen die Forderung infolge des Verzichts übergeht.

§ 119. [Aufstellung des Teilungsplans bei bedingtem Anspruch]

Wird auf einen bedingten Anspruch ein Betrag zugeteilt, so ist durch den Teilungsplan festzustellen, wie der Betrag anderweit verteilt werden soll, wenn der Anspruch wegfällt.

§ 120. [Ausführung des Teilungsplans bei aufschiebender Bedingung]

(1) [1] Ist der Anspruch aufschiebend bedingt, so ist der Betrag für die Berechtigten zu hinterlegen. [2]Soweit der Betrag nicht gezahlt ist, wird die Forderung gegen den Ersteher auf die Berechtigten übertragen. [3] Die Hinterlegung sowie die Übertragung erfolgt für jeden unter der entsprechenden Bedingung.

(2) Während der Schwebezeit gelten für die Anlegung des hinterlegten Geldes, für die Kündigung und Einziehung der übertragenen Forderung sowie für die Anlegung des eingezogenen Geldes die Vorschriften der §§ 1077 bis 1079 des BGB; die Art der Anlegung bestimmt derjenige, welchem der Betrag gebührt, wenn die Bedingung ausfällt.

§ 121. [Zuteilung auf Ersatzansprüche]

(1) In den Fällen des § 92 Abs. 2 ist für den Ersatzanspruch in den Teilungsplan ein

Betrag aufzunehmen, welcher der Summe aller künftigen Leistungen gleichkommt, den fünfundzwanzigfachen Betrag einer Jahresleistung jedoch nicht übersteigt; zugleich ist zu bestimmen, daß aus den Zinsen und dem Betrage selbst die einzelnen Leistungen zur Zeit der Fälligkeit zu entnehmen sind.
(2) Die Vorschriften der §§ 119, 120 finden entsprechende Anwendung; die Art der Anlegung des Geldes bestimmt der zunächst Berechtigte.

§ 122. [Verteilung bei Gesamthypothek]
(1) [1] Sind mehrere für den Anspruch eines Beteiligten haftende Grundstücke in demselben Verfahren versteigert worden, so ist, unbeschadet der Vorschrift des § 1132 Abs. 1 Satz 2 des Bürgerlichen Gesetzbuchs, bei jedem einzelnen Grundstücke nur ein nach dem Verhältnisse der Erlöse zu bestimmender Betrag in den Teilungsplan aufzunehmen. [2] Der Erlös wird unter Abzug des Betrags der Ansprüche berechnet, welche dem Anspruche des Beteiligten vorgehen.
(2) Unterbleibt die Zahlung eines auf den Anspruch des Beteiligten zugeteilten Betrags, so ist der Anspruch bei jedem Grundstück in Höhe dieses Betrags in den Plan aufzunehmen.

§ 123. [Hilfsübertragung bei Gesamthypothek]
(1) Soweit auf einen Anspruch, für den auch ein anderes Grundstück haftet, der zugeteilte Betrag nicht gezahlt wird, ist durch den Teilungsplan festzustellen, wie der Betrag anderweit verteilt werden soll, wenn das Recht auf Befriedigung aus dem zugeteilten Betrage nach Maßgabe der besonderen Vorschriften über die Gesamthypothek erlischt.
(2) Die Zuteilung ist dadurch auszuführen, daß die Forderung gegen den Ersteher unter der entsprechenden Bedingung übertragen wird.

§ 124. [Verteilung bei Widerspruch gegen den Teilungsplan]
(1) Im Falle eines Widerspruchs gegen den Teilungsplan ist durch den Plan festzustellen, wie der streitige Betrag verteilt werden soll, wenn der Widerspruch für begründet erklärt wird.
(2) Die Vorschriften des § 120 finden entsprechende Anwendung; die Art der Anlegung bestimmt derjenige, welcher den Anspruch geltend macht.
(3) Das gleiche gilt, soweit nach § 115 Abs. 4 die Ausführung des Planes unterbleibt.

§ 125. [Zuteilung des erhöhten Betrages]
(1) [1] Hat der Ersteher außer dem durch Zahlung zu berichtigenden Teile des Meistgebots einen weiteren Betrag nach den §§ 50, 51 zu zahlen, so ist durch den Teilungsplan festzustellen, wem dieser Betrag zugeteilt werden soll. [2] Die Zuteilung ist dadurch auszuführen, daß die Forderung gegen den Ersteher übertragen wird.
(2) [1] Ist ungewiß oder streitig, ob der weitere Betrag zu zahlen ist, so erfolgt die Zuteilung und Übertragung unter der entsprechenden Bedingung. [2] Die §§ 878 bis 882 der Zivilprozeßordnung finden keine Anwendung.
(3) Die Übertragung hat nicht die Wirkung der Befriedigung aus dem Grundstücke.

§ 126. [Hilfszuteilung bei unbekannten Berechtigten]

(1) Ist für einen zugeteilten Betrag die Person des Berechtigten unbekannt, insbesondere bei einer Hypothek, Grundschuld oder Rentenschuld der Brief nicht vorgelegt, so ist durch den Teilungsplan festzustellen, wie der Betrag verteilt werden soll, wenn der Berechtigte nicht ermittelt wird.

(2) [1] Der Betrag ist für den unbekannten Berechtigten zu hinterlegen. [2] Soweit der Betrag nicht gezahlt wird, ist die Forderung gegen den Ersteher auf den Berechtigten zu übertragen.

§ 127. [Vermerke auf Hypothekenbriefen und vollstreckbaren Titeln]

(1) [1] Wird der Brief über eine infolge der Versteigerung erloschene Hypothek, Grundschuld oder Rentenschuld vorgelegt, so hat das Gericht ihn unbrauchbar zu machen. [2] Ist das Recht nur zum Teil erloschen, so ist dies auf dem Briefe zu vermerken. [3] Wird der Brief nicht vorgelegt, so kann das Gericht ihn von dem Berechtigten einfordern.

(2) Im Falle der Vorlegung eines vollstreckbaren Titels über einen Anspruch, auf welchen ein Betrag zugeteilt wird, hat das Gericht auf dem Titel zu vermerken, in welchem Umfange der Betrag durch Zahlung, Hinterlegung oder Übertragung gedeckt worden ist.

(3) Der Wortlaut der Vermerke ist durch das Protokoll festzustellen.

§ 128. [Eintragung einer Sicherungshypothek

(1) [1] Soweit für einen Anspruch die Forderung gegen den Ersteher übertragen wird, ist für die Forderung eine Sicherungshypothek an dem Grundstücke mit dem Range des Anspruchs einzutragen. [2] War das Recht, aus welchem der Anspruch herrührt, nach dem Inhalte des Grundbuchs mit dem Rechte eines Dritten belastet, so wird dieses Recht als Recht an der Forderung miteingetragen.

(2) Soweit die Forderung gegen den Ersteher unverteilt bleibt, wird eine Sicherungshypothek für denjenigen eingetragen, welcher zur Zeit des Zuschlags Eigentümer des Grundstücks war.

(3) [1] Mit der Eintragung entsteht die Hypothek. [2] Vereinigt sich die Hypothek mit dem Eigentum in einer Person, so kann sie nicht zum Nachteil eines Rechtes, das bestehen geblieben ist, oder einer nach Absätzen 1, 2 eingetragenen Sicherungshypothek geltend gemacht werden.

(4) Wird das Grundstück von neuem versteigert, so ist der zur Deckung der Hypothek erforderliche Betrag bar zu berichtigen.

§ 129. [Spätere Rangverschiebung der Sicherungshypotheken]

[1] Die Sicherungshypothek für die im § 10 Nr. 1 bis 3 bezeichneten Ansprüche, für die im § 10 Nr. 4 bezeichneten Ansprüche auf wiederkehrende Leistungen und für die im § 10 Abs. 2 bezeichneten Kosten kann nicht zum Nachteile der Rechte, welche bestehen geblieben sind, und der übrigen nach § 128 Abs. 1, 2 eingetragenen Sicherungshypotheken geltend gemacht werden, es sei denn, daß vor dem Ablaufe von sechs Monaten nach der Eintragung derjenige, welchem die Hypothek zusteht, die Zwangsversteigerung des Grundstücks beantragt. [2] Wird der Antrag auf Zwangsversteigerung zurückgenommen oder das Verfahren nach § 31 Abs. 2 aufgehoben, so gilt er als nicht gestellt.

§ 130. [Eintragungen in das Grundbuch]

(1) [1] Ist der Teilungsplan ausgeführt und der Zuschlag rechtskräftig, so ist das Grundbuchamt zu ersuchen, den Ersteher als Eigentümer einzutragen, den Versteigerungsvermerk sowie die durch den Zuschlag erloschenen Rechte zu löschen und die Eintragung der Sicherungshypotheken für die Forderung gegen den Ersteher zu bewirken. [2] Bei der Eintragung der Hypotheken soll im Grundbuch ersichtlich gemacht werden, daß sie auf Grund eines Zwangsversteigerungsverfahrens erfolgt ist.

(2) Ergibt sich, daß ein bei der Feststellung des geringsten Gebots berücksichtigtes Recht nicht zur Entstehung gelangt oder daß es erloschen ist, so ist das Ersuchen auch auf die Löschung dieses Rechts zu richten.

(3) Hat der Ersteher, bevor er als Eigentümer eingetragen worden ist, die Eintragung eines Rechtes an dem versteigerten Grundstück bewilligt, so darf die Eintragung nicht vor der Erledigung des im Absatz 1 bezeichneten Ersuchens erfolgen.

§ 130a. [Vormerkung]

(1) Soweit für den Gläubiger eines erloschenen Rechts gegenüber einer bestehenbleibenden Hypothek, Grundschuld oder Rentenschuld nach § 1179a des Bürgerlichen Gesetzbuchs die Wirkungen einer Vormerkung bestanden, fallen diese Wirkungen mit der Ausführung des Ersuchens nach § 130 weg.

(2) [1] Ist bei einem solchen Recht der Löschungsanspruch nach § 1179a des Bürgerlichen Gesetzbuchs gegenüber einem bestehenbleibenden Recht nicht nach § 91 Abs. 4 Satz 2 erloschen, so ist das Ersuchen nach § 130 auf einen spätestens im Verteilungstermin zu stellenden Antrag des Anspruchsberechtigten jedoch auch darauf zu richten, daß für ihn bei dem bestehenbleibenden Recht eine Vormerkung zur Sicherung des sich aus der erloschenen Hypothek, Grundschuld oder Rentenschuld ergebenden Anspruchs auf Löschung einzutragen ist. [2] Die Vormerkung sichert den Löschungsanspruch vom gleichen Zeitpunkt an, von dem ab die Wirkungen des § 1179a Abs. 1 Satz 3 des Bürgerlichen Gesetzbuchs bestanden. [3] Wer durch die Eintragung der Vormerkung beeinträchtigt wird, kann von dem Berechtigten die Zustimmung zu deren Löschung verlangen, wenn diesem zur Zeit des Erlöschens seines Rechts ein Anspruch auf Löschung des bestehenbleibenden Rechts nicht zustand oder er auch bei Verwirklichung dieses Anspruchs eine weitere Befriedigung nicht erlangen würde; die Kosten der Löschung der Vormerkung und der dazu erforderlichen Erklärungen hat derjenige zu tragen, für den die Vormerkung eingetragen war.

§ 131. [Löschung einer Hypothek, Grundschuld oder Rentenschuld]

[1] In den Fällen des § 130 Abs. 1 ist zur Löschung einer Hypothek, einer Grundschuld oder einer Rentenschuld, im Falle des § 128 zur Eintragung des Vorranges einer Sicherungshypothek die Vorlegung des über das Recht erteilten Briefes nicht erforderlich. [2] Das gleiche gilt für die Eintragung der Vormerkung nach § 130a Abs. 2 Satz 1.

§ 132. [Vollstreckbarkeit; Vollstreckungsklausel]

(1) [1] Nach der Ausführung des Teilungsplans ist die Forderung gegen den Ersteher, im Falle des § 69 Abs. 4 auch gegen den für mithaftend erklärten Bürgen und im Falle des § 81 Abs. 4 gegen den für mithaftend erklärten Meistbietenden, der Anspruch aus der Sicherungshypothek gegen den Ersteher und jeden späteren Eigentümer vollstreckbar.

[2] Diese Vorschrift findet keine Anwendung, soweit der Ersteher einen weiteren Betrag nach den §§ 50, 51 zu zahlen hat.
(2) [1] Die Zwangsvollstreckung erfolgt auf Grund einer vollstreckbaren Ausfertigung des Beschlusses, durch welchen der Zuschlag erteilt ist. [2] In der Vollstreckungsklausel ist der Berechtigte sowie der Betrag der Forderung anzugeben; der Zustellung einer Urkunde über die Übertragung der Forderung bedarf es nicht.

§ 133. [Vollstreckung ohne Zustellung des Vollstreckungstitels]
[1] Die Zwangsvollstreckung in das Grundstück ist gegen den Ersteher ohne Zustellung des vollstreckbaren Titels oder der nach § 132 erteilten Vollstreckungsklausel zulässig; sie kann erfolgen, auch wenn der Ersteher noch nicht als Eigentümer eingetragen ist. [2]Der Vorlegung des im § 17 Abs. 2 bezeichneten Zeugnisse bedarf es nicht, solange das Grundbuchamt noch nicht um die Eintragung ersucht ist.

§ 134.
(aufgehoben)

§ 135. [Vertreter für unbekannten Berechtigten]
[1] Ist für einen zugeteilten Betrag die Person des Berechtigten unbekannt, so hat das Vollstreckungsgericht zur Ermittlung des Berechtigten einen Vertreter zu bestellen. [2] Die Vorschriften des § 7 Abs. 2 finden entsprechende Anwendung. [3] Die Auslagen und Gebühren des Vertreters sind aus dem zugeteilten Betrage vorweg zu entnehmen.

§ 136. [Kraftloserklärung von Grundpfandbriefen]
Ist der Nachweis des Berechtigten von der Beibringung des Briefes über eine Hypothek, Grundschuld oder Rentenschuld abhängig, so kann der Brief im Wege des Aufgebotsverfahrens auch dann für kraftlos erklärt werden, wenn das Recht bereits gelöscht ist.

§ 137. [Nachträgliche Ermittlung des Berechtigten]
(1) Wird der Berechtigte nachträglich ermittelt, so ist der Teilungsplan weiter auszuführen.
(2) [1] Liegt ein Widerspruch gegen den Anspruch vor, so ist derjenige, welcher den Widerspruch erhoben hat, von der Ermittlung des Berechtigten zu benachrichtigen. [2] Die im § 878 der Zivilprozeßordnung bestimmte Frist zur Erhebung der Klage beginnt mit der Zustellung der Benachrichtigung.

§ 138. [Ermächtigung zum Aufgebot]
(1) Wird der Berechtigte nicht vor dem Ablaufe von drei Monaten seit dem Verteilungstermin ermittelt, so hat auf Antrag das Gericht den Beteiligten, welchem der Betrag anderweit zugeteilt ist, zu ermächtigen, das Aufgebotsverfahren zum Zwecke der Ausschließung des unbekannten Berechtigten von der Befriedigung aus dem zugeteilten Betrage zu beantragen.
(2) [1] Wird nach der Erteilung der Ermächtigung der Berechtigte ermittelt, so hat das Gericht den Ermächtigten hiervon zu benachrichtigen. [2] Mit der Benachrichtigung erlischt die Ermächtigung.

§ 139. [Terminsbestimmung bei nachträglicher Ermittlung]

(1) [1] Das Gericht kann im Falle der nachträglichen Ermittlung des Berechtigten zur weiteren Ausführung des Teilungsplans einen Termin bestimmen. [2] Die Terminsbestimmung ist dem Berechtigten und dessen Vertreter, dem Beteiligten, welchem der Betrag anderweitig zugeteilt ist, und demjenigen zuzustellen, welcher zur Zeit des Zuschlags Eigentümer des Grundstücks war.

(2) [1] Liegt ein Widerspruch gegen den Anspruch vor, so erfolgt die Zustellung der Terminsbestimmung auch an denjenigen, welcher den Widerspruch erhoben hat. [2] Die im § 878 der Zivilprozeßordnung bestimmte Frist zur Erhebung der Klage beginnt mit dem Termine.

§ 140. [Aufgebotsverfahren]

(1) Für das Aufgebotsverfahren ist das Vollstreckungsgericht zuständig.

(2) Der Antragsteller hat zur Begründung des Antrags die ihm bekannten Rechtsnachfolger desjenigen anzugeben, welcher als letzter Berechtigter ermittelt ist.

(3) In dem Aufgebot ist der unbekannte Berechtigte aufzufordern, sein Recht spätestens im Aufgebotstermin anzumelden, widrigenfalls seine Ausschließung von der Befriedigung aus dem zugeteilten Betrag erfolgen werde.

(4) Das Aufgebot ist demjenigen, welcher als letzter Berechtigter ermittelt ist, den angezeigten Rechtsnachfolgern sowie dem Vertreter des unbekannten Berechtigten zuzustellen.

(5) Eine im Vollstreckungsverfahren erfolgte Anmeldung gilt auch für das Aufgebotsverfahren.

(6) Der Antragsteller kann die Erstattung der Kosten des Verfahrens aus dem zugeteilten Betrage verlangen.

§ 141. [Ausführung des Teilungsplans nach Ausschlußurteil]

[1] Nach der Erlassung des Ausschlußurteils hat das Gericht einen Termin zur weiteren Ausführung des Teilungsplans zu bestimmen. [2] Die Terminsbestimmung ist dem Antragsteller und den Personen, welchen Rechte in dem Urteile vorbehalten sind, dem Vertreter des unbekannten Berechtigten sowie demjenigen zuzustellen, welcher zur Zeit des Zuschlags Eigentümer des Grundstücks war.

§ 142. [Dreißigjährige Frist für hinterlegten Betrag]

[1] In den Fällen des § 117 Abs. 2 und der §§ 120, 121, 124, 126 erlöschen die Rechte auf den hinterlegten Betrag mit dem Ablaufe von dreißig Jahren, wenn nicht der Empfangsberechtigte sich vorher bei der Hinterlegungsstelle meldet; derjenige, welcher zur Zeit des Zuschlags Eigentümer des Grundstücks war, ist zur Erhebung berechtigt. [2] Die dreißigjährige Frist beginnt mit der Hinterlegung, in den Fällen der §§ 120, 121 mit dem Eintritt der Bedingung, unter welcher die Hinterlegung erfolgt ist.

§ 143. [Außergerichtliche Einigung über Erlösverteilung]

Die Verteilung des Versteigerungserlöses durch das Gericht findet nicht statt, wenn dem Gerichte durch öffentliche oder öffentlich beglaubigte Urkunden nachgewiesen wird, daß sich die Beteiligten über die Verteilung des Erlöses geeinigt haben.

§ 144. [Außergerichtliche Befriedigung der Berechtigten]

(1) [1] Weist der Ersteher oder im Falle des § 69 Abs. 4 der für mithaftend erklärte Bürge dem Gerichte durch öffentliche oder öffentlich beglaubigte Urkunden nach, daß er diejenigen Berechtigten, deren Ansprüche durch das Gebot gedeckt sind, befriedigt hat oder daß er von ihnen als alleiniger Schuldner angenommen ist, so sind auf Anordnung des Gerichts die Urkunden nebst der Erklärung des Erstehers oder des Bürgen zur Einsicht der Beteiligten auf der Geschäftsstelle niederzulegen. [2] Die Beteiligten sind von der Niederlegung zu benachrichtigen und aufzufordern, Erinnerungen binnen zwei Wochen geltend zu machen.

(2) Werden Erinnerungen nicht innerhalb der zweiwöchigen Frist erhoben, so beschränkt sich das Verteilungsverfahren auf die Verteilung des Erlöses aus denjenigen Gegenständen, die im Falle des § 65 besonders versteigert oder anderweit verwertet worden sind.

§ 145. [Anzuwendende Vorschriften]

Die Vorschriften des § 105 Abs. 2 Satz 2 und der §§ 127, 130 bis 133 finden in den Fällen der §§ 143, 144 entsprechende Anwendung.

Dritter Titel.

Zwangsverwaltung

§ 146. [Anordnung]

(1) Auf die Anordnung der Zwangsverwaltung finden die Vorschriften über die Anordnung der Zwangsversteigerung entsprechende Anwendung, soweit sich nicht aus den §§ 147 bis 151 ein anderes ergibt.

(2) Von der Anordnung sind nach dem Eingange der im § 19 Abs. 2 bezeichneten Mitteilungen des Grundbuchamts die Beteiligten zu benachrichtigen.

§ 147. [Eigenbesitz des Schuldners]

(1) Wegen des Anspruchs aus einem eingetragenen Rechte findet die Zwangsverwaltung auch dann statt, wenn die Voraussetzungen des § 17 Abs. 1 nicht vorliegen, der Schuldner aber das Grundstück im Eigenbesitze hat.

(2) Der Besitz ist durch Urkunden glaubhaft zu machen, sofern er nicht bei dem Gericht offenkundig ist.

§ 148. [Beschlagnahme des Grundstücks; Umfang]

(1) [1] Die Beschlagnahme des Grundstücks umfaßt auch die im § 21 Abs. 1, 2 bezeichneten Gegenstände. [2] Die Vorschrift des § 23 Abs. 1 Satz 2 findet keine Anwendung.

(2) Durch die Beschlagnahme wird dem Schuldner die Verwaltung und Benutzung des Grundstücks entzogen.

§ 149. [Wohnräume und Unterhalt des Schuldners]

(1) Wohnt der Schuldner zur Zeit der Beschlagnahme auf dem Grundstücke, so sind ihm die für seinen Hausstand unentbehrlichen Räume zu belassen.

(2) Gefährdet der Schuldner oder ein Mitglied seines Hausstandes das Grundstück oder die Verwaltung, so hat auf Antrag das Gericht dem Schuldner die Räumung des Grundstücks aufzugeben.

(3) 1 Bei der Zwangsverwaltung eines landwirtschaftlichen, forstwirtschaftlichen oder gärtnerischen Grundstücks hat der Zwangsverwalter aus den Erträgnissen des Grundstücks oder aus deren Erlös dem Schuldner die Mittel zur Verfügung zu stellen, die zur Befriedigung seiner und seiner Familie notwendigen Bedürfnisse erforderlich sind. 2 Im Streitfall entscheidet das Vollstreckungsgericht nach Anhörung des Gläubigers, des Schuldners und das Zwangsverwalters. 3 Der Beschluß unterliegt der sofortigen Beschwerde; eine weitere Beschwerde findet nicht statt.

§ 150. [Bestellung des Verwalters; Übergabe des Grundstücks]

(1) Der Verwalter wird von dem Gerichte bestellt.

(2) Das Gericht hat dem Verwalter durch einen Gerichtsvollzieher oder durch einen sonstigen Beamten das Grundstück zu übergeben oder ihm die Ermächtigung zu erteilen, sich selbst den Besitz zu verschaffen.

§ 150a. [Vorgeschlagener Verwalter

(1) Gehört bei der Zwangsverwaltung eines Grundstücks zu den Beteiligten eine öffentliche Körperschaft, ein unter staatlicher Aufsicht stehendes Institut, eine Hypothekenbank oder ein Siedlungsunternehmen im Sinne des Reichssiedlungsgesetzes, so kann dieser Beteiligte innerhalb einer ihm vom Vollstreckungsgericht zu bestimmenden Frist eine in seinen Diensten stehende Person als Verwalter vorschlagen.

(2) 1 Das Gericht hat den Vorgeschlagenen zum Verwalter zu bestellen, wenn der Beteiligte die dem Verwalter nach § 154 Satz 1 obliegende Haftung übernimmt und gegen den Vorgeschlagenen mit Rücksicht auf seine Person oder die Art der Verwaltung Bedenken nicht bestehen. 2Der vorgeschlagene Verwalter erhält für seine Tätigkeit keine Vergütung.

§ 150b. [Schuldner als Verwalter]

(1) 1 Bei der Zwangsversteigerung eines landwirtschaftlichen, forstwirtschaftlichen oder gärtnerischen Grundstücks ist der Schuldner zum Verwalter zu bestellen. 2 Von seiner Bestellung ist nur abzusehen, wenn er nicht dazu bereit ist oder wenn nach Lage der Verhältnisse eine ordnungsmäßige Führung der Verwaltung durch ihn nicht zu erwarten ist.

(2) Vor der Bestellung sollen der betreibende Gläubiger und etwaige Beteiligte der in § 150a bezeichneten Art sowie die untere Verwaltungsbehörde gehört werden.

(3) Ein gemäß § 150a gemachter Vorschlag ist nur für den Fall zu berücksichtigen, daß der Schuldner nicht zum Verwalter bestellt wird.

§ 150c. [Aufsichtsperson für Schuldner als Verwalter]

(1) 1 Wird der Schuldner zum Zwangsverwalter bestellt, so hat das Gericht eine Aufsichtsperson zu bestellen. 2Aufsichtsperson kann auch eine Behörde oder juristische Person sein.

(2) [1] Für die Aufsichtsperson gelten die Vorschriften des § 153 Abs. 2 und des § 154 Satz 1 entsprechend. [2] Gerichtliche Anordnungen, die dem Verwalter zugestellt werden, sind auch der Aufsichtsperson zuzustellen. [2] Vor der Erteilung von Anweisungen im Sinne des § 153 ist auch die Aufsichtsperson zu hören.

(3) Die Aufsichtsperson hat dem Gericht unverzüglich Anzeige zu erstatten, wenn der Schuldner gegen seine Pflichten als Verwalter verstößt.

(4) [1] Der Schuldner führt die Verwaltung unter Aufsicht der Aufsichtsperson. [2] Er ist verpflichtet, der Aufsichtsperson jederzeit Auskunft über das Grundstück, den Betrieb und die mit der Bewirtschaftung zusammenhängenden Rechtsverhältnisse zu geben und Einsicht in vorhandene Aufzeichnungen zu gewähren. [3] Er hat, soweit es sich um Geschäfte handelt, die über den Rahmen der laufenden Wirtschaftsführung hinausgehen, rechtzeitig die Entschließung der Aufsichtsperson einzuholen.

§ 150d. [Befugnisse des Schuldners als Verwalter]

[1] Der Schuldner darf als Verwalter über die Nutzungen des Grundstücks und deren Erlös, unbeschadet der Vorschriften der §§ 155 bis 158, nur mit Zustimmung der Aufsichtsperson verfügen. [2] Zur Einziehung von Ansprüchen, auf die sich die Beschlagnahme erstreckt, ist er ohne diese Zustimmung befugt; er ist jedoch verpflichtet, die Beträge, die zu notwendigen Zahlungen zur Zeit nicht erforderlich sind, nach näherer Anordnung des Gerichts unverzüglich anzulegen.

§ 150e. [Keine Vergütung für Schuldner als Verwalter]

[1] Der Schuldner erhält als Verwalter keine Vergütung. [2] Erforderlichenfalls bestimmt das Gericht nach Anhörung der Aufsichtsperson, in welchem Umfange der Schuldner Erträgnisse des Grundstücks oder deren Erlös zur Befriedigung seiner und seiner Familie notwendigen Bedürfnisse verwenden darf.

§ 151. [Wirksamwerden der Beschlagnahme]

(1) Die Beschlagnahme wird auch dadurch wirksam, daß der Verwalter nach § 150 den Besitz des Grundstücks erlangt.

(2) Der Beschluß, durch welchen der Beitritt eines Gläubigers zugelassen wird, soll dem Verwalter zugestellt werden; die Beschlagnahme wird zugunsten des Gläubigers auch mit dieser Zustellung wirksam, wenn der Verwalter sich bereits im Besitze des Grundstücks befindet.

(3) Das Zahlungsverbot an Drittschuldner ist auch auf Antrag des Verwalters zu erlassen.

§ 152. [Aufgaben des Verwalters]

(1) Der Verwalter hat das Recht und die Pflicht, alle Handlungen vorzunehmen, die erforderlich sind, um das Grundstück in seinem wirtschaftlichen Bestande zu erhalten und ordnungsmäßig zu benutzen; er hat die Ansprüche, auf welche sich die Beschlagnahme erstreckt, geltend zu machen und die für die Verwaltung entbehrlichen Nutzungen in Geld umzusetzen.

(2) Ist das Grundstück vor der Beschlagnahme einem Mieter oder Pächter überlassen, so ist der Miet- oder Pachtvertrag auch dem Verwalter gegenüber wirksam.

§ 153. [Anordnungen und Aufsicht des Gerichts]

(1) Das Gericht hat den Verwalter nach Anhörung des Gläubigers und des Schuldners mit der erforderlichen Anweisung für die Verwaltung zu versehen, die dem Verwalter zu gewährende Vergütung festzusetzen und die Geschäftsführung zu beaufsichtigen; in geeigneten Fällen ist ein Sachverständiger zuzuziehen.

(2) [1] Das Gericht kann dem Verwalter die Leistung einer Sicherheit auferlegen, gegen ihn Zwangsgeld festsetzen und ihn entlassen. [2] Das Zwangsgeld ist vorher anzudrohen.

§ 153a. [Anordnungen über Entgelt für Viehfutter]

Ist in einem Gebiet das zu dem landwirtschaftlichen Betriebe gehörende Vieh nach der Verkehrssitte nicht Zubehör des Grundstücks, so hat, wenn der Schuldner zum Zwangsverwalter bestellt wird, das Vollstreckungsgericht gemäß § 153 Anordnungen darüber zu erlassen, welche Beträge der Schuldner als Entgelt dafür, daß das Vieh aus den Erträgnissen des Grundstücks ernährt wird, der Teilungsmasse zuzuführen hat und wie die Erfüllung dieser Verpflichtung sicherzustellen ist.

§ 154. [Haftung; Rechnungslegung]

[1] Der Verwalter ist für die Erfüllung der ihm obliegenden Verpflichtungen allen Beteiligten gegenüber verantwortlich. [2] Er hat dem Gläubiger und dem Schuldner jährlich und nach der Beendigung der Verwaltung Rechnung zu legen. [3] Die Rechnung ist dem Gericht einzureichen und von diesem sowohl dem Gläubiger als auch dem Schuldner vorzulegen.

§ 155. [Verteilung der Nutzungen]

(1) Aus den Nutzungen des Grundstücks sind die Ausgaben der Verwaltung sowie die Kosten des Verfahrens mit Ausnahme derjenigen, welche durch die Anordnung des Verfahrens oder den Beitritt eines Gläubigers enstehen, vorweg zu bestreiten.

(2) [1] Die Überschüsse werden auf die in § 10 Abs. 1 Nr. 1 bis 5 bezeichneten Ansprüche verteilt. [2] Hierbei werden in der zweiten, dritten und vierten Rangklasse jedoch nur Ansprüche auf laufende wiederkehrende Leistungen, einschließlich der Rentenleistungen, sowie auf diejenigen Beträge berücksichtigt, die zur allmählichen Tilgung einer Schuld als Zuschlag zu den Zinsen zu entrichten sind. [3] Abzahlungsbeträge auf eine unverzinsliche Schuld sind wie laufende wiederkehrende Leistungen zu berücksichtigen, soweit sie fünf vom Hundert des ursprünglichen Schuldbetrages nicht übersteigen.

(3) [1] Hat der eine Zwangsverwaltung betreibende Gläubiger für Instandsetzungs-, Ergänzungs- oder Umbauarbeiten an Gebäuden Vorschüsse gewährt, so sind diese zum Satze von einhalb vom Hundert über dem Lombardsatz der Deutschen Bundesbank zu verzinsen. [2] Die Zinsen genießen bei der Zwangsverwaltung und der Zwangsversteigerung dasselbe Vorrecht wie die Vorschüsse selbst.

(4) [1] Hat der Zwangsverwalter oder, wenn der Schuldner zum Verwalter bestellt ist, der Schuldner mit Zustimmung der Aufsichtsperson Düngemittel, Saatgut oder Futtermittel angeschafft, die im Rahmen der bisherigen Wirtschaftweise zur ordnungsmäßigen Aufrechterhaltung des Betriebs benötigt werden, so haben Ansprüche aus diesen Lieferungen den in § 10 Abs. 1 Nr. 1 bezeichneten Rang. [3] Das gleiche gilt von Krediten, die zur Bezahlung dieser Lieferungen in der für derartige Geschäfte üblichen Weise aufgenommen sind.

§ 156. [Öffentliche Lasten; Verteilungstermin]

(1) Die laufenden Beträge der öffentlichen Lasten sind von dem Verwalter ohne weiteres Verfahren zu berichtigen.

(2) [1] Ist zu erwarten, daß auch auf andere Ansprüche Zahlungen geleistet werden können, so wird nach dem Eingange der im § 19 Abs. 2 bezeichneten Mitteilungen des Grundbuchamts der Verteilungstermin bestimmt. [2] In dem Termine wird der Teilungsplan für die ganze Dauer des Verfahrens aufgestellt. [3] Die Terminsbestimmung ist den Beteiligten sowie dem Verwalter zuzustellen. [4] Die Vorschriften des § 105 Abs. 2 Satz 2, des § 113 Abs. 1 und der §§ 114, 115, 124, 126 finden entsprechende Anwendung.

§ 157. [Ausführung des Teilungsplans]

(1) [1] Nach der Feststellung des Teilungsplans hat das Gericht die planmäßige Zahlung der Beträge an die Berechtigten anzuordnen; die Anordnung ist zu ergänzen, wenn nachträglich der Beitritt eines Gläubigers zugelassen wird. [2] Die Auszahlungen erfolgen zur Zeit ihrer Fälligkeit durch den Verwalter, soweit die Bestände hinreichen.

(2) [1] Im Falle der Hinterlegung eines zugeteilten Betrags für den unbekannten Berechtigten ist nach den Vorschriften der §§ 135 bis 141 zu verfahren. [2] Die Vorschriften des § 142 finden Anwendung.

§ 158. [Kapital von Grundpfandrechten]

(1) [1] Zur Leistung von Zahlungen auf das Kapital einer Hypothek oder Grundschuld oder auf die Ablösungssumme einer Rentenschuld hat das Gericht einen Termin zu bestimmen. [2] Die Terminsbestimmung ist von dem Verwalter zu beantragen.

(2) [1] Soweit der Berechtigte Befriedigung erlangt, ist das Grundbuchamt vom Gericht um Löschung des Rechtes zu ersuchen. [2] Eine Ausfertigung des Protokolls ist beizufügen; die Vorlegung des über das Recht erteilten Briefes ist zur Löschung nicht erforderlich.

(3) Im übrigen finden die Vorschriften der §§ 117, 127 entsprechende Anwendung.

§ 159. [Klage auf Änderung des Teilungsplans]

(1) Jeder Beteiligte kann eine Änderung des Teilungsplans im Wege der Klage erwirken, auch wenn er Widerspruch gegen den Plan nicht erhoben hat.

(2) Eine planmäßig geleistete Zahlung kann auf Grund einer späteren Änderung des Planes nicht zurückgefordert werden.

§ 160. [Außergerichtliche Verteilung]

Die Vorschriften der §§ 143 bis 145 über die außergerichtliche Verteilung finden entsprechende Anwendung.

§ 161. [Aufhebung des Verfahrens]

(1) Die Aufhebung des Verfahrens erfolgt durch Beschluß des Gerichts.

(2) Das Verfahren ist aufzuheben, wenn der Gläubiger befriedigt ist.

(3) Das Gericht kann die Aufhebung anordnen, wenn die Fortsetzung des Verfahrens besondere Aufwendungen erfordert und der Gläubiger den nötigen Geldbetrag nicht vorschießt.

(4) Im übrigen finden auf die Aufhebung des Verfahrens die Vorschriften der §§ 28, 29, 32, 34 entsprechende Anwendung.

Anhang

ANHANG I a

Inkasso-Büro Wucherpfennig

Sehr geehrte Damen und Herren,

in der Forderungssache unseres obigen Kunden gegen Sie haben Sie eine Zahlung geleistet, deren Höhe jedoch nicht der Gesamtforderung entspricht. Die Mahnspesen und die Zinsen unseres Kunden sowie die durch unsere Inanspruchnahme entstandenen Kosten haben Sie als Verzugsschaden gemäß §§ 286, 288 BGB auch bei einer Überschneidung Ihrer Zahlung und unserer Beauftragung zu tragen.

Anbei erhalten Sie eine Forderungsberechnung, auf der Ihre Zahlung angesetzt wurde.

Wir fordern Sie auf, den Restbetrag lt. anliegender Berechnung (der die Spesen dieses Schreibens und die weiteren Verzugszinsen bis zum Zahlungstermin beinhaltet) bis zum 20.5.1987 an uns zu überweisen.

Sollten Sie keine Zahlung leisten, sind wir beauftragt, durch unsere Vertragsanwälte die gerichtliche Einziehung der Forderung vornehmen zu lassen.

Mit freundlichen Grüßen

Inkassodienst Wucherpfennig

ANHANG I b

Diesen Schreiben (Ia und Ic) liegt dann eine sogenannte "Forderungsberechnung" bei. Die Forderungsberechnung kann sich z.B. wie folgt zusammensetzen:

a) Hauptforderung	2.134,08 DM
b) Mahnauslagen	20,00 DM
c) übergebene Zinsen lt. 1. Zahlung	35,56 DM
d) Bearbeitungsgebühr	126,19 DM
e) Inkassopauschale	50,48 DM
f) 9.12.86 Kontoführungsgebühr	3,42 DM
g) 2.1.87 Kontoführungsgebühr	3,42 DM
h) 3.1.87 Zinsen	8,30 DM
i) Zahlung 3.1.87	2.102,16 DM
k) 1.2.87 Kontoführungsgebühr	3,42 DM
l) 3.2.87 Schreibauslagen	5,70 DM
m) Zinsen bis 3.2.87	2,33 DM
	2.392,90 DM
abzüglich	- 2.102,16 DM
Restforderung	290,47 DM

===========

Bemerkung:

Unbegründet und unberechtigt sind die Mahnauslagen in Höhe von 20,–, da sie nie nachweisbar sind. Unbegründet ist die Bearbeitungsgebühr in Höhe von DM 126,19, da das Inkassobüro kein Rechtsanwaltsbüro ist. Die Inkassopauschale ist ebenfalls nicht begründet. Furchtbares Ergebnis: Bei einer angeblich zu geringen Zahlung von DM 32,- soll der Schuldner über den Tisch gezogen werden und DM 290,74 zahlen. Dies ist kein Scherz, sondern ein aktueller Fall aus dem Jahre 1987.

Aufgrund von Kreditversicherungen werden Gläubiger bei Ausfall ihrer Forderung bis zu 75% entschädigt, d.h. erhalten im Falle des mit der Versicherung abgestimmten Forderungsverzichtes oder bei Uneinbringlichkeit der gesamten Forderung 75%. Die Kreditversicherung ist dann berechtigt, den Schuldner weiter zu jagen, wenn noch Erfolgsaussichten bestehen, irgendwelche Beträge zu erhalten.Eine Kreditversicherung beauftragt in der Regel ein ihr angeschlossenes Inkassobüro, diesen Betrag geltend zu machen. Damit steigen die Nebenkosten erheblich.

Der Versicherungsnehmer ist in der Regel glücklich, daß er über den Forderungsausfall eine Entschädigung erhalten hat. Wie häufig sich ein Versicherungsnehmer derartige Forderungsausfälle leisten kann, ist völlig offen.

ANHANG II: Gebührentabelle

Wert bis	Gebühren A			Gebühren B	Gebühren C		
	10/10	5/10	3/10	75/10	13/10	13/20	3/10 von 13/10 = 39/100
200	30,--	15,--	9,--	22,50	39,--	19,50	11,70
300	40,--	20,--	12,--	30,--	52,--	26,--	15,60
500	50,--	25,--	15,--	37,50	65,--	32,50	19,50
700	60,--	30,--	18,--	45,--	78,--	39,--	23,40
900	70,--	35,--	21,--	52,50	91,--	45,50	27,30
1200	85,--	42,50	25,50	63,80	110,50	55,50	33,20
1600	103,--	51,50	30,90	77,30	133,90	67,--	40,20
2000	121,--	60,50	36,30	90,80	157,30	78,70	47,20
2400	139,--	69,50	41,70	104,30	180,70	90,40	54,30
2800	157,--	78,50	47,10	117,80	204,10	102,10	61,30
3200	175,--	87,50	52,50	131,30	227,50	113,80	68,30
3600	193,--	96,50	57,90	144,80	250,90	125,50	75,30
4000	211,--	105,50	63,30	158,30	274,30	137,20	82,30
4400	229,--	114,50	68,70	171,80	297,70	148,90	89,40
4800	247,--	123,50	74,10	185,30	321,10	160,60	96,40
5200	265,--	132,50	79,50	198,80	344,50	172,30	103,40
5600	283,--	141,50	84,90	212,30	367,90	184,--	110,40
6400	321,--	160,50	96,30	240,80	417,30	208,70	125,20
7200	358,--	179,--	107,40	268,50	465,40	232,70	139,70
8000	395,--	197,50	118,50	296,30	513,50	256,80	154,10
9000	442,--	221,--	132,60	331,50	574,60	287,30	172,40
10000	489,--	244,50	146,70	366,80	635,70	317,90	190,80
12000	552,--	276,--	165,60	414,--	717,60	358,80	215,30
14000	615,--	307,50	184,50	461,30	799,50	399,80	239,90
16000	677,--	338,50	203,10	507,80	880,10	440,10	264,10
18000	739,--	369,50	221,70	554,30	960,70	480,35	288,30
20000	800,--	400,--	240,--	600,--	1040,--	520,--	312,--
25000	880,--	440,--	264,--	660,--	1144,--	572,--	343,20
30000	960,--	480,--	288,--	720,--	1248,--	624,--	374,40
35000	1040,--	520,--	312,--	780,--	1352,--	676,--	405,60
40000	1120,--	560,--	336,--	840,--	1456,--	728,--	436,80
45000	1200,--	600,--	360,--	900,--	1560,--	780,--	468,--
50000	1235,--	617,50	370,50	926,30	1605,50	802,80	481,70
55000	1270,--	635,--	381,--	952,50	1651,--	825,50	495,30
60000	1305,--	652,50	391,50	978,80	1696,50	848,30	509,--
65000	1340,--	670,--	402,--	1005,--	1742,--	871,--	522,60
70000	1375,--	687,50	412,50	1031,30	1787,50	893,80	536,30
75000	1410,--	705,--	423,--	1057,50	1833,--	916,50	549,90
80000	1445,--	722,50	433,50	1083,80	1878,50	939,30	563,60
85000	1480,--	740,--	444,--	1110,--	1924,--	962,--	577,20
90000	1515,--	757,50	454,50	1136,30	1969,50	984,80	590,90
95000	1550,--	775,--	465,--	1162,50	2015,--	1007,50	604,50
100000	1585,--	792,50	475,50	1188,80	2060,50	1030,30	618,20

ANHANG III

Erklärung über die persönlichen und wirtschaftlichen Verhältnisse

– Anlage zum Antrag auf Bewilligung der Prozeßkostenhilfe –

Antragsteller (Name, Vorname, ggf. Geburtsname)	Beruf	Geburtsjahr	Verheiratet?
Anschrift (Straße, Hausnummer, Postleitzahl, Wohnort)	Telefonisch tagsüber erreichbar unter Nr.		

Ⓐ

Besteht eine Rechtsschutzversicherung?	Bezieht der Antragsteller vom Sozialamt laufende Leistungen zum Lebensunterhalt?
☐ Nein ☐ Ja. Sie tritt aber im vorliegenden Fall nicht ein. Den Versicherungsschein füge ich bei.	☐ Nein ☐ Ja. Den letzten Bewilligungsbescheid füge ich bei. [In diesem Fall brauchen Sie den Vordruck unter Ⓑ bis Ⓔ nicht auszufüllen]

Ⓑ

Angehörige, denen der Antragsteller Unterhalt gewährt Name, Vorname (Anschrift nur, wenn abweichend von der des Antragstellers)	Geburtsjahr	Familienverhältnis (z. B. Ehegatte, Kind, Schwiegermutter)	Hat der Angehörige eigene Einkünfte?		Wenn Unterhalt ausschließlich durch Zahlung gewährt wird: Monatsbetrag in DM
1			Nein ☐	Ja, DM mtl. netto	
2			Nein ☐	Ja, DM mtl. netto	
3			Nein ☐	Ja, DM mtl. netto	
4			Nein ☐	Ja, DM mtl. netto	
5			Nein ☐	Ja, DM mtl. netto	

Ⓒ

	Antragsteller		Ehegatte	
Welche **Einkünfte** (brutto) haben der Antragsteller und sein Ehegatte im Monat?	Einkünfte aus	Monatsbetrag in DM	Einkünfte aus	Monatsbetrag in DM
	nichtselbständiger Arbeit? ☐ Nein ☐ Ja		nichtselbständiger Arbeit? ☐ Nein ☐ Ja	
	selbständiger Arbeit? ☐ Nein ☐ Ja		selbständiger Arbeit? ☐ Nein ☐ Ja	
	Vermietung und Verpachtung? ☐ Nein ☐ Ja		Vermietung und Verpachtung? ☐ Nein ☐ Ja	
	Kapitalvermögen? ☐ Nein ☐ Ja		Kapitalvermögen? ☐ Nein ☐ Ja	
	Unterhaltsleistungen? ☐ Nein ☐ Ja		Unterhaltsleistungen? ☐ Nein ☐ Ja	
	Einkünfte anderer Art? ☐ Nein ☐ Ja		Einkünfte anderer Art? ☐ Nein ☐ Ja	
Einkünfte anderer Art bitte kurz bezeichnen z. B.: *Rente* *Kindergeld* *Wohngeld* *Arbeitslosengeld* *Krankengeld* *Ausbildungsfördg.*				
Abzüge	1 Steuern auf die Einkünfte		1 Steuern auf die Einkünfte	
	2 Sozialversicherungsbeiträge		2 Sozialversicherungsbeiträge	
	3 Sonstige Versicherung		3 Sonstige Versicherung	
Bitte kurz bezeichnen z. B.: 1 *Lohnsteuer* 2 *Pflichtbeiträge* 3 *Lebensversich.* 4 *Fahrt zur Arbeit*	4 Werbungskosten		4 Werbungskosten	
Besondere Belastungen Bitte kurz bezeichnen z. B.: *Körperbehinderung des/der ...* *Hohe Unterhaltsleistungen für ...*				

Ⓓ **Vermögen des Antragstellers und seines Ehegatten**		Verkehrswert, Betrag in DM
Ist **Grundvermögen** (z. B. Grundstück, Familienheim, Wohnungseigentum, Erbbaurecht) vorhanden? ☐ Nein ☐ Ja	Kurze Bezeichnung nach Lage, Größe, Nutzungsart, Jahr der Bezugsfertigkeit. Bitte Feuerversicherungsschein beifügen	
Sind **Bausparguthaben** vorhanden? ☐ Nein ☐ Ja Ist das Guthaben auszahlbar? ☐ Nein ☐ Ja	Bezeichnung der Bausparkasse. Falls Guthaben auszahlbar, bitte angeben, ob es alsbald für ein Familienheim des Antragstellers verwendet wird	
Sind **Bank-** oder **Sparguthaben** u. dgl. vorhanden? ☐ Nein ☐ Ja	Bezeichnung der Bank, Sparkasse oder des sonstigen Kreditinstituts	
Sind **Wertpapiere** vorhanden? ☐ Nein ☐ Ja	Bezeichnung der Wertpapiere	
Sind (von Hausrat, Kleidung, Berufsbedarf, soweit nicht Luxus, abgesehen) **sonstige Vermögenswerte** einschl. Bargeld oder Wertgegenstände vorhanden? ☐ Nein ☐ Ja	Bezeichnung des Gegenstandes	

Ⓔ **Verbindlichkeiten** (Bitte nur ausfüllen, wenn Vermögenswerte angegeben sind)		Betrag der Restschuld in DM
Darlehnsschulden **für die Beschaffung oder die Erhaltung des Familienheims des Antragstellers**	Bezeichnung des Gläubigers/Kreditinstituts	
Anschaffungsdarlehn oder dgl. **für einen oben angegebenen Vermögenswert**	Bezeichnung des Gläubigers/Kreditinstituts und des Gegenstandes	
Sonstige Verbindlichkeiten	Bezeichnung des Gläubigers/Kreditinstituts und des Verwendungszwecks	

Ich versichere hiermit, daß meine Angaben vollständig und wahr sind.

Zahl der Anlagen: ....

Aufgenommen:

Ort, Datum

....

(Unterschrift des Antragstellers/ges. Vertreters) (Unterschrift, Amtsbezeichnung)

ANHANG IV: "Außergerichtlicher Vergleich" (Beispiel):

In einem außergerichtlichen Vergleichsverfahren hat die Firma ... allen Gläubigern, die am 2.8.86 Forderungen in bestimmter Höhe hatten, folgenden Vergleichsvorschlag gemacht:

a) Gläubiger mit Forderungen bis DM 10.000,- werden voll befriedigt.
b) Gläubiger mit nicht grundpfandrechtlich besicherten Forderungen über DM 10.000,- verzichten auf 65% ihrer Forderung; der Rest wird zinslos gestundet und in 36 gleichen Monatsraten ab 1.4.87 gezahlt.
c) Die Lieferanten verzichten bzgl. dieses Vergleichsverfahrens auf die Geltendmachung von Rechten aus Eigentumsvorbehalt für die vor dem 2.8.86 gelieferten Waren.
d) Die am 2.8.86 bestehenden Forderungen leben zuzüglich Zinsen abzüglich des zwischenzeitlich Gezahlten, jedoch incl. eventueller Rechte aus Eigentumsvorbehalt wieder auf, wenn innerhalb einer vom Gläubiger schriftlich zu setzenden Nachfrist von 14 Tagen eine fällige Rate nicht vollständig gezahlt wird.

Wir stimmem dem o.g. außergerichtlichen Vergleich hiermit zu. Die Forderung des unterzeichnenden Unternehmens gegen die Firma ... beträgt per 2.8.86 DM 20.000,- und wird auf DM 7.000,- entsprechend dem Vergleichsvorschlag reduziert. An diese Zustimmungserklärung halten wir uns bis zum ... gebunden; sie wird unwirksam, wenn bis zu diesem Zeitpunkt nicht Gläubiger mit Forderungen von insgesamt 95% der unbesicherten Forderungen dem außergerichtl. Vergleich zustimmen und dies die mit Ermöglichung des Vergleichs beauftragte Unternehmensberatung ... den Gläubigern binnen 14 Tagen mitteilt.

.............., den ....

Bemerkung: In einem "Besserungsschein" könnte sich die Firma verpflichten, z.B. über die ersten 35% hinaus weitere 35% anteilig verteilt zu zahlen, wenn und soweit binnen 5 Jahren nach Vergleichserfüllung ein Bilanzgewinn von der Firma oder ihrem Rechtsnachfolger erwirtschaftet wird und dies den Finanzierungsmöglichkeiten der Firma entspricht. Hierüber wird verbindlich bei fehlender Einigung über die Person als Schiedsgutachter auf Antrag eines Beteiligten ein vom Präsidenten der IHK zu bestimmender Gutachter entscheiden.

Sicherungsübereignungsvertrag

zwischen

Herrn A (Anschrift)

- nachstehend Sicherungsgeber –

und

X-GmbH (Anschrift)

- nachstehend Sicherungsnehmer –

1. Der Sicherungsgeber schuldet dem Sicherungsnehmer aus Darlehens (Lieferungs)-Vertrag vom (Datum) einen Betrag in Höhe von DM ...... nebst ... % Zinsen seit dem (Datum).

   Zur Sicherung dieses Anspruches übereignet der Sicherungsgeber dem Sicherungsnehmer das nachstehend näher beschriebene Fahrzeug (Maschine etc.), Hersteller, Typ ....., amtl. Kennzeichen ......, Fahrgestell-Nr. ....., Jahr der 1. Zulassung ....., Versicherung (Versicherungsgesellschaft, Haftpflicht, Teilkasko, Vollkasko, Policen-Nr. .....), Standort.

2. Die Übergabe des Fahrzeugs wird dadurch ersetzt, daß der Sicherungsnehmer dem Sicherungsgeber das Fahrzeug zur leihweisen Benutzung überläßt. Der Sicherungsgeber verpflichtet sich, das Kraftfahrzeug pfleglich zu behandeln und die erforderlichen Wartungs- und Reparaturarbeiten auf seine Kosten jeweils unverzüglich vornehmen zu lassen.

3. Der Sicherungsgeber versichert, daß er zur freien Verfügung über das Kraftfahrzeug berechtigt ist und daß es nicht dem Eigentumsvorbehalt oder sonstigen Rechten Dritter unterliegt. Der Sicherungsgeber versichert zudem, daß rückständige Forderungen wie Garagenmiete, durch die ein Vermieterpfandrecht begründet sein könnte, nicht bestehen.

4. Der Sicherungsgeber ist verpflichtet, während der Dauer dieses Vertrages eine Haftpflichtversicherung und die in Abs. 1 angegebene Kasko-Versicherung aufrechtzuerhalten und diese dem Sicherungsnehmer auf Verlangen nachzuweisen.

5. Sollten die Rechte des Sicherungsnehmers durch Maßnahmen Dritter oder durch sonstige Ereignisse (z.B. Unfall, Beschädigung, Beschlagnahme, Eröffnung des Konkurs- oder Vergleichsverfahrens) beeinträchtigt oder gefährdet werden, so ist der Sicherungsgeber verpflichtet, den Sicherungsnehmer unverzüglich zu unterrichten.

6. Gerät der Sicherungsgeber hinsichtlich der in Abs. 1 genannten Forderung in Verzug, so kann der Sicherungsnehmer die Herausgabe des Kraftfahrzeugs verlangen. Dieser ist berechtigt, das Kraftfahrzeug nach pflichtgemäßem Ermessen zu verwerten.

7. Für die Dauer des Sicherungseigentums des Sicherungsnehmers übergibt der Sicherungsgeber diesem den für das Kraftfahrzeug ausgestellten Kraftfahrzeugbrief.

8. Sobald der Sicherungsgeber den Sicherungsnehmer wegen der in Abs. 1 bezeichneten Forderung befriedigt hat, fällt das Eigentum an dem Kraftfahrzeug an den Sicherungsgeber zurück, ohne daß es eines besonderen Übertragungsaktes bedarf. In diesem Fall hat der Sicherungsnehmer den Kraftfahrzeugbrief unverzüglich dem Sicherungsgeber zurückzugeben.

Ort, Datum X-GmbH

ANHANG VI

Vertrag über Forderungsabtretung

VEREINBARUNG

zwischen

Herrn A (Anschrift)

und

Herrn B (Anschrift)

1. Herr A schuldet Herrn B einen Restbetrag von DM ...... aus Darlehen.

2. Zur Begleichung der vorstehenden Verbindlichkeit tritt Herr A hiermit Herrn B erfüllungshalber einen Teilbetrag von DM ...... von seiner Forderung aus dem Kaufvertrag vom (Datum) gegen Herrn C (Anschrift) ab, und zwar mit dem Rang vor der dann verbleibenden Restforderung.

Ort, Datum

....................................(A) ....(B)

Bemerkung:

Die Abtretung ist nur durch Vertrag möglich, d.h., beide, der Abtretende und der Abtretungsempfänger, müssen unterschreiben. Immer ist bei einer Abtretung zu prüfen, ob die Forderung überhaupt abtretbar ist.

Natürlich kann der Schuldner auch seine Ansprüche beispielsweise aus einem Versicherungsvertrag abtreten oder aus einer Bausparkasse: Der Sicherungsgeber (Schuldner) tritt hiermit alle ihm aus dem mit der Y-Bausparkasse (Ort) abgeschlossenen Bausparvertrag Nr. ...... über DM ...... zustehenden und künftig zur Entstehung kommenden Ansprüche und Rechte jeder Art an die Sicherungsnehmerin (Bank X) ab; die Abtretung bezieht sich insbesondere auf Ansprüche und Rechte auf Zuteilung und Auszahlung der Bausparsumme sowie auf Rückzahlung des jeweiligen Sparguthabens sowie auf das Recht auf Annahme der von der Bausparkasse auszusprechenden Zuteilung, das Recht auf Kündigung des Bausparvertrages und das Recht auf Übertragung des Bausparvertrages auf Dritte sowie den Anspruch auf Rückgewähr (Rückübertragung, Löschung, Verzicht sowie Auszahlung eines Überlöses im Falle der Zwangsversteigerung) der zur Absicherung des Bauspardarlehens bestellten oder noch zu bestellenden Grundschulden.

Der Antrag wird gerichtet an das

Amtsgericht

Plz, Ort

①

Geschäftsnummer des Amtsgerichts
Bei Schreiben an das Gericht stets angeben

② Antragsgegner/ges. Vertreter

Plz Ort

Raum für Kostenmarken/Freistempler (falls nicht ausreichend, unteres Viertel der Rückseite benutzen)

Mahnbescheid

Datum des Mahnbescheids

③ **Antragsteller,** ges. Vertreter, Prozeßbevollmächtigte(r); Bankverbindung

④ **macht gegen –Sie–** ☐ **als Gesamtschuldner**

⑤ **folgenden Anspruch geltend** (genaue Bezeichnung, insbes. mit Zeitangabe): Geschäftszeichen des Antragstellers:

⑥ Hauptforderung DM	Zinsen				
⑦ Vorgerichtliche Kosten DM					
⑧ Kosten dieses Verfahrens (Summe 1 bis 5) DM	1 Gerichtskosten DM	2 Auslagen d. Antragst. DM	3 Gebühr d. Prozeßbev. DM	4 Auslagen d. Prozeßbev. DM	5 MWSt. d. Prozeßbev. DM
⑨ **Gesamtbetrag DM**	zuzügl. der Zinsen	Der Anspruch ist nach Erklärung des Antragstellers von einer Gegenleistung ☐ nicht abhängig. ☐ abhängig; diese ist aber bereits erbracht.			

Das Gericht hat nicht geprüft, ob dem Antragsteller der Anspruch zusteht. Es fordert Sie hiermit auf, innerhalb von zwei Wochen seit der Zustellung dieses Bescheids entweder die vorstehend bezeichneten Beträge, soweit Sie den geltend gemachten Anspruch als begründet ansehen, zu begleichen oder dem (oben bezeichneten) **Gericht auf einem Vordruck der beigefügten Art** (s. Hinweis dazu auf der Rückseite) **mitzuteilen, ob und in welchem Umfang Sie dem Anspruch widersprechen.**

Werden die geforderten Beträge nicht beglichen und wird auch nicht Widerspruch erhoben, kann der Antragsteller nach Ablauf der Frist einen Vollstreckungsbescheid erwirken, aus dem er die Zwangsvollstreckung betreiben kann. Ein streitiges Verfahren in Ihrem allgemeinen Gerichtsstand wäre nach Angabe des Antragstellers durchzuführen vor dem

⑩ ☐ Amtsgericht ☐ Landgericht ☐ Landgericht -Kammer für Handelssachen- in Plz, Ort

An dieses Gericht, dem eine Prüfung seiner Zuständigkeit vorbehalten bleibt, wird die Sache im Falle Ihres Widerspruchs abgegeben.

Rechtspfleger

Antrag

Anschrift des Antragstellers/Vertreters/Prozeßbevollmächtigten

Ort, Datum

⑪

Eingangsstempel des Gerichts

Es wird beantragt, aufgrund der vorstehenden Angaben einen Mahnbescheid zu erlassen.

⑫ ☐ Im Falle des Widerspruchs wird die Durchführung des streitigen Verfahrens vor dem vorstehend bezeichneten Gericht beantragt.

⑬ ☐ Ordnungsgemäße Bevollmächtigung wird versichert.

⑭ ☐ Hier die Zahl der ausgefüllten Vordrucke angeben, falls sich der Antrag gegen mehrere Antragsgegner richtet.

Blatt 1: Antrag und Urschrift

Unterschrift des Antragstellers/Vertreters/Prozeßbevollmächtigten

ANHANG VIII

Der Antrag wird gerichtet
an das
Arbeitsgericht
Plz, Ort

①

Geschäftsnummer des Arbeitsgerichts
Bei Schreiben an das Gericht stets angeben

② Antragsgegner/ges. Vertreter

Plz Ort

Mahnbescheid

← Datum des Mahnbescheids

③ **Antragsteller,** ges. Vertreter, Prozeßbevollmächtigte(r); Bankverbindung

④ **macht gegen –Sie–** ☐ als Gesamtschuldner

⑤ **folgenden Anspruch geltend** (genaue Bezeichnung, insbes. mit Zeitangabe):

Geschäftszeichen des Antragstellers:

⑥ Hauptforderung ⑦ DM	Zinsen	Der Anspruch ist nach Erklärung des Antragstellers von einer Gegenleistung ☐ nicht abhängig. ☐ abhängig; diese ist aber bereits erbracht.
⑧ Vorgerichtliche Kosten DM		
⑨ Auslagen des Antragstellers DM		
⑩ **Gesamtbetrag DM**	**zuzügl. der Zinsen**	Die Gerichtskosten werden vom Gericht erst nach Beendigung des Mahnverfahrens eingezogen.

Das Gericht hat nicht geprüft, ob dem Antragsteller der Anspruch zusteht. Es fordert Sie hiermit auf, innerhalb einer Woche seit der Zustellung dieses Bescheids entweder die vorstehend bezeichneten Beträge, soweit Sie den geltend gemachten Anspruch als begründet ansehen, zu begleichen oder dem (oben bezeichneten) **Gericht auf einem Vordruck der beigefügten Art** (s. Hinweis dazu auf der Rückseite) **mitzuteilen, ob und in welchem Umfang Sie dem Anspruch widersprechen.**

Werden die geforderten Beträge nicht beglichen und wird auch nicht Widerspruch erhoben, kann der Antragsteller nach Ablauf der Frist einen Vollstreckungsbescheid erwirken, aus dem er die Zwangsvollstreckung betreiben kann.

Rechtspfleger

Antrag

Ort, Datum

⑪ Anschrift des Antragstellers/Vertreters/Prozeßbevollmächtigten

Eingangsstempel des Gerichts

Es wird beantragt, aufgrund der vorstehenden Angaben einen Mahnbescheid zu erlassen.

⑫ ☐ Im Falle des Widerspruchs wird Termin zur mündlichen Verhandlung beantragt.

⑬ ☐ Ordnungsgemäße Bevollmächtigung wird versichert.

⑭ ☐ Hier die Zahl der ausgefüllten Vordrucke angeben, falls sich der Antrag gegen mehrere Antragsgegner richtet.

Unterschrift des Antragstellers/Vertreters/Prozeßbevollmächtigten

ANHANG IX

Anschrift des Antragsgegners/ges. Vertreters/Prozeßbevollmächtigten

Geschäftsnummer des Amtsgerichts
Bei Schreiben an das Gericht stets angeben

An das
Amtsgericht ....

Plz .... Ort ....

Hinweis für den Antragsgegner:
Bitte überlegen Sie sorgfältig, ob Sie im Recht sind, und beachten Sie die Hinweise auf der Rückseite des Mahnbescheids.

Mahnsache	Antragsteller (Name)	Antragsgegner (Name, Vorname)	Datum d. Mahnbescheids

Gegen den Mahnbescheid erhebe ich **Widerspruch** ☐ als Prozeßbevollmächtigter des Antragsgegners. Ordnungsgemäße Bevollmächtigung wird versichert. ☐ als gesetzlicher Vertreter des Antragsgegners.

Der Widerspruch richtet sich gegen
☐ den Anspruch insgesamt.
☐ den nachfolgend bezeichneten Teil des Anspruchs (bitte Teilbetrag der Hauptforderung/Nebenforderung/Zinsen/Kosten genau bezeichnen):

Durchschrift/Abschrift für den Antragsteller füge ich bei.

Ort, Datum

....
Unterschrift des Antragsgegners/Vertreters/Prozeßbevollmächtigten

Blatt 1: Urschrift des Widerspruchs

Amtsgericht

Plz, Ort

Geschäftsnummer des Amtsgerichts
Bei Schreiben an das Gericht stets angeben

Antragsgegner/ges. Vertreter

Plz Ort

Datum des Vollstreckungsbescheids

Zustellungsnachricht an den Antragsteller.

In Ihrer Mahnsache ist dem Antragsgegner der Mahnbescheid an dem aus dem folgenden Vordruckteil ersichtlichen Tag zugestellt worden.

Prüfen Sie, nachdem die mit dem darauffolgenden Tag beginnende Zwei-Wochen-Frist abgelaufen ist, ob der Antragsgegner die Schuld beglichen hat.

Sollte das nicht der Fall sein und sollte auch nicht Widerspruch eingelegt sein, können Sie den Erlaß des Vollstreckungsbescheids beantragen.

Verwenden Sie dazu bitte nur diesen Vordruck und beachten Sie die Hinweise auf der Rückseite.

Die Geschäftsstelle des Amtsgerichts

Vollstreckungsbescheid zum Mahnbescheid vom zugestellt am

Antragsteller, ges. Vertreter, Prozeßbevollmächtigte(r); Bankverbindung

macht gegen -Sie- als Gesamtschuldner

folgenden Anspruch geltend:

Geschäftszeichen des Antragstellers

Hauptforderung DM	Zinsen
Vorgerichtliche Kosten DM	
Bisherige Kosten des Verfahrens (Summe [1] bis [5]) DM	[1] Gerichtskosten DM · [2] Auslagen d. Antragst. DM · [3] Gebühr d. Prozeßbev. DM · [4] Auslagen d. Prozeßbev. DM · [5] MWSt. d. Prozeßbev. DM
Gesamtbetrag DM	zuzügl. der Zinsen · Der Anspruch ist nach Erklärung des Antragstellers von einer Gegenleistung ☐ nicht abhängig. ☐ abhängig; diese ist aber bereits erbracht.

Auf der Grundlage des Mahnbescheids ergeht Vollstreckungsbescheid

② ☐ wegen vorstehender Beträge | wegen ③

abzüglich gezahlter ④

Hinzu kommen folgende weitere Kostenbeträge ⑤

[1] Gerichtskost. Auslag.	[2] Gebühr d. Prozeßbev.	[3] Auslagen d. Prozeßbev.	[4] MWSt. d. Prozeßbev.	insgesamt (Summe von [1] bis [4])	☐ Die Kosten des Verfahrens sind ab Erlaß dieses Bescheids mit 4 % zu verzinsen.	Dieser Bescheid wurde dem Antragsgegner zugestellt am:
DM	DM	DM	DM	DM		

Rechtspfleger

☐ Antragst. ☐ ges.Vertr. ☐ Prozeßbev.
wurde VB-Ausf. erteilt am:

Antrag[1] Ort, Datum

Eingangsstempel des Gerichts

Es wird beantragt, aufgrund der vorstehenden Angaben Vollstreckungsbescheid zu erlassen.

Der Antragsgegner hat geleistet

⑥ ☐ keine Zahlungen. ☐ nur die oben angegebenen Zahlungen

⑦ ☐ Die Auslagen für die Zustellung von Amts wegen habe ich vorausentrichtet

⑧ ☐ Ich beantrage, mir den Bescheid in Ausfertigung zur Zustellung im Parteibetrieb zu übergeben

Blatt 3: Zustellungsnachricht, Antrag und Urschrift

Unterschrift des Antragstellers/Vertreters/Prozeßbevollmächtigten

ANHANG XI

Friedrich Schmitz

Hohe Straße
5000 Köln 1

An das Amtsgericht
Postfach

5000 Köln

In dem Vollstreckungsverfahren

Firma Dümpel

gegen

Schmitz

Az.:

lege ich

E i n s p r u c h

ein.

....

Unterschrift

ANHANG XII

Länder des "Europäischen Abkommens über die gerichtliche Zuständigkeit und die Vollstreckung gerichtlicher Entscheidungen in Zivil- und Handelssachen vom 27.9.1968" mit deutschem Ausführungsgesetz vom 29.7.1972 und Auslegungsprotokoll vom 3.6.1971:

Belgien, Frankreich, Italien, Luxemburg, Niederlande.

Anmerkung: In diesen Ländern kann der Mahnbescheid zugestellt werden, selbstverständlich auch jede Klageschrift sowie auch der Vollstreckungsbescheid und sonstige rechtskräftige Titel.

Der Vollstreckungsbescheid und bestimmte Urteile können in den genannten europäischen Ländern zugestellt werden und in denjenigen Ländern, mit denen ein besonderes Vollstreckungsabkommen, das auf Gegenseitigkeit beruht, besteht:

Dänemark, Großbritannien, Irland, Griechenland (als europäische Länder)

Sie gehören zu den Ländern, mit denen Staatsverträge bestehen, die die Zustellung regeln. Außerdem gibt es Länder, die dem sogenannten "Haager Zustellungsübereinkommen" beigetreten sind. Dieses Übereinkommen ist in Zivil- oder Handelssachen in allen Fällen anzuwenden, in denen ein gerichtliches oder außergerichtliches Schriftstück zum Zwecke der Zustellung in das Ausland zu übermitteln ist.

Zu diesen Ländern des Übereinkommens oder mit denen ein zwischenstaatliches Abkommen besteht, gehören Ägypten, Anguilla, Antigua, Barbados, Belize, Bermuda, Botsuana, Britische Jungferninseln, Shetland-Inseln, Gibraltar, Griechenland, Guernsey, Hongkong, Insel Man, Israel, Japan, Kaimann-Inseln, Malwi, Montserrat, Norwegen, Pitcairn, Portugal, Schweden, Seschellen, St. Helena und Nebengebiete St. Vinzenz, Tschechoslowakei, Türkei, Vereinigte Staaten, Zypern.

ANHANG XIII a

Landgericht Köln
Az.: 38 O 174/82

VERSÄUMNISURTEIL

im Namen des Volkes

In dem Rechtsstreit

des Kaufmanns Franz Schmitz, Ritherbach 5, 5000 Köln

- Kläger –

Prozeßbevollmächtigter: Rechtsanwalt Dr. Fritz Schreiber, 5000 Köln

g e g e n

den Kaufmann Fritz Gärtner, Schumannstraße 12, 5000 Köln

- Beklagter –

Prozeßbevollmächtigter: Rechtsanwalt Dr. Manfred Schwan,
Adenauerallee 6, 5000 Köln

wegen: Forderung

hat das Landgericht Köln – 10. Zivilkammer – durch den Vorsitzenden des Landgerichts, Herrn Dr. Mühlen, den Richter am Landgericht, Herrn Hinz, und den Richter, Herrn Kunz, aufgrund der mündlichen Verhandlung vom 16.1.1986 für Recht erkannt:

a) Der Beklagte wird verurteilt, an den Kläger DM 15.000,75 nebst 10,5% Zinsen seit dem 18.10.1984 zu zahlen:

b) Der Beklagte hat die Kosten des Rechtsstreits zu tragen.

c) Das Urteil ist gegen Sicherheitsleistung von DM 9.700,- vorläufig vollstreckbar.

Bemerkung:

Das Versäumnisurteil ergeht, wenn entweder der Beklagte (Schuldner) nicht erscheint, oder aber sein im Termin anwesender Prozeßbevollmächtigter nicht verhandeln will, weil er sonst durch Verspätung vielleicht riskiert, daß aus anderen Gründen die Klage abgewiesen wird. Dann ist ein Versäumnisurteil auch für den eigenen Mandanten billiger, weil lediglich eine 5/10 Verhandlungsgebühr zu der 10/10 Prozeßgebühr hinzukommt. Das Gefährliche an einem Versäumnisurteil ist, daß es stets ohne Sicherheitsleistung für vorläufig vollstreckbar erklärt wird.

Bleibt der Schuldner (Beklagter) nach Einlegung eines Einspruchs auch dem zweiten Termin fern, ergeht ein zweites Versäumnisurteil (§ 345 ZPO), die Berufung des Schuldners ist nur unter der Voraussetzung statthaft, daß sie darauf gestützt wird, daß ein Fall der Säumnis nicht vorgelegen habe (§ 513 Abs. 2 Satz 1 ZPO).

Der Vollstreckungsbescheid steht einem für vorläufig vollstreckbar erklärten Versäumnisurteil gleich (§ 700 Abs. 1 ZPO).

ANHANG XIII b

(Entscheidung bei Drittwiderspruchsklagen)

Amtsgericht Köln
Az.: 31 C 655/84

ENDURTEIL

im Namen des Volkes

In dem Rechtsstreit

des Kaufmanns Franz Schmitz, Ritherbach 5, 5000 Köln

\- Kläger –

Prozeßbevollmächtigter: Rechtsanwalt Dr. Fritz Schreiber, 5000 Köln

g e g e n

den Kaufmann Fritz Gärtner, Schumannstraße 12, 5000 Köln

\- Beklagter –

Prozeßbevollmächtigter: Rechtsanwalt Dr. Manfred Schwan,
Adenauerallee 6, 5000 Köln

wegen: Forderung

hat das Amtsgericht Köln – Abteilung 31 – durch den Richter am Amtsgericht, Herrn Dr. Schmitz, aufgrund der mündlichen Verhandlung vom 14.12.1985 für Recht erkannt:

Die Zwangsvollstreckung aus dem Vollstreckungsbescheid des Amtsgerichts Köln vom 16.8.1985 – Az.: 13 B 4996/85 – gegen das Farbfernsehgerät, Marke Grundig, für unzulässig erklärt.

Der Beklagte hat die Kosten des Rechtsstreits zu tragen.

Das Urteil ist gegen Sicherheitsleistung in Höhe von DM 1.000,- vorläufig vollstreckbar.

Anmerkung:

Dieses Urteil ist das Ergebnis des von der Zwangsvollstreckung des Gläubigers in seiner Rechtssphäre verletzten Dritten.

Landgericht Köln
Az.: 38 O 174/82

E n d u r t e i l

Im Namen des Volkes

In dem Rechtsstreit

des Kaufmanns Franz Schmitz, Ritherbach 5, 5000 Köln

- Kläger –

Prozeßbevollmächtigter: Rechtsanwalt Dr. Fritz Schreiber, 5000 Köln

g e g e n

den Kaufmann Fritz Gärtner, Schumannstraße 12, 5000 Köln

- Beklagter –

Prozeßbevollmächtigter: Rechtsanwalt Dr. Manfred Schwan,
Adenauerallee 6, 5000 Köln

wegen: Forderung

hat das Landgericht Köln – 10. Zivilkammer – durch den Vorsitzenden des Landgerichts, Herrn Dr. Mühlen, den Richter am Landgericht, Herrn Hinz, und den Richter, Herrn Kunz, aufgrund der mündlichen Verhandlung vom 16.1.1986 für Recht erkannt:

a) Der Beklagte wird verurteilt, an den Kläger DM 15.000,75 nebst 10,5% Zinsen seit dem 18.10.1984 zu zahlen.

b) Der Beklagte hat die Kosten des Rechtsstreits zu tragen.

c) Das Urteil ist gegen Sicherheitsleistung von DM 9.700,- vorläufig vollstreckbar.

(Tenor und Entscheidungsgründe folgen)

Bemerkung:
Der Schuldner muß die Bezeichnung der Partei genauso achten wie auch die Frage der vorläufigen Vollstreckbarkeit. Ohne Sicherheitsleistung sind Urteile in vermögensrechtlichen Streitigkeiten vorläufig vollstreckbar, wenn der Gegenstand der Verurteilung unter DM 1.500,- liegt. Der Schuldner kann auf besonderen Antrag hin die Zwangsvollstreckung selbst durch Sicherheitsleistung (Bankbürgschaft) abwenden.

Für die Höhe der Sicherheitsleistung ist entscheidend die Hauptforderung zuzüglich Zinsen zuzüglich Gerichts- und Anwaltskosten.

Die Gesamtsumme wird dann aufgerundet.

In einem klageabweisenden Urteil ist das Urteil nur hinsichtlich der den Kläger treffenden Kosten des Rechtsstreits vorläufig vollstreckbar.

Zwangsvollstreckungsauftrag

An die **Verteilungsstelle für Gerichtsvollzieher-Aufträge**
beim Amtsgericht

Datum:

Herrn **Ober-Gerichtsvollzieher**

Bei allen Zuschriften und Zahlungen bitte angeben:

In Sachen

wird anliegend vollstreckbare Ausfertigung des
des gerichts in vom
(Gesch.-Nr.)
überreicht mit dem Auftrag, folgende Beträge im Wege der Zwangsvollstreckung (einschl. Taschenpfändung) einzuziehen:

DM	Hauptforderung		
DM	% Zinsen seit dem für die Hauptforderung		
DM	vorgerichtliche Mahnkosten – Wechselkosten – des Gläubigers		
DM	festgesetzte Kosten – Kosten des Mahnverfahrens		
DM	Kosten des Mahnbescheids		
DM	Kosten des Vollstreckungsbescheids		
DM	4 % Zinsen seit dem aus den Kosten gem. § 104, 1 ZPO		
DM	Kosten früherer Vollstreckungsmaßnahmen gem. Anlage		
DM			
DM			
DM	Zwischensumme		
		DM	Zwangsvollstreckungsgebühr (§ 57 BRAGO)
		DM	
		DM	weitere Porto- und Telefonauslagen – Pauschale –
DM		DM	Mehrwertsteuer
DM	Gesamtsumme		**Hinzu kommen die weiteren Zinsen**

Es wird beantragt,
[ ] a) den Titel nebst beigefügter begl. Abschrift(en) zuzustellen,
falls der Schuldner eine freiwillige Durchsuchung seiner Wohnung, Geschäftsräume und Behältnisse nicht gestattet,
b) dies im Protokoll zu vermerken und die Vollstreckungsunterlagen zurückzusenden,
[ ] c) im Namen des Gläubigers bei dem zuständigen Vollstreckungsgericht einen Antrag auf richterliche Anordnung zur Durchsuchung gem. § 758 ZPO zu stellen,
[ ] d) den vorsorglich beigefügten Antrag nach § 758 ZPO mit dem Datum zu versehen und zusammen mit Ihrem Protokoll und den Vollstreckungsunterlagen dem zuständigen Vollstreckungsgericht vorzulegen,
[ ] e) die Sicherungszwangsvollstreckung gem. § 720 a ZPO zu betreiben,
f) Abstandnahme von der Pfändung solcher Sachen, an denen Eigentum Dritter bekannt oder zweifelsfrei nachgewiesen ist,
g) Verlegung des Versteigerungstermins um 3 bis 4 Wochen, sofern angemessene Teilzahlungen geleistet werden und dies nach den sonstigen Umständen angebracht ist (in sinngemäßer Anwendung von § 665 Satz 1 BGB),
h) Feststellung des Arbeitgebers sowie sonstiger Ansprüche und Vermögenswerte im Falle erfolgloser oder unzureichender Pfändung,
i) Erlaß und Zustellung eines Zahlungsverbotes gemäß § 845 ZPO, sofern Ansprüche des Schuldners gegen Dritte bekannt werden und eine sofortige Beschlagnahme geboten erscheint,
j) Benachrichtigung von den getroffenen Maßnahmen und Feststellungen durch Abschrift des Vollstreckungsprotokolls,
k) bei Zahlung durch Scheck nach pflichtgemäßem Ermessen zu entscheiden, ob trotzdem sofortige Pfändung erforderlich ist; ebenso bei kurzfristiger Zahlungszusage.

Die eingezogenen Beträge sind auf das oben angegebene Konto zu überweisen. Die Geldempfangsvollmacht liegt an, soweit sie sich nicht schon aus dem Titel ergibt.

Rechtsanwalt/Rechtsanwältin

ANHANG XV

Der Antrag wird gerichtet
an das
Amtsgericht
PLZ, Ort

Wird vom Gericht ausgefüllt:

Geschäftsnummer d. AG | Datum

Zutreffendes bitte ankreuzen [X] bzw. ausfüllen

Durchsuchungsanordnung in der Zwangsvollstreckungssache

(volles Rubrum wie Schuldtitel)

– Gläubiger –

gegen

– Schuldner –

Auf Antrag des [ ] Gläubigers [ ] Gläub.-Vertr. [ ] Gerichtsvollziehers wird aufgrund des vollstreckbaren

(Bezeichnung des Schuldtitels nach Art, Gericht, Tag und Geschäftsnummer)

[ ] wegen einer Geldforderung

[ ] wegen Herausgabe von

gemäß § 758 ZPO in Verbindung mit Art. 13 Abs. 2 GG die Durchsuchung der obengenannten Wohnung bzw. Geschäftsräume und Behältnisse des Schuldners durch den Gerichtsvollzieher angeordnet und die Öffnung verschlossener Haus- und Zimmertüren und Behältnisse gestattet.

[ ] Diese Anordnung gilt zugleich für das Abholen der Pfandstücke.

[ ] Daneben wird die Erlaubnis erteilt, für drei Monate ab heute zur Nachtzeit sowie an Sonn- und Feiertagen zu vollstrecken (§ 761 ZPO).

Richter am Amtsgericht

Verfügung der Geschäftsstelle des Amtsgerichts:

1. Ausfertigung des Beschlusses an ASt. übersenden unter Rückgabe der vorgelegten Unterlagen
2. Keine Kosten
3. Weglegen

Datum: Unterschrift:

Antrag

Ort, Datum

Eingangsstempel des Gerichts

Anschrift des Antragstellers

Es wird beantragt, aufgrund der vorstehenden Angaben und des/der beiliegenden

[ ] Pfändungsprotokolls

[ ] Mitteilung des Gerichtsvollziehers

[ ] Gerichtsvollzieher-Akten

eine [ ] Durchsuchungsanordnung [ ] Anordnung nach § 761 ZPO

zu erlassen. Der Schuldtitel ist angeschlossen.

Rechtsanwalt

ANHANG XVI

Amtsgericht

Pfandsiegel

Gerichtsvollzieher

Gesch. Nr.

ANHANG XVII a

Vorläufiges Zahlungsverbot

(Gemäß § 845 der Zivilprozeßordnung hat dieses Zahlungsverbot die Wirkung eines Arrestes)

In Sachen

de Gläubiger

Prozeßbevollmächtigte

gegen de r Schuldner

steht auf Grund des vorläufig vollstreckbaren

des ~~Amts~~ / Land -Gerichts in vom

wegen DM Hauptforderung nebst v. H. Zinsen seit dem

DM festgesetzter Prozeßkosten nebst 4 v. H. Zinsen seit dem und etwa

DM Zwangsvollstreckungskosten

die Pfändung der Forderungen und Ansprüche bevor, welche dem genannten Schuldner

gegen

als Drittschuldner zustehen.

Gemäß § 845 der Zivilprozeßordnung werden Schuldner und Drittschuldner hiermit von der bevorstehenden Pfändung benachrichtigt.

An d Drittschuldner ergeht hierdurch die Aufforderung, die bezeichnete Forderung nicht an d Schuldner zu zahlen.

D Schuldner w i rd hiermit aufgefordert, sich jeder Verfügung über die bezeichnete Forderung , insbesondere der Einziehung oder Abtretung zu enthalten.

...., den ....

Zuzustellen an:

....

.... Rechtsanwalt

....

ANHANG XVII b

An **das Amtsgericht** ....

Es wird beantragt, den nachstehend entworfenen Beschluß zu erlassen

☐ die Zustellung zu vermitteln *)
☐ an Drittschuldner mit der Aufforderung nach § 840 ZPO *)
☐ Zustellung wird selbst veranlaßt *)

Schuldtitel und .... Vollstreckungsbelege anbei.

...., den ....

.... (Unterschrift)

Amtsgericht

.... Ort und Tag

Geschäfts-Nr.: ....
Bitte bei allen Schreiben angeben!

.... Anschrift und Fernruf

Dem Gläubiger ist Prozeßkostenhilfe – nicht **) – bewilligt (§ 114 ZPO)

Pfändungs- und Überweisungsbeschluß

in der Zwangsvollstreckungssache

Gläubiger

Prozeßbevollmächtigte

gegen

Schuldner

Prozeßbevollmächtigte

Nach dem vollstreckbaren
des gerichts vom
(Gesch. Nr.) und dem Kostenfestsetzungsbeschluß vom
kann der Gläubiger von dem Schuldner beanspruchen:

DM (i. B.: DM, Pf wie vorstehend)
dazu v. H. Zinsen seit dem
sowie % Mehrwertsteuer für diesen Zinsbetrag
DM
DM vorgerichtliche Kosten des Gläubigers
DM – Kosten des Mahnverfahrens – festgesetzte Kosten – **)
dazu 4 v. H. Zinsen seit dem
DM bisherige Vollstreckungskosten

abzüglich am

Wegen dieser Ansprüche sowie wegen der Kosten für diesen Beschluß (vgl. nachstehende Kostenrechnungen I und II) und der Zustellungskosten für diesen Beschluß (siehe unter III) wird die angebliche Forderung des Schuldners an den Arbeitgeber

Genaue Bezeichnung des **Drittschuldners** – Firmenbezeichnung bzw. Vor- und Zuname, Vertretungsberechtigte, genaue Anschrift –

Drittschuldner

*) Zutreffendes ankreuzen **) Unzutreffendes streichen

I. Gerichtskosten

Gebühr (Nr. 1149 Kost.-Verz. GKG)	DM	12,–
Summe I:	DM	12,–

II. Anwaltskosten

Gegenstandswert: DM

1. Gebühr (§§ 11, 31, 57 BRAGO) .	DM
2. Auslagen – Pauschale – **) . .	DM
3. Mehrwertsteuer	DM
Summe II:	DM

III. Zustellungskosten (Gesetz über Kosten der Gerichtsvollzieher)

1. Gebühr für die Zustellung (§ 16) a) an den Drittschuldner	DM
b) an den Schuldner . .	DM
2. Gebühr für Beglaubigung von Seiten (§ 16 Abs. 7)	DM
3. Schreibauslagen, Seiten (§ 35 Abs. 1 Nr. 1, § 36) .	DM
4. Pauschsatz für Vordruckkosten (§ 35 Abs. 1 Nr. 2) . . .	DM
5. Postgebühren (§ 35 Abs. 1 Nr. 3)	
a) für die Zustellung an Schuldner/Drittschuldner . . .	DM
b) für die Rücksendung der Urkunden an den Gläubiger unter Kosteneinziehung durch Nachnahme	DM
6. Wegegeld (§ 37)	DM
dazu: Postgebühr des Gläubigers für die Übersendung des Kostenvorschusses an den Gerichtsvollzieher	DM
Summe III:	DM

auf Zahlung des gesamten Arbeitseinkommens (einschließlich des Geldwertes von Sachbezügen sowie die derzeitig und zukünftig zu gewährende Arbeitnehmer-Sparzulage zur gesetzlichen Vermögensbildung der Arbeitnehmer) so lange gepfändet, bis der Gläubigeranspruch gedeckt ist.

II

Der Arbeitgeber (Drittschuldner) darf, soweit die Forderung gepfändet ist, nicht mehr an den Schuldner zahlen.

Der Schuldner darf den gepfändeten Teil des Arbeitseinkommens nicht mehr verlangen, ihn auch nicht verpfänden oder abtreten.

Soweit die Forderung des Schuldners an den Arbeitgeber gepfändet ist, wird sie dem Gläubiger zur Einziehung überwiesen.

A. Berechnung des pfändbaren Arbeitseinkommens

Von der Pfändung sind ausgenommen und nicht mitzurechnen:

1. Beträge, die unmittelbar auf Grund steuer- oder sozialrechtlicher Vorschriften zur Erfüllung gesetzlicher Verpflichtungen des Schuldners abzuführen sind, ferner auf den Auszahlungszeitraum entfallende Beträge, die der Schuldner nach den Vorschriften der Sozialversicherungsgesetze zur Weiterversicherung entrichtet oder an eine Ersatzkasse oder an ein Unternehmen der privaten Krankenversicherung leistet, soweit diese Kassenbeiträge den Rahmen des Üblichen nicht übersteigen.

2. Aufwandsentschädigungen, Auslösungsgelder und andere soziale Zulagen für auswärtige Beschäftigung, das Entgelt für selbstgestelltes Arbeitsmaterial, Gefahren-, Schmutz- und Erschwerniszulagen (alle Bezüge jedoch nur in üblicher Höhe),

3. Die **Hälfte** der für die Leistung von Mehrarbeitsstunden gezahlten Teile des Arbeitseinkommens,

4. Weihnachtsvergütungen bis zur **Hälfte** des monatlichen (Brutto-) Einkommens, höchstens aber bis 390,– DM,

5. die in § 850 a Nr. 2, 5 bis 8 ZPO genannten Bezüge (z. B. Urlaubs- und Treuegelder, Heirats- und Geburtsbeihilfen, Erziehungsgelder, Sterbe- und Gnadenbezüge sowie Blindenzulagen.

B. Berechnung des pfändbaren Betrages

1. Das nach A errechnete Nettoeinkommen des Schuldners ist unpfändbar, wenn es, je nach dem Zeitraum, für den es gezahlt wird, nicht mehr beträgt als
   559,— DM monatlich,
   129,— DM wöchentlich oder
   25,80 DM täglich.

   Gewährt der Schuldner auf Grund einer gesetzlichen Verpflichtung seinem Ehegatten, einem früheren Ehegatten oder einem Verwandten oder nach §§ 1615 l, 1615 n BGB der Mutter eines nichtehelichen Kindes Unterhalt, so erhöht sich der Betrag, bis zu dessen Höhe Arbeitseinkommen unpfändbar ist, auf bis zu
   1573,— DM monatlich, 363,— DM wöchentlich oder 72,60 DM täglich
   und zwar um
   234,— DM monatlich, 54,— DM wöchentlich oder 10,80 DM täglich für die erste Person, der Unterhalt gewährt wird
   und um
   je 195,— DM monatlich, 45,— DM wöchentlich oder 9,— DM täglich für die zweite bis fünfte Person.

2. Übersteigt das Arbeitseinkommen den Betrag, bis zu dessen Höhe es je nach der Zahl der Personen, denen der Schuldner Unterhalt gewährt, nach Absatz 1 unpfändbar ist, so ist es hinsichtlich des überschießenden Betrages zu einem Teil unpfändbar, und zwar in Höhe von
   drei Zehnteln, wenn der Schuldner keiner der in Absatz 1 genannten Personen Unterhalt gewährt,
   zwei weiteren Zehnteln für die erste Person, der Unterhalt gewährt wird, und
   je einem weiteren Zehntel für die zweite bis fünfte Person.
   Der Teil des Arbeitseinkommens, der 3003,— DM monatlich (693,— DM wöchentlich, 138,60 DM täglich) übersteigt, bleibt bei der Berechnung des unpfändbaren Betrages unberücksichtigt.

3. Bei der Berechnung des nach Absatz 2 pfändbaren Teils des Arbeitseinkommens ist das Arbeitseinkommen gegebenenfalls nach Abzug des nach Absatz 2 Satz 2 pfändbaren Betrages, nach unten abzurunden, und zwar bei Auszahlung für Monate auf einen durch 5,— DM, bei Auszahlung für Wochen auf einen durch 1,— DM oder bei Auszahlung für Tage auf einen durch 0,20 DM teilbaren Betrag.

4. Hat eine Person, welcher der Schuldner auf Grund gesetzlicher Verpflichtung Unterhalt gewährt, eigene Einkünfte, so kann das Vollstreckungsgericht auf Antrag des Gläubigers nach billigem Ermessen bestimmen, daß diese Person bei der Berechnung des unpfändbaren Teils des Arbeitseinkommens ganz oder teilweise unberücksichtigt bleibt; soll die Person nur teilweise berücksichtigt werden, so ist Absatz 3 Satz 2 nicht anzuwenden.

C. Der pfändbare Betrag unter Berücksichtigung von Unterhaltspflichten des Schuldners ergibt sich aus der Tabelle zu § 850 c Absatz 3 ZPO (in der Fassung des vierten Gesetzes zur Änderung der Pfändungsfreigrenzen vom 28. Februar 1978 BGBl. I Seite 333).

....
Rechtspfleger

Ausgefertigt

....
als Urkundsbeamter der Geschäftsstelle

Datum

Bei allen Zuschriften und Zahlungen bitte angeben:

An das
Amtsgericht

Antrag
auf Bestimmung eines Termins zur Abgabe der eidesstattlichen Versicherung gem. §§ 807, 900 ZPO

de

(Gläubiger)

vertreten durch:

gegen

(Schuldner)

Der aus dem anliegenden des gerichts vom (Gesch.-Nr.)
gegen den Schuldner durchgeführte Pfändungsversuch war gemäß beigefügter Mitteilung des Gerichtsvollziehers vom ganz oder teilweise erfolglos.

Namens des Gläubigers wird daher **beantragt,** wegen folgender Ansprüche und Kosten dieses Verfahrens

DM	Hauptforderung		
DM	% Zinsen seit dem		für die Hauptforderung
DM	vorgerichtliche Mahnkosten – Wechselkosten *) – des Gläubigers		
DM	festgesetzte Kosten – Kosten des Mahnverfahrens *)		
DM	4% Zinsen seit dem		aus den Kosten gem. § 104, 1 ZPO
DM	bisherige Vollstreckungskosten gem. Anlage		
DM			
DM	Zwischensumme = Wert		(Höchstwert 2 400 DM nach § 58 III " BRAGO)
		DM	Gebühr für diesen Antrag (§§ 11, 57, 58 III " BRAGO)
		DM	
		DM	weitere Porto- und Telefonauslagen – Pauschale *) –
DM		DM	Mehrwertsteuer
DM	Zwischensumme		
DM	Gerichtsgebühr für dieses Verfahren (Nr. 1152 Kost.-Verz. GKG)		
DM	Postgebühr für Zustellung (Nr. 1902 Kost.-Verz. GKG)		
DM	Gesamtsumme		**Hinzu kommen die weiteren Zinsen**

einen **Termin gem. §§ 807, 900 ZPO zur Vorlage eines Vermögensverzeichnisses und Abgabe der eidesstattlichen Versicherung durch den Schuldner** zu bestimmen – dies auch dann, wenn gegen ihn bereits Haftbefehl zur Erzwingung der Abgabe der eidesstattlichen Versicherung vorliegt.

Sollte der Schuldner im Termin nicht erscheinen oder die Abgabe der eidesstattlichen Versicherung ohne Grund verweigern, wird weiter **beantragt,**

Haftbefehl gegen ihn zu erlassen und eine Ausfertigung des Haftbefehls zu erteilen.

Von dem Terminprotokoll und dem Vermögensverzeichnis werden Abschriften erbeten.

Falls **innerhalb der letzten drei Jahre** durch den Schuldner eine eidesstattliche Versicherung gem. §§ 807, 900, 903 ZPO abgegeben wurde, wird der Antrag auf Terminbestimmung zurückgenommen und um Erteilung von Abschriften des Terminprotokolls und des Vermögensverzeichnisses unter Rückgabe der Unterlagen gebeten.

Die nicht verbrauchten Gerichtskosten bitte ich mir zu erstatten. Ich versichere, daß diese aus eigenen Mitteln verauslagt sind.

Vollmacht – ergibt sich aus dem Schuldtitel – wird beigefügt.*) Abschrift dieses Antrages anbei.

*) Nichtzutreffendes streichen.

Rechtsanwalt

Anlage zur Niederschrift des Amtsgerichts

in der Zwangsvollstreckungssache (M)

Vermögensverzeichnis

Vor dem Ausfüllen das Merkblatt sorgfältig durchlesen! Bitte mit Schreibmaschine oder deutlich mit Tinte schreiben! Jede Frage ausdrücklich beantworten!

des/der

(Familienname, bei Frauen auch alle früheren Namen) (sämtliche Vornamen, Rufname unterstreichen) (Beruf)

zur Zeit tätig als , geboren am in

(ggf. auch Kreis und Bezirk angeben)

wohnhaft in Nr.

ledig/verheiratet/geschieden/verwitwet; Kinder unter 21 Jahren im Alter von .... Jahren;

Güterstand: – keine besondere Vereinbarung – besondere Regelung, nämlich nach dem

(Art des Güterstandes)

Ehevertrag vom , geschlossen vor dem Amtsgericht/Notar

und eingetragen im Güterrechtsregister des Amtsgerichts (GR).

A. Bewegliche Sachen (Bei Sachen, die Ihnen nicht allein gehören, Mitberechtigte angeben. Unter Eigentumsvorbehalt erworbene, verpfändete, zur Sicherheit übereignete oder gepfändete Sachen sind nur unter Nr. 15 anzuführen.)

1. Bargeld (auch ausländisches)	
2. Wertpapiere (auch Wechsel, Schecks, Pfandbriefe, Lose) Genau bezeichnen!	
3. Uhren, Schmuck (Material und Wert angeben)	
4. Kunstgegenstände, Sammlungen	
5. Wohnungseinrichtung (Bei wertvolleren Gegenständen Art, Material und Größe angeben	Bettstellen: Matratzen: Oberbetten: Kissen: Steppdecken: Wolldecken: Gardinen u. Vorhänge: Tische: Stühle: Schränke: Nachtschränke: Waschmaschine: Nähmaschine: Herde, Öfen: Staubsauger: Kühlschrank: Teppiche: Lampen: Polstermöbel: Küchengeräte; Geschirr, Gläser, Bestecke: Außerdem:
6. Haushaltsvorräte	
7. Kleidungsstücke	Mäntel: Anzüge: Hosen: Jacken: Schuhe: Kleider: Kostüme: Röcke: Blusen: Pelzsachen: Unterwäsche: Außerdem:

8. Haushaltswäsche	Bettücher: Kissenbezüge: Bettbezüge: Handtücher: Tischdecken: Außerdem:
9. Gebrauchsgegenstände (Wertvollere Sachen genau bezeichnen)	Koffer: Handtaschen: Aktentaschen: Bücher: Fotoapparate: Sportgeräte: Optische Geräte: Werkzeuge: Außerdem:
10. Musikinstrumente, Rundfunk- und Fernsehgeräte u. ä.	
11. Fahrzeuge (bei Kraftfahrzeugen Typ, Baujahr, Zulassungsnummer, Fahrzeugpapiere, und deren Aufbewahrungsort angeben)	
12. Haustiere (von Landwirten nur im Ergänzungsblatt II unter Nr. 7 anzuführen)	
13. Bauten auf fremden Grundstücken (z. B. Wohnlauben, Behelfsheime, Verkaufsstände)	
14. Weitere Sachen	
15. a) Welche Sachen haben Sie auf Abzahlung unter Eigentumsvorbehalt gekauft? Bei wem? (Genaue Anschrift!) Zu welchem Preis? Wieviel sind Sie noch schuldig? b) Welche Sachen haben Sie freiwillig verpfändet oder zur Sicherheit übereignet? An wen? (Genaue Anschrift!) Für welche Schuld? (Schuldgrund und Höhe?) c) Welche Sachen sind bereits gepfändet? Wann? Für welche Forderung?	

B. Forderungen, Guthaben und ähnliche Rechte

16. Arbeitsverdienst und Arbeitgeber; **Bei Arbeitslosigkeit oder Krankheit Bezüge und Zahlstelle angeben. Liegen Lohnpfändungen vor? Wenn ja, Schuldsumme, Gläubiger, Höhe des Abzugs angeben.**	
17. Ansprüche aus selbständiger Tätigkeit und aus Nebenverdienst **(siehe Merkblatt!)**	
18. Versorgungsbezüge, Unterhaltsansprüche und Renten aller Art **(Rechtsgrund? Höhe? Zahlungspflichtiger?)**	
19. Bank-, Sparkassen- und Postsparguthaben; Postscheckkonten; Bausparverträge (derzeitiges Guthaben) **(siehe Merkblatt!)**	
20. Lebensversicherungen, Sterbekassen **(siehe Merkblatt!)**	
21. Mitgliedschaften bei Konsumvereinen, Bau- oder anderen Genossenschaften **(siehe Merkblatt!)**	
22. Beteiligung an Gesellschaften **(siehe Merkblatt!)**	
23. Ansprüche aus Pacht, Miete, Untermiete – ggf. besondere Aufstellung beifügen – **(siehe Merkblatt!)**	
24. Rechte an Grundstücken – außer Eigentum und grundstücksgleichen Rechten – **(siehe Merkblatt!)**	
25. Anteile an nicht auseinandergesetzten Erbengemeinschaften **(siehe Merkblatt!)**	

26. Ansprüche aus dem Lastenausgleich (siehe Merkblatt!)	
27. Ansprüche auf Wiedergutmachung (siehe Merkblatt!)	
28. Ansprüche aus Erfindungen (Patenten), Urheberrechten, Verlagsrechten usw.	

29. Wer schuldet Ihnen sonst noch etwas? **Genaue Angaben! (hier auch auf Abzahlung gekaufte, noch nicht gelieferte Gegenstände aufführen!) (siehe Merkblatt!)**

C. Veräußerungen von Vermögensgegenständen – auch Forderungen – in der Vergangenheit

30. Welche Vermögensgegenstände haben Sie seit Beginn des **letzten** Jahres vor dem 1. Termin zur Abgabe der eidesstattl. Versicherung **entgeltlich veräußert** an **a) Ihren Ehegatten (vor oder während der Ehe)?** **b) Ihre Eltern, Großeltern, Kinder oder Enkel?** **c) die Eltern, Großeltern, Kinder und Enkel Ihres Ehegatten?** **d) Ihre Geschwister und Halbgeschwister?** **e) die Geschwister und Halbgeschwister Ihres Ehegatten?** **f) den Ehegatten einer der Personen zu b) bis e)?**	
31. **Über welche Vermögensgegenstände (von gebräuchlichen Gelegenheitsgeschenken abgesehen) haben Sie seit Beginn des letzten Jahres vor dem 1. Termin zur Leistung des Offenbarungseides unentgeltlich verfügt? Zu wessen Gunsten?**	
32. **Über welche Vermögensgegenstände haben Sie seit Beginn des vorletzten Jahres vor dem 1. Termin zur Leistung des Offenbarungseides zugunsten Ihres Ehegatten unentgeltlich verfügt?**	

– Über die in diesem Hauptblatt nicht aufgeführten Vermögensstücke füge ich Anlage bei. –

Ein/Mein Erwerbsgeschäft – habe ich nicht – habe ich im Ergänzungsblatt I – mit Anlage – aufgeführt –.

Grundvermögen (Grundstücke, Wohnungseigentum oder Teileigentum im Sinne des Wohnungseigentumsgesetzes oder sonstige grundstücksgleiche Rechte, z. B. Erbbaurechte) – und land- und forstwirtschaftliches Vermögen – habe ich nicht – habe ich im Ergänzungsblatt II – mit Anlage – und einem weiteren Ergänzungsblatt I – aufgeführt.

Ich habe das Merkblatt für Schuldner im Verfahren zur Abgabe der eidesstattlichen Versicherung erhalten und es beim Ausfüllen des Verzeichnisses beachtet.

....

(Ort und Tag) (volle Unterschrift des Schuldners)

Gewerbetreibende; Geschäftsinhaber; Handelsgesellschaften

Ergänzungsblatt I zum Vermögensverzeichnis

des/der

Erwerbsgeschäft

(Vermögensgegenstände, die Sie noch aus einem früheren Erwerbsgeschäft besitzen, sind nicht hier, sondern im Hauptblatt des Verzeichnisses einzutragen)

Geschäftszweig:

Sitz:

Rechtsform:

Eintragung beim Amtsgericht: (HR)

Lage der Geschäfts- und Lagerräume:

Angabe der einzelnen Vermögensstücke:

(Miteigentumsrechte, Eigentumsvorbehalte, Verpfändungen, Sicherungsübereignungen und Pfändungen sind zu jeder der folgenden Nummern genau zu vermerken – vgl. Nr. 15 des Hauptblatts –)

A. Geschäftsinventar und Arbeitsgerät

1. Büroeinrichtung (Möbel, Büromaschinen, Schreib- und Zeichenbedarf)	
2. Laden- und Lagereinrichtung (Theken, Gestelle usw.)	
3. Werkstätten-, Wirtschafts- oder Fabrikeinrichtungen (Werkbänke, Arbeits- und Werkzeugmaschinen, Werkzeuge usw.)	
4. Warenvorräte	
5. Vorräte an a) Rohstoffen b) Halbfertigerzeugnissen c) Verpackungsstoffen, Kisten, Packpapier usw.	
6. Fahrzeuge (Bei Kraftfahrzeugen Typ, Baujahr, Zulassungsnummer, Fahrzeugpapiere und deren Aufbewahrungsort angeben)	
7. Anderes Inventar und Arbeitsgerät	

B. Welche Aufträge liegen in Ihrem Geschäft vor?

Auftraggeber (genaue Angabe von Name, Stand und Wohnung)	Art des Auftrags (auch Instandsetzung angeben)	Der Auftraggeber hat voraussichtlich zu zahlen

C. Welche Außenstände haben Sie?

(Sicherungen, Urteile, Wechsel, Schuldscheine oder Beweismittel sind anzugeben)

Schuldner (genaue Angabe von Name, Stand und Wohnung)	Ihre Forderung nach a) Grund z. B. Kaufpreis, Darlehen) b) Entstehungszeit c) Fälligkeit	Höhe Ihrer Forderung a) Hauptbetrag b) Zinsen	Vermerke

Eigentümer von Grundvermögen und Personen, die Land- oder Forstwirtschaft betreiben

Ergänzungsblatt II zum Vermögensverzeichnis

des / der

Angaben der einzelnen Vermögensstücke

A. Grundstücke und grundstücksgleiche Rechte (auch Mitberechtigungen)

1. Welche Grundstücke (bebaut oder unbebaut) gehören Ihnen? (Grundbuchbezeichnung angeben)	
2. Haben Sie Wohnungseigentum oder Teileigentum im Sinne des Wohnungseigentumsgesetzes? (Grundbuchbezeichnung angeben)	
3. Welche grundstücksgleichen Rechte – z. B. Erbbaurecht, Bergwerkseigentum – stehen Ihnen zu? (Grundbuchbezeichnung angeben)	
4. Wie ist dieses Grundvermögen (Nr. 1–3) belastet?	
5. Ist die Zwangsversteigerung oder Zwangsverwaltung dieses Grundvermögens (Nr. 1–3) angeordnet? Von welchem Gericht? Geschäftsnummer?	

B. Anderes land- und forstwirtschaftliches Vermögen
(Miteigentumsrechte, Eigentumsvorbehalte, Verpfändungen, Sicherungsübereignungen und Pfändungen sind zu jeder der folgenden Nummern genau zu vermerken – vgl. Nr. 15 des Hauptblatts –)

6. Land- und forstwirtschaftliche Maschinen, andere Geräte und Fahrzeuge	
7. Viehbestände	
8. Vorräte a) Erntevorräte b) Futtervorräte c) Düngemittel d) Saatgut und Setzkartoffeln e) Andere Vorräte	
9. Geschlagenes Holz	

C. Einrichtung von Nebenbetrieben – Imkerei; Brennerei; Ziegelei; Mühlenbetriebe usw. –
(Handelt es sich um umfangreiche Nebenbetriebe, so ist hierfür das Ergänzungsblatt I zu verwenden)

(Entscheidung bei Erinnerung nach § 766 ZPO)

Amtsgericht Köln
Az.: 31 G 66/85

BESCHLUSS

In der Zwangsvollstreckungssache

des Fritz Mühlen, Rheinallee 6, 5000 Köln

- Gläubiger –

Prozeßbevollmächtigter: Rechtsanwalt Dr. Fritz Schwabe, 5000 Köln

g e g e n

den Angestellten Heinz Schulte, Grillenpfad 4, 5000 Köln

- Schuldner –

Prozeßbevollmächtigter: Rechtsanwalt Karl Fuchs, 5000 Köln

hat das Amtsgericht Köln durch Richter Cremer am 12.9.1985 beschlossen:

Auf die Erinnerung des Beschlusses vom 14.8.1985 wird die vom Gerichtsvollzieher Fritz Meier, Koblenz, vorgenommene Pfändung Nr. 765/85, eines Video-Recorders für unzulässig erklärt.

Die Kosten des Verfahrens hat der Gläubiger zu tragen.

Bemerkung:
Die Vollstreckungsmaßnahme ist genau anzugeben. Darauf muß der Schuldner achten.

ANHANG XX b: Pfändbare und nichtpfändbare Gegenstände

Als unpfändbare Gegenstände hat die Rechtsprechung folgende Sachen im Besitz des Schuldners angesehen:

a) eine Uhr, auch kostbare Armbanduhr (AG München, DGVZ 83, 140)
b) eine Nähmaschine (KG DGVZ 150, 116)
c) ein besonderes Kinderbett
d) einen Kinderwagen
e) einen Teppich (KG in DGVZ 67, 105)
f) einen Koffer und ein Rundfunkgerät (AG Hamm, JMBI NRW 51, 106 und KG in MDR 53, 178)
g) ein Tonbandgerät, soweit es nicht zur Berufsausübung erforderlich ist
h) ein Heißwassergerät (AG Bochum, DGVZ 67, 188)
i) eine elektrische Kaffeemühle
j) einen Fotoapparat
k) einen Kühlschrank (AG Frankfurt in MDR 64, 1012)
m) ein Farbfernsehgerät (AG Frankfurt, NJW 70, 152 und 570)
n) eine elektrische Waschmaschine (AG Siegen, DGVZ 77, 29).

Pfändbar bleiben indessen:
a) ein Tiefkühlgerät (LG Kiel, DGVZ 78, 150)
b) ein Frack, ein Bettvorleger, Fremdbetten (AG Hamburg, Rechtspflege 57, 83)
c) eine Stereo-Truhe (LG Bochum, DGVZ 83, 13)

Wichtig ist vielleicht die Ziffer 5:
Es gibt einige unpfändbare Gegenstände, die die Personen bei ihrem Broterwerb nutzen und die nur deshalb unpfändbar sind:
a) ein Klavier in einem Kabarett oder in einer Gastwirtschaft
b) ein Fernsehapparat in einer Gastwirtschaft
c) eine Schnellwaage eines Kleingewerbetreibenden
d) eine Schreibmaschine eines Agenten
e) Diktiergerät eines Rechtsanwaltes (LG Mannheim, MDR 66, 516)
f) ein Zeichengerät eines Architekten
g) die Instrumente eines Musikers
h) ein Fahrrad oder ein Motorrad, wenn es zur Erreichung der Arbeitsstätte oder zum Aufsuchen der Kundschaft notwendig ist

i) ein Kraftwagen, mit dem der Schuldner Lohnfuhren ausführt (AG Neustadt, NJW 51, 80)
j) die Röntgenanlage eines Zahnarztes (AG Hamm, JMBI NRW 53, 40)
k) ein Anrufbeantworter (LG Mannheim, BB 74, 1458)

Pfändbar sind in diesem Falle z.B.:
a) der Stoffvorrat eines Schneiders, sofern ein begrenzter Mindestbedarf überschritten wird
b) das Warenlager eines Einzelhändlers (AG Köln in DB 67, 422)
c) die Zuchtstute (LG Oldenburg in DGVZ 80, 170)
d) der Bürocomputer, soweit der persönliche Arbeitseinsatz des Schuldners hinter fremden Arbeitskräften zurücktritt (AG Hamburg DGVZ 84, 57)

Nettolohn monatlich	Pfändbarer Betrag bei Unterhaltspflicht *) für					
	0	1	2	3	4	5 und mehr Personen
	in DM					
bis 759,99	—	—	—	—	—	—
760,00 bis 779,99	4,20	—	—	—	—	—
780,00 bis 799,99	18,20	—	—	—	—	—
800,00 bis 819,99	32,20	—	—	—	—	—
820,00 bis 839,99	46,20	—	—	—	—	—
840,00 bis 859,99	60,20	—	—	—	—	—
860,00 bis 879,99	74,20	—	—	—	—	—
880,00 bis 899,99	88,20	—	—	—	—	—
900,00 bis 919,99	102,20	—	—	—	—	—
920,00 bis 939,99	116,20	—	—	—	—	—
940,00 bis 959,99	130,20	—	—	—	—	—
960,00 bis 979,99	144,20	—	—	—	—	—
980,00 bis 999,99	158,20	—	—	—	—	—
1 000,00 bis 1 019,99	172,20	—	—	—	—	—
1 020,00 bis 1 039,99	186,20	—	—	—	—	—
1 040,00 bis 1 059,99	200,20	—	—	—	—	—
1 060,00 bis 1 079,99	214,20	—	—	—	—	—
1 080,00 bis 1 099,99	228,20	—	—	—	—	—
1 100,00 bis 1 119,99	242,20	4,00	—	—	—	—
1 120,00 bis 1 139,99	256,20	14,00	—	—	—	—
1 140,00 bis 1 159,99	270,20	24,00	—	—	—	—
1 160,00 bis 1 179,99	284,20	34,00	—	—	—	—
1 180,00 bis 1 199,99	298,20	44,00	—	—	—	—
1 200,00 bis 1 219,99	312,20	54,00	—	—	—	—
1 220,00 bis 1 239,99	326,20	64,00	—	—	—	—
1 240,00 bis 1 259,99	340,20	74,00	—	—	—	—
1 260,00 bis 1 279,99	354,20	84,00	—	—	—	—
1 280,00 bis 1 299,99	368,20	94,00	—	—	—	—
1 300,00 bis 1 319,99	382,20	104,00	—	—	—	—
1 320,00 bis 1 339,99	396,20	114,00	—	—	—	—
1 340,00 bis 1 359,99	410,20	124,00	5,60	—	—	—
1 360,00 bis 1 379,99	424,20	134,00	13,60	—	—	—
1 380,00 bis 1 399,99	438,20	144,00	21,60	—	—	—
1 400,00 bis 1 419,99	452,20	154,00	29,60	—	—	—
1 420,00 bis 1 439,99	466,20	164,00	37,60	—	—	—
1 440,00 bis 1 459,99	480,20	174,00	45,60	—	—	—
1 460,00 bis 1 479,99	494,20	184,00	53,60	—	—	—
1 480,00 bis 1 499,99	508,20	194,00	61,60	—	—	—
1 500,00 bis 1 519,99	522,20	204,00	69,60	—	—	—
1 520,00 bis 1 539,99	536,20	214,00	77,60	—	—	—
1 540,00 bis 1 559,99	550,20	224,00	85,60	—	—	—
1 560,00 bis 1 579,99	564,20	234,00	93,60	—	—	—
1 580,00 bis 1 599,99	578,20	244,00	101,60	6,00	—	—
1 600,00 bis 1 619,99	592,20	254,00	109,60	12,00	—	—
1 620,00 bis 1 639,99	606,20	264,00	117,60	18,00	—	—
1 640,00 bis 1 659,99	620,20	274,00	125,60	24,00	—	
1 660,00 bis 1 679,99	634,20	284,00	133,60	30,00	—	
1 680,00 bis 1 699,99	648,20	294,00	141,60	36,00	—	
1 700,00 bis 1 719,99	662,20	304,00	149,60	42,00	—	
1 720,00 bis 1 739,99	676,20	314,00	157,60	48,00	—	
1 740,00 bis 1 759,99	690,20	324,00	165,60	54,00	—	
1 760,00 bis 1 779,99	704,20	334,00	173,60	60,00	—	
1 780,00 bis 1 799,99	718,20	344,00	181,60	66,00	—	
1 800,00 bis 1 819,99	732,20	354,00	189,60	72,00	1,20	
1 820,00 bis 1 839,99	746,20	364,00	197,60	78,00	5,20	

1 840,00 bis 1 859,99	760,20	374,00	205,60	84,00	9,20	
1 860,00 bis 1 879,99	774,20	384,00	213,60	90,00	13,20	
1 880,00 bis 1 899,99	788,20	394,00	221,60	96,00	17,20	–
1 900,00 bis 1 919,99	802,20	404,00	229,60	102,00	21,20	–
1 920,00 bis 1 939,99	816,20	414,00	237,60	108,00	25,20	–
1 940,00 bis 1 959,99	830,20	424,00	245,60	114,00	29,20	–
1 960,00 bis 1 979,99	844,20	434,00	253,60	120,00	33,20	
1 980,00 bis 1 999,99	858,20	444,00	261,60	126,00	37,20	–
2 000,00 bis 2 019,99	872,20	454,00	269,60	132,00	41,20	–
2 020,00 bis 2 039,99	886,20	464,00	277,60	138,00	45,20	–
2 040,00 bis 2 059,99	900,20	474,00	285,60	144,00	49,20	1,20
2 060,00 bis 2 079,99	914,20	484,00	293,60	150,00	53,20	3,20
2 080,00 bis 2 099,99	928,20	494,00	301,60	156,00	57,20	5,20
2 100,00 bis 2 119,99	942,20	504,00	309,60	162,00	61,20	7,20
2 120,00 bis 2 139,99	956,20	514,00	317,60	168,00	65,20	9,20
2 140,00 bis 2 159,99	970,20	524,00	325,60	174,00	69,20	11,20
2 160,00 bis 2 179,99	984,20	534,00	333,60	180,00	73,20	13,20
2 180,00 bis 2 199,99	998,20	544,00	341,60	186,00	77,20	15,20
2 200,00 bis 2 219,99	1 012,20	554,00	349,60	192,00	81,20	17,20
2 220,00 bis 2 239,99	1 026,20	564,00	357,60	198,00	85,20	19,20
2 240,00 bis 2 259,99	1 040,20	574,00	365,60	204,00	89,20	21,20
2 260,00 bis 2 279,99	1 054,20	584,00	373,60	210,00	93,20	23,20
2 280,00 bis 2 299,99	1 068,20	594,00	381,60	216,00	97,20	25,20
2 300,00 bis 2 319,99	1 082,20	604,00	389,60	222,00	101,20	27,20
2 320,00 bis 2 339,99	1 096,20	614,00	397,60	228,00	105,20	29,20
2 340,00 bis 2 359,99	1 110,20	624,00	405,60	234,00	109,20	31,20
2 360,00 bis 2 379,99	1 124,20	634,00	413,60	240,00	113,20	33,20
2 380,00 bis 2 399,99	1 138,20	644,00	421,60	246,00	117,20	35,20
2 400,00 bis 2 419,99	1 152,20	654,00	429,60	252,00	121,20	37,20
2 420,00 bis 2 439,99	1 166,20	664,00	437,60	258,00	125,20	39,20
2 440,00 bis 2 459,99	1 180,20	674,00	445,60	264,00	129,20	41,20
2 460,00 bis 2 479,99	1 194,20	684,00	453,60	270,00	133,20	43,20
2 480,00 bis 2 499,99	1 208,20	694,00	461,60	276,00	137,20	45,20
2 500,00 bis 2 519,99	1 222,20	704,00	469,60	282,00	141,20	47,20
2 520,00 bis 2 539,99	1 236,20	714,00	477,60	288,00	145,20	49,20
2 540,00 bis 2 559,99	1 250,20	724,00	485,60	294,00	149,20	51,20
2 560,00 bis 2 579,99	1 264,20	734,00	493,60	300,00	153,20	53,20
2 580,00 bis 2 599,99	1 278,20	744,00	501,60	306,00	157,20	55,20
2 600,00 bis 2 619,99	1 292,20	754,00	509,60	312,00	161,20	57,20
2 620,00 bis 2 639,99	1 306,20	764,00	517,60	318,00	165,20	59,20
2 640,00 bis 2 659,99	1 320,20	774,00	525,60	324,00	169,20	61,20
2 660,00 bis 2 679,99	1 334,20	784,00	533,60	330,00	173,20	63,20
2 680,00 bis 2 699,99	1 348,20	794,00	541,60	336,00	177,20	65,20
2 700,00 bis 2 719,99	1 362,20	804,00	549,60	342,00	181,20	67,20
2 720,00 bis 2 739,99	1 376,20	814,00	557,60	348,00	185,20	69,20
2 740,00 bis 2 759,99	1 390,20	824,00	565,60	354,00	189,20	71,20
2 760,00 bis 2 779,99	1 404,20	834,00	573,60	360,00	193,20	73,20
2 780,00 bis 2 799,99	1 418,20	844,00	581,60	366,00	197,20	75,20
2 800,00 bis 2 819,99	1 432,20	854,00	589,60	372,00	201,20	77,20
2 820,00 bis 2 839,99	1 446,20	864,00	597,60	378,00	205,20	79,20
2 840,00 bis 2 859,99	1 460,20	874,00	605,60	384,00	209,20	81,20
2 860,00 bis 2 879,99	1 474,20	884,00	613,60	390,00	213,20	83,20
2 880,00 bis 2 899,99	1 488,20	894,00	621,60	396,00	217,20	85,20
2 900,00 bis 2 919,99	1 502,20	904,00	629,60	402,00	221,20	87,20
2 920,00 bis 2 939,99	1 516,20	914,00	637,60	408,00	225,20	89,20
2 940,00 bis 2 959,99	1 530,20	924,00	645,60	414,00	229,20	91,20
2 960,00 bis 2 979,99	1 544,20	934,00	653,60	420,00	233,20	93,20
2 980,00 bis 2 999,99	1 558,20	944,00	661,60	426,00	237,20	95,20
3 000,00 bis 3 019,99	1 572,20	954,00	669,60	432,00	241,20	97,20
3 020,00 bis 3 039,99	1 586,20	964,00	677,60	438,00	245,20	99,20
3 040,00 bis 3 059,99	1 600,20	974,00	685,60	444,00	249,20	101,20
3 060,00 bis 3 079,99	1 614,20	984,00	693,60	450,00	253,20	103,20
3 080,00 bis 3 099,99	1 628,20	994,00	701,60	456,00	257,20	105,20
3 100,00 bis 3 119,99	1 642,20	1 004,00	709,60	462,00	261,20	107,20
3 120,00 bis 3 139,99	1 656,20	1 014,00	717,60	468,00	265,20	109,20
3 140,00 bis 3 159,99	1 670,20	1 024,00	725,60	474,00	269,20	111,20
3 160,00 bis 3 179,99	1 684,20	1 034,00	733,60	480,00	273,20	113,20
3 180,00 bis 3 199,99	1 698,20	1 044,00	741,60	486,00	277,20	115,20
3 200,00 bis 3 219,99	1 712,20	1 054,00	749,60	492,00	281,20	117,20
3 220,00 bis 3 239,99	1 726,20	1 064,00	757,60	498,00	285,20	119,20
3 240,00 bis 3 259,99	1 740,20	1 074,00	765,60	504,00	289,20	121,20
3 260,00 bis 3 279,99	1 754,20	1 084,00	773,60	510,00	293,20	123,20
3 280,00 bis 3 299,99	1 768,20	1 094,00	781,60	516,00	297,20	125,20
3 300,00 bis 3 302,00	1 782,20	1 104,00	789,60	522,00	301,20	127,20

Der Mehrbetrag über 3 302,00 DM ist voll pfändbar.

ANHANG XX d Pfändbarer Betrag

Nettolohn wöchentlich	Pfändbarer Betrag bei Unterhaltspflicht *) für 0	1	2	3	4	5 und mehr Personen
	in DM					
bis 174,99	—	—	—	—	—	—
175,00 bis 179,99	0,70	—	—	—	—	—
180,00 bis 184,99	4,20	—	—	—	—	—
185,00 bis 189,99	7,70	—	—	—	—	—
190,00 bis 194,99	11,20	—	—	—	—	—
195,00 bis 199,99	14,70	—	—	—	—	—
200,00 bis 204,99	18,20	—	—	—	—	—
205,00 bis 209,99	21,70	—	—	—	—	—
210,00 bis 214,99	25,20	—	—	—	—	—
215,00 bis 219,99	28,70	—	—	—	—	—
220,00 bis 224,99	32,20	—	—	—	—	—
225,00 bis 229,99	35,70	—	—	—	—	—
230,00 bis 234,99	39,20	—	—	—	—	—
235,00 bis 239,99	42,70	—	—	—	—	—
240,00 bis 244,99	46,20	—	—	—	—	—
245,00 bis 249,99	49,70	—	—	—	—	—
250,00 bis 254,99	53,20	—	—	—	—	—
255,00 bis 259,99	56,70	1,50	—	—	—	—
260,00 bis 264,99	60,20	4,00	—	—	—	—
265,00 bis 269,99	63,70	6,50	—	—	—	—
270,00 bis 274,99	67,20	9,00	—	—	—	—
275,00 bis 279,99	70,70	11,50	—	—	—	—
280,00 bis 284,99	74,20	14,00	—	—	—	—
285,00 bis 289,99	77,70	16,50	—	—	—	—
290,00 bis 294,99	81,20	19,00	—	—	—	—
295,00 bis 299,99	84,70	21,50	—	—	—	—
300,00 bis 304,99	88,20	24,00	—	—	—	—
305,00 bis 309,99	91,70	26,50	—	—	—	—
310,00 bis 314,99	95,20	29,00	1,60	—	—	—
315,00 bis 319,99	98,70	31,50	3,60	—	—	—
320,00 bis 324,99	102,20	34,00	5,60	—	—	—
325,00 bis 329,99	105,70	36,50	7,60	—	—	—
330,00 bis 334,99	109,20	39,00	9,60	—	—	—
335,00 bis 339,99	112,70	41,50	11,60	—	—	—
340,00 bis 344,99	116,20	44,00	13,60	—	—	—
345,00 bis 349,99	119,70	46,50	15,60	—	—	—
350,00 bis 354,99	123,20	49,00	17,60	—	—	—
355,00 bis 359,99	126,70	51,50	19,60	—	—	—
360,00 bis 364,99	130,20	54,00	21,60	—	—	—
365,00 bis 369,99	133,70	56,50	23,60	1,50	—	—
370,00 bis 374,99	137,20	59,00	25,60	3,00	—	—
375,00 bis 379,99	140,70	61,50	27,60	4,50	—	—
380,00 bis 384,99	144,20	64,00	29,60	6,00	—	—
385,00 bis 389,99	147,70	66,50	31,60	7,50	—	—
390,00 bis 394,99	151,20	69,00	33,60	9,00	—	—
395,00 bis 399,99	154,70	71,50	35,60	10,50	—	—
400,00 bis 404,99	158,20	74,00	37,60	12,00	—	—
405,00 bis 409,99	161,70	76,50	39,60	13,50	—	—
410,00 bis 414,99	165,20	79,00	41,60	15,00	—	—
415,00 bis 419,99	168,70	81,50	43,60	16,50	0,20	—
420,00 bis 424,99	172,20	84,00	45,60	18,00	1,20	—
425,00 bis 429,99	175,70	86,50	47,60	19,50	2,20	—
430,00 bis 434,99	179,20	89,00	49,60	21,00	3,20	—
435,00 bis 439,99	182,70	91,50	51,60	22,50	4,20	—
440,00 bis 444,99	186,20	94,00	53,60	24,00	5,20	—

445,00 bis 449,99	189,70	96,50	55,60	25,50	6,20	—
450,00 bis 454,99	193,20	99,00	57,60	27,00	7,20	—
455,00 bis 459,99	196,70	101,50	59,60	28,50	8,20	—
460,00 bis 464,99	200,20	104,00	61,60	30,00	9,20	—
465,00 bis 469,99	203,70	106,50	63,60	31,50	10,20	—
470,00 bis 474,99	207,20	109,00	65,60	33,00	11,20	0,20
475,00 bis 479,99	210,70	111,50	67,60	34,50	12,20	0,70
480,00 bis 484,99	214,20	114,00	69,60	36,00	13,20	1,20
485,00 bis 489,99	217,70	116,50	71,60	37,50	14,20	1,70
490,00 bis 494,99	221,20	119,00	73,60	39,00	15,20	2,20
495,00 bis 499,99	224,70	121,50	75,60	40,50	16,20	2,70
500,00 bis 504,99	228,20	124,00	77,60	42,00	17,20	3,20
505,00 bis 509,99	231,70	126,50	79,60	43,50	18,20	3,70
510,00 bis 514,99	235,20	129,00	81,60	45,00	19,20	4,20
515,00 bis 519,99	238,70	131,50	83,60	46,50	20,20	4,70
520,00 bis 524,99	242,20	134,00	85,60	48,00	21,20	5,20
525,00 bis 529,99	245,70	136,50	87,60	49,50	22,20	5,70
530,00 bis 534,99	249,20	139,00	89,60	51,00	23,20	6,20
535,00 bis 539,99	252,70	141,50	91,60	52,50	24,20	6,70
540,00 bis 544,99	256,20	144,00	93,60	54,00	25,20	7,20
545,00 bis 549,99	259,70	146,50	95,60	55,50	26,20	7,70
550,00 bis 554,99	263,20	149,00	97,60	57,00	27,20	8,20
555,00 bis 559,99	266,70	151,50	99,60	58,50	28,20	8,70
560,00 bis 564,99	270,20	154,00	101,60	60,00	29,20	9,20
565,00 bis 569,99	273,70	156,50	103,60	61,50	30,20	9,70

Nettolohn wöchentlich	Pfändbarer Betrag bei Unterhaltspflicht *) für					
	0	1	2	3	4	5 und mehr Personen
	in DM					
570,00 bis 574,99	277,20	159,00	105,60	63,00	31,20	10,20
575,00 bis 579,99	280,70	161,50	107,60	64,50	32,20	10,70
580,00 bis 584,99	284,20	164,00	109,60	66,00	33,20	11,20
585,00 bis 589,99	287,70	166,50	111,60	67,50	34,20	11,70
590,00 bis 594,99	291,20	169,00	113,60	69,00	35,20	12,20
595,00 bis 599,99	294,70	171,50	115,60	70,50	36,20	12,70
600,00 bis 604,99	298,20	174,00	117,60	72,00	37,20	13,20
605,00 bis 609,99	301,70	176,50	119,60	73,50	38,20	13,70
610,00 bis 614,99	305,20	179,00	121,60	75,00	39,20	14,20
615,00 bis 619,99	308,70	181,50	123,60	76,50	40,20	14,70
620,00 bis 624,99	312,20	184,00	125,60	78,00	41,20	15,20
625,00 bis 629,99	315,70	186,50	127,60	79,50	42,20	15,70
630,00 bis 634,99	319,20	189,00	129,60	81,00	43,20	16,20
635,00 bis 639,99	322,70	191,50	131,60	82,50	44,20	16,70
640,00 bis 644,99	326,20	194,00	133,60	84,00	45,20	17,20
645,00 bis 649,99	329,70	196,50	135,60	85,50	46,20	17,70
650,00 bis 654,99	333,20	199,00	137,60	87,00	47,20	18,20
655,00 bis 659,99	336,70	201,50	139,60	88,50	48,20	18,70
660,00 bis 664,99	340,20	204,00	141,60	90,00	49,20	19,20
665,00 bis 669,99	343,70	206,50	143,60	91,50	50,20	19,70
670,00 bis 674,99	347,20	209,00	145,60	93,00	51,20	20,20
675,00 bis 679,99	350,70	211,50	147,60	94,50	52,20	20,70
680,00 bis 684,99	354,20	214,00	149,60	96,00	53,20	21,20
685,00 bis 689,99	357,70	216,50	151,60	97,50	54,20	21,70
690,00 bis 694,99	361,20	219,00	153,60	99,00	55,20	22,20
695,00 bis 699,99	364,70	221,50	155,60	100,50	56,20	22,70
700,00 bis 704,99	368,20	224,00	157,60	102,00	57,20	23,20
705,00 bis 709,99	371,70	226,50	159,60	103,50	58,20	23,70
710,00 bis 714,99	375,20	229,00	161,60	105,00	59,20	24,20
715,00 bis 719,99	378,70	231,50	163,60	106,50	60,20	24,70
720,00 bis 724,99	382,20	234,00	165,60	108,00	61,20	25,20
725,00 bis 729,99	385,70	236,50	167,60	109,50	62,20	25,70
730,00 bis 734,99	389,20	239,00	169,60	111,00	63,20	26,20
735,00 bis 739,99	392,70	241,50	171,60	112,50	64,20	26,70
740,00 bis 744,99	396,20	244,00	173,60	114,00	65,20	27,20
745,00 bis 749,99	399,70	246,50	175,60	115,50	66,20	27,70
750,00 bis 754,99	403,20	249,00	177,60	117,00	67,20	28,20
755,00 bis 759,99	406,70	251,50	179,60	118,50	68,20	28,70
760,00 bis 762,00	410,20	254,00	181,60	120,00	69,20	29,20
Der Mehrbetrag über 762,00 DM ist voll pfändbar.						

ANHANG XX e

Datum:

Bei allen Zuschriften und Zahlungen bitte angeben:
....

Herrn **Ober-Gerichtsvollzieher**

An die **Verteilungsstelle für Gerichts-vollzieher-Aufträge beim Amtsgericht**

Verhaftungsauftrag

In der Zwangsvollstreckungssache

Gläubiger,

vertreten durch:

gegen

Schuldner,

wird als Anlage vollstreckbare Ausfertigung des vom
des gerichts in
Aktz.: – sowie Haftbefehl des Amtsgerichts
vom Aktz.:
– nebst beglaubigter Abschrift – überreicht und gebeten, wegen folgender Beträge den/die Schuldner(in) zu verhaften und dem zuständigen Rechtspfleger zur Abgabe der eidesstattlichen Versicherung vorzuführen.

1.	Hauptsumme – Teilbetrag –	DM
2.	% Zinsen hieraus seit dem	DM
3.	sowie % Mehrwertsteuer für diesen Zinsbetrag	DM
4.	vorgerichtl. Mahnkosten/Wechselunkosten des Gläubigers	DM
5.	festgesetzte Kosten	DM
6.	Kosten des Mahnbescheids	DM
7.	Kosten des Vollstreckungsbescheids	DM
8.	4% Zinsen aus den festgesetzten Kosten seit dem	DM
9.	Kosten früherer Mahn- und Vollstreckungsmaßnahmen	DM
10.		DM
11.		DM
		DM

Teilzahlungen werden bewilligt; eingezogene Beträge erbitte ich auf eines meiner Konten. Meine Vollmacht – ergibt sich aus dem Schuldtitel – liegt an. Ich verzichte auf Anwesenheit im Termin.

Rechtsanwalt

ANHANG XXI a

Amtsgericht Köln
Az.: 31 C 655/84

ARRESTBEFEHL

In Sachen

Kaufmann Franz Schmitz, Ritherbach 5, 5000 Köln

- Gläubiger –

Prozeßbevollmächtigter: Rechtsanwalt Dr. Fritz Schreiber, 5000 Köln

g e g e n

den Kaufmann Fritz Gärtner, Schumannstraße 12, 5000 Köln

- Schuldner –

Prozeßbevollmächtigter: Rechtsanwalt Dr. Manfred Schwan,
Adenauerallee 6, 5000 Köln

wegen: Forderung

hat die Kammer des Landgerichts Köln am .... beschlossen:

Der Gläubiger hat geltend gemacht:

Ihm stehe gegen den Schuldner aus gelieferten Waren ein Anspruch auf DM 10.000,- , in Worten: Deutsche Mark zehntausend, nebst 10,5% Zinsen seit dem 10.12.1984 zu.

Die Vollstreckung wegen dieses Geldanspruches sei gefährdet, weil der Schuldner sein Vermögen aus Deutschland abziehe und ins Ausland verbringe. Der Gläubiger hat diese Behauptung glaubhaft gemacht durch eidesstattliche Versicherung, Urkunden und Ausfertigung mehrerer Arrestbefehle anderer deutschen Gerichte gegen den Schuldner.

Wegen und in Höhe des bezeichneten Anspruchs sowie der auf DM 2.300,- (in Worten: Deutsche Mark zweitausenddreihundert) veranschlagten Kosten wird daher der

dingliche Arrest

in das Vermögen des Schuldners angeordnet.

Durch Hinterlegung von DM 12.300,- (in Worten: Deutsche Mark zwölftausenddreihundert) wird die Vollziehung des Arrestes gehemmt und der Schuldner zu dem Antrag auf Aufhebung etwa aus gebrachter Arrestvollziehungsmaßnahmen berechtigt.

Der Schuldner hat die Kosten des Verfahrens zu tragen.

Der Streitwert wird auf DM 10.000,- festgesetzt.

....

(Unterschriften der drei Richter)

Bemerkung:

Der Schuldner hat auf folgendes zu achten:
Die Art der Arrestanordnung muß angegeben sein. Der Gesetzgeber unterscheidet zwischen dinglichem Arrest (§ 917 ZPO) und persönlichem Arrest (§ 918 ZPO). In der Arrestanordnung m u ß ein Geldbetrag festgehalten sein, durch dessen Hinterlegung die Vollziehung des Arrestes gehemmt wird (§ 934 ZPO).

ANHANG XXI b: Hinterlegungsschein

Anordnende Stelle	An die (Bezeichnung der Kasse)	
Amtsgericht	Gerichtskasse	Beleg-Nr.
– Hinterlegungsstelle –		TL-Nr.

Annahmeanordnung für Geldhinterlegungen

Haushaltsjahr 19
Buchungsstelle 7030 101 00-8

1-erste, XXXXXX Annahmeanordnung: x

41			
02	Anordnungsstellen-Nr.	– 14 –	412141-4
03	PK-Nr.	– 12 –	Xxxx/86 --
40	HL-Nr.	– 08 –	Hl
07	Zahlungspflichtiger	– 18 –	
05	Anordnungsbetrag (DM)	– 13 –	3696.o4 DM
14	Hinterlegungsmasse (§ 39 AVHO)	– 27 –	Hl
14	Hinterlegungsmasse – Fortsetzung –	– 27 –	--

Anordnungsbetrag in Worten (ab 1.000,– DM): dreitausendsechshundertsechsundneunzig Deutsche Mark [illegible]

☐ Zahlungsfrist bis ____________
Der Antragsteller ist aufgefordert, bis zum Ablauf der Zahlungsfrist einzuzahlen.

☒ Der Antragsteller zahlt den Betrag sofort ein.

Begründung der Einnahme, soweit erforderlich (VV Nr. 10/70 BayHO):

☒ Geldhinterlegung

☐ Geldhinterlegung zu der im Geldhinterlegungsbuch u. o. PK-Nr./HL-Nr. verzeichneten Masse.

--......... Anlagen

Sachlich und rechnerisch richtig (VV Nr. 20.1.2/70 BayHO)

1. Der ☒ obige oder ein ☐ geringerer Betrag ist anzunehmen und zu buchen.

2. Wird innerhalb der Zahlungsfrist nicht eingezahlt, ist die Annahmeanordnung der Hinterlegungsstelle zurückzugeben.

Ort, Datum

1986

Unterschrift des Anordnungsbefugten

Emminger
Rechtspfleger

Buchungsbescheinigung(en):
Gebucht am ____________
PK-Nr. ____________

Gebucht am ____________
Zahlst. Buch-Nr. ____________

Quittung: Der oben Genannte – ____________
____________ – hat am ______ 86
DM 3696,o4 (m. W. dreitausendsechshundertsechsundneunzig o4/1oo ----) als Geldhinterlegung eingezahlt.

◀ An den Hinterleger

Ort, Datum

Kasse Gerichtszahlstelle

– Abschrift –

An das
Amtsgericht
– Hinterlegungsstelle –

Antrag auf Annahme von gesetzlichen oder g
setzlich zugelassenen Zahlungsmitteln zur

Hinterlegung

Hinterleger
(Name, Vorname, Beruf, Wohnung)

Vertreter des Hinterlegers
(Name, Vorname, Beruf, Wohnung)

Betrag/Geldsorten (in Ziffern und Buchstaben)

DM 3.696,04
i.W. -Dreitausendsechshundertundsechsundneunzig/04---------

Die Hinterlegung wird durch folgende bestimmte Tatsachen gerechtfertigt:

Punkt 3 der Bankbürgschaft M 10.000,-- vom
- s. Anlage -

Als Empfangsberechtigte für den hinterlegten Betrag kommen in Betracht:
(Namen, Vornamen, Beruf, Wohnung, Bankverbindung):

Der Schuldner kann aus folgenden Gründen seine Verbindlichkeit nicht bzw. nicht mit Sicherheit erfül

Die wurde von der aus der Bankbürgschaft
ü/ DM 10.000,-- mit dem Betrag von DM 3.696,04 in Anspruch genommen.
beauftragte uns, da er die Forderung der auf
dem Rechtswege bestreitet, den ausmachenden Betrag aufgrund
Punkt 3 der Bankbürgschaft beim Amtsgericht zu hinterlegen.

Der Gläubiger ist zu folgender Gegenleistung verpflichtet:

Entlassung aus der Bürgschaftsverpflichtung vom
durch Rückgabe der Bürgschaftsurkunde, da von der
auf das Recht der Rücknahme verzichtet wird.

Den Gläubiger habe ich gemäß § 374 Abs. 2 BGB von der Hinterlegung
– benachrichtigt. Ein Nachweis darüber liegt bei.
– ~~nicht benachrichtigt.~~

Auf das Recht der Rücknahme – verzichte ich. – ~~verzichte ich nicht.~~

Ort und Tag:

, den .1986

Unterschrift

HS 1: Antrag auf Annahme von Geldhinterlegungen (§§ 8 ff. AVHO) mit Annahmeanordnung (§§ 13 ff. AVHO) – Blatt 2 – (10.84

ANHANG XXII

Vergleichsvorschlag

in dem Verfahren N 5/95, AG Düsseldorf

Die Vergleichsschuldnerin überläßt ihr gesamtes Vermögen den Gläubigern zur Verwertung.

Der durch die Verwertung des Vermögens nicht gedeckte Teil der Forderung wird erlassen einschließlich Zinsen ab Vergleichseröffnungstag. Dieser Erlaß erstreckt sich jedoch nicht auf den an 35 v.H. der Forderungen fehlenden Betrag.
Die Forderungen der Gläubiger bis DM 1.000,- und derjenigen Gläubiger, die ihre Forderungen auf DM 1.000,- ermäßigen, werden mit Vergleichsbestätigung voll ausgeglichen.

Die Vergleichsschuldnerin erteilt dem Vergleichsverwalter als Sachverwalter der Gläubiger unwiderruflich Vollmacht, das Vermögen der Vergleichsschuldnerin zu verwerten. Sie unterwirft sich der Überwachung des Vergleichsverwalters als Sachwalter der Gläubiger bis zur Erfüllung des Vergleichs und bis zur Verwertung des gesamten Vermögens.

Der Vergleichsverwalter und spätere Sachwalter hat Ausschüttungen vorzunehmen, sobald aus der Verwertung des schuldnerischen Vermögens jeweils 10% der am Vergleichsverfahren beteiligten Forderungen abgedeckt werden können. Der Liquidationsvergleich ist spätestens innerhalb eines Jahres nach der gerichtlichen Bestätigung des Vergleichs mit einer Quote von 35% zu erfüllen.

Sollte die Verwertung eine höhere Quote als 35% ergeben, verlängert sich die Erfüllungszeit für die Zahlung der Quote, die 35% übersteigt, auf 18 Monate.

Sollte die Verwertung eine höhere Quote als 40% ergeben, so verlängert sich die Erfüllungszeit für die Zahlung der Quote, die 40% übersteigt, auf unbestimmte Zeit.

Amtsgerichtsrat

Verkündet am

Justizassistent als Urkundsbeamter
der Geschäftsstelle

Amtsgericht Düsseldorf

Beschluß

In dem Vergleichsverfahren über das Vermögen der Firma Schmitz GmbH, 4000 Düsseldorf, gesetzlich vertreten durch den Geschäftsführer Heinz Werda, 4000 Düsseldorf:

1. Der in dem Vergleichstermin vom .... 1985 angenommene Vergleich wird hierdurch bestätigt.
2. Das Verfahren wird aufgehoben (§ 91 I VerglO.)

Gründe

Zur Annahme des Vergleichsvorschlages der Schuldnerin vom 4.2.1985 war nach § 74 der VerglO erforderlich, daß die Mehrheit der im Termin anwesenden stimmberechtigten Gläubiger zur Einrechnung der schriftlich Zustimmenden dem Vergleich zustimmte und daß die Gesamtsumme der Forderung der Gläubiger mindestens 4 bzw. 5 Teile der Forderung der stimmberechtigten Gläubiger betrug. Diese Voraussetzungen sind erfüllt, da dem Vergleich 6 Gläubiger zugestimmt haben und die Forderungen dieser Gläubiger zusammen mehr als 50% betragen.

Bei diesen Berechnungen sind die Vorschriften des § 72 VerglO beachtet.
Hiernach ist der Vergleich angenommen.
Die Schuldnerin und der Vergleichsverwalter sind gehört.

Düsseldorf, den ....

Rechtspfleger

ausgefertigt

ANHANG XXIV

Antrag auf Konkursausfallgeld (Arbeitnehmer)

Eingangsstempel des Arbeitsamtes

Stamm-Nr.: **Kaug**

Bitte geben Sie diesen Antragsvordruck ausgefüllt und unterschrieben möglichst persönlich in folgender Dienststelle ab:

Arbeitsamt/Dienststelle

Zimmer ....

Tag der Antragstellung, Namenszeichen

Zutreffendes ankreuzen ☒ oder ausfüllen

① Name, Vorname des Antragstellers | Geburtsdatum

② Postanschrift (Postleitzahl, Wohnort, Straße, Hausnummer) | Telefon

③ Konto-Nummer | Bank, Sparkasse – ggf. auch Zweigstelle –, Postscheckamt | beschäftigt gewesen als

④ Firma und Anschrift des zahlungsunfähigen Arbeitgebers | Anschrift der Lohnabrechnungsstelle

⑤ Konkurseröffnung am (Bei Nachlaßkonkurs zusätzlich Todestag des Arbeitgebers angeben: | Ablehnung des Konkursantrages am | wenn kein Konkursantrag gestellt worden ist: Einstellung der Betriebstätigkeit am:

⑥ Name und Anschrift des Konkursverwalters (nur im Falle der Konkurseröffnung)

⑦ Ist Ihr Arbeitsverhältnis mit vorgenanntem Arbeitgeber gelöst? ☐ ja ☐ nein

⑧ Wenn ja: ☐ durch Kündigung des Arbeitgebers/Konkursverwalters zum ☐

⑨ Haben Sie gegen die Kündigung Klage erhoben? ☐ ja ☐ nein

⑩ ☐ durch meine Kündigung zum ☐

⑪ ☐ durch .... zum ☐

⑫ Sind Sie in der Zeit, für die Sie Konkursausfallgeld beantragen, ein neues Arbeitsverhältnis eingegangen? ☐ ja ☐ nein

⑬ Wenn ja: ab ☐ bei ....

⑭ Das Netto-Arbeitsentgelt beträgt ☐ wöchentlich ☐ monatlich .... DM (bitte Lohnabrechnung beifügen oder nachreichen)

⑮ Haben Sie Arbeitslosengeld, Arbeitslosenhilfe, Arbeitslosenbeihilfe, Unterhaltsgeld oder Übergangsgeld beantragt? ☐ ja ☐ nein

⑯ Wenn ja: ab ☐ beim Arbeitsamt .... Stamm-Nr. ....

⑰ Insgesamt steht noch Arbeitsentgelt aus in Höhe von netto .... DM (s. Zeile ㉞)

⑱ Waren von dem Arbeitsentgelt (Zeile ⑰) Beträge wegen Pfändung, Verpfändung, Abtretung oder sonstigen Anspruchsübergangs an Dritte (auch Arbeitsamt) auszuzahlen? ☐ ja ☐ nein
Wenn ja:

	Betrag DM	Betrag Pf	Zahlungsweise (wchtl., monatl., einmalig)	Name und Anschrift des Dritten	Grund (z. B. Lohnpfändung)
⑲					
⑳					
㉑					

Rückständiges Arbeitsentgelt aus den letzten 3 Monaten vor dem Zeitpunkt, der in
(geschätzten Angaben bitte das Wort „etwa" voranstellen).

1

	Ältester Lohnabrechnungszeitraum	
	vom	bis
Lohnabrechnungszeiträume, die ● ganz oder teilweise in den 3-Monatszeitraum fallen und ㉒ ● aus denen noch Lohnrückstände bestehen.		

㉓ Laufendes Bruttoarbeitsentgelt (einschließlich vermögenswirksamer Arbeitgeber-Leistung, nicht jedoch Arbeitnehmersparzulage) .... DM

㉔ Sonstige Bezüge aus dem Arbeitsverhältnis (nicht Arbeitnehmersparzulage, nicht Berlinzulage)
Art: .... DM

㉕ Brutto-Arbeitsentgelt insgesamt .... DM

㉖ Steuern (ohne Abzug der Arbeitnehmersparzulage) .... DM

㉗ Sozialversicherungsbeiträge (nur Arbeitnehmeranteil) .... DM

㉘ Gesetzliche Abzüge insgesamt .... DM

㉙ Netto-Arbeitsentgelt (㉕ abzüglich ㉘) .... DM

㉚ Raum für Eintragungen des Arbeitsamtes

Bereits beglichene Beträge

㉛ Abschlagszahlungen .... DM

㉜ Abzüge zugunsten des Arbeitgebers (z. B. Darlehensrückzahlung)
Art: .... DM

㉝ Beglichen insgesamt .... DM

㉞ Noch ausstehendes Netto-Arbeitsentgelt (㉙ abzüglich ㉝) .... DM

An Dritte waren auszuzahlen
㉟ (die Dritten sind in den Zeilen ⑲ bis ㉑ angegeben; tragen Sie bitte in die nebenstehenden Kreise die entsprechende Zeilennummer ein). ○ .... DM

㊱ ○ .... DM

㊲ ○ .... DM

㊳ Zahlungen an Dritte insgesamt .... DM

㊴ Dem Antragsteller noch zu zahlendes Netto-Arbeitsentgelt (㉞ abzüglich ㊳) .... DM

㊴a Dem Antragsteller noch zu zahlende Berlinzulage .... DM

㊵ Raum für Eintragungen des Arbeitsamtes

…le ⑤ angegeben ist, bzw. vor dem früheren Ende des Arbeitsverhältnisses

2	3	4
Weiterer Lohnabrechnungszeitraum	Weiterer Lohnabrechnungszeitraum	Weiterer Lohnabrechnungszeitraum
vom … bis …	vom … bis …	vom … bis …
… DM	… DM	… DM
… DM	… DM	… DM
… DM	… DM	… DM
… DM	… DM	… DM
… DM	… DM	… DM
… DM	… DM	… DM
… DM	… DM	… DM
… DM	… DM	… DM
… DM	… DM	… DM
… DM	… DM	… DM
… DM	… DM	… DM
○ … DM	○ … DM	○ … DM
○ … DM	○ … DM	○ … DM
○ … DM	○ … DM	○ … DM
… DM	… DM	… DM
… DM	… DM	… DM
… DM	… DM	… DM

Falls Eintragungen in den Zeilen ㉓ bis ㉘ mangels Unterlagen nicht möglich sind, bitte unbedingt in Zeile ㉙ das geschätzte Netto-Arbeitsentgelt eintragen.

41 ☐ **Antrag auf Zahlung eines Vorschusses**

(Zeilen ㊶ bis ㊾ bitte nur ankreuzen oder ausfüllen, wenn ein Vorschuß benötigt wird)

Ich beantrage einen angemessenen Vorschuß auf das zu erwartende Konkursausfallgeld. Mir ist bekannt, daß der Vorschuß auf das Konkursausfallgeld angerechnet wird und zurückgezahlt werden muß, soweit er das Konkursausfallgeld übersteigt. Diesem Vorschußantrag füge ich folgende Bescheinigungen bei:

- **zur Höhe meines Arbeitsentgelts**

42 ☐ meine letzte vollständige Arbeitsentgeltabrechnung aus dem Arbeitsverhältnis mit dem in Zeile ④ bezeichneten Arbeitgeber

43 – Lohnabrechnungszeitraum | vom .... bis .... | Netto-Arbeitsentgelt .... DM

44 Raum für Eintragungen des Arbeitsamtes

45 ☐ eine der Arbeitsentgeltabrechnung gleichwertige Bescheinigung, nämlich ....

....

46 Falls das bescheinigte Arbeitsentgelt erheblich von dem in den Zeilen ㉓ bis ㉙ eingetragenen Arbeitsentgelt abweicht, bitte nachfolgend erläutern: ....

....

....

- **Zur Dauer und zum Umfang des rückständigen Arbeitsentgelts eine schriftliche Erklärung**

47 ☐ des Arbeitgebers (Zeile ④)

48 ☐ des Konkursverwalters (Zeile ⑧)

49 ☐ des für die Lohnabrechnung des Arbeitgebers zuständigen Arbeitnehmers

50 ☐ des Betriebsrates

51 ☐ ....

52 ☐ Eine Bescheinigung über Dauer und Umfang des rückständigen Arbeitsentgelts kann ich nicht beibringen, weil

....

Ich bitte das Arbeitsamt, diese Bescheinigung von Amts wegen zu beschaffen.

Erklärung:

Ich versichere, sämtliche Angaben vollständig und wahrheitsgemäß gemacht zu haben. Mir ist bekannt, daß meine Ansprüche auf Arbeitsentgelt, die den Anspruch auf Konkursausfallgeld begründen, mit Stellung dieses Antrages auf die Bundesanstalt übergehen.

Das Merkblatt über Konkursausfallgeld habe ich erhalten und von seinem Inhalt Kenntnis genommen.

Ort und Datum	Unterschrift des Antragstellers

Die Richtigkeit der Änderung/Ergänzung zu den Zeilen Nr. .... wird bescheinigt

Unterschrift des Antragstellers

Ort und Datum

Unterschrift des Antragannehmers

Kurz-Antrag auf Konkursausfallgeld (Arbeitnehmer)	Eingangsstempel des Arbeitsamtes	Stamm-Nr.: **Kaug**
		Bitte geben Sie diesen Antragsvordruck ausgefüllt und unterschrieben möglichst persönlich in folgender Dienststelle ab:
		Arbeitsamt/Dienststelle
Tag der Antragstellung, Namenszeichen		Zimmer ....

Dieser Kurzantrag ist nur dann zu verwenden, wenn **gleichzeitig die Verdienstbescheinigung** des Konkursverwalters/Arbeitgebers vorgelegt werden kann und kein Vorschuß beantragt wird. Sofern eine Verdienstbescheinigung noch nicht vorgelegt werden kann oder ein Vorschuß beantragt wird, ist der Vordruck Kaug 1 zu verwenden.

Zutreffendes ankreuzen ☒ oder ausfüllen

①	Name, Vorname des Antragstellers		Geburtsdatum
②	Postanschrift (Postleitzahl, Wohnort, Straße, Hausnummer)		Telefon
③	Konto-Nummer	Bank, Sparkasse – ggf. auch Zweigstelle – Postscheckamt	beschäftigt gewesen als

⑫ Sind Sie in der Zeit, für die Sie Konkursausfallgeld beantragen, ein neues Arbeitsverhältnis eingegangen? ☐ ja ☐ nein

⑬ Wenn ja: ab ☐ bei ....

⑭ Das Netto-Arbeitsentgelt beträgt ☐ wöchentlich ☐ monatlich ☐ DM (bitte Lohnabrechnung beifügen oder nachreichen)

⑮ Haben Sie Arbeitslosengeld, Arbeitslosenhilfe, Arbeitslosenbeihilfe, Unterhaltsgeld oder Übergangsgeld beantragt? ☐ ja ☐ nein

⑯ Wenn ja: ab ☐ beim Arbeitsamt .... Stamm-Nr. ....

Erklärung: Ich versichere, sämtliche Angaben vollständig und wahrheitsgemäß gemacht zu haben. Die beigefügte Verdienstbescheinigung habe ich gelesen. Die Eintragungen sind richtig und vollständig. Soweit mir bekannt ist, haben sich seit Ausstellung der Verdienstbescheinigung keine Änderungen ergeben. Mir ist bekannt, daß meine Ansprüche auf Arbeitsentgelt, die den Anspruch auf Konkursausfallgeld begründen, mit Stellung dieses Antrages auf die Bundesanstalt übergehen. Das Merkblatt über Konkursausfallgeld habe ich erhalten und von seinem Inhalt Kenntnis genommen.		Die Richtigkeit der Änderung/Ergänzung zu den Zeilen Nr. .... wird bescheinigt Unterschrift des Antragstellers Ort und Datum
Ort und Datum	Unterschrift des Antragstellers	Unterschrift des Antragannehmers

ANHANG XXV

Verdienstbescheinigung für Konkursausfallgeld

ANHANG XXV

gemäß § 141 h des Arbeitsförderungsgesetzes auszustellen:
- **vom Konkursverwalter, wenn ein Konkursverfahren eröffnet worden ist,**
- **vom Arbeitgeber, wenn ein Konkursverfahren nicht eröffnet oder eingestellt worden ist.**

1	Name des Arbeitnehmers	Vorname	Geburtsdatum

2 Name (Firma) und Anschrift des zahlungsunfähigen Arbeitgebers

3 ☐ Konkurseröffnung (§ 141 b Abs. 1 AFG)

☐ Ablehnung des Konkursantrages (§ 141 b Abs. 3 Nr. 1 AFG) } am

5 ☐ Einstellung der Betriebstätigkeit ohne Konkursantrag (§ 141 b Abs. 3 Nr. 2 AFG)

6 Bei Nachlaßkonkurs außerdem: Todestag des Arbeitgebers (§ 141 b Abs. 4 AFG) am

7 Liegt die für den Arbeitnehmer zuständige Lohnabrechnungsstelle außerhalb des in Zeile 2 angegebenen Ortes? ☐ ja ☐ nein

8 Wenn ja, sie befindet sich in — Name des Ortes

8a Hat der Arbeitnehmer Anspruch auf eine Berlinzulage (§ 28 Abs. 1 S. 1 Berlin FG) ☐ ja ☐ nein

Wenn ja, Zusatzformular anfordern und ausfüllen

Nur vom Konkursverwalter auszufüllen:

9 Haben Sie entsprechend den Vorschriften der Konkursordnung eine Vereinbarung über das Brutto-Arbeitsentgelt (Zeile 13) angefochten bzw. von ihrem Leistungsverweigerungsrecht Gebrauch gemacht? ☐ ja ☐ nein

Wenn nein:

10 Sind Gründe bekannt, die eine Anfechtung einer Vereinbarung über das Brutto-Arbeitsentgelt (Zeile 13) entsprechend den Vorschriften der Konkursordnung rechtfertigen könnten? ☐ ja ☐ nein

10a Ist das Arbeitsverhältnis mit dem Arbeitnehmer gelöst? ☐ ja ☐ nein

10b Wenn ja: ☐ durch Kündigung des Arbeitgebers/Konkursverwalters — zum

10c Hat der Arbeitnehmer gegen die Kündigung Klage erhoben? ☐ ja ☐ nein

10d ☐ durch Kündigung seitens des Arbeitnehmers — zum

10e ☐ durch .... — zum

Ansprüche auf Arbeitsentgelt
Einzutragen sind die Lohnabrechnungszeiträume, für die Arbeitsentgelt aussteht, längstens jedoch die Zeiträume, die ganz oder teilweise in die letzten 3 Monate vor Eröffnung des Konkursverfahrens, Ablehnung des Konkursantrages, Einstellung der Betriebstätigkeit ohne Konkursantrag oder – bei Nachlaßkonkurs – vor dem Todestag des Erblassers liegen. Falls das Arbeitsverhältnis vor diesem Zeitpunkt beendet worden ist, sind die letzten 3 Monate vor der Beendigung des Arbeitsverhältnisses maßgebend.
Als gesetzl. Abzüge (Zeilen 14–15), Aufrechnungen seitens des Arbeitgebers (Zeile 16) und Abzweigungen an Dritte (Zeilen 18–21) sind die Beträge anzugeben, die bei Lohnzahlung einzubehalten wären.

Zeile					
11 / 12	**Lohnabrechnungszeitraum** vom / bis				
13	**Brutto-Arbeitsentgelt** (§59 Abs.1 Nr.3 Buchst. a) d. KO) – einschließlich vermögenswirksamer Arbeitgeber-Leistung –	DM	DM	DM	DM
	Im Brutto-Arbeitsentgelt enthaltene einmalige Leistungen Art: Art:	( ) ( )	( ) ( )	( ) ( )	( ) ( )
14	**Gesetzliche Abzüge** Steuern (ohne Abzug der Arbeitnehmersparzulage)				
15	Sozialversicherungsbeiträge (nur Arbeitnehmerteil)				
16	**Zur Erfüllung des Arbeitsentgeltanspruchs bewirkte Leistungen** Aufrechnungen seitens des Arbeitgebers (z. B. Darlehensrückzahlungen)				
17	bereits gezahltes Arbeitsentgelt (z. B. Abschläge)				
	Abzweigungen an Dritte (Pfändungen; Verpfändungen; Abtretungen; gesetzliche Forderungsübergänge – auch auf Arbeitsamt, jedoch nicht, soweit sie auf § 141 m Abs. 1 AFG beruhen)				
18	Name des Dritten Grund der Abzweigung				
19	Name des Dritten Grund der Abzweigung				
20	Name des Dritten Grund der Abzweigung				
21	Name des Dritten Grund der Abzweigung				
22	**Dem Arbeitnehmer noch zu zahlendes Arbeitsentgelt**				

Zusätzliche Angaben für Lohnabrechnungszeiträume, die vor dem 3-Monatszeitraum (s. oben) beginnen oder nach diesem Zeitraum enden.
Auf den Teil des Lohnabrechnungszeitraumes, der in die 3-Monatsfrist fällt, nämlich auf die Zeit

Zeile			
23	vom		
24	bis		
25	entfällt von der in Zeile 22 eingetragenen Summe ein Betrag in Höhe von	DM	DM

26 Mir ist bekannt, daß gem. § 141 m Abs. 1 AFG die Ansprüche auf Arbeitsentgelt, die den Anspruch auf Konkursausfallgeld begründen, mit Stellung des Antrages auf Konkursausfallgeld auf die Bundesanstalt für Arbeit übergehen bzw. übergegangen sind.

Name und Anschrift des Konkursverwalters/Arbeitgebers (Stempel)	Datum
Fernsprech-Nr.	Unterschrift des Konkursverwalters/Arbeitgebers